Verwandtschaft

Der Mensch als soziales und personales Wesen

Herausgegeben von
Lothar Krappmann,
Klaus A. Schneewind,
Laszlo A. Vaskovics

Die Reihe „Der Mensch als soziales und personales Wesen" versteht sich als innovatives Forum für die Sozialisationsforschung. In interdisziplinärer Zusammenarbeit analysieren Autorinnen und Autoren der Bände wichtige Träger von Sozialisation wie Familie, Schule, Betrieb und Massenmedien, deren Veränderung im Rahmen gesellschaftlicher Entwicklungen, wechselseitige Einflüsse zwischen diesen Einrichtungen sowie ihre sozialisatorischen Wirkungen auf Kinder, Jugendliche und Erwachsene. Die veröffentlichten Arbeiten enthalten kritische Bestandsaufnahmen des Forschungsstandes, entwickeln fachübergreifende Konzepte und bereiten Untersuchungen zu Lücken in der Forschungsthematik vor. Themen und Darstellung richten sich nicht nur an Fachwissenschaftler in Forschung und Lehre, sondern sollen darüber hinaus die an den Sozialwissenschaften interessierte Öffentlichkeit ansprechen.

Band 14

Verwandtschaft

Sozialwissenschaftliche Beiträge zu einem vernachlässigten Thema

Herausgegeben von

Michael Wagner und Yvonne Schütze

Unter Mitarbeit von

M. Diewald
H. Kasten
A. Kohlmann
F.R. Lang
W. Lauterbach
D. Lucke
J.H. Marbach

B. Nauck
A. Paul
H. Rosenbaum
E. Voland
E. Wild
H. Zeiher

20 Abbildungen · 20 Tabellen

 Ferdinand Enke Verlag Stuttgart 1998

Prof. Dr. Michael Wagner
Forschungsinstitut für Soziologie, Universität zu Köln
Greinstr. 2, D-50939 Köln

Prof. Dr. Yvonne Schütze
Institut für Allgemeine Pädagogik, Philosophische Fakultät IV
Humboldt-Universität zu Berlin
Unter den Linden 6, D-10099 Berlin

Die Deutsche Bibliothek – CIP-Einheitsaufnahme

Verwandtschaft: sozialwissenschaftliche Beiträge zu einem vernachlässigten
Thema / hrsg. von Michael Wagner und Yvonne Schütze. –
Stuttgart : Enke, 1998
   (Der Mensch als soziales und personales Wesen ; Bd. 14)
   ISBN 3-432-30151-0

© 1998 Ferdinand Enke Verlag, P.O. Box 30 03 66, D-70443 Stuttgart
Printed in Germany

Druck: Gruner Druck GmbH, D-91058 Erlangen

Inhaltsverzeichnis

Verwandtschaft – Begriff und Tendenzen der Forschung

Yvonne Schütze und Michael Wagner

1. Zum Begriff der Verwandtschaft

Da es kulturell und historisch außerordentlich variabel ist, welche Personen untereinander als verwandt gelten, wird eine allgemeine Definition des Begriffs Verwandtschaft häufig entweder vermieden oder sie fällt notwendig abstrakt aus. Verwandtschaft ist eine Form der sozialen Beziehung zwischen Menschen, die mindestens nach den Kriterien Geschlecht, Generationszugehörigkeit, Bluts- versus Schwiegerverwandtschaft variiert. Verwandtschaft folgt zwar Regeln der (biologischen) Abstammung, doch wird sie dadurch nicht vollständig und eindeutig bestimmt. Daß selbst Abstammung nicht ausschließlich biologisch begründet ist, kann man daran ablesen, daß Elternschaftsverhältnisse auch durch Adoption begründet werden. Adoptivkinder sind mit ihren (Adoptiv-) Eltern verwandt, obwohl sie mit ihnen keine genetischen Gemeinsamkeiten aufweisen.

Verwandtschaftssysteme bestehen aus sozialen Positionen, die höchst kulturspezifisch durch Verwandtschaftstermini gruppiert werden (Müller, 1988a). Es würde zu weit führen, hier die Terminologie der Verwandtschaft im einzelnen zu entfalten und ihr womöglich im interkulturellen Vergleich gerecht werden zu wollen. Statt dessen werden wir einige sozialstrukturelle Merkmale des Verwandtschaftssystems von Industriegesellschaften westlichen Typs beschreiben und dabei – sozusagen en passant – einige grundlegende Begriffe zur Beschreibung verwandtschaftlicher Systeme einführen.

Was Verwandtschaft ist, läßt sich gut demonstrieren, wenn man fragt, wie sie zustande kommt. Es lassen sich zwei Formen von Verwandtschaft unterscheiden (Hill & Kopp, 1995, S. 15): die durch *Abstammung* (Deszendenz, Filiation) und die durch *Heirat* (Affinalität) miteinander verbundenen Verwandten.

Abstammungsbeziehungen, die über mehrere Generationen reichen, werden auch durch den Begriff Deszendenz gekennzeichnet, während sich der Ausdruck Filiation auf Abstammung innerhalb der Kernfamilie bezieht (Harris, 1989, S. 175, Fn.). Personen, die voneinander abstammen, haben gemeinsame Vorfahren und weisen häufig – aber nicht notwendigerweise – genetische Ähnlichkeiten auf. Beispielsweise stammt das Erbgut einer Person zu 50 Prozent vom biologischen Vater und zu 50 Prozent von der biologischen Mutter (vgl. den Beitrag von Voland & Paul in diesem Band).

Zur nichtbiologischen Verwandtschaft zählt die durch Eheschließung begründete Affinalität (Bargatzky, 1985, S. 47) oder Affinalverwandtschaft (Hill & Kopp, 1995, S. 15) oder – im Deutschen – Schwägerschaft. Trotz interkulturell unterschiedlicher

Heiratsordnungen besteht in jeder Gesellschaft ein Inzestverbot, das Eheschließungen zwischen engen Verwandten ausschließt. Verheiratete haben also im Normalfall keine gemeinsamen Blutsverwandten. Die Heirat verbindet zwei Verwandtschaftsgruppen, indem sie Schwägerschaften konstituiert. Der nächste affinale Verwandte ist der Ehepartner, es folgen die Verwandten des Ehepartners sowie die Ehepartner der eigenen Verwandten. In diesem Zusammenhang sei auch die sogenannte Schwippschwägerschaft erwähnt, also eine angeheiratete Verwandtschaft zweiten Grades (z.B. der Ehemann der Schwester der Ehefrau; vgl. Müller, 1988b). Zu affinen Verwandten bestehen in unserer Gesellschaft schwächere Beziehungen als zu Blutsverwandten. So begründet die Schwägerschaft lediglich ein Zeugnisverweigerungsrecht vor Gericht, aber weder ein Erbrecht noch Unterhaltspflichten (Giesen, 1994, S. 260; vgl. auch Lucke in diesem Band). Die rechtlich schwache Stellung der angeheirateten Verwandten wird auch im Fall der Stiefkinder deutlich. Häufig müssen Stiefkinder adoptiert werden, damit ein sicherer und verbindlicher Rechtsstatus zwischen den Kindern und Eltern hergestellt werden kann (Gernhuber, 1980, S. 33).

Man muß hervorheben, daß jede Gesellschaft regelt, wer zur Verwandtschaft gehört, welche Beziehungen zwischen Verwandten bestehen sollen und welche sozialen Konsequenzen genetische Übereinstimmungen zwischen Personen haben. Auch „natürliche" Verwandtschaft unterliegt demnach der sozialen und rechtlichen Konstruktion. Dies geschieht beispielsweise durch Filiationsregeln, Regeln der Erbfolge (vgl. die Beiträge von Lucke und Lauterbach in diesem Band) und Namensgebung sowie der Kinderaufzucht und Adoption (vgl. den Beitrag von Wild in diesem Band). Obwohl beispielsweise Abstammung in jeder Kultur durch das Prinzip der Elternschaft definiert wird, muß man zwischen den genetisch und den rechtlich definierten Eltern unterscheiden, wobei letzteres typischerweise an die Heirat gebunden ist (Bargatzky, 1985, S. 48). Die mühsamen und erst in allerjüngster Zeit durchgesetzten Bestrebungen, nichteheliche und eheliche Kinder rechtlich gleichzustellen, sind hierfür ein Beispiel.

Der skizzierte biologisch-rechtliche Doppelcharakter von Verwandtschaft legt es nahe, daß Theorien zur Erklärung verwandtschaftlicher Strukturen evolutionsbiologische Annahmen genauso in den Blick nehmen müssen wie die kulturelle Identität der Gesellschaft und ihre sozialstrukturelle Verfassung. Ideal wären wohl Theorien, die biologische, kulturelle und sozialstrukturelle Faktoren verbinden und deren Wechselwirkungen aufklären. Verwandtschaftstheorien könnten auch die Grenzen des sozialen Wandels fixieren, indem sie einem sozialen Wandlungsdruck die Stabilität biologischer Gesetze entgegenstellen.

Regeln der Abstammung unterscheiden sich danach, welches Gewicht sie männlichen und weiblichen Linien beimessen (Harris, 1989, S. 177 ff.). Wenn Abstammung über männliche und weibliche Vorfahren erfolgt, spricht man von *kognatischer (oder bilateraler) Deszendenz*. Hier kann man dann noch einmal unterscheiden zwischen einem Abstammungssystem, das beide Geschlechter gleichgewichtig behandelt, und einem System, das entweder dem einen oder dem anderen Geschlecht ein größeres Gewicht beimißt *(bilineare vs. ambilineare Abstammung;* vgl. Hill & Kopp 1995, S. 16;

Vowinckel, 1995, S. 84). Der Gegenbegriff zur kognatischen ist die *unilineare Deszendenz*, bei der Abstammung nur über ein Geschlecht vermittelt wird. In diesem Fall existiert eine *patrilineare (auch: agnatische) oder matrilineare (auch: uterine) Ordnung* der Abstammung (vgl. Hill & Kopp, 1995, S. 17). Unser Verwandtschaftssystem ist bilinear organisiert. Da männliche und weibliche Abstammungslinien gleichgewichtig sind, unterscheiden sich auch nicht die Rollen der Verwandten väterlicherseits von den Rollen mütterlicherseits. Der Bruder des Vaters ist ein Onkel, aber auch der Bruder der Mutter. Die Schwester der Ehefrau und die Ehefrau des Bruders sind Schwägerinnen. Vowinckel (1995, S. 84) schreibt, daß dies bis zur Mitte des 16. Jahrhunderts anders war. So wurden die Geschwister des Vaters ursprünglich als Base und Vetter bezeichnet, die Geschwister der Mutter als Muhme und Oheim (vgl. dazu ausführlich Goody, 1989). Dennoch hat das Feudalsystem des Mittelalters der Produktions- und Hausgemeinschaft offenbar eine größere Bedeutung beigemessen als der Abstammung (Kaufmann, 1995; vgl. auch den Beitrag von Rosenbaum in diesem Band).

Familie ist ein Teilsystem der Verwandtschaft, nämlich dasjenige der Eltern-Kind-Beziehungen. Wie Murdock (1966, S. 91 f.) hervorgehoben hat, liegt die Besonderheit verwandtschaftlicher Sozialstruktur darin, daß Verwandtschaft im Gegensatz zur Familie weder eine soziale Gruppe noch eine organisierte Aggregation von Individuen sei. Verwandtschaft sei ein „structured system of relationships, in which individuals are bound one another by complex interlocking and ramifying ties". Die Kern- oder Kleinfamilie hat in unserer Gesellschaft eine derart herausragende Bedeutung, daß andere Formen der Verwandtschaft in den Hintergrund getreten sind. Die Beiträge dieses Bandes widmen sich aber gerade diesem Teil der Verwandtschaft, also den „entfernten Verwandten".

Genaugenommen ist eine Abgrenzung zwischen Familie und der entfernteren Verwandtschaft aber schwierig. Dies wird besonders deutlich, wenn man die Beziehungen aus der Perspektive des Lebensverlaufs betrachtet. Mit dem Auszug aus dem Elternhaus und der Gründung einer eigenen Familie verändert sich die Stellung innerhalb der Verwandtschaft. Überhaupt kann sich die Zugehörigkeit zu Verwandtschaftskreisen durch mehrere Eheschließungen und Familiengründungen fortlaufend verändern.

2. Verwandtschaft – ein vernachlässigtes Thema der Forschung

Thema des vorliegenden Bandes ist der Teil der Verwandtschaft, der nicht aus den Mitgliedern der Kernfamilie resultiert. Die Wahl dieses Themas mag erstaunen, denn Verwandtschaft im oben definierten Sinn findet in keiner Disziplin, die sich mit der Institution der Familie beschäftigt, besondere Beachtung.

Für die Vernachlässigung in der Familien- und Sozialisationsforschung lassen sich verschiedene Gründe anführen. Erstens wurde in der Familiensoziologie – zwar nicht unwidersprochen – bis in die Gegenwart erfolgreich die These vertreten, Verwandtschaft spiele in modernen Gesellschaften nur eine geringe Rolle. So unterstützen die

Arbeiten von Durkheim, Parsons und König eine Position, wonach das zentrale sozial-strukturelle Element der Verwandtschaft die Kernfamilie sei. Das Verwandtschafts-system der Vereinigten Staaten sei, so Parsons (1943), ein „Gattenfamiliensystem". Schon Durkheim hatte in einem Zonenmodell die Gattenfamilie einer primären oder inneren Zone („Telle est la zone centrale de la famille moderne"; Durkheim, 1921, S. 5), die übrige Verwandtschaft indessen einem sekundären Bereich zugeordnet. Die Ausdifferenzierung der Gattenfamilie aus der weiteren Verwandtschaft sei, so Durkheim, das Ergebnis eines historischen Kontraktionsprozesses („La loi de contrac-tion ou d'émergence progressive"; Durkheim, 1921, S. 6). Im Anschluß an Durkheim postulierte Parsons die strukturelle Isolation der Kernfamilie, und ebenso impliziert auch Königs Begriff der Desintegration die Ausdifferenzierung der Kernfamilie aus dem erweiterten Verwandtschaftssystem. Diese theoretischen Positionen bildeten das Ein-fallstor dafür, daß Familiensoziologie sich „verwandtschaftsblind" (Kaufmann, 1995, S. 154) verhielt, und dies nicht erst in jüngster Zeit, sondern bereits 1970 konstatierte Schwägler (1970, S. 133), daß „Verwandtschaftsbeziehungen der Kernfamilie in der industriell-städtischen Gesellschaft als unbedeutsam angesehen" wurden.

Ähnliches gilt für die Geschichtswissenschaft. Medick und Sabean (1984, S. 48) for-mulieren: „Historiker haben bisher insbesondere die Untersuchung derjenigen Verwandt-schaftsverhältnisse weitgehend vernachlässigt, die über die Kernfamilie hinausgehen. Es existieren lediglich einige Globalannahmen, die einer soliden Forschungsgrundlage ent-behren. Nach wie vor scheint es, wenigstens bei einigen Autoren, die dominierende These zu sein, daß in Europa die Beziehungen des Individuums zur weiteren Verwandtschaft nur solange von zentraler Bedeutung waren, bis die Industrielle Revolution ein (mobiles) Arbeitskräftepotential verlangte, das seine Basis in der Kernfamilie hatte." Immerhin gibt es in jüngster Zeit interessante Versuche, den historischen Wandel von Verwandtschafts-netzwerken anhand genealogischer Daten zu rekonstruieren (Post u.a., 1997).

Während also die Familiensoziologie wie die Geschichtswissenschaft von einem historischen Wandel ausgehen, gemäß dem die Verwandtschaft erst in der modernen Gesellschaft an Bedeutung verlor, verdankt sich der Ausschluß der Verwandten aus der Sozialisationsforschung dem äußerst zählebigen Gedanken, daß allein die Mutter-Kind-Beziehung für die Persönlichkeitsentwicklung des Kindes entscheidend sei. In den 1970er Jahren wandte man sich dann auch dem Vater als möglicher Sozialisations-instanz zu (Lamb, 1975), es folgten die Geschwister (Dunn & Kendrick, 1979; vgl. auch den Beitrag von Kasten in diesem Band), und neuerdings werden auch die Groß-eltern stärker beachtet (Wilk, 1993), womit dann ein erster Schritt in Richtung Ver-wandtschaft getan wäre.

Als einzige Disziplin, die sich intensiv dem Studium der Verwandtschaftsbeziehun-gen widmet, ist die Ethnologie zu nennen. Da die Ethnologie allerdings primär nicht-industrielle Gesellschaften untersucht, ist sie an Fragen des Strukturwandels von Ver-wandtschaftssystemen weniger interessiert, wenngleich man in jüngerer Zeit zur Kennt-nis nehmen mußte, daß auch diese Gesellschaften eine Geschichte haben (Medick & Sabean, 1984, S. 48).

Die These von der historisch abnehmenden Bedeutung der Verwandtschaft stützt sich auf die Annahme einer Verringerung der Zahl der in einer Haushaltsgemeinschaft lebenden Verwandten. Diese Annahme wird durch eine weitere flankiert, die folgendes besagt: In der vormodernen Gesellschaft wurden Verwandtschaftssysteme durch ökonomisch-utilitaristische Nutzenerwartungen zusammengehalten. Aufgrund von Modernisierungsprozessen (Leistungsgedanke, Wohlfahrtsstaat) spielen Verwandte als Lieferanten ökonomischen Nutzens oder Prestigegewinns tendenziell keine Rolle mehr, ergo haben sie ausgespielt. Diese Denkfigur wird nicht nur auf die Beziehung zu Verwandten angewandt, im Kern soll sie auch für die Eltern-Kind-Beziehung gelten. So geht zum Beispiel die „Value of Children"-Theorie davon aus, daß in vormodernen Gesellschaften der Wert von Kindern in ihrem ökonomisch-utilitaristischen Nutzen bestand.

In modernen Gesellschaften dagegen tritt an die Stelle der ökonomisch-utilitaristischen die psychologische Nutzenerwartung. Auf diese Weise soll sich auch der Geburtenrückgang erklären lassen – um psychologischen Nutzen von Kindern zu haben, genügen ein bis zwei Kinder (Nauck, 1993). Das heißt, der Wegfall der ökonomisch-utilitaristischen Nutzenerwartung wird im Falle der Kinder durch psychologischen Gewinn ausgeglichen, während diese Möglichkeit im Hinblick auf die Verwandten weder theoretisch, geschweige denn empirisch in Erwägung gezogen wird.

Darüber hinaus dürfte die eindimensionale Sicht auf den Strukturwandel familialer Beziehungen unhaltbar sein. Weder kann man davon ausgehen, daß die Eltern-Kind-Beziehung im besonderen, noch daß die Verwandtschaftsbeziehungen im allgemeinen in der vormodernen Gesellschaft ausschließlich durch ökonomisch-utilitaristische Nutzenerwartungen gekennzeichnet waren (vgl. hierzu Medick & Sabean, 1984), noch daß Eltern-Kind-Beziehungen in der Gegenwart ausschließlich auf psychologischem Nutzen beruhen oder Verwandtschaftsbeziehungen obsolet werden, wenn sie nicht mit unmittelbarem instrumentellen Nutzen einhergehen.

Ein zweiter Grund für die geringe Beachtung des Themenkomplexes Verwandtschaft könnte darin liegen, daß die sozialen Beziehungen von Verwandten außerhalb der Kernfamilien normativ nur schwach reguliert sind. Verwandtschaft ist deinstitutionalisiert, andere gesellschaftliche Einrichtungen haben im historischen Zeitablauf zunehmend Funktionen übernommen, die vormals innerhalb der Verwandtschaft angesiedelt waren. Neidhardt (1975, S. 33) spricht davon, daß die verwandtschaftlichen Beziehungen „in starkem Maße beliebig, selektiv und informell geworden sind". Verwandtschaft stellt keine „integrierte Gruppe" dar. „Es gibt zwar soziale Beziehungen zu Onkeln und Tanten, Großeltern, Vettern und Nichten, sie sind in Einzelfällen für die Kernfamilie auch von erheblichem emotionalen und instrumentalen Wert, aber sie sind weit überwiegend nicht Teil eines formell geordneten Zusammenlebens und Zusammenhandelns."

Wie schon Tenbruck in den 1960er Jahren im Hinblick auf Freundschaft festgestellt hat, tut sich die Soziologie traditionellerweise schwer, wenn es um nichtinstitutionalisierte Beziehungen geht (Tenbruck, 1964). Seither hat sich diese Distanz gegenüber Beziehungen wie der Freundschaft, die nicht formell geordnet sind, nicht nur verringert, sondern im Zuge theoretischer Positionen, die mit dem Schlagwort der „Individualisierung" zu kennzeichnen wären, hat auch die Freundschaft Eingang in die Soziologie gefunden (Diewald, 1991; Fischer, 1982).

Daß im Gegensatz dazu die Verwandtschaft in der Forschung nach wie vor ein Schattendasein fristet, mag an ihrer merkwürdigen Zwitterstellung liegen, einerseits zugeschrieben (ascribed), andererseits frei gewählt zu sein. Das erste Merkmal teilt sie mit der Kernfamilie: Ebenso wie man in die Kernfamilie hineingeboren wird, wird man in eine Verwandtschaftsgruppe hineingeboren, selbst wenn man einzelne ihrer Mitglieder vielleicht nur vom Hörensagen kennt. Das zweite Merkmal teilt sie mit der Freundschaft: Es bleibt einem freigestellt, ob und mit wem man Kontakte aufrechterhält.

Mit diesem uneindeutigen Status der Verwandtschaftsgruppe, den William Goode (1963, S. 76) prägnant mit dem Begriff der „askriptiven Freundschaftsbeziehungen" („ascribed friendship") bezeichnet, hängt auch eine gewisse Uneindeutigkeit im Hinblick auf normative Verpflichtungen zusammen, die man gegenüber seinen Verwandten hat. Wie aus einer Untersuchung von Rossi und Rossi (1990) hervorgeht, rangieren in den Vorstellungen der befragten US-Amerikaner die Verpflichtungen gegenüber Verwandten höher als gegenüber Freunden, wobei – wie nicht anders zu erwarten – Kinder und Eltern die Rangfolge anführen.

Aus Primärerfahrungen weiß man, daß Verwandte besonders in Krisenzeiten eine wichtige Rolle spielen. Es sei nur an die Nachkriegszeit oder an die DDR erinnert, wo das Vorhandensein von Westverwandtschaft als Kriterium eines besseren Lebensstandards galt (vgl. den Beitrag von Diewald in diesem Band). Leider gibt es keine Untersuchungen darüber, was nach der Vereinigung aus diesen Ost-West-Verwandtschaftsbeziehungen geworden ist. Zu vermuten wäre, daß nur die Beziehungen weiter aufrechterhalten werden, die dem Bereich der Freundschaft zuzurechnen sind.

Der uneindeutige Status der Verwandtschaftsgruppe, der zwischen Familienpflichten und frei gewählten Neigungen pendelt, mag auch die Ursache dafür sein, daß für die Anhänger der Individualisierungsthese Verwandtschaft noch zu stark mit traditionellen Bindungen assoziiert ist, während die Familienforscher sich primär für den Zustand der Kernfamilie interessieren. So fehlen zum Beispiel bis heute Basisinformationen über die Sozialstruktur verwandtschaftlicher Netzwerke in Deutschland. Weder die amtliche Statistik, die sich schon immer auf den Haushalt konzentriert hat, noch die Netzwerkforschung, die in der Empirie das Kriterium der Verwandtschaft als Generator von Netzwerkbeziehungen nicht einsetzt, stellen solche Daten zur Verfügung.

Wie erwähnt, war die Parsons-These von der strukturellen Isolation der Kernfamilie nicht unwidersprochen geblieben (vgl. König 1976; Litwak, 1985; Sussman, 1958). Im Anschluß an diese Kritik wurden eine Reihe von Untersuchungen durchgeführt, die rege Kontakte und Unterstützungsleistungen zwischen Verwandten belegen konnten (vgl. Lüschen, 1970; Pfeil & Ganzert, 1973). Dabei lag der Schwerpunkt allerdings auf den Beziehungen zwischen Herkunfts- und Zeugungsfamilie. Im Vordergrund dieser Forschungsrichtung, die mehr und mehr in das Fahrwasser der Gerontologie geriet, standen und stehen Fragen nach Unterstützungsleistungen, die erwachsene Kinder für alte Eltern leisten oder leisten sollen oder aus kulturpessimistischer Perspektive nicht mehr leisten können oder wollen.

Die Konzentration auf Unterstützung und vor allem Pflegebereitschaft der Kinder im Hinblick auf ihre alten Eltern und die Vernachlässigung des weiteren Verwandtschaftsnetzwerks läßt sich damit erklären, daß die Beziehungen zwischen Eltern und Kindern unter dem Gesichtspunkt sowohl von moralischen wie auch rechtlichen Verpflichtungen gesehen werden, während die Beziehungen zu Verwandten mit ihrem intermediären Status zwischen institutionalisierten Familienbeziehungen und frei gewählten Freundschaften offenbar nichts zur Lösung sozialer Probleme beitragen. Aus den wenigen hierzu existierenden Untersuchungen können wir jedenfalls entnehmen, daß Verwandte in der Einschätzung ihrer Bedeutsamkeit im Zeitvergleich an Terrain zu gewinnen scheinen (Lüschen, 1988; Nave-Herz, 1984), und daß Besuche zwischen Verwandten häufiger als zwischen Freunden stattfinden (Lüschen, 1989). Singly (1994) befindet, daß in der Bedeutungshierarchie zwar immer das Paar, die Kinder und die Eltern an der Spitze stehen, daß aber beispielsweise bei alleinlebenden Frauen die Nichten und Neffen in die Rollen von Kindern einrücken. Höllinger und Haller (1990) ermittelten in einer international vergleichenden Studie, daß in vielen Ländern die Bedeutung von Freunden als Hilfe leistende Netzwerkmitglieder zunimmt, wenn die Bedeutung entfernter Verwandter abnimmt. Eine Ausnahme ist offenbar Italien, wo Verwandtschafts- und Freundschaftsnetzwerke wichtige, aber voneinander unabhängige Funktionen wahrnehmen.

3. Konzeption des Bandes

Wenn auch die Auffassungen über den Bestand der Kernfamilie auseinandergehen (vgl. die Debatten um die Individualisierung und die Pluralisierung von Lebensformen), so gilt die Kernfamilie gleichwohl nach wie vor als die Institution, die für die Sozialisation von Kindern und die emotionale Stabilisierung der erwachsenen Familienmitglieder zuständig ist. In diesem Zusammenhang wird denn auch die Rede vom Funktionsverlust kritisiert und statt dessen der Funktionswandel der Familie betont. Dagegen scheint der Funktionsverlust der Verwandtschaftsgruppe fraglos zu sein. Ob dies tatsächlich so ist oder *ob das Konzept der Verwandtschaft einer Revitalisierung bedarf*, ist eine zentrale Frage, die in diesem Band aufgegriffen wird. Verhält es sich tatsächlich so, daß aus der Perspektive Egos die Beziehungen zu Onkeln, Tanten, Cousins, Cousinen, Neffen und Nichten, Schwägern und Schwägerinnen usw. eine so geringe Bedeutung haben, daß es gerechtfertigt ist, wenn sich die Familienforschung der „Verwandten" nicht annimmt? Wenn verwandtschaftliche Regeln auch in modernen Gesellschaften ein wichtiger Bestandteil der sozialen Ordnung sein sollten, dann hätte dies erhebliche Folgen für das Bild von der Familie, das inner- und außerhalb der Wissenschaft vorherrscht.

An der Erklärung von Verwandtschaftssystemen und dem verwandtschaftlichen Handeln sind mehrere Disziplinen beteiligt. Daher wird in diesem Band ein *interdiszi-*

plinärer Ansatz verfolgt, indem das Thema Verwandtschaft aus soziologischer, sozialpsychologischer, soziobiologischer und historischer Sicht beleuchtet wird.

Ferner werden zur Begründung theoretischer Aussagen unterschiedliche empirische Methoden verwendet. Genauere Aufschlüsse über die Funktionsweise verwandtschaftlicher Systeme sind durch *gesellschafts- und kulturvergleichende Studien* zu erwarten. Eine derartige Perspektive könnte einerseits durch Verwandtschaftsanalysen in unterschiedlichen Nationalitätengruppen, andererseits durch sozialhistorische Arbeiten verfolgt werden. In diesem Band gehen drei Beiträge in diese Richtung. *Heidi Rosenbaum* betrachtet Verwandtschaft aus sozialhistorischer Perspektive, *Martin Diewald* analysiert den Wandel verwandtschaftlicher Leistungen im Zuge der ostdeutschen Transformation, *Bernhard Nauck* und *Annette Kohlmann* berichten über verwandtschaftliche Beziehungen von Türken in Deutschland.

Die Analyse eines gegebenen Verwandtschaftssystems kann mindestens unter dreifacher Perspektive erfolgen. Erstens unterliegen Verwandtschaftsbeziehungen dem Diktat des „egoistischen Gens", ein Vorgang, dem sich in diesem Band *Eckart Voland* und *Andreas Paul* zuwenden. Zweitens unterliegt Verwandtschaft aber immer auch der sozialen Konstruktion. Welche sozialen Beziehungen in einer Gesellschaft zur Verwandtschaft gerechnet werden, zeigt die Untersuchung der Normen, die Verwandtschaft regeln, und verweist auf Verwandtschaft als Institution. Diesem Aspekt widmet sich *Doris Lucke,* die beschreibt, wie Verwandtschaft im Recht verankert ist. Drittens läßt sich Verwandtschaft als eine spezielle Form sozialer Beziehungen verstehen, die sich mit den Mitteln der Netzwerkforschung beschreiben lassen. Diesem Ansatz folgen mehrere Autoren. So stellt *Jan H. Marbach* soziobiologische und ethnologische Thesen zur Verwandtschaft gegenüber und konfrontiert sie mit empirischen Befunden. Eine wichtige Funktion der Verwandtschaft ist zweifellos die Übertragung von Vermögen bei Erbschaften. *Wolfgang Lauterbach* fragt nach dem Ausmaß dieser Erbschaften und ihren Folgen für den Lebensverlauf. Schließlich beleuchtet *Elke Wild* die Adoption als eine „doppelte Elternschaft". Sie verdeutlicht nicht nur die kulturellen Unterschiede in der Adoption, die damit verbundenen rechtlichen Probleme, sondern ebenso die Auswirkungen der Adoption für die Betroffenen.

Verwandtschaftliche Beziehungen wandeln sich im Lebensverlauf in mehrfacher Hinsicht. Erstens variiert die Stellung von Personen innerhalb des Verwandtschaftssystems mit dem Lebensalter. Kinder haben nur Verwandte in ihrer und in älteren Generationen, während im höheren Lebensalter nur Verwandte in derselben und in jüngeren Generationen vorhanden sind. Nur in den mittleren Lebensphasen besteht für den einzelnen die Möglichkeit, in einem Verwandtschaftssystem mit älteren und jüngeren Generationen zu leben. Zweitens variiert die Art der sozialen Beziehungen zwischen Verwandten mit dem Lebensalter. Dabei ist es wahrscheinlich, daß sich die Beziehungen zwischen Verwandten im Zeitablauf nicht einheitlich, sondern in Abhängigkeit von der Art der verwandtschaftlichen Beziehung verändern. Die Beziehungen zwischen Eltern und Kindern, Geschwistern oder angeheirateten Verwandten werden sich vermutlich nicht in gleicher Weise im Laufe des Lebens verändern. In dem vorliegenden

Band wird der Lebensverlaufsperspektive durch drei Texte Rechnung getragen. Erstens beleuchtet der Beitrag von *Helga Zeiher* das Thema Kinder und ihre Verwandten, zweitens verfolgt *Hartmut Kasten* Geschwisterbeziehungen im Lebensverlauf und gibt einen Überblick über den Forschungsstand, drittens analysieren *Frieder R. Lang* und *Yvonne Schütze* die Verfügbarkeit und Leistungen verwandtschaftlicher Beziehungen im Alter.

Die Beiträge sollen einerseits den Stand der Forschung beschreiben, andererseits aber auch neuere empirische Befunde zur Diskussion stellen. Es mag typisch für die gegenwärtige Forschung sein, daß es uns nicht gelungen ist, ein größeres Projekt ausfindig zu machen, das sich speziell dem Thema der Verwandtschaft widmet. Viele der hier referierten Ergebnisse stammen aus Untersuchungen, die nicht eigens darauf angelegt waren, die Beziehungen zwischen Verwandten außerhalb der Kernfamilie zu analysieren. Auch diese Erfahrung wirft ein Licht auf den Zustand der Verwandtschaftsforschung. Nichtsdestoweniger sollen die hier versammelten Beiträge uns dabei helfen, etwas besser zu verstehen, was Verwandtschaft eigentlich ist.

Für die Unterstützung bei der Erarbeitung dieses Buches danken wir der Leitung des Berliner Max-Planck-Instituts für Bildungsforschung, insbesondere Karl Ulrich Mayer, der ein Autorentreffen sowie die Produktion des Bandes großzügig unterstützt hat. Wir danken Jürgen Baumgarten für die Textredaktion sowie Renate Hoffmann für die Herstellung der Druckvorlage.

Literatur

Bargatzky, Thomas. (1985). *Einführung in die Ethnologie. Eine Kultur- und Sozialanthropologie.* Hamburg: Buske.

Diewald, Martin. (1991). *Soziale Beziehungen. Verlust oder Liberalisierung? Soziale Unterstützung in informellen Netzwerken.* Berlin: edition sigma.

Dunn, Judy & Kendrick, Carroll. (1979). Interaction between young siblings in the context of family relationships. In Michael Lewis & Leonard A. Rosenblum, *The child and its family* (pp. 143–168). New York: Plenum Press.

Durkheim, Emile. (1921). La famille conjugale. *Revue Philosophique de la France et de l'Etranger, 46* (XCI), 1–14.

Fischer, Claude S. (1982). *To dwell among friends. Personal networks in town and city.* Chicago: The University of Chicago Press.

Gernhuber, Joachim. (1980). *Lehrbuch des Familienrechts.* 3. Aufl., München: Beck.

Giesen, Dieter. (1994). *Familienrecht.* Tübingen: Mohr.

Goode, William J. (1963). *World revolution and family patterns.* New York: The Free Press.

Goody, Jack. (1989). *Die Entwicklung von Ehe und Familie in Europa.* Frankfurt a.M.: Suhrkamp.

Harris, Marvin. (1989). *Kulturanthropologie. Ein Lehrbuch.* Frankfurt a.M.: Campus.

Hill, Paul Bernhard & Kopp, Johannes. (1995). *Familiensoziologie.* Stuttgart: Teubner.

Höllinger, Franz & Haller, Max. (1990). Kinship and social networks in modern societies: A cross-cultural comparison among seven nations. *European Sociological Review, 6* (2), 103–124.

Kaufmann, Franz-Xaver. (1995). *Zukunft der Familie im vereinten Deutschland. Gesellschaftliche und politische Bedingungen.* München: Beck.

König, René. (1976). Soziologie der Familie. In René König (Hrsg.), *Handbuch zur empirischen Sozialforschung,* Bd. 7: Familie – Alter (S. 1–217). 2. Aufl., Stuttgart: Enke.

Lamb, Michael E. (1975). Fathers: Forgotten contributors to child development. *Human Development, 18,* 245–266.

Litwak, Eugene. (1985). *Helping the elderly.* New York: Guilford.

Lüschen, Günther. (1970). Familie und Verwandtschaft. Interaktion und die Funktion von Ritualen. In Günther Lüschen & Eugen Lupri (Hrsg.), *Soziologie der Familie* (S. 270–284). Opladen: Westdeutscher Verlag (Kölner Zeitschrift für Soziologie und Sozialpsychologie, Sonderheft 14).

Lüschen, Günther. (1988). Familial-verwandtschaftliche Netzwerke. In Rosemarie Nave-Herz (Hrsg.), *Wandel und Kontinuität der Familie in der Bundesrepublik Deutschland* (S. 145–172). Stuttgart: Enke.

Lüschen, Günther. (1989). Verwandtschaft, Freundschaft, Nachbarschaft. In Rosemarie Nave-Herz & Manfred Markefka (Hrsg.), *Handbuch der Familien- und Jugendforschung*, Bd. 1: Familienforschung (S. 435–452). Neuwied: Luchterhand.

Medick, Hans & Sabean, David. (1984). Emotionen und materielle Interessen in Familie und Verwandtschaft. In Hans Medick & David Sabean (Hrsg.), *Emotionen und materielle Interessen. Sozialanthropologische und historische Beiträge zur Familienforschung* (S. 27–54). Göttingen: Vandenhoeck & Ruprecht.

Müller, Ernst Wilhelm. (1988a). Stichwort „Verwandtschaftsterminologie". In Walter Hirschberg (Hrsg.), *Neues Wörterbuch der Völkerkunde*. Berlin: Reimer.

Müller, Ernst Wilhelm. (1988b). Stichwort „Affinalität". In Walter Hirschberg (Hrsg.), *Neues Wörterbuch der Völkerkunde*. Berlin: Reimer.

Murdock, George Peter. (1966). *Social structure*. New York: The Free Press.

Nauck, Bernhard. (1993). Sozialstrukturelle Differenzierung der Lebensbedingungen von Kindern in West- und Ostdeutschland. In Manfred Markefka & Bernhard Nauck (Hrsg.), *Handbuch der Kindheitsforschung* (S. 143–164). Berlin: Luchterhand.

Nave-Herz, Rosemarie. (1984). *Familiäre Veränderungen seit 1950 – eine empirische Studie*. Abschlußbericht/Teil I Projekt-Titel: Changes in the life patterns of families in Europe – Teilstudie Bundesrepublik Deutschland. Unveröffentl. Manuskript, Oldenburg.

Neidhardt, Friedhelm. (1975). *Die Familie in Deutschland. Gesellschaftliche Stellung, Struktur und Funktion*. 4. Aufl., Opladen: Leske + Budrich.

Parsons, Talcott. (1943). The kinship system of the contemporary United States. *American Anthropologist, 45* (1), 22–38.

Pfeil, Elisabeth & Ganzert, Jeanette. (1973). Die Bedeutung von Verwandten für die großstädtische Familie. *Zeitschrift für Soziologie, 2* (4), 366–383.

Post, Wendy, van Poppel, Frans, van Imhoff, Evert & Kruse, Ellen. (1997). Reconstructing the extended kin-network in the Netherlands with genealogical data: Methods, problems, and results. *Population Studies, 51*, 263–278.

Rossi, Alice S. & Rossi, Peter H. (1990). *Of human bonding*. New York: de Gruyter.

Schwägler, Georg. (1970). *Soziologie der Familie. Ursprung und Entwicklung*. Tübingen: Mohr.

Singly, François de. (1994). *Die Familie der Moderne: Eine soziologische Einführung*. Konstanz: Universitätsverlag.

Sussman, Marvin B. (1958). The isolated nuclear family: Fact or fiction. *Social Problems, 6*, 333–340.

Tenbruck, Friedrich H. (1964). Freundschaft. Ein Beitrag zu einer Soziologie der persönlichen Beziehungen. *Kölner Zeitschrift für Soziologie und Sozialpsychologie, 16* (3), 431–456.

Voland, Eckart. (1993). *Grundriß der Soziobiologie*. Stuttgart: Fischer.

Vowinckel, Gerhard. (1995). *Verwandtschaft, Freundschaft und die Gesellschaft der Fremden*. Darmstadt: Wissenschaftliche Buchgesellschaft.

Wilk, Liselotte. (1993). Großeltern und Enkelkinder. In Kurt Lüscher & Franz Schultheis (Hrsg.), *Generationenbeziehungen in „postmodernen" Gesellschaften* (S. 203–214). Konstanz: Universitätsverlag.

Verwandtschaft in historischer Perspektive

Heidi Rosenbaum

Einleitung

Das Thema „Verwandtschaft in historischer Perspektive" läßt sich für mittel- und westeuropäische Gesellschaften nicht einfach bearbeiten, da Verwandtschaftsbeziehungen kein zentrales Thema jener Wissenschaften sind, die sich mit diesen Gesellschaften beschäftigen. Während in Frankreich, aber auch in England seit einigen Jahren aufgrund der anderen Wissenschaftstradition dem Thema mehr Aufmerksamkeit geschenkt wird, gibt es speziell für den deutschsprachigen Raum nur sehr wenig Literatur. Dies gilt sowohl für vergangene als auch für gegenwärtige Verwandtschaftsbeziehungen. Besonders abstinent hat sich hierbei die soziologische Forschung verhalten.

Das hängt vermutlich damit zusammen, daß evolutionistisch inspirierte Theorien das Selbstverständnis der Soziologie und ihre Perspektive auf Verwandtschaft sehr lange bestimmten. Ihnen zufolge ist Verwandtschaft im Laufe der Entwicklung zunehmend bedeutungsloser geworden, bis schließlich nur noch die Kernfamilie als Zentrum des Privaten übrig blieb (Durkheim, 1921; Le Play, 1855; Parsons, 1964; Riehl, 1855). Hierhin gehört insbesondere Durkheims „Kontraktionsgesetz", demzufolge „die Familie aufgrund der wirtschaftlich-sozialen Entwicklung immer mehr an weiteren Verwandten verliert, um sich am Schluß auf das einzig *zentrale* und einzig *permanente* Element der *Gattenfamilie* zu konzentrieren" (König, 1976, S. 333). Trotz anderer Akzentsetzung hat Parsons mit seinem Aufsatz von 1964 über das amerikanische Verwandtschaftssystem diese Perspektive bekräftigt (Parsons, 1964, S. 312 ff.).

Beide Autoren suggerieren also eine abnehmende Bedeutung von Verwandtschaft im Laufe der Industrialisierung und Modernisierung der Gesellschaft. In dieser Konsequenz hat sich die Soziologie vermeintlich wichtigeren Themen zugewendet.

Auch die Geschichtswissenschaft hat das Thema Verwandtschaft – ebenso wie das der Familie – lange ignoriert und sich sehr stark auf das Feld der politischen Geschichte konzentriert. Immerhin sind in den letzten 25 Jahren wichtige Beiträge von HistorikerInnen entstanden, auf die zurückgegriffen werden kann. Eine weitere lohnende Quelle sind volkskundlich-kulturwissenschaftliche Studien neueren Datums. Insofern stützen sich die folgenden Ausführungen hauptsächlich auf Untersuchungen aus diesen beiden Fächern. In der soziologischen Literatur war wenig zu finden.

„Verwandtschaft in historischer Perspektive" – dieses Thema zwingt dazu, zunächst einmal den Blick auf die Charakteristika unseres Verwandtschaftssystems zu richten.

Anschließend untersuche ich die Bedeutung von Verwandtschaftsbeziehungen in verschiedenen Schichten der Bevölkerung. Dabei liegt das Schwergewicht auf dem Zeitraum vom ausgehenden 18. bis zum frühen 20. Jahrhundert, also auf der Phase, in der sich die moderne Gesellschaft herausbildete. Schließlich wird versucht, die Frage zu beantworten, ob verwandtschaftliche Beziehungen tatsächlich immer mehr an Bedeutung verlieren. Angesichts der geschilderten Forschungssituation können nur Hinweise auf auch heute noch zentrale Funktionen von Verwandtschaft gegeben sowie Forschungslücken und -desiderate benannt werden.

Zuvor muß jedoch geklärt werden, was mit den Begriffen „Familie" und „Verwandtschaft" gemeint ist. In der Umgangssprache werden beide nicht strikt voneinander abgegrenzt. Das Wort Familie bezeichnet meist nur die Kernfamilie; gelegentlich werden aber auch Personen, mit denen man nicht zusammenlebt, wie Onkel, Tanten, erwachsene und verheiratete Geschwister, Großeltern usw. unter diesen Begriff subsumiert. Daneben wird er noch im übertragenen Sinne zur Bezeichnung wissenschaftlicher oder politischer Zirkel benutzt.

Im folgenden wird der Begriff Familie verwendet für die aus Eltern und unverheirateten und unmündigen Kindern bestehende Gruppe, die zusammen in einem Haushalt lebt. Familie meint also Kernfamilie. Verwandtschaft umfaßt dann alle darüber hinausreichenden Beziehungen: aus der Perspektive des oder der einzelnen die zu den Großeltern, Geschwistern der Eltern und deren Kindern. Mit der Gründung einer eigenen Familie erhalten konsequenterweise auch die eigenen Eltern und Geschwister den Status von Verwandten. Sie gehören nicht mehr zur eigenen Familie.

1. Voraussetzungen: Zur Entstehung des europäischen Verwandtschaftssystems

In seinem Buch *Ehe und Familie in Europa* hat Jack Goody die These aufgestellt, daß bis in die Spätphase des römischen Reiches im gesamten Mittelmeerraum einschließlich der angrenzenden Gebiete ein einheitliches, auf endogamen Heiratsbeziehungen basierendes Verwandtschaftssystem dominiert hätte (Goody, 1986). Erst unter dem Einfluß des Christentums und seiner weitreichenden Eheverbote habe sich ab dem 4. Jahrhundert im Bereich des westlichen Mittelmeeres ein exogames Heiratsverhalten durchgesetzt. Die Bevölkerung des östlichen Mittelmeerraums habe hingegen weiterhin endogame Eheverbindungen präferiert, die intensive Verwandtschaftsbeziehungen und starke Verwandtschaftsverbände zur Folge hatten.

Unabhängig davon, ob man sich dieser Argumentation anschließt und – mit Goody – die christlichen Eheverbote als zentrale Ursache des in Mittel- und Westeuropa verbreiteten Verwandtschaftssystems ansieht oder aber andere Erklärungsmuster bevorzugt (siehe unten), fest steht, daß die christliche Kirche schon sehr früh weit über die biblischen Vorschriften hinausreichende Eheverbote entwickelt und durchzusetzen versucht hat, die, wären sie praktiziert worden, in der Tat die Herausbildung starker Verwandtschaftsverbände verhindert hätten. Die kanonischen Eheverbote betrafen nicht nur die Bluts- und Schwiegerverwandtschaft, sondern wurden auch auf die spirituelle Verwandtschaft (Tauf- und Firmpaten) ausgedehnt. Ausgehend von zunächst drei verbotenen Graden erstreckten sich die Eheverbote schließlich auf sieben Grade. Erst im 13. Jahrhundert wurden die verbotenen Grade wieder auf vier eingeschränkt (Goody, 1986). Es gibt allerdings kaum Belege, ob und inwieweit diese Vorschriften von der Masse der Bevölkerung befolgt worden sind. Berechnungen Flandrins zeigen deutlich, welche unsinnige Konsequenz ihre Einhaltung gehabt hätte (Flandrin, 1978, S. 35 ff.). Relevant sind sie vermutlich in erster Linie für die Heiratspraxis des Adels gewesen, boten sie doch einerseits der Kirche gute Argumente, ihr unliebsame Verbindungen zu verhindern, und andererseits den Adligen die Möglichkeit, durch die „Entdeckung" eines „passenden" Vorfahren eine ungünstige Ehe für ungültig erklären zu lassen (Duby, 1988; Schröter, 1985).

Mitterauer hat darauf hingewiesen, daß eine wichtigere Konsequenz des Christentums die Zurückdrängung des Ahnenkults gewesen ist. Gegenüber der Bindung an den Glauben sei hier die Bedeutung der Abstammung geschwächt worden. Bestimmte mit dem Ahnenkult verbundene Elemente des Familien- und Verwandtschaftssystems wie Frühheirat, patrilokale Ansiedlung, Verstärkung der Altersautorität und Bindung der Söhne an das Vaterhaus hatten daher in christlichen Gegenden keine starke Basis mehr (Mitterauer, 1990b, S. 29 ff.). Hinzu traten die Wirkungen des schon aus der römischen Rechtstradition stammenden Konsensprinzips, das die katholische Kirche bekräftigt hatte. Der Konsens der Eheleute war „am Ende des 12. Jahrhunderts der einzig konstitutive Kern der Eheschließung" – selbst unabhängig vom Vollzug der Ehe (Harms-Ziegler, 1991, S. 66; Weigand, 1989, S. 301 ff.).

Verschiedene Autoren haben zusätzlich auf ökonomische und soziale Entwicklungen hingewiesen, die an der Entstehung des west- und mitteleuropäischen Verwandtschaftssystems mitgewirkt haben: Die Auflösung der Villikationsverfassung[1] habe bereits im Hochmittelalter zu einer spezifischen Agrarstruktur geführt. Die Emanzipation aus der Fronhofwirtschaft sei nicht dem einzelnen, sondern nur dem Paar gelungen, auf dessen Arbeitskraft die bäuerliche Wirtschaft beruhte (Wunder, 1992, S. 89 ff.). Einzelhaushalte mit dem Ehepaar und seinen Kindern als Kern seien seitdem üblich. Des weiteren hätten Dorfbildung und Getreidewirtschaft im Rahmen der Dreifelderwirtschaft dazu geführt, daß einerseits jeder Hofstelle eine bestimmte und begrenzte Zahl von Feldern zugeordnet war, die nur für die Ernährung einer Familie ausreichten. Diese Felder hätten anderseits durch ihre Gemengelage in der Gewannflur starke soziale Verflechtungen der einzelnen Höfe bzw. Familien zur Folge gehabt (Mackenroth, 1953, S. 421 ff.; Mitterauer, 1977, S. 57 ff.; Wunder, 1986, S. 29 ff. und 65 ff.). „Damit", so Bader, „mußten Rechte, die ehedem der Familienverband beansprucht hatte, an eine breitere Gemeinschaft übergehen." (Bader, 1962, S. 56 f.)

---

1 Mit diesem Begriff wird die klassische Grundherrschaft der Karolingerzeit bezeichnet, die aus einem herrschaftlichen Eigenbetrieb und Bauernhufen bestand, deren Leistungen auf Betrieb und Haushalt des Grundherrn ausgerichtet waren (= zweiteilige Grundherrschaft). Vgl. dazu Abel, 1971, S. 98.

Als Folge dieser verschiedenen Entwicklungen bildete sich in Mittel- und Westeuropa ein Verwandtschaftssystem heraus, das weltweit selten vorkommt, das sogenannte Eskimo-System (Harris, 1989, S. 174 ff.; Vivelo, 1995, S. 212 ff.). Die bekann-
testen und verbreitetsten Verwandtschaftssysteme beruhen, ungeachtet vieler Varianten,
auf dem Prinzip unilinearer Deszendenz, das heißt, nur die Angehörigen der väterlichen
oder der mütterlichen Seite werden als Verwandte definiert. Die dadurch entstehenden
„Lineages bestehen stets aus derselben Gruppe von Personen – ganz gleich, aus welcher
genealogischen Perspektive man sie betrachtet. Deshalb sind sie ideal dazu geeignet,
Familiengruppen (besser: Verwandtschaftsgruppen; H.R.) zu bilden, deren Mitglieder
an einem Ort zusammen leben, und kollektive Interessen an Personen und Besitz zu
wahren." (Harris, 1989, S. 182)

Unser Verwandtschaftssystem, das sogenannte Eskimo-System, ist hingegen kogna-
tisch, das heißt, beide Abstammungslinien werden gleichmäßig einbezogen. Ohne ein
klares und einheitliches Prinzip, durch das nahe und ferne Verwandte unterscheidbar
sind sowie der Personenkreis begrenzt wird, kann es deshalb auf unendlich viele Verwandte und Generationen ausgedehnt werden. Die bei kognatischer Deszendenz entstehenden Verwandtschaftsgruppen, kindreds, sind deshalb nur für Geschwister identisch. Selbst Vater und Mutter haben bereits andere, eigene kindreds, die sich nur teilweise mit denen ihrer Kinder überschneiden (Harris, 1989, Abb. S. 182). Kindreds sind
deshalb Ego-konzentriert. Da es keine strukturellen Vorgaben für die Bevorzugung bestimmter Verwandtschaftsbeziehungen gibt, hat die Kernfamilie zentrale Bedeutung.
Dieses System ist insgesamt im hohen Maße offen, flexibel und anpassungsfähig. Jenseits seiner Kernfamilie kann Ego unter der Vielzahl vorhandener Verwandter auswählen und je nach Bedarf bestimmte Beziehungen betonen, andere vernachlässigen.

Da das mittel- und westeuropäische Verwandtschaftssystem zwar ausgedehnte Heiratsverbote, aber keine -gebote kennt, bildeten aufgrund der beschriebenen Entwicklungen schon seit dem Hochmittelalter Einzelhaushalte mit Kernfamilien (unter Umständen ergänzt durch Gesinde) einen wichtigen Typus (Ehmer, 1990, S. 25 ff. und
155 ff.). Die normalerweise mit der Eheschließung verbundene Neolokalität, aber
selbst patrilokale Niederlassung (des Erben) bedingten unter den gegebenen politischen
und ökonomischen Bedingungen ein spezifisches Heiratsmuster, nämlich ein für beide
Ehepartner relativ hohes Heiratsalter verbunden mit einer rigiden Sexualmoral (Hajnal,
1965, S. 101 ff.). Mit anderen Worten: Schon sehr früh in der europäischen Entwicklung bildete sich ein Familien- und Verwandtschaftssystem heraus, in dem Kern-
familienhaushalte häufig zu finden waren. Entgegen weitverbreiteten Vorstellungen
waren „Großfamilien", besser: Mehrgenerationenhaushalte, kein dominantes Muster.
Sie überdauerten bzw. bildeten sich nur in bestimmten abgelegenen Gegenden, in
denen entweder der Übergang zur Getreidewirtschaft nicht stattgefunden hatte
(Mitterauer, 1977, S. 57) oder wo bestimmte steuerrechtliche Regelungen erweiterte
Familienverbände wie die frérèche begünstigten (Mitterauer, 1977, S. 56). Insgesamt
muß man von einer Pluralität von Familienformen ausgehen. Erst unter den positiven
ökonomischen und demographischen Entwicklungen der letzten 200 Jahre ist das Zu-

sammenleben von mehr als zwei Generationen besonders auf dem Lande häufiger geworden (Mitterauer, 1977, S. 50). Darüber hinausreichende verwandtschaftliche Verbände haben sich jenseits des europäischen Adels, der hier nicht zur Diskussion steht, nicht bilden können. Es gibt für sie keine strukturelle Grundlage.

Die starke Bedeutung von Kernfamilien bzw. die fehlende Einbindung in starke Verwandtschaftsverbände ist mithin nicht das Resultat von Industrialisierung und Modernisierung, wie uns die theoretischen Konzepte des 19. und des 20. Jahrhunderts glauben machen wollten, sondern ein altes mittel- und westeuropäisches Muster. Diese seit nunmehr 25 Jahren vorliegenden Erkenntnisse vornehmlich historischer Studien sind von der Soziologie bislang kaum rezipiert worden (Ehmer, 1990; Laslett & Wall, 1972; Mitterauer, 1990a, 1992; Mitterauer & Sieder, 1977; Rosenbaum, 1982;).

2. Die Bedeutung von Verwandtschaft (im ausgehenden 18. bis zum frühen 20. Jahrhundert)

Es liegt nahe, aus dieser Erkenntnis die Konsequenz zu ziehen, über den unmittelbaren Familienzusammenhang hinausreichende verwandtschaftliche Bindungen seien in unseren Breiten unwichtig gewesen und könnten vernachlässigt werden. Das wäre jedoch ein Fehlschluß! Sicherlich existierten und existieren hierzulande keine ausgedehnten Verwandtschaftsverbände, wie sie uns in anderen Teilen der Welt sofort auffallen. Trotzdem haben Verwandtschaft, zumindest einzelne verwandtschaftliche Verbindungen auch in den westeuropäischen Gesellschaften wichtige Funktionen gehabt, die jedoch, weil sie verdeckter wirkten, nicht sogleich ins Auge sprangen. Man muß sehr genau hinsehen, wenn man der Bedeutung von Verwandtschaft auf die Spur kommen will. Hinzu kommt, daß wegen der fehlenden strukturellen Vorgaben Verwandtschaft kein eigenständiges Beziehungsgeflecht mit festgelegten Verhaltensmustern, Aufgaben und Normierungen ist. Infolge der bereits betonten Offenheit und Flexibilität des Verwandtsschaftssystems hängt seine Relevanz bzw. die einzelner Teilbereiche von den jeweiligen ökonomischen, sozialen und kulturellen Konstellationen ab, in die es eingebettet ist (Sabean, 1998, S. 6). Insofern sind auch keine generellen Aussagen über die Bedeutung von Verwandtschaft möglich, sondern nur Aussagen für sozial und historisch eingegrenzte Situationen.

Aus diesem Grunde konzentriere ich mich im folgenden, wie angekündigt, auf den Zeitraum vom späten 18. bis zum frühen 20. Jahrhundert. Das ist zugleich die Phase, auf die sich die eingangs erwähnten verschiedenen Varianten der These vom Zurückweichen der Verwandtschaftsbindungen und der Herausbildung der isolierten Kernfamilie beziehen. Außerdem werden in diesem Zeitraum in Deutschland, auch in den protestantischen Staaten, die Eheverbote durch die Zulassung von Dispensen gelockert. Sabean, der diese Entwicklung in Württemberg untersucht hat, führt sie darauf zurück, daß dort ein nunmehr starker Staat mit einer gefestigten Verwaltung engere Verwandtschaftsbindungen wieder zulassen konnte, die der zuvor schwache Staat mit einer schwachen Verwaltung möglichst hatte unterbinden müssen (Sabean, 1998, S. 85 ff.). Auch Schlumbohm berichtet für das 19. Jahrhundert von einer relativ liberalen Dispenspraxis im Osnabrückischen, die sogar die Verwischung der Generationsgrenzen zuließ (Schlumbohm, 1994, S. 436 ff.). Eheschließungen zwischen nahen Verwandten waren dadurch leichter möglich als in den vorhergehenden Jahrhunderten. Insofern läßt sich beobachten, ob und wie, unter welchen Bedingungen und mit welcher Zielsetzung die Bevölkerung oder einzelne ihrer Segmente davon Gebrauch machten.

2.1 Die ökonomische Bedeutung von Verwandtschaft

Bei den besitzenden Schichten der Bevölkerung waren Sicherung und Vermehrung des Eigentums wesentlicher Bestandteil verwandtschaftlicher Beziehungen. Sowohl in bäuerlichen als auch in bürgerlichen Kreisen der Bevölkerung wurden gezielte Heiratsstrategien um ökonomischer Vorteile willen praktiziert, die zu festen Verbindungen zwischen mindestens zwei Verwandtschaftsgruppen führten. Sicherlich einen Extremfall bildete ein über 200 Jahre „geschlossener" Heiratskreis zwischen vier Familien in Bremen (Rosenbaum, 1982, S. 333). In der Literatur über das Wirtschaftsbürgertum gibt es aber eine Reihe von Hinweisen auf diese Heiratspolitik zum Wohle des Geschäfts (Fassl, 1996, S. 227 f.; Schumann, 1996, S. 330; van Eyll, 1996, S. 267. – Gegenteilig, vermutlich wegen anderer Fragestellung: Berghoff, 1992, S. 129 ff.), die nicht notwendig bedeutete, daß Zuneigung oder selbst Liebe ausgeschlossen waren. Hellwig nennt die „auf Heiratspolitik und Kinderreichtum beruhende innere Verflechtung (...) geradezu ein Kennzeichen des saarländischen Unternehmertums im 19. Jahrhundert" (Hellwig, 1996, S. 109 ff.). Insgesamt ist die Bedeutung von Heiratsstrategien für das frühe deutsche Wirtschaftsbürgertum des 19. Jahrhunderts mehrfach thematisiert worden (Decker, 1965, S. 113 ff.; Kocka, 1979; Möckl, 1996; Rosenbaum, 1982; Zunkel, 1962). Auch für die französische Industrie vom 18. bis 20. Jahrhundert konstatierte Bergeron eine Präferenz für „Überkreuzheiraten und miteinander eng verbundene Familienverbände, die nur wenige Familien umfassen" mit dem Ergebnis, daß sich „die Beziehungen zwischen Vettern in einer Weise häufen, daß allein die Betroffenen sich darin auskennen". Diese Heiratsstrategien hatten auch im Wirtschaftsbürgertum die Funktion, „die Erbschaften und die Aussteuer regelmäßig in das Innere der betroffenen Gruppe zurück" zu führen (Bergeron, 1981, S. 232 f.). Kreuzheiratsstrategien zwischen den Eigentümern großer Bauernhöfe mit dem Ziel, die Mitgiften auszugleichen, konnte Schlumbohm feststellen (Schlumbohm, 1994, S. 436). In württembergischen Dörfern führte die Erleichterung der Cousin-Cousinen-Heirat seit der Mitte des 18. Jahrhunderts dazu, daß sich eine untereinander eng verflochtene dörfliche Oberschicht herausbildete (Lipp, 1982, S. 288 ff.; Sabean, 1998).

Heiraten innerhalb der Verwandtschaft beugten also zunächst einmal der Besitzzersplitterung vor. Des weiteren diente die Verwandtschaft dazu, notwendiges Betriebskapital zu erhalten. Dies war zu Zeiten ohne einen institutionalisierten Kapitalmarkt und ein Netz von Kreditinstituten immens wichtig. Entweder fungierten Verwandte direkt als Finanziers (Beispiele bei Bergeron, 1981; Kocka, 1979; Panke-Kochinke, 1996), eine in bürgerlichen Kreisen verbreitete Form der Kapitalbeschaffung, oder indirekt. Die Verbindung mit einer angesehenen Familie konnte die eigene Reputation und damit die Kreditfähigkeit stärken. Verwandte traten auch als Bürgen für oder Vermittler von Fremdkapital auf, wie Sabean für ein württembergisches Dorf bereits im 18. Jahrhundert nachweisen konnte. Insbesondere an seinem Beispiel zeigt sich, wie präzise man hinsehen muß, um die Bedeutung von Verwandtschaftsbeziehungen nachweisen zu können. Auf den ersten Blick erscheint gerade die Aufnahme von Fremdkapital durch die Bauern als Argument für die angebliche Irrelevanz von Verwandtschaft. Tatsächlich spielte sie aber auch hier insofern eine zentrale Rolle, als ein Dorfkomitee die Verbindung zwischen einem Landbesitzer und seinem auswärtigen Kreditgeber überwachte. Das Komitee beurteilte die Kreditwürdigkeit des Antragstellers und entschied dadurch zugleich über mögliche Bürgschaften. „Durch dieses institutionelle Arrangement", so Sabean, „spielten Verwandtschaft und die Hierarchie der familialen Reputation eine grundlegende Rolle beim Zugang des Dorfbewohners zu auswärtigem Geld." (Sabean, 1998, S. 7)

Des weiteren war die Verwandtschaft gleichbedeutend mit personellen Ressourcen. Das frühe Wirtschaftsbürgertum rekrutierte sein Leitungspersonal zwar nicht ausschließlich, aber bevorzugt aus der Verwandtschaft. Das bedeutete nicht, daß man stets auf die nächsten Verwandten, das heißt die eigenen Kinder, zurückgriff. Waren diese ungeeignet, so wurden weiter entfernte Verwandte herangezogen. Diese Maxime galt selbst für den Erbgang. Fehlende oder ungeeignete Nachkommen wurden durch Rückgriff auf Verwandte ersetzt (vgl. die Beispiele bei Bergeron, 1981; Kocka, 1979; Panke-Kochinke, 1996). Dabei läßt sich keine Bevorzugung einer Abstammungslinie feststellen, sondern zur Verwandtschaft zählten auch die angeheirateten Verwandten. Selbst bei Großbauern konnte Schlumbohm kein „Geblütsdenken" ausmachen (Schlumbohm, 1994, S. 524).

Die bevorzugte Nutzung verwandtschaftlicher Beziehungen für ökonomische Zwecke läßt sich nicht ausschließlich dadurch erklären, daß bestimmte institutionelle Möglichkeiten, wie Kapitalmarkt und einige Rechtsformen für Betriebe, noch nicht ausgebildet waren. Bergeron weist darauf hin, daß zumindest seit der zweiten Hälfte des 18. Jahrhunderts noch ein weiteres Moment hineinspielte: „Ein Unternehmen kann sich nur stärken, wenn es sich in das familiale Muster einpaßt und damit zu seinen Gunsten *die affektiven Kräfte* (Hervorhebung; H.R.) mobilisiert, die sich innerhalb der Familien mit besonderer Intensität entwickeln (...)." (Bergeron, 1981, S. 230)

Hinter der ausgeprägten Präferenz von Verwandtschaftsheiraten bei Bauern und Bürgern stand also als treibende Kraft die Sicherung und Vermehrung des Eigentums. Das wird besonders durch den Vergleich mit den Praktiken der eigentumslosen Bevölkerung deutlich. So gab es bei den unterbäuerlichen, landlosen Familien nur selten Ehen zwischen Verwandten und Verschwägerten (Schlumbohm, 1994, S. 530). Aber ist das gleichbedeutend mit dem Fehlen einer ökonomischen Bedeutung von Verwandt-

schaft in diesen Kreisen überhaupt? Das wäre ein Trugschluß. Im Rahmen der Lebensbedingungen sind auch hier verwandtschaftliche Beziehungen nützlich. Für die länd-
liche Bevölkerung hat Schlumbohm nachgewiesen, daß Geschwister offenbar bei der
Vermittlung eines Arbeitsplatzes (als Gesinde) behilflich waren (Schlumbohm, 1994,
S. 360). Die Bedeutung der Verwandten bei der Suche nach Beschäftigungsmöglichkei-
ten läßt sich auch für die Industriearbeiterschaft nachweisen. Besonders eindringlich
zeigt dies Harevens Untersuchung über Amoskeag (Hareven, 1982). Aber auch meine
eigene Studie über Linden ergab, daß es die Verwandten waren, die eine zentrale Rolle
bei der Vermittlung von Arbeitsplätzen spielten. Die Arbeiter versuchten, in einem
„guten" Betrieb ihre eigenen Angehörigen unterzubringen. Sie gaben Hinweise auf freie
Stellen, sprachen mit dem Meister oder Arbeitskollegen, vermittelten Lehrstellen und
ähnliches (Rosenbaum, 1992). Wenn, wie Parisius berichtet, nicht nur der Vater seines
Befragten im selben Betrieb arbeitete, sondern weitere 41 Verwandte, so ist das sicher
ein extremes Beispiel, an dem aber deutlich wird, daß hierfür nicht der Zufall, sondern
gezielte Strategien ausschlaggebend waren (Parisius, 1986, S. 298). Diese Bemühungen
liegen selbstverständlich auf einer anderen Ebene als bei Großbauern oder dem Wirtschaftsbürgertum. Gleichwohl hatten sie auch im Milieu der Armut unter Umständen
lebensverbessernde bzw. -sichernde Funktion.

Entsprechend der dargestellten großen ökonomischen Bedeutung verwandtschaftlicher Beziehungen gehörten und gehören wirtschaftliche Streitigkeiten, insbesondere
Erbauseinandersetzungen zu den zentralen Konflikten zwischen Verwandten. Dies allerdings nur dort, wo überhaupt Wesentliches vererbt werden konnte und kann, seien es
nun Ländereien und Nutzungsrechte oder Firmen und Kapitalien (vgl. den Beitrag von
Lauterbach in diesem Band).

2.2   Verwandtschaft und politische Macht

Verwandtschaftliche Bindungen, Beziehungen und Geflechte wurden jedoch nicht nur
für ökonomische Ziele und Zwecke benötigt. Sie stützten auch den Prozeß der politischen und sozialen Klassenbildung erheblich. Für schwäbische Dörfer liegen dazu
mehrere Studien vor (Jeggle, 1977; Kaschuba & Lipp, 1982, Sabean, 1998; Wunder,
1961). In einer gerade abgeschlossenen Untersuchung hat Sabean detailliert nachgewiesen, wie in Württemberg eine Lockerung der protestantischen Eheverbote – Heiraten
zwischen Cousins und Cousinen zweiten Grades waren seit 1680 ohne großen Aufwand mittels Dispensen möglich – mit zeitlicher Verzögerung seit der Mitte des
18. Jahrhunderts eine wachsende Zahl von Cousin-Cousinen-Heiraten in den führenden Familien Neckarhausens nach sich zog (Sabean, 1998, S. 82). In der Folge bildeten
sich praktisch durch Heirat verwandtschaftlich miteinander verbundene Syndikate der
politisch führenden Familien, die die Magistrate dominierten. Auf diese Weise konnten
sie die Verteilung der dörflichen Ressourcen immer effektiver kontrollieren (Sabean,
1998, S. 10 und 46 ff.). Mit dem Begriff „Vetterleswirtschaft", der nun erst entstand,

belegten die Dörfler selbst dieses verwandtschaftlich fundierte politische System (Sabean, 1998, S. 37 ff.; Lipp, 1982, S. 588). Die Ursachen für diese Entwicklung sind umstritten: Sabean sieht in der Bildung von Allianzen mittels Heiraten eine Reaktion der politischen Führung und der reichen Bauern des Dorfes auf den verstärkten Zugriff des immer effektiver organisierten absoluten Staates auf ihre Steuern und Abgaben. Heiratspolitik und verwandtschaftlich fundierte Syndikate wären mithin eine Art „Notwehrreaktion". Lipp interpretiert das System der „Vetterleswirtschaft" hingegen als die „einer Gemeinde von familienwirtschaftlich orientierten, agrarischen Privatproduzenten immanente Herrschaftslogik" (Lipp, 1982, S. 588). Das Geflecht der Verwandtschaftsbeziehungen bildete „die stabilisierende Substruktur der politischen Herrschaft auf dem Dorf und (war) zugleich auch ein Garant für die Kontinuität des politischen Konsenses" (Lipp, 1982, S. 588).

Wie auch immer: Seit der zweiten Hälfte des 18. Jahrhunderts ist die politische Machtausübung in den untersuchten schwäbischen Gemeinden bestimmt gewesen von eng miteinander verbundenen Verwandtschaftsallianzen der politisch und ökonomisch führenden Familien in den Dörfern. Familie und Verwandtschaft waren in diesem Zeitraum die entscheidenden Basisorganisationen für die Beteiligung an der innerdörflichen Herrschaft (Lipp, 1982, S. 572). Selbst überlokale Verflechtung der politischen Eliten wurde durch Heiratspolitik in die Wege geleitet (Lipp, 1982, S. 581). Diesen Bestrebungen auch weiterhin entgegenstehende gesetzliche Bestimmungen erwiesen sich als nicht weitreichend genug bzw. wurden dadurch umgangen, daß man bei der Besetzung politischer Ämter auf Angehörige verwandtschaftlicher Nebenlinien auswich, die von den Restriktionen nicht betroffen waren (Lipp, 1982, S. 576).

Verwandtschaft erweist sich somit bei genauerer Betrachtung als ein zentraler Faktor der Klassenbildung innerhalb der dörflichen Gesellschaft des ausgehenden 18. und des 19. Jahrhunderts (Sabean, 1998, S. 42 f. und 60; Lipp, 1982). Dabei hat Sabean darauf aufmerksam gemacht, wie diese zunächst offen zutage liegende Bedeutung, die im Begriff der „Vetterleswirtschaft" aufscheint, durch den politischen Diskurs über Öffentlichkeit und Privatheit am Anfang des 19. Jahrhunderts zunehmend verdeckt wird. Verstärkt wurde diese Tendenz durch die im gleichen Zeitraum entstehenden Parteien, die ebenfalls die Abkopplung politischer Willensbildungsprozesse von privaten Beziehungsgeflechten suggerierte (Sabean, 1998, S. 60). Unsichtbar wird der Verwandtschaftszusammenhang aber zunächst nur auf der sprachlichen Ebene. Damit ist jedoch nicht gesagt, daß er tatsächlich irrelevant geworden ist. Schon die Untersuchungsergebnisse Jeggles und Lipps bezeugen das Gegenteil, nämlich einen fortwährenden Prozeß politischer Machtausübung durch wenige miteinander blutsverwandte und verschwägerte Familien während des gesamten 19. Jahrhunderts bis weit ins 20. Jahrhundert hinein. Und auch Sabean sieht im Grunde die weiterhin wirkende Macht der Verwandtschaftsebene, wenn er schreibt: „And yet class formation in the nineteenth century (...) was closely tied up with familial dynamics. Systems of marriage endogamy and class endogamy came to overlap and reinforce each other, and activity in one area can only with difficulty be distinguished from activity in the other." (Sabean, 1998, S. 60) Sabean verallgemeinert diese Feststellung über die bäuerliche Bevölkerung hinaus und dehnt sie auf das Bürgertum aus.

Hierfür, für die Bedeutung der Verwandtschaft im Hinblick auf die Ausübung politischer Macht des Bürgertums, gibt es meines Wissens jedoch keine systematischen Untersuchungen, sondern nur einzelne, fast beiläufige Hinweise auf die enge Verbindung von ökonomischer und politischer Macht der „vielfach verschwägerten, verwandtschaftlich abgestützte(n), wirtschaftsbürgerliche(n) Führungsgruppen" (Kocka, 1979, S. 117) zumindest auf der lokalen Ebene. Auf darüber hinausreichende Effekte verweisen die Bemerkungen Bergerons, „daß (für die französischen Verhältnisse) der innere Zusammenhang des Unternehmertums, verstärkt durch den Zusammenhang der Familien und Familiennetze, ohne Zweifel dazu beigetragen hat, innerhalb dieser Gruppe die Ausbildung eines spezifischen Klassenbewußtseins zu beschleunigen und zur Herausbildung von Interessenverbänden beizutragen" (Bergeron, 1981, S. 234).

Für die sozialen Unterschichten sind diese Probleme meines Wissens bislang nicht untersucht worden. Die Folgerung Bergerons, daß Entwicklungen wie im Bürgertum hier „durch die Fortschritte zum Individualismus hintan gehalten werden" (Bergeron, 1981, S. 234), erscheint mir überzogen. Eine Geschichte der Arbeiterbewegung beispielsweise unter der Perspektive verwandtschaftlicher Beziehungen – zumindest unter den Funktionären – steht noch aus und dürfte vermutlich einige Überraschungen ergeben. Die Bedeutung der familialen Sozialisation für die Einübung in politische Denk- und Verhaltensweisen habe ich selbst in einer Studie nachweisen können (Rosenbaum, 1992, S. 100 ff. und 249 ff.). Gelegentlich gab es Hinweise auf wichtige Einflüsse seitens anderer Verwandter. Vermutlich ist auch in diesem Milieu Verwandtschaft zwar kein zentraler, aber doch nicht unwichtiger Faktor der Interessenformierung und Klassenbildung gewesen. Darauf deuten einige der Ergebnisse Zwahrs hin, der unter anderem Patenwahlen in der Leipziger Arbeiterschaft untersucht hat (Zwahr, 1978, S. 163 ff.). Beim jetzigen Stand der Forschung kann diese These jedoch nicht ausreichend belegt werden.

2.3   Soziale Funktionen der Verwandtschaft

Mit „sozialen Funktionen" sind alle diejenigen gemeint, die weder explizit ökonomisch noch politisch sind, wobei nicht ausgeschlossen ist, daß sie gleichwohl auch derartige Effekte haben können.

(1) Zentrale Bedeutung hat Verwandtschaft in erster Linie als ein *soziales Netz*, das teilweise sogar den Charakter von Überlebenshilfe bekommt. Diese Funktion ist aus naheliegenden Gründen am auffälligsten bei den ärmeren Bevölkerungsgruppen. Aus verschiedenen Studien läßt sich entnehmen, daß beispielsweise in ökonomischen Krisensituationen von Angehörigen der armen Bevölkerungsgruppen auf sonst gerade hier unübliche erweiterte Familien- oder Haushaltsformen zurückgegriffen wurde (Ehmer, 1990, S. 177 ff.; Levine, 1977; Schlumbohm, 1994, S. 526 ff.). Für Arbeiterfamilien

um die Wende vom 19. zum 20. Jahrhundert konnte ich in einer eigenen Untersuchung folgendes nachweisen (Rosenbaum, 1992):

(a) Die Arbeiter wanderten in die neuen industriellen Zentren meist zusammen mit Verwandten. Dabei handelte es sich in der Regel um kollaterale Verwandte. Diese machten sich entweder gemeinsam oder kurz nacheinander auf die Reise und ließen sich dann möglichst in der Nähe nieder.

(b) Zu diesen Verwandten bestanden meist enge soziale, auch gesellige Beziehungen.

(c) Diese schlossen vielfältige Arten von Verwandtschaftshilfe ein:

- Hilfe beim Ein- und Überleben. Dazu zählen insbesondere Hilfen bei der Beschaffung von Arbeitsplatz und Wohnraum.
- Hilfe bei der Beaufsichtigung von Kindern, im Krankheitsfall und ähnlichem.
- Unterstützung mit Sachleistungen, aber auch bei regelmäßig anfallenden Arbeiten, wie der „großen Wäsche".
- Verwandtschaftlicher Rat und Hilfe bei der Berufswahl der Kinder. Verwandte vermittelten nicht selten auch Ausbildungsplätze.
- Auf dem Land verbliebene Verwandte unterstützten, falls die Entfernung nicht zu groß war, die städtischen Verwandten bei der Ernährung, indem sie für sie schlachteten, „Freßpakete" schickten, die Kinder in den Schulferien aufnahmen und ähnliches.
- Finanzielle Hilfe kam auch vor, war jedoch selten. Angesichts der materiellen Situation dieser Familien erstaunt das nicht.

Diese Verwandtschaftshilfen waren wichtig und erleichterten das Leben in vielerlei Hinsicht. Existentielle Bedeutung erhielten sie jedoch erst in familialen Krisensituationen, also dann, wenn die Familie selbst oder zentrale Funktionen gefährdet waren (Rosenbaum, 1993). Solche Krisensituationen waren traditionell ein geradezu „klassisches" Feld von Verwandtschaftshilfen auch unter der Landbevölkerung. Verwandte übernahmen bevorzugt Vormundschaften, Patenschaften und Pflegschaften für verwaiste und uneheliche Kinder (Schlumbohm, 1994, S. 312 ff.; Sabean, 1998, S. 29 ff.). Bei ihren Eltern suchte und fand die uneheliche Mutter am ehesten Zuflucht und Hilfe (Schlumbohm, 1994, S. 309).

Derartige Überlebenshilfen gab es auch in bürgerlichen Kreisen – zumindest gibt es einige Hinweise darauf. Allerdings sind sie, da es sich weniger um allgemeine Reaktionsmuster auf verbreitete Bedürfnisse als um Einzelfälle handelt, nicht so auffällig. Solche Hilfe durch Verwandte kam zudem seltener und auch nur „verdeckter" vor, weil es hier entscheidend darum ging, die „bürgerliche Ehre" zu bewahren. Ein typischer Fall für „Überlebenshilfe" durch Verwandte im Bürgertum war der geschäftliche Mißerfolg. Es waren Verwandte, die dann einen Konkurs entweder abwendeten oder bei dessen Abwicklung halfen, sie waren es, die dem Gescheiterten finanzielle Hilfe gewährten, um den drohenden sozialen Abstieg zu vermeiden oder zu kaschieren (vgl. die Beispiele bei Panke-Kochinke, 1996, S. 115 ff.).

(2) Die Zugehörigkeit zu einer bestimmten Verwandtschaft, gleichgültig ob durch Abstammung oder Verschwägerung, beeinflußte auch den sozialen Status, und zwar in

positiver wie in negativer Hinsicht. Dies gilt zumindest in Gesellschaften, in denen die Mehrheit der Bevölkerung räumlich wenig mobil ist und infolgedessen die verwandtschaftliche Einbindung von Außenstehenden überblickt werden kann. Verwandtschaft fungiert mithin – in der Terminologie Bourdieus – als soziales Kapital (Bourdieu, 1983). Zugehörigkeit zu einer bestimmten Verwandtschaft definierte von vornherein das mit hoher Wahrscheinlichkeit zu erwartende sozioökonomische Lebensschicksal. Jeggle hebt hervor, daß die scharfe soziale Segregation im Dorf des 19. Jahrhunderts nicht als solche, sondern als biologisch determiniert erlebt wurde: „(...) sie (die sozialen Schichten; H.R.) traten den Kiebingern als Verwandtschaft gegenüber" (Jeggle, 1977, S. 200). Auf die positiven Effekte der Zugehörigkeit zu einem bestimmten Verwandtschaftskreis hat Lipp aufmerksam gemacht, als sie darauf hinwies, daß einflußreiche Verwandtschaft fehlende ökonomische Potenz auf dem dörflichen Heiratsmarkt durchaus kompensieren konnte. „Schichtsystem und soziales Ansehen gehen oft erst langfristig kongruent; der ökonomische Imperativ wirkt keineswegs immer unmittelbar, sondern ist gebrochen und reflektiert durch das Verwandtschaftssystem." (Lipp, 1982, S. 457)

Umgekehrt führte die Zugehörigkeit zu einer sozial auffälligen Verwandtschaft zu einer negativen Einschätzung der Angehörigen. Ungünstige Lebensverhältnisse wurden ihnen dadurch deutlich „von außen" zugeschrieben und damit festgelegt. Besonders deutlich wurde diese „Sippenhaftung" bei der Beurteilung der Zukunftsaussichten der um Heiratserlaubnis bittenden Angehörigen der armen Bevölkerung durch die Behörden (vgl. die vielen Beispiele bei Lipp, 1982). Diese Stigmatisierung der Angehörigen bestimmter Familien läßt sich bis in die NS-Zeit verfolgen (Hinweis von Lipp).

3. Ausblick

(1) Bisher wurde gezeigt, daß entgegen den im 19. Jahrhundert dominierenden theoretischen Entwürfen über die Entwicklung von Familie und Verwandtschaft, Verwandtschaftszusammenhänge und Netzwerke zentrale Bedeutung in allen sozialen Schichten der Bevölkerung gehabt haben. Insbesondere für die sozialen Oberschichten in Stadt und Land geriet Verwandtschaft zum Vehikel ökonomischer Entwicklung und Konsolidierung, aber auch der politischen Machtausübung. Für die Unterschicht lag ihre Bedeutung viel stärker in ihrer Eigenschaft als soziales Netz in individuellen und gesellschaftlichen Krisensituationen. Aber auch hier wurden vermutlich soziale Aufstiegsprozesse im wesentlichen verwandtschaftlichen Hilfestellungen verdankt.

Es bleibt angesichts dessen die naheliegende Frage, welche Bedeutung Verwandtschaft noch heute hat. Treffen die Prognosen des 19. Jahrhunderts, in deren Tradition sich auch noch die Parsons'schen Thesen über das amerikanische Verwandtschaftssystem bewegten, inzwischen zu? Griffige Gegenwartsdiagnosen wie Individualisierung, Wertewandel, aber auch Zunahme von Single-Haushalten und Verzicht auf Kinder scheinen in diese Richtung zu deuten.

(2) Meines Erachtens sind derartige Schlußfolgerungen wenig belegt. Erstaunlicherweise gibt es kaum Untersuchungen über Art und Intensität von Verwandtschaftsbeziehungen und ihre Bedeutung in verschiedenen sozialen Milieus (Ausnahme: Fehlmann von der Mühl, 1978, 1982). In den letzten Jahren wurden im Rahmen von Netzwerkanalysen einige Erkenntnisse gewonnen. Verwandtschaft wird aber nicht als gesonderte soziale Beziehung untersucht. Dadurch wird ihre spezifische Qualität gegenüber Freundschaft und Nachbarschaft verfehlt. Verwandtschaft, gleich ob blutsverwandte, affine oder fiktive, konstituiert in unserer Kultur eine soziale Beziehung besonderer Qualität (vgl. Baecker & Kistner, 1981). Sie existiert unabhängig vom individuellen Wollen und Wünschen. Vom Augenblick seiner Geburt an hat der Mensch Verwandte. Das heißt, es handelt sich um eine soziale Beziehung, die ihm vorgegeben wird, in die er hineinwächst und in deren Aufbau und Pflege wenig Energie investiert werden muß. Zugleich kann und muß er aus der Fülle von Verwandten, die unser kognatisches, das heißt beide Abstammungslinien einbeziehendes, Verwandtschaftssystem bereit stellt, auswählen: bestimmte Verwandtschaftsbeziehungen intensivieren, andere vernachlässigen. Verwandtschaft ist außerdem eine Beziehung normativen Charakters, die Ansprüche und Verpflichtungen beinhaltet und Solidarität fordert, ohne daß damit ein Recht auf „Rückzahlung" verbunden ist. Dieses besteht höchstens in der abstrakten Form, daß man selbst im Notfall Hilfe von anderen erwarten kann. In der einschlägigen Literatur wird hierfür der Begriff der „Reziprozität" vorgeschlagen (vgl. Elwert, 1987, S. 303 f.). So ruft in der Regel der Hinweis auf eine Verwandtschaftsverbindung zwischen zwei einander völlig fremden Personen ein Gefühl der Verpflichtung hervor.

Hinzu kommt, daß – wie oben schon angedeutet – Verwandtschaft in wechselnden Situationen und Konstellationen sehr verschiedene Bedeutungen annehmen kann. Außerdem ändert sich ihre Relevanz im Lebenszyklus. Selbst die eigenen Eltern haben für die Kinder in verschiedenen Lebensphasen eine unterschiedliche Bedeutung. Das gilt zumindest in bezug auf Geschwister und Großeltern gleichermaßen, vermutlich aber auch im Hinblick auf weitere Verwandte. Gerade diese Flexibilität und Variationsbreite macht es schwierig, Generelles über Verwandtschaftszusammenhänge auszusagen. Ist das die Ursache für den auffälligen Mangel an Forschungen auf diesem Gebiet?

(3) Diese Frage läßt sich nicht so einfach beantworten. Mehrere Ursachen treffen hier zusammen. Zunächst einmal verstand und versteht sich die Soziologie explizit als Wissenschaft von der Moderne. Dieses Selbstverständnis hatte und hat, von wenigen Ausnahmen abgesehen, nicht nur einen eklatanten Mangel an historischem Wissen und an Bewußtsein von der historischen Dimension sozialer Phänomene zur Folge (Rosenbaum, 1977; 1980, Einleitung; 1982). Insbesondere führte es dazu, Charakteristika vormoderner Gesellschaften, wie Religion, aber auch Verwandtschaft, keine oder nur periphere Aufmerksamkeit zu schenken, weil sie ohnehin über kurz oder lang verschwinden oder zur Bedeutungslosigkeit herabsinken würden.

Aus diesem Selbstverständnis erklärt sich auch die auffällige Arbeitsteilung zwischen Soziologie und Ethnologie: Die Untersuchung von Verwandtschaftsstrukturen ist ein zentraler Bereich der Ethnologie, die sich lange Zeit hauptsächlich mit vormodernen

Gesellschaften beschäftigte, während die Soziologie diesen Komplex, von wenigen Ausnahmen abgesehen, wegen seiner vermeintlichen Irrelevanz ausblendete. Erst allmählich setzt sich die Erkenntnis durch, daß das ein Fehler gewesen sein könnte. In dieser Konsequenz erhebt neuerdings Latour die Forderung, alle jene Themenkomplexe, die die Ethnologie in vormodernen Gesellschaften untersuchte, auch für die modernen zu bearbeiten (Latour, 1995, S. 134 ff.).

(4) Vermutlich trägt zur Abstinenz der Forschung zudem die Tatsache bei, daß in den modernen Gesellschaften in der Regel strikt zwischen öffentlicher und privater Sphäre getrennt wird. Diese Separierung hat im politisch-sozialen Diskurs eine bis an die Wende zum 19. Jahrhundert zurückreichende Tradition (siehe oben). Wir haben zwar deshalb eine Vielzahl von Studien über ökonomische Entwicklung, auch auf der Ebene einzelner Betriebe, oder über politische Strategien und Einflußnahmen. Das ihnen zugrundeliegende familiale oder verwandtschaftliche Subsystem ist jedoch kein Thema – zumindest erregt es normalerweise keine Aufmerksamkeit. Nur gelegentlich wird es in Extremfällen thematisiert. Beispiele dafür sind die Nepotismusvorwürfe gegen den ehemaligen Bundesminister Möllemann und den amtierenden Justizminister Schmidt-Jortzig (Der SPIEGEL, Nr. 8, 1997). Dabei erhaschen wir einen kurzen und flüchtigen Blick auf verwandtschaftliche Geflechte unterhalb der politischen Ebene, dann fällt der Vorhang wieder, so als ob es unanständig wäre, genau hinzusehen. Das gilt im gleichen Maße für den Bereich der Wirtschaft, insbesondere aber für die Verflechtungen zwischen Wirtschaft und Politik. Seine Frage, ob „die Rolle familialer Strukturen in der Ausbildung des industriellen Kapitalismus(,) dem Zeitalter der fortgeschrittenen Technologie und der multinationalen Gesellschaften schließlich völlig verschwinden (wird)", beantwortet Bergeron selbst mit Hinweisen auf familiale und verwandtschaftliche Eingriffe bei der Einstellung von Leitungspersonal und der Zusammensetzung der Aufsichtsräte. Außerdem verdanke schließlich die Technokratie selbst wesentliche Züge ihrer Organisation dem familialen Beziehungsgeflecht (Bergeron, 1981, S. 236). Für die Gegenwart steht jedenfalls die Rekonstruktion verwandtschaftlicher Verflechtungen in Wirtschaft und Politik sowie zwischen beiden Bereichen noch aus. Von ihr können nicht nur überraschende, sondern vermutlich auch zentrale Einsichten in die Funktionsweise moderner Gesellschaften erwartet werden.

(5) Das Funktionieren von Verwandtschaft als soziales Netz ist vielleicht immer noch am deutlichsten erkennbar. Mindestens bis zur Rentenreform 1957 waren alte, nicht mehr erwerbsfähige Menschen aus der Unterschicht, teilweise auch der Mittelschichten auf die finanzielle Unterstützung ihrer Kinder oder anderer Verwandter angewiesen. Erst der Ausbau der Sozialversicherung hat die Verwandtschaft von derartigen Aufgaben entlastet. Davon und von der Intensivierung dieser Beziehung in der Not der Nachkriegsjahre abgesehen, stellen Hilfen von und durch Verwandte bei der Bewältigung des Alltags immer noch wesentliche Leistungen dar, die für das gesellschaftliche Zusammenleben unverzichtbar sind. Ich verweise nur stichwortartig auf die Kinderbetreuung durch die Großeltern sowie die Betreuung und Pflege alter Menschen, die zu 80 Prozent privat, das heißt im Verwandtschaftszusammenhang, erfolgt. Zu diesen un-

verzichtbaren Leistungen zähle ich auch die erwähnten Hilfestellungen bei der Beschaffung von Arbeitsplätzen. Das ist zweifellos kein ausschließlich für die Verwandtschaft reserviertes Feld, gleichwohl ein für sie wichtiges (vgl. Teichert, 1993, S. 195).

(6) Bislang überhaupt nicht bzw. nur ansatzweise thematisiert wurde die emotional-affektive Seite von Verwandtschaft. Das liegt zum einen daran, daß sie in historischen Studien aus naheliegenden Gründen keine zentrale Rolle spielt. Zum anderen wird sie in der Regel hauptsächlich in bezug auf die Eltern-Kind-Beziehungen und dabei nur für bestimmte Altersphasen untersucht. Die Tatsache, daß die (zunehmend) gleichzeitig lebenden Generationen in getrennten Haushalten leben, versperrt zudem den Blick auf diese Ebene der Beziehungen. Dieses Muster des Wohnens, selbst wenn es mit erheblicher räumlicher Distanz verbunden ist, steht jedoch unter den gegenwärtigen Lebensbedingungen intensiven emotionalen Beziehungen nicht entgegen. Die modernen Verkehrsmittel erlauben häufige Besuche, das Telefon täglichen und unmittelbaren Kontakt, selbst wenn man sich längere Zeit nicht sehen kann. Damit soll nicht gesagt werden, Verwandtschaft beinhalte nur positive Bindungen. Konflikte und Auseinandersetzungen, besonders zwischen Geschwistern, aber auch Eltern und Kindern, nicht nur um Erbteile, sondern auch um tatsächliche oder vermeintliche Zurücksetzungen, Beleidigungen und ähnliches, die wegen der emotionalen Nähe besonders „unter die Haut" gehen, sind bekannt. Insofern haben verwandtschaftliche Beziehungen auch ihre Schattenseiten, die um so gravierender sind, je „näher" sich die Menschen emotional rücken und je größer die Ansprüche sind, die sie aneinander stellen. Insofern könnte man die These wagen, daß gegenwärtig sogar eher von einer Intensivierung als von einem Bedeutungsverlust verwandtschaftlicher Beziehungen die Rede sein kann.

Insgesamt dürfte deutlich geworden sein, daß Verwandtschaft nicht nur immer noch ein für unsere Gesellschaft relevantes Beziehungssystem ist, sondern zugleich ein bislang von wissenschaftlichen Anstrengungen weitgehend vernachlässigtes Feld, das zu bearbeiten sich lohnen dürfte.

Literatur

Abel, W. (1971). Landwirtschaft 500–900. In H. Aubin & W. Zorn (Hrsg.), *Handbuch der deutschen Wirtschafts- und Sozialgeschichte*, Bd. I (S. 83–108). Stuttgart: Klett-Cotta.

Bader, K. S. (1962). *Dorfgenossenschaft und Dorfgemeinde*. Köln: Böhlau.

Baecker, M. & Kistner, A. (1981). *Die soziale Besonderheit von Verwandtschaftsbeziehungen*. Unveröffentlichter Abschlußbericht, Göttingen.

Bergeron, L. (1981). Familienstruktur und Industrieunternehmen in Frankreich (18. bis 20. Jhd.). In N. Bulst u.a. (Hrsg.), *Familie zwischen Tradition und Moderne* (S. 225–245). Göttingen: Vandenhoeck & Ruprecht.

Berghoff, H. (1992). *Englische Unternehmer 1870–1914*. Göttingen: Vandenhoeck & Ruprecht.

Bourdieu, P. (1983). Ökonomisches Kapital, kulturelles Kapital, soziales Kapital. In R. Kreckel (Hrsg.), *Soziale Ungleichheiten* (S. 183–198). Göttingen: Schwartz (Soziale Welt, Sonderband 2).

Decker, F. (1965). *Die betriebliche Sozialordnung der Dürener Industrie im 19. Jahrhundert*. Köln: Rheinisch-westfälisches Wirtschaftsarchiv.

Der SPIEGEL.(1997). Nr. 8 vom 17.2.1997.

Duby, G. (1988). *Ritter, Frau und Priester*. Frankfurt a.M.: Suhrkamp.

32   Heidi Rosenbaum

Durkheim, E. (1921). La famille conjugale. *Revue philosophique, 46*, 1–14.

Ehmer, J. (1990). *Sozialgeschichte des Alters.* Frankfurt a.M.: Suhrkamp.

Elwert, G. (1987). Ausdehnung der Käuflichkeit und Einbettung der Wirtschaft – Markt und Moralökonomie. In K. Heinemann (Hrsg.), *Soziologie wirtschaftlichen Handelns* (S. 300–321). Opladen: Westdeutscher Verlag (Kölner Zeitschrift für Soziologie und Sozialpsychologie, Sonderheft 28).

Fassl, P. (1996). Wirtschaftliche Führungsschichten in Augsburg 1800–1914: In K. Möckl (Hrsg.), *Wirtschaftsbürgertum in den deutschen Staaten* (S. 217–250). München: Boldt.

Fehlmann von der Mühl, M. (1978). *Verwandtschaft. Theorien und Alltag.* Zürich.

Fehlmann von der Mühl, M. (1982). *Verwandtschaftsbeziehungen als Vermittlungskanal für Lebensstile. Sozialkultur der Familie,* Bd. 13 der Hessischen Blätter für Volks- und Kulturforschung (S. 46–57). Gießen: Wilhelm Schmitz Verlag.

Flandrin, J. (1978). *Familien. Soziologie, Ökonomie, Sexualität.* Frankfurt a.M.: Ullstein.

Goody, J. (1986). *Die Entwicklung von Ehe und Familie in Europa.* Berlin: Reimer.

Hajnal, J. (1965). European marriage patterns in perspective. In D. V. Glass & D. E. G. Eversley (Eds.), *Population in history* (pp. 101–143). London: Arnold.

Hareven, T. (1982). *Family time and industrial time. The relationship between the family and work in a New England industrial community.* Cambridge: Cambridge University Press.

Harms-Ziegler, B. (1991). *Illegitimität und Ehe.* Berlin: Duncker & Humblot.

Harris, M. (1989). *Kulturanthropologie.* Frankfurt a.M.: Campus.

Hellwig, F. (1996). Das Wirtschaft-Bürgertum an der Saar im 19. Jahrhundert. In K. Möckl (Hrsg.), *Wirtschaftsbürgertum in den deutschen Staaten* (S. 109–144). München: Boldt.

Jeggle, U. (1977). *Kiebingen – eine Heimatgeschichte.* Tübingen: Tübinger Vereinigung für Volkskunde e.V.

Kaschuba, W. & Lipp, C. (1982). *Dörfliches Überleben.* Tübingen: Tübinger Vereinigung für Volkskunde e.V.

Kocka, J. (1979). Familie, Unternehmen, Kapitalismus. An Beispielen aus der frühen deutschen Industrialisierung. *Zeitschrift für Unternehmensgeschichte, 24*, 99–135.

König, R. (1976). Emile Durkheim. In D. Käsler (Hrsg.), *Klassiker des soziologischen Denkens,* Bd. 1 (S. 312–364). München: Beck.

Laslett, P. & Wall, R. (Eds.). (1972). *Household and family in past time.* Cambridge: Cambridge University Press.

Latour, B. (1995). Wir sind nie modern gewesen. Versuch einer symmetrischen Anthropologie. Berlin: Akademie Verlag.

Le Play, F. (Ed.). (1855). Les ouvriers européens. Etudes sur les travaux, la vie domestique et la condition morale des populations ouvrières de l'Europe. 1ère ed., 1 volume in folio, Paris, 2ème ed., 6 volumes, Tours et Paris: Mame.

Levine, D. (1977). *Family formation in an age of nascent capitalism. Studies in social discontinuity.* New York: Academic Press.

Lipp, C. (1982). Dörfliche Formen generativer und sozialer Reproduktion. In W. Kaschuba & C. Lipp, *Dörfliches Überleben* (S. 288–598). Tübingen: Tübinger Vereinigung für Volkskunde e.V.

Mackenroth, G. (1953). *Bevölkerungslehre. Theorie, Soziologie und Statistik der Bevölkerung.* Berlin: Springer-Verlag.

Mitterauer, M. (1977). Der Mythos von der vorindustriellen Großfamilie. In M. Mitterauer & R. Sieder, *Vom Patriarchat zur Partnerschaft* (S. 38–65). München: Beck.

Mitterauer, M. (1990a). *Historisch-anthropologische Familienforschung.* Wien: Böhlau.

Mitterauer, M. (1990b). Europäische Familienformen im interkulturellen Vergleich. In M. Mitterauer, *Historisch-anthropologische Familienforschung* (S. 25–40). Wien: Böhlau.

Mitterauer, M. (1990c). Christentum und Endogamie. In M. Mitterauer, *Historisch-anthropologische Familienforschung* (S. 41–86). Wien: Böhlau.

Mitterauer, M. (1992). *Familie und Arbeitsteilung.* Wien: Böhlau.

Mitterauer, M. & Sieder, R. (1977). *Vom Patriarchat zur Partnerschaft.* München: Beck.

Möckl, K. (Hrsg.). (1996). *Wirtschaftsbürgertum in den deutschen Staaten.* München: Boldt.

Panke-Kochinke, B. (1996). *Der süße Brei. Lebenswandel in Osnabrück.* Unveröffentlichte Habilitationsschrift, Osnabrück.

Parisius, B. (1986). Mythos und Erfahrung der Nachbarschaft. Auf der Suche nach Nachbarschaften, die nicht zerstört wurden. In L. Niethammer (Hrsg.), *„Die Jahre weiß man nicht, wo man die heute hinsetzen soll". Faschismuserfahrungen im Ruhrgebiet* (S. 297–325). 2. Aufl., Berlin: J.H.W. Dietz Nachf.

Parsons, T. (1964). Das Verwandtschaftssystem in den Vereinigten Staaten. In T. Parsons, *Beiträge zur soziologischen Theorie* (S. 84–108), hrsg. von D. Rüschemeyer. Neuwied: Luchterhand.

Riehl, H. W. (1855). Die Familie. Stuttgart: J. G. Cotta.

Rosenbaum, H. (1977). Die Bedeutung historischer Forschung für die Erkenntnis der Gegenwart – dargestellt am Beispiel der Familiensoziologie. In A. Lüdtke & H. Uhl (Hrsg.), *Kooperation der Sozialwissenschaften*, Teil 2: Notwendigkeiten und Grenzen in Lehrausbildung und Theorie (S. 178–203). Stuttgart: Ernst Klett Verlag. [Außerdem erschienen in: Mitterauer, M. & Sieder, R. (1982). *Historische Familienforschung* (S. 40–63). Frankfurt a.M.: Suhrkamp.]

Rosenbaum, H. (Hrsg.). (1980). *Familie und Gesellschaftsstruktur. Materialien zu den sozioökonomischen Bedingungen von Familienformen.* 2. Aufl. der erw. Neuaufl., Frankfurt a.M.: Suhrkamp.

Rosenbaum, H. (1982). *Formen der Familie. Untersuchungen zum Zusammenhang von Familienverhältnissen, Sozialstruktur und sozialem Wandel in der deutschen Gesellschaft des 19. Jahrhunderts.* Frankfurt a.M.: Suhrkamp.

Rosenbaum, H. (1992). *Proletarische Familien.* Frankfurt a.M.: Suhrkamp.

Rosenbaum, H. (1993). Vaterlose Familien. Zur Bedeutung von Verwandtschaftsbeziehungen in der Arbeiterschaft des frühen 20. Jahrhunderts – am Beispiel der Industriestadt Linden bei Hannover. In J. Schlumbohm (Hrsg.), *Familie und Familienlosigkeit* (S. 235–242). Hannover: Hahn'sche Buchhandlung Hannover.

Sabean, D. W. (1998). Kinship in Neckarhausen. Cambridge: Cambridge University Press.

Schlumbohm, J. (1994). *Lebensläufe, Familien, Höfe. Die Bauern und Heuerleute des Osnabrückischen Kirchspiels Belm in protoindustrieller Zeit 1650–1860.* Göttingen: Vandenhoeck & Ruprecht.

Schröter, M. (1985). „Wo zwei zusammenkommen in rechter Ehe …". *Sozio- und psychogenetische Studien über Eheschließungsvorgänge vom 12. bis 15. Jhd.* Frankfurt a.M.: Suhrkamp.

Schumann, D. (1996). Wirtschaftsbürgertum in Regensburg. In K. Möckl (Hrsg.), *Wirtschaftsbürgertum in den deutschen Staaten* (S. 317–341). München: Boldt.

Teichert, W. (1993). *Das informelle Wirtschaftssystem.* Opladen: Westdeutscher Verlag.

van Eyll, K. (1996). Kölner Wirtschaftsbürgertum im 19. Jahrhundert (bis 1914). In K. Möckl (Hrsg.), *Wirtschaftsbürgertum in den deutschen Staaten* (S. 251–279). München: Boldt.

Vivelo, F. R. (1995). *Handbuch der Kulturanthropologie.* 2. Aufl., Stuttgart: Klett-Cotta.

Weigand, K. (1989). Die Durchsetzung des Konsensprinzips im kirchlichen Eherecht. *Österreichisches Archiv für Kirchenrecht* (Vierteljahresschrift), *38*, 304–314.

Wunder, G. (1961). Schwäbische Schultheißenfamilien. *Zeitschrift für Agrargeschichte und Agrarsoziologie, 9*, 203–210.

Wunder, H. (1986). *Die bäuerliche Gemeinschaft in Deutschland.* Göttingen: Vandenhoeck & Ruprecht.

Wunder, H. (1992). „Er ist die Sonn, sie ist der Mond". *Frauen in der frühen Neuzeit.* München: Beck.

Zunkel, F. (1962). *Der rheinisch-westfälische Unternehmer 1834–79.* Köln: Westdeutscher Verlag.

Zwahr, H. (1978). *Zur Konstituierung des Proletariats als Klasse.* Berlin: Akademie Verlag.

Vom „egoistischen Gen" zur Familiensolidarität – Die soziobiologische Perspektive von Verwandtschaft

Eckart Voland und Andreas Paul

1. Das Beispiel der Pilgerväter

Als im September 1620 die Pilgerväter von England aus in die neue Welt aufbrachen, waren sie nur schlecht auf das Abenteuer der Atlantiküberquerung und die Lebensbedingungen ihrer neuen Heimat vorbereitet. Von den 103 Passagieren der „Mayflower" überlebten nur 50 das erste Jahr, während alle anderen an den Folgen unzureichender Ernährung und den krankmachenden Einflüssen des ungewohnten Klimas starben. Skorbut, Tuberkulose, Lungenentzündung waren häufige Todesursachen. Erst nach drei Jahren sollte sich die Situation in der Plymouth-Kolonie zu entspannen beginnen. Der Weg in die erhoffte bessere Welt begann für die puritanischen Dissidenten mit einer furchtbaren Krise. Entsprechend war Solidarität gefordert, und die Notgemeinschaft half sich gegenseitig, so gut es ging: Die knappe Nahrung wurde rationiert und kontrolliert verteilt. Dennoch, für 53 Menschen endete das Vorhaben tödlich.

Die amerikanischen Humanbiologen John M. McCullough und Elaine York Barton (1991) sind der Frage nachgegangen, inwieweit die Solidarität in dieser Lebensgemeinschaft zu einer Gleichverteilung der Schicksalslast führte. Hatte das solidarische Verhalten geholfen, den Streß der Krisensituation und die daraus resultierende Todesbedrohung auf alle Schultern gleichmäßig zu verteilen? Oder war die Solidarität nicht verteilungsblind, sondern differenziert, je nach Person des Hilfsbedürftigen?

Wenn Solidarität bedingungslos gewährt wurde, sollten sich die beiden Gruppen der Überlebenden und Gestorbenen nicht systematisch unterscheiden. War sie hingegen selektiv, könnte der Vergleich vielleicht die Verteilungskriterien ans Licht fördern, nach denen Hilfe unterschiedlich angeboten wurde. Die Ergebnisse dieser Analyse sind überaus aufschlußreich. Das Überleben der Kinder war beispielsweise besonders bedroht, wenn ihre Eltern nicht mehr lebten. Von den 15 Kindern, um deren Wohlergehen sich noch mindestens ein Elternteil kümmern konnte, starb nicht ein einziges; von den 16 Waisenkindern starben hingegen 8, also 50 Prozent!

Woher rührte dieser Unterschied? Gab es etwa unter den strenggläubigen Puritanern der „Mayflower" eine doppelte Moral der Solidarität? Bedeutete für sie christliche Nächstenliebe letztlich doch nur profanen Nepotismus, hier manifestiert in solidarischer Liebe zu den eigenen, aber Gleichgültigkeit gegenüber fremden Kindern? Dies scheint alles andere als ausgeschlossen, denn McCullough und Barton (1991) konnten nach detektivischer Kleinarbeit weiter nachweisen, daß die überlebenden Männer und Frauen der Kolonie im Durchschnitt untereinander genetisch enger verwandt waren als die Gestorbenen. Offensichtlich gab es also „solidarische Seilschaften" – zusammengebunden durch Blutsverwandtschaft, oder um im Bild zu bleiben: durch den dünnen, aber reißfesten DNA-Faden –, die auf Kosten anderer mit der Krisensituation im Durchschnitt besser fertig werden konnten. Dieses Ergebnis scheint sich durchaus verallgemeinern zu lassen, denn das Schicksal der Pilgerväter fand historische Parallelen, in denen gleichermaßen solidarische Hilfe nach Maßgabe der Verwandtschaft gewährt wurde, zum Beispiel bei der Siedlergruppe um George Donner, die 1846 von Oregon nach Kalifornien aufbrach und wegen widriger Wetterverhältnisse in der Sierra Nevada überwintern mußte. Nur gut die Hälfte der Gruppe überlebte die Härten dieses Winters, und wieder beeinflußten die Verwandtschaftsverhältnisse die Überlebenschancen (Grayson, 1993). In Untersuchungen wie denen über die Pilgerväter und die „Donner-Party" finden wir wissenschaftlich bestätigt, was Alltagserfahrung suggeriert: Altruismus ist teilbar und genetische Verwandtschaft bildet ein Maß für seine Portionierung.

2. Was Darwin noch nicht kennen konnte, aber wohl ahnte: Verwandtenselektion

„Vetternwirtschaft" ist nun keine originär menschliche Eigenschaft, sondern auch nichtmenschliche Primaten sind ausgesprochene Nepotisten (Vogel, 1985), wie wohl überhaupt alle sozial komplexer organisierten Lebewesen nepotistischen Altruismus kennen. Schweinsaffen (Macaca nemestrina) beispielsweise helfen einander, wenn sie angegriffen werden. Und auch hier wird das Muster der Pilgerväter-Solidarität sichtbar: Je enger zwei Individuen miteinander genetisch verwandt sind, desto wahrscheinlicher unterstützen sie sich, das heißt desto wahrscheinlicher gehen sie persönliche Risiken zum Vorteil ihres Partners ein (Massey, 1977).

In dieser Beobachtung steckt der Schlüssel zum Verständnis eines alten Theorieproblems der Evolutionsbiologie. Darwin konnte sich nicht erklären, wieso die natürliche Selektion nicht ganz konsequent gegen altruistische Tendenzen vorgeht. Das soziale Durchsetzungsfähigkeit prämierende Evolutionsgeschehen sollte eigentlich persönliche Selbstaufopferungen zugunsten Dritter nicht vorsehen, denn ein freiwilliger Verzicht auf Vorteilnahme hätte im erbarmungslos amoralisch verlaufenden Darwinschen Konkurrenzkampf keinerlei Aussicht auf Erfolg. Erst die moderne Soziobiologie mit ihrer Einsicht in die Genzentriertheit der biologischen Evolution (Dawkins, 1978) konnte dieses scheinbare Paradoxon auflösen: Unter bestimmten Umständen sind psychologischer Altruismus und genetischer Egoismus in dialektischer Manier bedeutungsäquivalent.

Bei sich zweigeschlechtlich fortpflanzenden Arten führt die meiotische Reifeteilung (also die Halbierung des Erbguts im Zuge der Keimzellenherstellung) in Verbindung mit der sexuellen Rekombination des Erbguts im Zuge der Befruchtung zu Individuen mit unterschiedlichen Anteilen gemeinsamen (abstammungsidentischen) Erbguts. Abgestufte Verwandtschaft ist also zunächst ein genuin reproduktionsbiologisches Phänomen, indem die Gene eines Individuums qua gemeinsamer Abstammung auch zum Erbgut seiner genealogischen Verwandten gehören. Identische Replikate meiner Erbprogramme stecken mit statistisch bestimmbarer Wahrscheinlichkeit auch noch in meinen Eltern, Geschwistern, Kindern, Neffen und Nichten, Vettern und Basen usw. Deshalb bekräftigt das biologische Evolutionsgeschehen konsequenterweise nicht nur die Eigenschaften, die die Fortpflanzung von Individuen begünstigen, sondern auch jene Eigenschaften, die den jeweils nächsten Verwandten zu höherem Reproduktionserfolg verhelfen. Eine ganz zwangsläufige Folge dieses von den Fachleuten Verwandtenselektion (kin selection: Maynard Smith, 1964) genannten Prinzips ist die unter allen höher entwickelten sozial lebenden Organismen anzutreffende und nach Verwandtschaftsnähe differenziert abgestufte Verwandtenunterstützung. Sie konnte entstehen, weil die Träger genetischer Fitneß die Erbprogramme sind und nicht etwa die Individuen, Gruppen oder gar Arten, wie man früher vermutet hatte.

Demnach ist das Prinzip, nach dem individuelles Verhalten im Evolutionsprozeß selektioniert wird, letztlich genetischer Eigennutz, wobei Eigennutz freilich nicht auf das handelnde Individuum, sondern auf seine genetischen Programme zu beziehen ist. Diese Sichtweise unterscheidet sich übrigens radikal sowohl von der klassischen Verhaltensforschung als auch vom Sozialdarwinismus. Beide bezogen sich gern auf das „Gemeinschaftswohl" eines Kollektivs, wie Rasse, Art, Volk oder Stamm. Generell geht in der biologischen Evolution das „Prinzip Eigennutz" (Wickler & Seibt, 1991) vor gruppendienlichem Gemeinnutz, nur – dies sei noch einmal betont, weil es für das Verständnis menschlichen Verhaltens so wichtig ist – darf man den Eigennutz nicht auf die handelnden Individuen beziehen, sondern auf ihre genetischen Programme. Deshalb kann unter gewissen Umständen auch ein solches Verhalten genetisch eigennützig sein und sich entsprechend in der Population ausbreiten, das auf der psychologischen Ebene als uneigennützig, selbstlos oder sogar aufopfernd erscheinen mag, wie eben „nepotistischer Altruismus".

Es gibt wohl in der Ideengeschichte des Darwinismus kein zweites Mißverständnis, das sich über Jahrzehnte so hartnäckig gehalten hat, wie die Vorstellung von der Arterhaltung als ultima ratio biologischer Anpassungsprozesse. Wie anders als mit einem Bemühen um das Artwohl könnte man sich erklären, daß Tiere beispielsweise riskante Warnrufe ausstoßen, unterlegene Rivalen schonen, als sterile Arbeiterinnen die Brut der Königin pflegen oder auf vielfältig andere Art und Weise sich altruistisch verhalten? In einer Forschungssituation, die fahrlässig – weil eher intuitiv und unhinterfragt als wissenschaftlich reflektiert und begründet – im Paradigma der Arterhaltung gefangen war, gab es naturgemäß wenig Veranlassung, über die Bedeutung genealogischer Verwandtschaft in den natürlichen Selektionsprozessen nachzudenken. Diese sträfliche Auslassung wurde erst 1964 von William Hamilton erfolgreich überwunden. Mit seiner Dissertation lieferte er – bei spürbarem Widerstand skeptischer Promotionsgremien (Hamilton, 1996) – die theoretische Begründung für jene Ungleichung, die nachhaltig

Wissenschaftsgeschichte schreiben sollte und inzwischen unter den Bezeichnungen Hamilton-Ungleichung oder Hamiltons Regel in die Lehrbücher eingegangen ist. Wickler und Seibt (1991) bezeichnen sie der Bedeutung entsprechend als die „soziale Grundformel". Sie besagt, daß sich die genetische Basis eines Verhaltensmerkmals dann in der Population ausbreitet, wenn folgende Bedingung erfüllt ist:

$$K < r \times N$$

Das ist immer dann gegeben, wenn die Kosten (K) des Verhaltens geringer sind als der Nutzen (N) dieses Verhaltens für den Vorteilsnehmer, und zwar gewichtet mit dem Verwandtschaftskoeffizienten r als Maß für die genetische Verwandtschaft zwischen beiden Akteuren. Der Verwandtschaftskoeffizient r bezeichnet den Anteil der durch gemeinsame Abstammung identischen Gene (Allele) zweier Individuen. Er kann Rechenwerte zwischen 1 (eineiige Zwillinge) und 0 (nicht verwandt) annehmen und beträgt – in Populationen ohne Inzucht – zwischen Eltern und ihren Kindern r = .5. Wegen der genetischen Ausdünnung aufgrund zweigeschlechtlicher Fortpflanzung nimmt er mit jeder Generation um die Hälfte ab: Zwischen Großeltern und Enkeln ist r = .25, zwischen Urgroßeltern und Urenkeln ist r = .125. Vollgeschwister haben den Wert .5, Halbgeschwister .25, Vettern und Basen untereinander .125 usw. Kosten und Nutzen eines Verhaltens werden in der Währung der natürlichen Selektion gemessen: nämlich in Einheiten genetischer Fitneß.

Einmal angenommen, ein Gen veranlasse seinen Träger, bevor dieser selbst Kinder gezeugt hat, zu völliger Selbstaufopferung, um dadurch das Leben von Verwandten zu retten. Dieses Gen könnte sich trotz der Infertilität seines Trägers in der Population ausbreiten, wenn aufgrund der Selbstaufopferung mehr als zwei Vollgeschwister (r = .5) oder mehr als vier Nichten oder Neffen (r = .25) überleben und sich erfolgreich fortpflanzen – vorausgesetzt, sie hätten diesen Fortpflanzungserfolg ohne die Unterstützung durch den Altruisten nicht erreicht. Dann ist – aus der Sicht des „egoistischen Gens" – der Nutzen der Selbstaufopferung größer als die entstandenen Kosten, und die Bedingung der Hamilton-Ungleichung ist erfüllt. Der altruistische Akt der Selbstaufopferung stellt sich so letztlich als Ausdruck genetischen Eigennutzes dar. Der Logik des „egoistischen Gens" zufolge wird altruistisches Verhalten demnach – unter sonst gleichen Bedingungen – um so wahrscheinlicher, je enger Altruist und Nutznießer miteinander genetisch verwandt sind.

Die Vetternwirtschaft der Pilgerväter folgte also evolutionsgenetischer Ratio, und niemand anderer als der britische Populationsgenetiker J. B. S. Haldane, einer der führenden Köpfe bei der Weiterentwicklung des Darwinismus in den 1930er und 1940er Jahren zur synthetischen Evolutionstheorie, schien – seiner Zeit weit voraus – derartige Zusammenhänge zu ahnen. Auf die Frage, ob er sein Leben für einen Bruder opfern würde, antwortete er: Für einen nicht, wohl aber für drei – oder auch für neun Vettern (Bischof, 1985). Weil diese tiefsinnige Bemerkung leider nur im Orange Tree Pub in der Londoner Euston Road zu hören war (Slater, 1994) und Biertheken nicht zu den seriösen wissenschaftlichen Publikationsorten zählen, dauerte es allerdings noch bis 1964, ehe der Mechanismus der Verwandtenselektion aus der Feder Hamiltons gemäß wissenschaftlichen Gepflogenheiten publiziert vorlag. Übrigens kam Charles Darwin selbst diesen Einsichten erstaunlich nahe: „Bei den geselligen Instinkten", vermutete er, hätte „die Zuchtwahl auf die Familie und nicht auf das Individuum zur Erreichung eines nützlichen Zieles eingewirkt." (Darwin, 1859, zit. nach der deutschen Ausgabe von 1963)

Mit der Verwandtenselektion eröffnen sich für alle Organismen theoretisch (praktisch keineswegs immer) zwei Wege, dem biologischen Imperativ zu gehorchen. Sie können dies auf direktem Weg, also durch eigene Fortpflanzung, bewerkstelligen oder aber auf indirektem Weg, nämlich durch eine wirkungsvolle Unterstützung der Blutsverwandten in deren Bemühen um bestmögliche Fortpflanzung. Die durch eigene Fortpflanzung erreichte Fitneß nennt man „direkte Fitneß", die durch Verwandtenunterstützung erreichte „indirekte Fitneß". Die Summe aus beidem heißt „Gesamtfitneß", und durch die biologischen Anpassungsprozesse sind alle Organismen von Natur aus und zwangsläufig darauf eingestellt, genau diese Größe zu maximieren.

Nun sind bekanntermaßen die organismischen Lebenslagen dermaßen verschiedenartig, daß von Art zu Art, von Population zu Population, von Individuum zu Individuum und schließlich von Situation zu Situation die beiden Komponenten genetischer Fitneß jeweils sehr unterschiedliche Rollen im Darwinischen *survival of the fittest* spielen können. Wie vorteilhaft Verwandtenunterstützung konkret sein kann, hängt von ökologisch-ökonomischen, genetischen, kulturellen und historischen Rahmenbedingungen ab, meistens jedoch von der je lebensbestimmenden Kombination aller dieser Faktoren. Diese Zusammenhänge aufzudecken, ist selbstgestecktes Ziel der Soziobiologie (Voland, 1993).

3. Verwandtenunterstützung kommt in vielen Spielarten

Mit zunehmendem Verständnis der Verwandtenselektion ließen sich bis dahin rätselhafte Phänomene aus dem Tierreich evolutionstheoretisch nachvollziehen. Charles Darwin selbst bereiteten die sterilen Arbeiterinnen der eusozialen („staatenbildenden") Insekten (Ameisen, Bienen) einiges Kopfzerbrechen:

„Ich will (...) bei einer besonderen Schwierigkeit stehen bleiben, welche mir anfangs unübersteiglich und meiner ganzen Theorie wirklich verderblich zu sein schien. Ich will von den geschlechtslosen Individuen oder unfruchtbaren Weibchen der Insectencolonien sprechen; denn diese Geschlechtslosen weichen sowohl von den Männchen als den fruchtbaren Weibchen in Bau und Instinct oft sehr weit ab und können doch, weil sie steril sind, ihre eigenthümliche Beschaffenheit nicht selbst durch Fortpflanzung weiter übertragen (...). Man kann daher wohl fragen, wie es möglich sei, diesen Fall mit der Theorie natürlicher Zuchtwahl in Einklang zu bringen?" (Darwin 1859, zit. nach der deutschen Ausgabe von 1899, S. 311 f.).

Inzwischen ist man der Antwort auf Darwins Frage ein entscheidendes Stück näher gekommen, weil man eigentümliche Vererbungsmechanismen bei diesen Tieren entdeckt hat. Die Männchen sind haploid, das heißt sie haben nur einen Chromosomensatz, weil sie sich aus unbefruchteten Eiern entwickeln. Alle weiblichen Nachkommen einer Königin, also die Arbeiterinnen einer Kolonie, haben deshalb identische Kopien des väterlichen Chromosomensatzes – oder anders formuliert: Die Wahrscheinlichkeit, ein bestimmtes väterliches Allel zu haben, beträgt 1.0. Für das mütterliche Allel beträgt die entsprechende Wahrscheinlichkeit wegen der Diploidie der Königin .5. Dies führt zu der zunächst verblüffenden Konsequenz, daß die Arbeiterinnen im Durchschnitt miteinander enger verwandt sind (r = .75), als sie es mit ihren eigenen Nachkommen wären (r = .5)! Folglich verhalten sich die sterilen Arbeiterinnen durchaus im Vermehrungsinteresse ihrer Gene, wenn sie zwar selbst auf eigene Fortpflanzung verzichten, statt dessen aber „altruistisch" ihrer Mutter, der Königin, bei der Aufzucht weiterer Nachkommen (Geschwister) helfen.

Diese Erklärung enthält freilich nicht die ganze Wahrheit in bezug auf die evolutive Entstehung von Insektenstaaten, denn man kennt sowohl haplo-diploide Arten ohne (z.B. solitär lebende Wespen) als auch diploide Arten mit eusozialer Lebensform (z.B. Termiten). Die Gründe für diese Variabilität werden in evolutionsökologisch unterschiedlichen Milieus vermutet. Dennoch gilt, daß die Haplo-Diploidie mit ihren genetischen Konsequenzen ein extrem günstiges Milieu zur Entstehung von Verwandtenunterstützung liefert.

Nachdem Biologen erkannt hatten, daß altruistisches Verhalten gen-egoistischer Funktionslogik entsprechen kann, stand ihnen eine neuartige Sichtweise zur Verfügung, deren Blickwinkel und Suchbilder zu einer Reanalyse an sich verstanden geglaubter Verhaltensstrategien zwang. Zum Beispiel mußte das Helfen – nicht nur bei staatenbildenden Insekten, sondern auch bei Wirbeltieren einschließlich der Primaten keineswegs selten – eine gen-egoistische Komponente enthalten, wenn seine Entstehung und Evolution biologisch wirklich verstanden werden sollten. In der Tat zeigen die Ergebnisse der Verhaltensforschung, daß Helfen im Tierreich häufig eng mit genetischer Verwandtschaft einhergeht. Zum knappen Beleg mögen vier Beispiele aus unterschiedlichen Funktionskreisen genügen.

3.1 Warnrufe

Warnrufe sind riskant, denn sie lenken nicht selten die Aufmerksamkeit des Raubfeindes auf den Rufer. Wenn es zum Angriff kommt, endet dieser beispielsweise bei den nordamerikanischen Belding-Zieseln in etwa 10 Prozent der Fälle tödlich. Warum also schweigen aus Gründen des persönlichen Vorteils nicht alle Ziesel beim Anblick eines Kojoten, Habichts oder Dachses? Aus dem genannten Grund: weil die Evolution nicht persönliche Wohlfahrt fördert, sondern die Persistenz des „egoistischen Gens". Dies wird trotz des persönlichen Altruismus des Rufers erreicht, weil die gewarnten Tiere häufig genealogisch Verwandte sind, also Träger abstammungsidentischer Allele. Befinden sich hingegen keine Verwandte in der Nähe, bleibt folgerichtig der Warnruf nicht selten aus (Sherman, 1985).

3.2   Gemeinsame Jungenfürsorge

Vor allem unter Vögeln, seltener unter Säugetieren beobachtet man, wie sich neben den Eltern auch andere Mitglieder der Lebensgemeinschaft an dem Fortpflanzungsgeschäft beteiligen. Sie bewachen das Nest und besorgen Nahrung (Reyer, 1990), übernehmen Babysitter-Funktionen (Rasa, 1989), transportieren die Jungtiere (A. Koenig, 1995), helfen bei der Thermoregulation (Arnold, 1990) oder der Fellpflege (Paul & Kuester, 1996), schützen bedrohte Jungtiere (Lee, 1987) oder erlauben als laktierende Weibchen auch einem nichteigenen Jungtier das Trinken (Packer, Lewis & Pusey, 1992). Wo immer die Rekonstruktion der genetischen Abstammungsverhältnisse gelingt, zeigt sich (mit einigen interessanten Ausnahmen: Packer, Lewis & Pusey, 1992; Paul & Kuester, 1996) auch in diesem Verhaltensbereich ein nachhaltiger Verwandtschaftseffekt: Kooperative Jungenaufzucht ist zu allererst eine Familienangelegenheit (Jennions & MacDonald, 1994; Stacey & W. D. Koenig, 1990). Daß unter bestimmten Rahmenbedingungen die Strategie des Helfens einen höheren Gesamtfitneß-Ertrag erbringt als der ökologisch häufig gefährdete Versuch eigener Fortpflanzung, ist mehrfach und in unterschiedlichen Tiergruppen gut nachgewiesen oder zumindest plausibel dargelegt (Goldizen & Terborgh, 1989; B. König, 1994; Reyer, 1990).

3.3   Nahrungsteilung

Die mittelamerikanischen Gemeinen Vampire (Desmodus rotundus) leben innerhalb größerer Verbände in Gruppen von 8 bis 12 erwachsenen Weibchen und deren abhängigem Nachwuchs. Nachts verlassen die Tiere ihren Schlafplatz, um vor allem an Rindern und Pferden Blut zu saugen. Sie sind dabei aber nicht immer erfolgreich. Etwa ein Drittel der jüngeren und 7 Prozent der erfahrenen älteren Tiere kehren mit leerem Magen zurück. Dies ist für sie überaus bedrohlich, denn ohne Nahrung verhungern die Tiere innerhalb von nur drei Tagen. Dieser ständigen Lebensbedrohung wirken sie mit einem System altruistischer Nahrungsteilung entgegen. Die erfolgreichen Blutsauger würgen einen Teil ihrer Nahrung für die erfolglosen Heimkehrer hervor und sichern auf diese Weise deren Überleben. Bei der Verteilungsfrage, wer eigentlich wem von der Nahrung abgibt, zeigt sich erwartungsgemäß eine ausgeprägte nepotistische Tendenz: Verwandte werden deutlich bevorzugt (Wilkinson, 1984). (Nebenbei: Man beobachtet hier auch reziproke Tauschbeziehungen, bei denen Verwandtschaft keine Rolle spielt. Die Evolution derartiger Transaktionen wird an anderer Stelle besprochen: Voland, 1993.)

Die nepotistische Solidarität der Pilgerväter hatte also ihre tierlichen Vorläufer, und sie war auch alles andere als ein historisch-singuläres Phänomen im menschlichen Bemühen um Daseinsbewältigung. Es gehört inzwischen zu den anthropologischen Lehrbuchweisheiten, daß kooperative Subsistenzsicherungsstrategien maßgeblich durch verwandtschaftliche Beziehungen modelliert werden. Ob es sich um die Bewohner des südpazifischen Ifaluk-Atolls (Betzig & Turke, 1986), um südamerikanische Yanomami (Hames, 1987) oder die Binumarien auf Neu-Guinea (Hawkes, 1983) handelt: Verwandtschaft beeinflußt entscheidend die Wahrscheinlichkeit des Gebens und Nehmens.

3.4 Koalitionen und Allianzen

Nichtmenschliche Primaten verfügen über eine ausgeprägte soziale Intelligenz. Dies zeigt sich nicht zuletzt in ihrer beeindruckenden Fähigkeit zu opportunistischer Allianzbildung, um sozial-strategische Ziele – etwa eine verbesserte soziale Rangstellung – gegen gemeinsame Gegner durchzusetzen. Genealogische Analysen des „Wer mit wem gegen wen?" offenbaren regelmäßig die Bedeutung von Verwandtschaft in diesen sozialen Auseinandersetzungen: Kampfesbrüderschaft beruht häufig auf genetischer Brüderschaft (Chapais, 1995). Anthropologen berichten Vergleichbares (z.B. Chagnon & Bugos, 1979). Und daß auch die Volksweisheit um diese Zusammenhänge weiß, belegt ein arabisches Sprichwort: „Ich gegen meinen Bruder; ich und mein Bruder gegen unsere Vettern; ich, mein Bruder und unsere Vettern gegen die, die nicht mit uns verwandt sind; ich, mein Bruder, meine Vettern und Freunde gegen unsere Feinde im Dorf; sie alle und das ganze Dorf gegen das nächste Dorf." (Vogel, 1989) – oder in antiker Prägnanz: „Dem Verwandtschaftsgrad entsprechen die Freundschaftsverhältnisse." (Aristoteles, 1987, S. 236)

Familiensolidarität – meist emotional stark besetzt und deshalb ohne große Worte intuitiv gelebt, hin und wieder freilich auch ein wenig selbstdisziplinarisch erzwungen und manchmal mithilfe offensichtlich effizienter Parolen ideologisch instrumentalisiert („Heiliger Vater", „Brüder und Schwestern in der DDR", „Stimme des Blutes" usw.) – hat also eine lange Naturgeschichte und kann uns in diesem Sinne als natürlich gelten. Dennoch zwingt uns der biologische Imperativ keineswegs bedingungslos unter das Joch der Familienbande, denn die „natürliche" Sympathie für Verwandte reicht nur so weit, wie es dem Kalkül des „egoistischen Gens" dient. Familiensolidarität ist deshalb keine unerschöpfliche Ressource in den Fährnissen des Lebens. Gerade innerhalb von Familien können unter Umständen Konflikte sehr erbittert und mit vielen Verletzungen ausgefochten werden. Diese kreisen häufig um Altruismusbilanzen (Blurton Jones & Da Costa, 1987; Flinn, 1989; Voland & Voland, 1989, 1993), wofür Robert Trivers (1974) zum erstenmal die evolutionsgenetischen Gründe herausgearbeitet hat, oder auch – damit eng zusammenhängend – um die reproduktiven Rollen, die einzelne Familienmitglieder im Rahmen dynastischer Familienpolitik einnehmen sollen.

4. Pater semper incertus

Je enger die genetische Verwandtschaft, desto größer die Bereitschaft zu helfen. Diese Faustregel – zwangsläufiges Produkt der Verwandtenselektion – wird im Tierreich vielfach beobachtet, wovon die im letzten Abschnitt genannten Beispiele zeugen. Von den Betrachtungen ausgeschlossen blieb bislang ein ganz spezifisches Verwandtschaftsverhältnis, nämlich das zwischen Eltern und ihren Kindern. Und auch hier gilt derselbe Zusammenhang: Je geringer die genetische Verwandtschaft, desto geringer wird im Mittel die Bereitschaft zu altruistischer Unterstützung und Fürsorge gegenüber Kindern ausfallen, denn desto unwahrscheinlicher dient elterliches Fürsorgeverhalten der Replikation der eigenen Gene. Dieser Zusammenhang wird in sozialen Kontexten spürbar, in denen die sozialen Eltern nicht die biologischen sind, nämlich in Familien mit Stiefkindern oder ungeklärten Vaterschaftsverhältnissen.

Die biologischen Selektionsprozesse konnten kein Motivationssystem modellieren, das uns – gleichsam von Natur aus – bezüglich genetischer Verwandtschaft indiskriminativ gegenüber allen Kindern verhalten läßt, weil dies dem Genzentrismus der Evolution zuwiderlaufen würde. Resultat dessen ist ein mehr oder weniger latentes Konfliktpotential gerade in Stieffamilien, dessen Beherrschung und Kontrolle bekanntermaßen nicht immer gelingt. Die alltägliche Ausdrucksform dieses Widerspruchs läßt sich auf eine einfache Formel bringen: Der biologische Elter will mehr in seine Kinder aus früheren Beziehungen investiert wissen, als der Stiefelter freiwillig zu leisten bereit ist.

Unschuldige Opfer der strukturell widersprüchlichen Reproduktionsinteressen in Stieffamilien sind aber die Stiefkinder selbst. Was die Volksweisheit lehrt, ist empirisch vielfach untermauert. Dabei sind es gleichermaßen traditionelle, historische und moderne Gesellschaften, in denen sich eine überdurchschnittliche Gefährdung durch Ausbeutung und Mißhandlung von Stiefkindern zeigt (Daly & Wilson, 1994; Flinn, 1988; Stephan, 1992). Tödliche Gewalt ist dabei die spektakuläre Spitze eines sonst eher in Privatsphären verborgenen Ausmaßes an alltäglicher Aggression und Indifferenz, dessen evolvierter, also stammesgeschichtlich geformter Hintergrund lautet: Reduktion der Fürsorge in nichtverwandte Kinder. Sicherlich nicht zufällig liest man in einem deutschen Schulbuch (Hanne Mayer-Behrens & Sylvina Vecqueray: „So schreibe ich!" Heinsberg, Dieck, o.J.):

> Unsere Katz' hat Junge,
> sieben an der Zahl,
> sechs davon sind Hunde.
> Das ist ein Skandal.
> Doch der Kater spricht:
> Die ernähr' ich nicht!
> Diese zu ernähren,
> ist nicht meine Pflicht.

Damit ist freilich nicht gesagt, daß Stiefverhältnisse notwendigerweise scheitern müßten. Wohl aber ist anzunehmen, daß die Beteiligten im Durchschnitt mehr psychische Arbeit leisten müssen, um ihre Beziehung erfolgreich zu gestalten. Auch ungeklärte Vaterschaftsverhältnisse wirken sich auf menschliche Familien destabilisierend aus. So bilden überall auf der Welt – in traditionellen wie in modernen Gesellschaften – männliche Monopolisierungsansprüche in Verbindung mit Mutmaßungen über weibliche

Untreue das bei weitem häufigste Motiv für innereheliche Gewalt gegen Frauen (Daly & Wilson, 1988, Daly, Singh & Wilson,1993).

Es gibt einige wenige Ethnien, die eine bemerkenswerte sexuelle Freizügigkeit ausleben. Die südindischen Nayar gehören beispielsweise dazu, von denen die ersten westlichen Ethnographen zu berichten wußten, daß die Frauen gewöhnlich zwischen drei und zwölf Liebhaber gleichzeitig haben (Gough, 1961). Zwangsläufige Folge sexueller Promiskuität sind weitgehend ungeklärte Vaterschaftsverhältnisse. Nach der bisherigen Argumentation wäre deshalb für die Nayar ein überaus spannungsgeladenes Verhältnis zwischen den Geschlechtern zu erwarten, gekennzeichnet durch einen ständigen Konflikt zwischen männlichen Kontroll- und weiblichen Autonomieansprüchen. Dies scheint aber nicht der Fall zu sein, und ein wesentlicher Grund liegt sicherlich darin, daß Männer sich von vornherein der Vaterrolle verweigern. Sie investieren nichts in die Kinder ihrer Frau, und damit lösen sie den evolvierten Konflikt zwischen Vaterschaftsunsicherheit und Investmentbereitschaft auf eine ungewöhnlich radikale Art und Weise: Sie vererben ihre materiellen Güter und gegebenenfalls ihren sozialen Rang an die Kinder ihrer Schwestern.

Daß dies im Durchschnitt die reproduktive Fitneß steigert, verdeutlicht das Modell von Richard Alexander (1979). Die Graphik (Abb. 1) stellt den Prozentsatz der durch Abstammung gemeinsamen Gene (den Verwandtschaftsgrad) in Abhängigkeit von der Vaterschaftswahrscheinlichkeit dar. Der Verwandtschaftsgrad r zwischen Müttern und ihren leiblichen Kindern beträgt .5. Dieser Wert ist selbstverständlich völlig unbeein-

Abbildung 1:   Abhängigkeit der durchschnittlichen genetischen Verwandtschaft von der Vaterschaftswahrscheinlichkeit

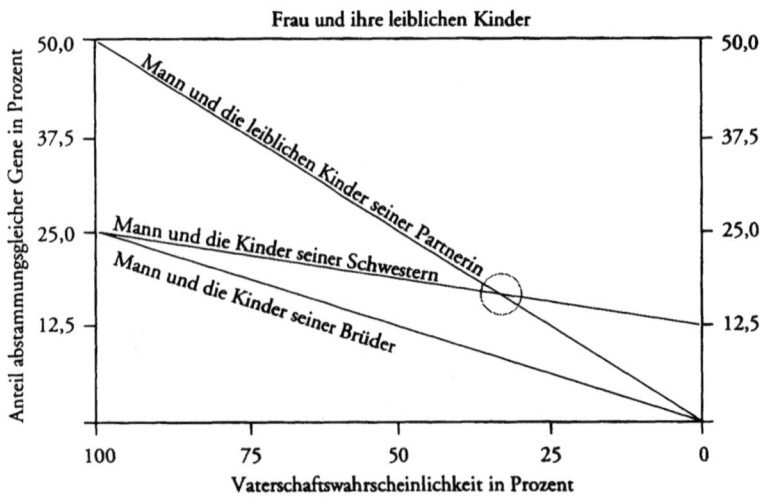

flußt von der Vaterschaftswahrscheinlichkeit. Für „Väter" kann r aber bis auf 0 sinken, nämlich dann, wenn keine Vaterschaft vorliegt. Die genetische Verwandtschaft zwischen Geschwistern beträgt durchschnittlich .5 im Falle der Vollgeschwisterschaft und .25 im Falle der Halbgeschwisterschaft. Männer sind also mit ihren Schwestern immer zu einem gewissen Prozentsatz verwandt, da sie sicher sein können, zumindest dieselbe Mutter zu haben. Folglich sind sie auch mit den Kindern ihrer Schwestern zwischen .125 und .25 verwandt – und das in jedem Fall! Die Verwandtschaft mit den Kindern ihrer Brüder hingegen kann auch hier wieder auf 0 sinken. Wenn die Vaterschaftswahrscheinlichkeit unter einen bestimmten Schwellenwert sinkt, kann es demnach günstiger für das „egoistische Gen" eines Mannes sein, in die Kinder seiner Schwester (nicht in die seiner Brüder) zu investieren, als in seine „eigenen". In diesem Modell läßt sich erkennen, daß unter einer durchschnittlichen Vaterschaftswahrscheinlichkeit von rund 30 Prozent ein Mann in seinem genetischen Eigeninteresse eher in die Kinder seiner Schwester als in die seiner Frau investieren sollte.

Unter Bedingungen sexueller Freizügigkeit findet man in den weltweit verbreiteten matrilinealen Gesellschaften das sogenannte Avunkulat vor, jene institutionalisierte Einrichtung, bei der der Bruder der Mutter für deren Kinder einen Großteil an Verantwortung und Verpflichtungen übernimmt. Auch die deutsche Sprache unterscheidet nicht zufällig zwischen dem Oheim, dem Mutterbruder, zu dem ein besonderes Vertrauensverhältnis besteht, und dem Onkel, und schon Tacitus wußte von den Germanen zu berichten: „Sororum filiis idem apud avunculum qui apud patrem honor." (Die Söhne der Schwestern sind dem Oheim ebenso teuer wie ihrem Vater.)

In einer kanadischen Studie wurde die Intensität untersucht, mit der Großeltern den Tod eines Enkelkindes betrauern (Littlefield & Rushton, 1986). Der psychische Schmerz nahm in folgender Reihenfolge ab: mütterliche Großmutter > mütterlicher Großvater > väterliche Großmutter > väterlicher Großvater. Studierende der Universität-Gesamthochschule Kassel wurden gebeten, die Fürsorglichkeit ihrer Großeltern einzuschätzen. Selbst nach der statistischen Kontrolle einiger konfundierender Faktoren, wie Wohnentfernung, Alter oder die Anzahl weiterer Großeltern, offenbaren die Antworten systematische Ungleichbehandlung (Euler & Weitzel, 1996), denn die Fürsorglichkeit (zumindest so, wie sie wahrgenommen wurde) nahm wie folgt ab: mütterliche Großmutter > mütterlicher Großvater > väterliche Großmutter > väterlicher Großvater. Beide Studien legen den Schluß nahe, daß Verwandtschaftsbindungen über die mütterliche Deszendenz psychisch enger geknüpft sind als über die väterliche. Mit jedem Mann in einer Stammlinie nimmt offensichtlich die emotionale Nähe zu den Nachkommen ein wenig ab. Es scheint demnach gerade so, als ob Großeltern ihren Schwiegertöchtern (und ihren Söhnen) im Innersten nicht so recht trauen mögen. Das „egoistische Gen" hätte – wie das Modell von Alexander belegt – freilich einigen Grund, dann Zurückhaltung zu üben.

Was sich in diesen beiden Studien psychologisch zart andeutet, findet eine anthropologisch handfeste Entsprechung. Ein umfassender Kulturvergleich offenbart nämlich folgendes: Je sexuell freizügiger eine Gesellschaft ist, je ungeklärter dementsprechend die Vaterschaftsverhältnisse sind, desto spärlicher fließen die materiellen Erbschaften über männliche Linien und desto bedeutsamer werden die Kinder der Schwestern in den Erbfolgen (Flinn, 1981; Hartung, 1985). Je geringer sich also die Aussichten auf direkte Fitneßmaximierung darstellen, desto vorrangiger werden Optionen des indirekten Investments genutzt.

Wenn es chauvinistischer Narzißmus ist, der solche spezifischen Verhaltensreaktionen auf unsichere Vaterschaftsverhältnisse hervorbringt, dann hat er offenbar eine lange Geschichte, denn funktionell Vergleichbares findet man auch im Tierreich, zum Beispiel bei Rohrammern (Emberiza schoeniclus). In einer kürzlich durchgeführten Studie hatte man mithilfe der modernen molekulargenetischen Techniken die Väter von 216 Jungtieren aus 58 Nestern bestimmt und auf diese Weise eine direkte Abhängigkeit des väterlichen Engagements am Nest von tatsächlicher Vaterschaft belegen können (Dixon u.a., 1994). Inzwischen steht fest, daß diese biologisch adaptive Verhaltensflexibilität bei sehr vielen Vogelarten ihre Entsprechung findet (Møller & Birkhead, 1993). Es bleibt die Frage nach der Quelle, aus der sich die „Weisheit" dieser Tiere speist.

5. Darwinische Algorithmen – oder: Vom zweckmäßigen Gebrauch der Verwandtschaft

In vielerlei ethnohistorischen Kontexten formt das urbiologische Phänomen Verwandtschaft gelebte Alltagsrealität, bestimmt Weltsicht und Verhalten, Emotionen und Sentiments und liefert Begründungen für Sitten und Gebräuche, Normen und Gesetze (Bischof, 1985; Rosenbaum in diesem Band; Sabean, 1991; Vowinckel, 1995). Überall auf unserer Erde beruhen menschliche Gesellschaften auf nepotistischen Verwandtschaftssystemen und praktizieren ein nach Verwandtschaft differenziertes Fürsorgeverhalten gegenüber Kindern. Abgestufte Verwandtschaftsnähe spielt überall eine zentrale Rolle für die Art und Intensität des sozialen Miteinanders. Und wenn immer diese Zusammenhänge im einzelnen soziobiologisch betrachtet werden, erscheint die menschliche (und tierliche) Handhabung des Phänomens Verwandtschaft jeweils ausgesprochen „zweckrational" angesichts der Reproduktionsinteressen „egoistischer Gene" (Alexander, 1979; Dunbar, Clark & Hurst, 1995; Hughes, 1988; Kurland, 1979). Dies führt zwangsläufig zu der Frage nach den beteiligten Regelmechanismen.

Auf die Frage, warum wir uns so und nicht anders verhalten, lassen sich Antworten auf zwei grundsätzlich verschiedenen Ebenen formulieren, nämlich sowohl auf jener der Zweckursachen als auch auf jener der Wirkursachen. Hierzu ein einfaches Beispiel: „Warum zeugen Menschen Kinder?" Zunächst einmal können dafür all jene Gründe benannt werden, die als verantwortliche Wirkmechanismen menschliche Fortpflanzung regeln: Danach bekommen Menschen Kinder, weil sie durch das kulturelle Normverständnis ihrer Gesellschaft dazu motiviert werden, weil sie einen psychologisch verankerten Kinderwunsch in sich verspüren, weil die Aufzucht von Kindern und die

Lebenserfahrung mit ihnen psychisch belohnen, und schließlich bekommen Menschen auch deshalb Kinder, weil eine physiologisch geregelte Triebhaftigkeit Lusterfahrungen verspricht, was zumindest unter vormodernen Lebensverhältnissen regelmäßig zu generativen Konsequenzen führt.

Die hier kurz angedeuteten Gründe für Fortpflanzung, die sich als sogenannte proximate Gründe zusammenfassen lassen, vermögen zwar die unmittelbaren soziologischen, psychologischen und physiologischen Ursachen menschlicher Reproduktion zu benennen, beantworten aber nicht die Frage nach dem funktionellen Hintergrund solcher Kausalzusammenhänge. Warum denn – so läßt sich weiterfragen – sind Menschen von gesellschaftlichen Normen in Hinblick auf Fortpflanzung beeinflußbar? Warum gibt es den Kinderwunsch, warum eine physiologisch geregelte Geschlechtlichkeit? Warum lassen sich Menschen von den genannten Steuerungsmechanismen zu ihrer Fortpflanzung anleiten?

Aus soziobiologischer Sicht lautet die Antwort: Menschen bekommen Kinder, weil sie als evolvierte biologische Wesen reproduktive Interessen verfolgen, und im Verlauf von Evolution und Geschichte haben sich die genannten Regulationsmechanismen als wirkungsvolle Instrumentarien zur optimalen Umsetzung dieser reproduktiven Interessen bewährt. Eine solche Antwort berührt den funktionalen, den Wozu?-Aspekt der gestellten Frage und spricht damit die zweite Ebene an, auf der in der Biologie Warum-Fragen behandelt werden können, die der sogenannten ultimaten Gründe.

Die so häufig vorzufindende „gen-egoistische" Rationalität (genauer: Quasi-Rationalität) des menschlichen Umgangs mit Verwandtschaft entsteht nicht – wie man naiv anzunehmen geneigt sein könnte – durch eine direkte genetische Steuerung menschlichen Verhaltens. Der Zusammenhang zwischen Erbinformation und Verhalten wird vielmehr durch das Scharnier psychologischer Mechanismen vermittelt, also durch jene proximaten Wirkmechanismen, die Verhalten aktuell hervorbringen. Allerdings – und das rechtfertigt die evolutionsbiologische Perspektive – vollzieht sich die Individualentwicklung der verhaltenssteuernden Systeme auf der Grundlage stammesgeschichtlich bewährter, also durch die Darwinischen Selektionsprozesse immer wieder auf biologische Tauglichkeit überprüfter Erbinformation. Unsere Psyche muß seit unvordenkbaren Zeiten adaptives Verhalten hervorgebracht haben – ansonsten gäbe es sie in dieser Form nicht.

Die menschliche Psyche sorgt für eine im Tierreich wohl unübertroffene (wenngleich in der Primatenevolution lang angelegte) Verhaltensplastizität und -flexibilität. Der ultimate Grund dafür ist leicht einsichtig, denn der biologische Imperativ wird vermehrt dann in fitneßsteigerndes Verhalten einmünden, wenn die individuellen Bedingungen die beste mögliche Berücksichtigung finden. Biographische, soziokulturelle, ökologische, ökonomische Kontexte setzen der biologischen Zweckmäßigkeit menschlichen Verhaltens mehr oder weniger enge Grenzen und besetzen gleichzeitig die verschiedenen Verhaltensoptionen mit unterschiedlichen Erfolgsaussichten. Dies alles zu erkennen und zu verrechnen muß angesichts der Vielfalt individueller Lebenslagen gelingen, wenn die verhaltenssteuernde Maschinerie tatsächlich biologisch optimal arbeiten soll. Wir müssen deshalb erwarten, daß es je nach Lebenszusammenhang auch zu ganz unterschiedlichen Bewertungen von Verwandtschaft kommen kann.

Man hat diese Regelmechanismen, die den biologischen Imperativ in adaptives Verhalten umsetzen, mit gutem Grund auch als Darwinische Algorithmen bezeichnet (Cosmides & Tooby, 1987). Schließlich gilt es für eine erfolgreiche Lebensbewältigung viel zu verrechnen, und die Formel dafür ist biologischen Ursprungs, ebenso wie das dafür zuständige Organ: das Gehirn, dessen biologisch einziger Zweck darin besteht, Information so zu verarbeiten, daß adaptive Lösungen für die vielfältigsten Lebensprobleme gefunden werden können.

Bezogen auf unser Thema lassen sich mindestens vier Problemfelder benennen, in denen Darwinische Algorithmen zur Anwendung gelangen, nämlich (a) bei der Verwandtenerkennung (wie genau kalkuliert das „egoistische Gen" das „r" der Hamilton-Ungleichung?), (b) bei der psychologischen Repräsentation von Verwandtschaftsverhältnissen (wie psychologisch nah sollte mir meine Verwandtschaft sein?), (c) bei der Frage, wie strikt man sich an die eigenen Regeln halten soll (oder: wann lohnt sich Normenopportunismus?) und schließlich (d) bei der Bestimmung der Kosten-Nutzen-Relation gemäß der Hamilton-Ungleichung.

5.1   Verwandtenerkennungsmechanismen

Einerseits vermögen sich bereits Kaulquappen als verwandt zu erkennen (Blaustein & O'Hara, 1987), andererseits erkennen einige hoch entwickelte Vögel und Säuger nicht einmal ihre eigenen Nachkommen. Die Variabilität im Vorkommen von Mechanismen der Verwandtschaftserkennung hat ökologische Gründe. Wenn beispielsweise felsenbrütende Vögel oder erdhöhlenbewohnende Nager aufgrund ihrer Lebensnische ihre Jungtiere gar nicht verwechseln können, bedarf es logischerweise auch keines entsprechenden Erkennungsmechanismus. Wenn jedoch Verwandtenerkennung wichtig wird (um elterliche Fehlinvestitionen zu vermeiden, an den richtigen Stellen helfen zu können oder auch bei der Partnerwahl zur Vermeidung nachteiliger Inzuchteffekte), dann verfügen die Lebewesen sehr wohl über entsprechende Kompetenzen. Das zu diesem Zweck evolvierte Vermögen bedient sich im wesentlichen zweier Mechanismen (ausführlicher bei Fletcher & Michener, 1987; Porter, 1987; Slater, 1994):

– Durch frühes Zusammenleben entsteht Vertrautheit als hinreichend zuverlässiger Indikator für genetische Verwandtschaft (was übrigens auch die gegenseitige sexuelle Aversion gemeinsam Aufgewachsener, den sogenannten Westermarck-Effekt, erklärt: bei nichtmenschlichen Primaten – z.B. Kuester, Paul & Arnemann, 1994, für Berberaffen, Macaca sylvanus – ebenso wie bei Menschen: Bischof, 1985).

– Ähnlichkeitsvergleiche (phenotypic matching): Übernahme eines Vergleichsstandards von den Eltern (oder von sich selbst). Von diesem Standard kaum abweichende Individuen werden als verwandt betrachtet. Die abgefragten Merkmale sind geruchlicher (häufig bei Insekten und Säugetieren, einschließlich Menschen, wie zahlreiche

Mutter-Kind-Experimente belegen: Porter, 1987), und/oder optischer und akustischer Art (häufig bei Vögeln). Grundlage dieses Verfahrens ist die Korrelation zwischen phänotypischer Ähnlichkeit und konsanguiner Nähe, ungeachtet der Frage nach den Gründen dieser Korrelation. Die zu vergleichenden Merkmale könnten sowohl genetisch fixiert und vererbt sein als auch durch gemeinsame Milieueinflüsse (z.B. gemeinsame Nahrung) zustande kommen. Eine offensichtlich hervorgehobene Rolle spielen in diesem Zusammenhang die hochvariablen Gene des MHC (major histocompatibility complex), denn sie spiegeln zuverlässiger als Gene in weniger variablen Genomabschnitten genetische Verwandtschaft wider. Unter anderem beeinflussen diese Gene auch den Körpergeruch, so daß Mäuse (und offensichtlich auch Menschen: Wedekind u.a., 1995) ein Merkmal an der Hand haben, den Grad genetischer Verwandtschaft geruchlich ermitteln zu können. Interessanterweise verwechseln Spürhunde die geruchlichen Signale von eineiigen Zwillingen häufiger als die von zweieiigen (Gedda, Casa & Milani Comparetti, 1980; Kalmus, 1955). Ihrer jeweils sozial nicht allzu komplexen Lebensweise entsprechend reicht es für viele Arten vollkommen aus, nur kategorial zwischen Verwandten und Nichtverwandten unterscheiden zu können. Aus ökologischen und/oder soziodemographischen Gründen besteht häufig für differenzierende Mechanismen der Verwandtenerkennung gar keine Notwendigkeit. Dies ist freilich anders bei Arten, die – wie sehr viele Primaten – dauerhaft in mitgliederstarken und sozial hochkomplex strukturierten Verbänden zusammenleben, in denen regelmäßig Mitglieder verschiedener Verwandtschaftslinien und Generationen aufeinandertreffen und sozial interagieren. Hier wirken oft Mechanismen, die mindestens bis zu r = .125 (das entspricht z.B. Cousins/Cousinen zweiten Grades) differenzieren (z.B. Massey, 1977, für Schweinsaffen, Macaca nemestrina).

In diesem Zusammenhang besonders aufschlußreiche Ergebnisse liefern neuere Untersuchungen zum sogenannten Vergeltungsverhalten. Man beobachtet keineswegs nur unter den kognitiv so weitentwickelten Schimpansen, sondern auch in einigen Makaken-Gesellschaften, wie beispielsweise beim Japan-Makak (Macaca fuscata), beim Javaner-Affen (Macaca fascicularis) und beim Schweinsaffen (Macaca nemestrina), daß nach einer aggressiven Auseinandersetzung zwischen zwei Tieren die Wahrscheinlichkeit signifikant ansteigt, daß das Opfer der Aggression nun seinerseits einen Verwandten des Aggressors angreift (Aureli u.a., 1992; Aureli & Van Schaik, 1991; Judge, 1982). „Umgeleitete Aggression" könnte dieses Verhalten vielleicht genannt werden. Makaken-Sozietäten sind häufig durch eine strikte soziale und genealogische Ranghierarchie strukturiert. Ein Aggressor wird deshalb sehr wahrscheinlich sein Opfer sozial dominieren, so daß das Opfer sich nichts davon versprechen kann, wenn es seine „Rache" auf den typischerweise sozial höherrangigen Aggressor selbst richtet. Vielmehr müßte es damit rechnen, dann noch weiter geprügelt zu werden. Statt dessen wählt es einen nahen Verwandten des ursprünglichen Aggressors zu seinem Vergeltungsziel – und zwar üblicherweise jüngere und sozial niederrangige Tiere.

Solche Beobachtungen lassen nur einen Schluß zu: Höhere Primaten verfügen nicht nur über ein Wissen um die genealogischen Beziehungen, die sie selbst zu ihren Gruppenmitgliedern haben, sondern sie haben auch einen Begriff davon, in welchen Verwandtschaftsverhältnissen ihre Gruppenmitglieder untereinander stehen. Pure physiologische Verwandtenerkennung verfeinert sich offensichtlich in der Primatenevolution zur mentalen Rekonstruktion und Repräsentation von Verwandtschaft.

5.2 Mentale Repräsentation von Verwandtschaft

Was wissen wir über unsere Vorfahren? Wir alle kennen unsere Eltern (Sonderschicksale seien außer acht gelassen) und unsere Großeltern, dürften schon etwas gehört haben von den Eltern unserer Großeltern und vielleicht auch noch von den Großeltern unserer Großeltern. Spätestens davor verliert sich unsere Herkunft im Dunkel der Geschichte. Offensichtlich sind wir – trotz möglicherweise beachtlicher Intelligenz in anderen Kontexten – zu dumm für ein elaborierteres Genealogieverständnis. Warum ist das so? Der britische Anthropologe und Psychologe Robin Dunbar (1996) hält dafür eine verblüffende Antwort parat. Eine Stammbaumtiefe von fünf Generationen reicht unter Zugrundelegung traditioneller Fortpflanzungsraten nach seinen Berechnungen aus, um eine Verwandtschaftsgruppe von etwa 150 lebenden Personen aufzubauen. Wer also in einer Lebensgemeinschaft dieser Größe zu Hause ist, muß genealogische Verzweigungen über fünf Generationen berücksichtigen, wenn er/sie die verwandtschaftlichen Verhältnisse seines/ihres Clans/Dorfes kennen will. Vieles spricht dafür, daß mit 150 tatsächlich die faktisch vorherrschende Gruppengröße paläolithischer Vergangenheit benannt ist. Während jener 99,5 Prozent der Menschheitsgeschichte, während der wir als steinzeitliche Wildbeuter unser Dasein gefristet haben und auf die wir genetisch zugeschnitten sind, bildeten sehr wahrscheinlich 150 Personen im Mittel das soziale Netzwerk der Alltagsbewältigung. Um dieses Milieu sozial zu beherrschen, wozu genealogisches Wissen unverzichtbar war, reichte das Verständnis eines Fünf-Generationen-Stammbaums. Auf eine tiefer in die Vergangenheit zurückreichende Vorstellung gemeinsamer Abstammung lastete kein Selektionsdruck, worin nach Robin Dunbar biologisch begründet liegt, daß die Fähigkeit zur mentalen Repräsentation genealogischer Verhältnisse auf einen Fünf-Generationen-Kosmos begrenzt blieb.

Obwohl unserer westlichen Stammbaum-Ideologie eine patrilineale Schiefe innewohnt, was sich beispielsweise in einer langen Tradition niederschlägt, Kinder nach dem Vater zu benennen, oder auch in der vorzugsweise gewählten Diktion von „Stammvätern" unter Auslassung weiblicher Beteiligter, und obwohl selbst in unserer modernen Zeit mit all ihrer Mobilität nach wie vor Virilokalität vorherrscht und Frauen eine größere Distanz als Männer zwischen dem Ort der Geburt und dem Ort des Kinderkriegens zurücklegen (W. D. Koenig, 1989, für die USA), bleiben Verwandtschaftsnetze unter Frauen engmaschiger. Weibliche Verwandte sehen sich häufiger, telefonieren häufiger miteinander, beraten sich häufiger und investieren offensichtlich auch mehr in die Pflege ihrer Beziehungen (Dunbar & Spoors, 1995; Salmon & Daly, 1996).

Dieser Geschlechtsunterschied wird durch eine unterschiedliche genealogische Intelligenz parallelisiert: Frauen schneiden nämlich regelmäßig besser ab, wenn es darum geht, Verwandtschaftsverhältnisse zu rekonstruieren, und dies nicht nur mit Bezug auf die eigene Verwandtschaft, sondern verblüffenderweise auch mit Bezug auf die Verwandtschaft ihrer Männer (Salmon & Daly, 1996). Darüber hinaus denken Männer und Frauen offenbar in etwas unterschiedlich geordneten Verwandtschaftsräumen. Kanadische Proband/inn/en wurden gebeten, zehn verschiedene Antworten auf die Frage „Wer sind Sie?" abzugeben. Gut die Hälfte aller Männer und Frauen hatten unter ihren Antworten solche mit Verwandtschaftsbezügen (in traditionellen Gesellschaften wäre dieser Anteil sicherlich wesentlich höher ausgefallen!), wobei ein hoch signifikanter Geschlechtsunterschied zutage trat: Frauen begriffen sich mit größerer Wahrscheinlichkeit in einer Verwandtschaftsrolle (ich bin eine Mutter, Tochter usw.), während Männer mit größerer Wahrscheinlichkeit ihren Nachnamen als genealogischen Identitätsausweis benutzten (ich bin ein Brown, Smith usw.) (Salmon & Daly, 1996). Bei denjenigen Proband/inn/en, die in ihren Antworten eine Verwandtschaftsrolle nannten, zeigte sich ein weiterer hoch signifikanter Geschlechtsunterschied: Wesentlich mehr Frauen sahen sich in der Rolle als Tochter, als sich Männer in der Rolle eines Sohnes sahen. Diese und einige weitere Ergebnisse der Studie werden von den Autoren als Ausfluß einer weiblichen Psychologie interpretiert, die vorrangig um genealogische Verbindungen zwischen den Generationen kreist, bzw. als Ausfluß einer männlichen Psychologie, die auf patrilineale Gruppenzugehörigkeit, also den traditionellen Kern politischer Allianzbildungen, achtet (Salmon & Daly, 1996). Gewiß, solange keine weiteren Untersuchungen hierzu vorliegen, ist weder eine Generalisierung der Ergebnisse gerechtfertigt noch läßt sich klären, ob dieser Unterschied auf einen stammesgeschichtlich angepaßten kognitiven Geschlechtsdimorphismus zurückgeht oder als flexible Reaktionen einer an sich sexuell monomorphen Psychologie auf Anforderungen und Opportunitäten zu verstehen ist, denen sich moderne Kanadier/innen in geschlechtstypischer Weise ausgesetzt sehen. Wie dem auch sei, der Geschlechtsunterschied in der mentalen Repräsentation von Verwandtschaft scheint (zumindest vergangene) biologische Zweckmäßigkeit widerzuspiegeln, denn die paläolithische Lebensweise war schon – nach allem, was wir heute wissen – sowohl durch patrilineale Männerbünde als auch durch weiträumige genealogische Vernetzungen über Frauenverwandtschaften geprägt (Steele & Shennan, 1996).

5.3 Normenopportunismus

Menschen sind – aus guten biologischen Gründen – fakultative Normenopportunisten. Zwar sind wir von allerlei Regeln, Normen, Gesetzen, Tabus usw. umgeben, deren Befolgung – so die soziobiologische Sicht – uns in aller Regel zu einer biologisch erfolgreichen Lebensbewältigung verhilft (Boyd & Richerson, 1985; Durham, 1991; Markl, 1983; Vogel & Voland, 1988; Weingart u.a., 1997), die aber im Einzelfall biologisch ausgesprochen dysfunktional wirken können. Wenn sie unseren evolvierten Interessen und Präferenzen zuwiderlaufen, regt sich persönlicher Widerstand (worin letztlich auch das Scheitern jeglicher „wahren" Altruismus fordernden „Postulatenethik" begründet liegt). Vorausgesetzt, wir sind nicht als Opfer von Tyrannen persönlicher Handlungsohnmacht erlegen, stellt sich hin und wieder die Frage, ob es langfristig nicht günstiger sein könnte, tradierte Normen (und sei es nur temporär) opportunistisch über Bord zu werfen und statt dessen anderen Handlungsoptionen zu folgen. Auch für derartige Kosten-Nutzen-Abwägungsprobleme gibt es Darwinische Algorithmen. Ein Beispiel mit Verwandtschaftsbezug aus dem Leben der südamerikanischen Yanomami mag das veranschaulichen.

Die im venezolanisch-brasilianischen Grenzgebiet lebenden Wildbeuter und Pflanzer haben sich eine Heiratsvorschrift auferlegt, wonach nur bilaterale Kreuzcousinenheiraten innerhalb derselben genealogischen Generation erlaubt sind. Danach darf (aus männlicher Sicht formuliert) ein Mann nur eine Tochter des Mutterbruders oder der Vaterschwester heiraten und entferntere Verwandte derselben genealogischen Linien. Demgegenüber sind Parallelcousinenheiraten (ein Mann heiratet eine Tochter der Mutterschwester oder des Vaterbruders) gesellschaftlich verpönt (zum Hintergrund dieser in nichtwestlichen Gesellschaften verbreiteten Norm vgl. Kurland, 1979). Zur Untermauerung dieses Tabus werden alle Parallelcousinen als „Schwestern" und entsprechend alle Parallelcousins als „Brüder" bezeichnet und auf diese Weise in die Inzestverbotsregel mit aufgenommen.

Eine strikte Einhaltung dieser Heiratsvorschrift führt bei den Yanomami hin und wieder allein schon deshalb zu einem Engpaß auf dem Heiratsmarkt, weil Männer und Frauen in unterschiedlichem Alter heiraten. Die erlaubten Heiratspartnerinnen (suaböya) sind deshalb entweder oft zu alt oder zu jung. Weil aber Yanomami-Clans häufig über mehrere genealogische Linien miteinander verwandt sind, kann eine Frau sowohl „Schwester" als auch gleichzeitig „suaböya" sein. In normalen Zeiten wäre eine solche Frau als Heiratskandidatin ausgeschlossen, in Zeiten personeller Knappheit auf dem Heiratsmarkt hingegen werden diese „Schwestern" kurzerhand in „suaböya" umdefiniert, und die Eheschließung kann stattfinden (Chagnon, 1988).

Ganz so unkompliziert ist das Yanomami-Verwandtschaftssystem allerdings doch nicht zu handhaben, denn das opportunistische Umdefinieren der Verwandtschaftsrollen widerspricht selbstverständlich den Interessen der Mitbewerber auf dem Heiratsmarkt. Wenn es infolge dessen zu politischem oder auch ganz handgreiflichem Streit in der Siedlung kommt, beobachtet man – natürlich (siehe oben) – nepotistische Koalitionsbildung. Der Darwinische Algorithmus, der Normenakzeptanz reguliert, muß also nicht nur Heiratschancen abwägen und Opportunitätskosten berücksichtigen, die sich durch langes Warten akkumulieren, sondern auch die entstehenden sozialen Kosten nonkonformistischer Strategien in Rechnung stellen. Der Umgang mit Verwandtschaft ist also ausgesprochen Kosten-Nutzen-orientiert.

5.4 Ökonomisierung der Verwandtschaft

Gemäß der Theorie von der Verwandtenselektion sollte – unter sonst gleichen Bedingungen – Konkurrenz mit dem Grad der Blutsverwandtschaft unter den Beteiligten abnehmen. Ein möglicher Gewinn aus einer Konkurrenzsituation wird ja je nach Verwandtschaftsgrad anteilig vermindert, wenn der Verlierer durch gemeinsame Abstammung identische Allele hat. Der direkte Fitneßgewinn wird per saldo durch Verluste an indirekter Fitneß geschmälert. Wenn also Verwandte miteinander konkurrieren, sollte der zu erwartende Gewinn außerordentlich groß sein, größer jedenfalls als in vergleichbaren Auseinandersetzungen mit Nichtverwandten.

Wie differenziert in dieser Hinsicht Darwinische Algorithmen funktionieren können, lehren uns beispielsweise die Wikinger. Njal's Saga, die von den Beziehungen isländischer Familien etwa um das Jahr 1000 handelt, berichtet den gewaltsamen Tod von 31 der insgesamt 87 erwachsenen Männer innerhalb von nur 10 Jahren. Zwar haben sich in dieser äußerst gewalttätigen Gesellschaft auch enge Verwandte umgebracht, dann aber nicht aus trivialen Anlässen, etwa im Zusammenhang mit Saufgelagen, sondern – in Übereinstimmung mit den Voraussagen der Verwandtenselektionstheorie – nur bei höheren Gewinnerwartungen (etwa um eine Herrschaft für sich oder einen Sohn zu übernehmen) (Dunbar, Clark & Hurst, 1995). Wenn Menschen sozial konkurrieren, konkurrieren sie zugleich um genetische Fitneß. Und wie das Wikinger-Beispiel lehrt, tun sie das – aus soziobiologischer Sicht erwartungsgemäß – unter Einschluß verwandtschaftlicher Erwägungen ganz so, *als ob* sie ihre Gesamtfitneß maximieren wollten.

Derart pragmatisch kalkulierende Psychen finden sich freilich nicht nur in den rauhen Milieus vormoderner Gesellschaften, sondern auch in den sanfteren Milieus unserer modernen Zeit. Dies wird beispielsweise hervorragend belegt durch die sehr erhellende Studie des Bundesinstituts für Bevölkerungsforschung zur Bedeutung der Reziprozität in familialen Hilfs- und Unterstützungsnetzwerken. Dort heißt es zusammenfassend:

„Die Analysen zeigen übereinstimmend nicht nur die Bedeutung der engsten Familienangehörigen als Hilfs- und Unterstützungspersonen, sondern belegen auch eindrucksvoll die Bedeutung der Reziprozität in Austauschnetzwerken. Das Gleichgewicht von Geben und Nehmen ist konstitutives Merkmal; *Abweichungen von einem ausgeglichenen Hilfesaldo sind um so wahrscheinlicher, je enger die Beziehung (z.B. gemessen am Verwandtschaftsgrad) zwischen den betreffenden Netzwerkpersonen ist.* Aber selbst im Verhältnis zur engsten Netzwerkperson, dem Partner, spielt die Reziprozitätsnorm noch eine erstaunlich große Rolle." (Schulz, 1996, S. 263; Hervorhebung v. Verf.)

Genau das wäre die Prognose eines jeden Soziobiologen gewesen. Die enorme Rolle einer akribisch bilanzierten Reziprozität bei sozialen Transaktionen zwischen Nichtverwandten ist theoretisch gut begründet (Trivers, 1971; Voland, 1993) und läßt sich in unterschiedlichsten Phänomenen menschlichen Schaltens und Waltens wiederfinden (Chasiotis, 1995; Cosmides & Tooby, 1992; Voland, 1996, 1997). Kooperation und Reziprozität – nicht Nepotismus – binden sexuelle Partnerschaften, und deshalb wäre der Befund bilanzierter Reziprozität auch in engen Partnerschaften, den Schulz (1996) aus sozialwissenschaftlicher Sicht für erstaunlich halten muß, aus soziobiologischer Perspektive erwartet gewesen.

Besonders lehrreich erscheint der Befund abnehmender Bedeutung des Reziprozitätskalküls mit zunehmender Blutsverwandtschaft zwischen den Interaktionspartnern. Je größer „r", desto höher die Gewinnerwartungen bezüglich indirekter Fitneßanteile, und desto bereitwilliger können Einbußen bezüglich der direkten Fitneßanteile in Kauf genommen werden. Dieser Befund verdeutlicht einmal mehr, daß die menschlichen Mechanismen der Verhaltenssteuerung wahrscheinlich mehr als bei allen anderen Organismen durch ein ganz entscheidendes Merkmal gekennzeichnet sind, nämlich durch ihre Fähigkeit zu Flexibilität. Ob wir lieben oder hassen, kooperieren oder konkurrieren, Hilfe gewähren oder verweigern, entscheidet sich dann nach Maßgabe des persönlichen Lebenszusammenhangs und nicht aufgrund eines starren, autonomen und in diesem Sinne deterministischen Selbstläuferprogramms. Menschen sind (wie Tiere) ausgesprochene Verhaltensstrategen.

Soziobiologen begreifen eine Verhaltensstrategie als eine evolvierte Regelsammlung, die festlegt, mit welcher Wahrscheinlichkeit welches Verhalten unter welchen Bedingungen gezeigt wird. Der Wechsel von einem Verhalten zu einem anderen ist dann Ausdruck einer „konditionalen Strategie". Sie beinhaltet eine Regel zur Übernahme situationsgerechter Verhaltensweisen, etwa nach der Devise: „Akzeptiere mit zunehmendem Verwandtschaftsgrad Abweichungen von einem ausgeglichenen Hilfesaldo!" Auch sozialpsychologische Befunde belegen „gen-egoistisches" Kalkül. So konnten Burnstein, Crandall und Kitayama (1994) die Wirkweise einer konditionalen Strategie zeigen, die etwa lauten könnte: „Je substantieller deine Hilfe ist, desto selektiver gewähre sie!" Wenn es um Leben oder Tod von Verwandten geht, helfen wir eher nahen als entfernten, eher jüngeren als älteren, eher gesunden als kranken, eher den reichen als den armen Verwandten und eher den fruchtbaren Frauen als den postmenopausalen, wiederum ganz so, *als ob* wir es geradezu berechnend darauf anlegten, unsere Gesamtfitneß zu maximieren.

Aus dem biologischen Imperativ erwachsen evolvierte Interessen und Präferenzen, und die soziale Evolution hat konditionale Verhaltensstrategien und -mechanismen hervorgebracht, diese je nach Lebenszusammenhang bestmöglich umzusetzen. Wir haben es hier mit strategischer Flexibilität zu tun. Ändern sich die Bedingungen, ändert sich das Verhalten.

Dabei ist es vom Standpunkt der natürlichen Selektion zunächst unerheblich, über welche proximaten Mechanismen sich Umgebungsvariation in Verhaltensvariation umsetzt. Es könnte durch die kontextabhängige Aktivierung spezifischer Gene („reaktive Vererbung"), durch den physiologischen Einfluß von Umweltparametern oder durch eine kognitive Bewertung der Lebenssituation geschehen. Was in der natürlichen Selektion allein zählt, ist, ob die evolvierten Mechanismen im „richtigen" Moment das „richtige" Verhalten hervorbringen. Dafür sorgen die Darwinischen Algorithmen. Und daß sie das im Durchschnitt tatsächlich erfolgreich bewerkstelligen, liegt an der langen, optimierenden evolutionären Geschichte, die alle Arten durchlaufen haben. Der Mensch ist hiervon nicht ausgenommen.

Die soziobiologische Sichtweise widerspricht ausdrücklich kulturkritischen Vorstellungen, wonach Verwandtschaft bis zur Bedeutungslosigkeit für die alltäglichen Transaktionen zerfallen soll (vgl. hierzu die Beiträge von Schütze & Wagner, Marbach und Rosenbaum in diesem Band). Eine solche Regression wäre angesichts der Fundamentalbedeutung von genetischen Beziehungen für die Ausgestaltung des sozialen Miteinanders, wie sie die Soziobiologie theoretisch begründet und empirisch so nachdrücklich bestätigt hat, äußerst unwahrscheinlich. Durchaus zu erwarten ist allerdings, daß aus den unterschiedlichsten ökologisch-ökonomischen, demographischen oder anderen Gründen Verwandtschaft in unterschiedlichen Populationen einen je unterschiedlichen Stellenwert einnehmen kann. Je nachdem welche Opportunitätsstrukturen das „egoistische Gen" vorfindet, mag es Kontexte geben – etwa in der modernen Industriegesellschaft –, in denen sich Kooperation mit Nichtverwandten mehr lohnt als Nepotismus. Unter solchen Bedingungen mag Verwandtschaft hin und wieder auf Unterschwelligkeit reduziert erscheinen, ganz vergessen ist sie aber sicherlich nicht. Es bedarf nicht viel – so die soziobiologische Prognose –, um die Idee der Familienbande jederzeit mit viel Bedeutungsgehalt zu versehen. Demgegenüber bedarf es aber wesentlich mehr, wenn Menschen sich indiskriminativ – ganz ohne Ansehen ihrer Verwandtschaft – verhalten sollen.

6. Zusammenfassung

(1) Bei sich zweigeschlechtlich fortpflanzenden Arten führt die meiotische Reifeteilung (also die Halbierung des Erbguts im Zuge der Keimzellenherstellung) in Verbindung mit der sexuellen Rekombination des Erbguts im Zuge der Befruchtung zu Individuen mit unterschiedlichen Anteilen gemeinsamen (abstammungsidentischen) Erbguts. Abgestufte Verwandtschaft ist also zunächst ein genuin reproduktionsbiologisches Phänomen.

(2) Das biologische Evolutionsgeschehen verläuft genzentriert, worin begründet liegt, daß nicht nur solche Merkmale evolutiv begünstigt werden, die die persönliche Fortpflanzung fördern, sondern auch solche, die (unter der Bedingung der Hamilton-Ungleichung) der Fitneß der Verwandten dienlich sind (Verwandtenselektion, kin selection).

(3) Nepotismus und diskriminative elterliche Fürsorge sind biologisch diesen Verhaltensstrategien angepaßt – perfekt erklärbar aus der Funktionslogik des „egoistischen Gens".

(4) Nepotismus wird von Darwinischen Algorithmen reguliert, die den biologischen Imperativ jeweils unter Beachtung der persönlichen und situativen Umstände in durchschnittlich fitneßsteigerndes Verhalten umsetzen. Dabei kommen vielfältige physiologische, psychologische und kulturelle Mechanismen zur Anwendung.

(5) Die soziobiologische Sichtweise widerspricht ausdrücklich kulturkritischen Vorstellungen, wonach Verwandtschaft bis zur Bedeutungslosigkeit zerfallen könnte.

56   Eckart Voland und Andreas Paul

Literatur

Alexander, R. D. (1979). *Darwinism and human affairs.* Seattle: University of Washington Press.

Aristoteles. (1987). *Nikomachische Ethik.* Stuttgart: Reclam.

Arnold, W. (1990). The evolution of marmot sociality: II. Costs and benefits of joint hibernation. *Behavioral Ecology and Sociobiology, 27,* 239–246.

Aureli, F., Cozzolino, R., Cordischi, C. & Scucchi, S. (1992). Kin-oriented redirection among Japanese macaques: An expression of a revenge system? *Animal Behaviour, 44,* 283–291.

Aureli, F. & Van Schaik, C. P. (1991). Post-conflict behaviour in long-tailed macaques (Macaca fascicularis), I: The social events. *Ethology, 89,* 89–100.

Betzig, L. L. & Turke, P. W. (1986). Food sharing on Ifaluk. *Current Anthropology, 27,* 397–400.

Bischof, N. (1985). *Das Rätsel Ödipus – Die biologischen Wurzeln des Urkonflikts von Intimität und Autonomie.* München: Piper.

Blaustein, A. R. & O'Hara, R. K. (1987). Aggregation behaviour in Rana cascadae tadpoles: Association preferences among wild aggregations and responses to non-kin. *Animal Behaviour, 35,* 1549–1555.

Blurton Jones, N. G. & Da Costa, E. (1987). A suggested adaptive value of toddler night waking: Delaying the birth of the next sibling. *Ethology and Sociobiology, 8,* 135–142.

Boyd, R. & Richerson, P. J. (1985). *Culture and the evolutionary process.* Chicago: University of Chicago Press.

Burnstein, E., Crandall, C. & Kitayama, S. (1994). Some neo-Darwinian decision rules for altruism: Weighing cues for inclusive fitness as a function of the biological importance of the decision. *Journal of Personality and Social Psychology, 67,* 773–789.

Chagnon, N. A. (1988). Male Yanomamö manipulations of kinship classifications of female kin for reproductive advantage. In L. Betzig, M. Borgerhoff Mulder & P. Turke (Eds.), *Human reproductive behaviour – A Darwinian perspective* (pp. 23–48). Cambridge: Cambridge University Press.

Chagnon, N. A. & Bugos, P. E., Jr. (1979). Kin selection and conflict: An analysis of a Yanomamö ax fight. In N. A. Chagnon & W. Irons (Eds.), *Evolutionary biology and human social behavior: An anthropological perspective* (pp. 213–238). North Scituate: Duxbury.

Chapais, B. (1995). Alliances as a means of competition in primates: Evolutionary, developmental, and cognitive aspects. *Yearbook of Physical Anthropology, 38,* 115–136.

Chasiotis, A. (1995). Die Mystifikation der Homöostase: Das sozioemotionale Gegenseitigkeitsempfinden als grundlegende psychische Dimension. *Gestalttheorie, 17,* 88–129.

Cosmides, L. & Tooby, J. (1987). From evolution to behavior: Evolutionary psychology as the missing link. In J. Dupré (Ed.), *The latest on the best – Essays on evolution and optimality* (pp. 277–306). Cambridge, MA: MIT Press.

Cosmides, L. & Tooby, J. (1992). Cognitive adaptations for social exchange. In J. H. Barkow, L. Cosmides & J. Tooby (Eds.), *The adapted mind – Evolutionary psychology and the generation of culture* (pp. 163–228). New York: Oxford University Press.

Daly, M., Singh, L. S. & Wilson, M. (1993). Children fathered by previous partners: A risk factor for violence against women. *Canadian Journal of Public Health, 84,* 209–210.

Daly, M. & Wilson, M. (1988). *Homicide.* New York: Aldine de Gruyter.

Daly, M. & Wilson, M. (1994). Stepparenthood and the evolved psychology of discriminative parental solicitude. In S. Parmigiani & F. S. Vom Saal (Eds.), *Infanticide & parental care* (pp. 121–134). Chur: Harwood.

Darwin, C. (1899 [1859]). Über die Entstehung der Arten durch natürliche Zuchtwahl oder die Erhaltung der begünstigten Rassen im Kampfe um's Dasein. 8. Aufl. In Ch. Darwins gesammelte Werke, Bd. 2. Stuttgart, 2. Aufl.

Darwin, C. (1963 [1859]). zitiert nach der Reclam-Ausgabe (Stuttgart).

Dawkins, R. (1978). *Das egoistische Gen.* Berlin: Springer-Verlag.

Dixon, A., Ross, D., O'Mailey, S. L. C. & Burke, T. (1994). Paternal investment inversely related to degree of extra-pair paternity in the red bunting. *Nature, 371,* 698–700.

Dunbar, R. (1996). On the evolution of language and kinship. In J. Steele & S. Shennan (Eds.), *The archaeology of human ancestry – Power, sex and tradition* (pp. 380–396). London: Routledge.

Dunbar, R. I. M., Clark, A. & Hurst, N. L. (1995). Conflict and cooperation among the Vikings: Contingent behavioral decisions. *Ethology and Sociobiology, 16,* 233–246.

Dunbar, R. I. M. & Spoors, M. (1995). Social networks, support cliques, and kinship. *Human Nature, 6*, 273–290.

Durham, W. H. (1991). *Coevolution – Genes, culture, and human diversity.* Stanford: Stanford University Press.

Euler, H. A. & Weitzel, B. (1996). Discriminative grandparental solicitude as reproductive strategy. *Human Nature, 7*, 39–59.

Fletcher, D. J. C. & Michener, C. D. (Eds.). (1987). *Kin recognition in animals.* Chichester: Wiley.

Flinn, M. V. (1981). Uterine versus agnatic kinship variability and associated cousin marriage preferences: An evolutionary biological analysis. In R. D. Alexander & D. W. Tinkle (Eds.), *Natural selection and social behavior – Recent research and new theory* (pp. 439–475). Concord: Chiron.

Flinn, M. V. (1988). Step- and genetic parent/offspring relationship in a Caribbean village. *Ethology and Sociobiology, 9*, 335–369.

Flinn, M. V. (1989). Household composition and female reproductive strategies in a Trinidadian village. In A. E. Rasa, C. Vogel & E. Voland (Eds.), *The sociobiology of sexual and reproductive strategies* (pp. 206–233). London: Chapman & Hall.

Gedda, L., Casa, D. & Milani Comparetti, M. (1980). La diagnosi di zigotismo nei gemelli: Esperimenti con cani poliziotti. *Rivista di Biologia, 73*, 95–97.

Goldizen, A. W. & Terborgh, D. (1989). Demography and dispersal patterns of a tamarin population: Possible causes of delayed breeding. *American Naturalist, 134*, 208–224.

Gough, K. (1961). Nayar: North-Kerala. In D. M. Schneider & K. Gough (Eds.), *Matrilineal kinship* (pp. 385–404). Berkeley: University of California Press.

Grayson, D. K. (1993). Differential mortality and the Donner Party disaster. *Evolutionary Anthropology, 2*, 151–159.

Hames, R. (1987). Garden labor exchange among the Ye'kwana. *Ethology and Sociobiology, 8*, 259–284.

Hamilton, W. D. (1964). The genetical evolution of social behaviour I & II. *Journal of Theoretical Biology, 7*, 1–16 and 17–52.

Hamilton, W. D. (1996). *Narrow roads of gene land,* Vol. 1: Evolution of social behaviour. Oxford: Freeman.

Hartung, J. (1985). Matrilineal inheritance: New theory and analysis. *Current Anthropology, 8*, 661–688.

Hawkes, K. (1983). Kin selection and culture. *American Ethnologist, 10*, 345–363.

Hughes, A. (1988). *Evolution and human kinship.* Oxford: Oxford University Press.

Jennions, M. D. & MacDonald, D. W. (1994). Cooperative breeding in mammals. *Trends in Ecology and Evolution, 9*, 89–93.

Judge, P. G. (1982). Redirection of aggression based on kinship in a captive group of pigtail macaques. *International Journal of Primatology, 3*, 301.

Kalmus, H. (1955). The discrimination by the nose of the dog of individual human odours and in particular of the odours of twins. *British Journal of Animal Behaviour, 3*, 25–31.

Koenig, A. (1995). Group size, composition, and reproductive success in wild Common marmosets (Callithrix jacchus). *American Journal of Primatology, 35*, 311–317.

König, B. (1994). Communal nursing in mammals. *Verhandlungen der Deutschen Zoologischen Gesellschaft, 87*, 115–127.

Koenig, W. D. (1989). Sex-biased dispersal in the contemporary United States. *Ethology and Sociobiology, 10*, 263–278.

Kuester, J., Paul, A. & Arnemann, J. (1994). Kinship, familiarity and mating avoidance in Barbary macaques, Macaca sylvanus. *Animal Behaviour, 48*, 1183–1194.

Kurland, J. A. (1979). Paternity, mother's brother, and human sociality. In N. A. Chagnon & W. Irons (Eds.), *Evolutionary biology and human social behavior – An anthropological perspective* (pp. 145–180). North Scituate: Duxbury.

Lee, P. C. (1987). Allomothering among African elephants. *Animal Behaviour, 35*, 278–291.

Littlefield, C. H. & Rushton, J. P. (1986). When a child dies: The sociobiology of bereavement. *Journal of Personality and Social Psychology, 51*, 797–802.

Markl, H. (1983). Wie unfrei ist der Mensch? Von der Natur in der Geschichte. In H. Markl (Hrsg.), *Natur und Geschichte* (S. 11–50). München: Oldenbourg.

Massey, A. (1977). Agonistic aids and kinship in a group of pigtail macaques. *Behavioral Ecology and Sociobiology, 2*, 31–40.

Maynard Smith, J. (1964). Group selection and kin selection. *Nature, 201*, 1145–1147.

McCullough, J. M. & Barton, E. Y. (1991). Relatedness and mortality risk during a crisis year: Plymouth colony, 1620–1621. *Ethology and Sociobiology, 12*, 195–209.

Møller, A. P. & Birkhead, T. R. (1993). Certainty of paternity covaries with paternal care in birds. *Behavioral Ecology and Sociobiology, 33,* 261–268.

Packer, C., Lewis, S. & Pusey, A. (1992). A comparative analysis of non-offspring nursing. *Animal Behaviour, 43,* 265–281.

Paul, A. & Kuester, J. (1996). Infant handling by female Barbary macaques (Macaca sylvanus) at Affenberg Salem: Testing functional and evolutionary hypotheses. *Behavioral Ecology and Sociobiology, 39,* 133–145.

Porter, R. H. (1987). Kin recognition: Functions and mediating mechanisms. In C. Crawford, M. Smith & D. Krebs (Eds.), *Sociobiology and psychology: Ideas, issues and applications* (pp. 175–203). Hillsdale: Erlbaum.

Rasa, A. E. (1989). Helping in Dwarf Mongoose societies: An alternative reproductive strategy. In A. E. Rasa, C. Vogel & E. Voland (Eds.), *The sociobiology of sexual and reproductive strategies* (pp. 61–73). London: Chapman & Hall.

Reyer, H.-U. (1990). Pied kingfishers: Ecological causes and reproductive consequences of cooperative breeding. In P. B. Stacey & W. D. Koenig (Eds.), *Cooperative breeding in birds: Long-term studies of ecology and behaviour* (pp. 529–557). Cambridge: Cambridge University Press.

Sabean, D. W. (1991). *Property, production, and family in Neckerhausen, 1700–1870.* Cambridge: Cambridge University Press.

Salmon, C. A. & Daly, M. (1996). On the importance of kin relations to Canadian women and men. *Ethology and Sociobiology, 17,* 289–297.

Schulz, R. (1996). Die Reziprozität als konstitutives Netzwerkmerkmal. *Zeitschrift für Bevölkerungswissenschaft, 21,* 263–280.

Sherman, P. W. (1985). Alarm calls of Belding's ground squirrels to aerial predators: Nepotism or self-preservation? *Behavioral Ecology and Sociobiology, 17,* 92–100.

Slater, P. J. B. (1994). Kinship and altruism. In P. J. B. Slater & T. R. Halliday (Eds.), Behaviour and evolution (pp. 193–222). Cambridge: Cambridge University Press.

Stacey, P. B. & Koenig, W. D. (Eds.). (1990). *Cooperative breeding in birds: Long-term studies of ecology and behavior.* Cambridge: Cambridge University Press.

Steele, J. & Shennan, S. (Eds.). (1996). *The archaeology of human ancestry power, sex and tradition.* London: Routledge.

Stephan, P. (1992). Wie egoistisch sind menschliche Gene? Versuch einer Deutung von Differenzen in der Lebenserwartung von Kindern mit und ohne Stiefmutter. *Wissenschaftliche*

Zeitschrift der Humboldt-Universität zu Berlin, Reihe Medizin, 41, 75–76.

Trivers, R. L. (1971). The evolution of reciprocal altruism. *Quarterly Review of Biology, 46,* 35–57.

Trivers, R. L. (1974). Parent-offspring conflict. *American Zoologist, 14,* 249–264.

Vogel, C. (1985). Helping, cooperation, and altruism in primate societies. In B. Hölldobler & M. Lindauer (Eds.), *Experimental behavioral ecology* (pp. 375–389). Stuttgart: G. Fischer.

Vogel, C. (1989). *Vom Töten zum Mord – Das wirkliche Böse in der Evolutionsgeschichte.* München: Hanser.

Vogel, C. & Voland, E. (1988). Evolution und Kultur. In K. Immelmann, K. R. Scherer, C. Vogel & P. Schmoock (Hrsg.), *Psychobiologie – Grundlagen des Verhaltens* (S. 101–130). Stuttgart: G. Fischer, und Weinheim: Psychologie Verlags Union.

Voland, E. (1993). *Grundriß der Soziobiologie.* Stuttgart: G. Fischer.

Voland, E. (1996). Konkurrenz in Evolution und Geschichte. *Ethik und Sozialwissenschaften, 7,* 93–180 (mit Kommentaren und Replik).

Voland, E. (1997). Von der Ordnung ohne Recht zum Recht durch Ordnung – Die Entstehung von Rechtsnormen aus evolutionsbiologischer Sicht. In E.-J. Lampe (Hrsg.), *Die Entstehung von Rechtsnormen* (S. 111–133). Frankfurt a.M: Suhrkamp.

Voland, E. & Voland, R. (1989). Evolutionary biology and psychiatry: The case of anorexia nervosa. *Ethology and Sociobiology, 10,* 223–240.

Voland, E. & Voland, R. (1993). Schuld, Scham und Schande: Zur Evolution des Gewissens. In E. Voland (Hrsg.), *Evolution und Anpassung: Warum die Vergangenheit die Gegenwart erklärt* (S. 210–228). Stuttgart: Hirzel.

Vowinckel, G. (1995). *Verwandtschaft, Freundschaft und die Gesellschaft der Fremden – Grundlagen menschlichen Zusammenlebens.* Darmstadt: Wissenschaftliche Buchgesellschaft.

Wedekind, C., Seebeck, T., Bettens, F. & Paepke, A. J. (1995). MHC-dependent mate preferences in humans. *Proceedings of the Royal Society London B, 260,* 245–249.

Weingart, P., Mitchell, S. D., Richerson, P. J. & Maasen, S. (Eds.). (1997). *Human by nature – Between biology and the social sciences.* Mahwah: Erlbaum.

Wickler, W. & Seibt, U. (1991). Das Prinzip Eigennutz – Zur Evolution sozialen Verhaltens. München: Piper (überarbeitete Neuausgabe).

Wilkinson, G. S. (1984). Reciprocal food sharing in Vampire bats. *Nature, 308,* 181–184.

Verwandtschaft im Recht –
Rechtssoziologische Aspekte verwandtschaftlicher Beziehungen

Doris Lucke

Einleitung

„Es wird außerordentlich interessant sein, Veränderungen der relativen Stärke blutsverwandtschaftlicher und durch (Wieder-)Verheiratung hergestellter Bindungen in den Familien zu beobachten, deren Mitgliederkreis sich durch aufeinanderfolgende Heiraten vergrößert hat. Wie etwa werden Großeltern ihr Erbe aufteilen zwischen biologischen Enkeln, die sie kaum kennen, und Stiefenkeln, die sie über ihre zweite Ehe erhielten und die geholfen haben, sie im Alter zu pflegen? Sind biologische Väter eher dazu verpflichtet, ihre biologischen Kinder, die von einem Stiefvater großgezogen wurden, auf ein College zu schicken, als ihre Stiefkinder, die sie selbst erzogen haben?" (Furstenberg, 1987, S. 37)

Im Anschluß an diesen Problemaufriß lassen sich – bezogen auf gegenwärtiges deutsches Recht – eine Reihe rechtssoziologisch interessanter Fragen formulieren: Welche juristische Bedeutung haben Verwandte, von deren Existenz man sich niemals per Augenschein hat überzeugen können, die man vielleicht nur aus Fotoalben oder von Familienlegenden, mithin lediglich vom Hörensagen kennt? Was ist mit jenen, auch räumlich entfernten Verwandten, die – wie nach dem Fall der Berliner Mauer – plötzlich auftauchen, dann aber nicht in Gestalt der sprichwörtlichen Erbtante aus Amerika in Erscheinung treten, sondern ihrerseits Ansprüche anmelden oder früheren Besitz geltend machen? Wie steht es um Verwandtschaften, die erst nach dem Tode aufleben, oder im doppelten Wortsinn angenommene, also zum Beispiel aufgrund einer ungewissen Vaterschaft, Auslandsbeziehungen oder Kriegswirren nur zu vermutende oder vermeintliche Verwandtschaften darstellen? Wie verhält es sich umgekehrt mit jahre- oder jahrzehntelang bestehenden engen, aber ohne Nachkommenschaft und insoweit folgenlos gebliebenen Beziehungen, die – sei es auf Standes- und Einwohnermeldeämtern, in Geburtenregistern oder Taufurkunden – nirgendwo aktenkundig geworden sind und deshalb nach dem Wortlaut des Gesetzes nicht existieren und von Rechts wegen nie existiert haben, obwohl aus ihnen Verpflichtungen gegenüber dem gegenseitigen sozialen Umfeld erwachsen sind, die zumindest subjektiv und moralisch denjenigen aus Verwandtschaftsbeziehungen gleichstehen?

Im Mittelpunkt dieses Beitrags stehen nicht die in solchen Verwandtschaftsbeziehungen lebenden Personen. Vielmehr geht es um die bereits heute feststellbaren und auf mittlere Sicht erwartbaren Reaktionen des Gesetzgebers, der sich trotz anstehender

Reformen – zumal in einem Gesetzgebungsstaat wie Deutschland – das Heft in Familien- und Verwandtschaftssachen so schnell nicht wird aus der Hand nehmen lassen. Dazu bedarf es einiger grundsätzlicher Vorbemerkungen.

Zum Verhältnis von Verwandtschaft und Recht

Ist schon „Verwandtschaft" kein bevorzugtes soziologisches Thema, so gilt dies erst recht bei der derzeitigen Forschungs- und Literaturlage[1] für die „Verwandtschaft im Recht". In Anbetracht dessen könnte zum einen davon ausgegangen werden, daß Verwandtschaftsbeziehungen allein aus demographischen Gründen[2] immer mehr an Bedeutung verlieren und als Geflechte von Abhängigkeiten und wechselseitigen Verpflichtetheiten im Zuge von Urbanisierung[3], Individualisierung und sozialstaatlichen Leistungen im Zeitalter (post-)moderner Gesellschaften obsolet würden. Zum anderen könnte angenommen werden, daß zwischen Verwandtschaft und Recht neben rechtssystematischen Unverträglichkeiten strukturelle Unvereinbarkeiten bestünden, die dazu führten, daß Recht – entsprechend einer nicht nur im Alltagsleben weit verbreiteten Annahme – in verwandtschaftlichen Beziehungen nichts zu suchen habe. In diesem Lichte stellt sich Verwandtschaft als ein herrschaftsfreies und scheinbar unzeitgemäßes Refugium dar, in dem nicht gerechnet und schon gar nicht gerechtet werde[4]. Auftretende Probleme und innerverwandtschaftliche Konflikte seien allenfalls Anlaß für einen Appell an die Moral und ihre Lösung eine Frage der Nächstenliebe und der Pietät, keinesfalls aber Anstoß für eine Mobilisierung des Rechts. Ist ein auf Verwandtschaft bezogenes Recht also in mehrfacher Hinsicht Makulatur?

Dagegen einzuwenden ist nicht nur die von einem moralisierenden Alltagsbewußtsein ignorierte und selbst soziologischer Analyse über weite Teile verborgen gebliebene Verrechtlichung des gesamten Bereichs, wie sie sich nicht zuletzt in den nachfolgend zusammengestellten Gesetzesparagraphen widerspiegelt. Sozial- und rechtshistorisch – wie

---

[1]   Zur in der Soziologie früh angelegten Fokussierung auf die Gattenfamilie, welche die Verwandtschaft in die sekundäre Zone der Familie verweist, Durkheim (1921). Für die Ausklammerung der Verwandtschaft im Überschneidungsbereich von Rechts- und Familiensoziologie Heinsohn & Knieper (1975) und Simitis & Zenz (1975). Für die Überwindung der Kernfamilien- und Ethnozentriertheit der traditionellen Familiensoziologie Eickelpasch (1974) und Tyrell (1978).

[2]   Bei einem langfristigen Trend zur Ein-Kind-Familie könnten Geschwisterkinder (Vettern, Cousinen) und in der Folge Onkel, Tanten, Nichten, Neffen und Andergeschwisterkinder, wenn nicht aussterben, so doch zu familiensoziologischen Raritäten werden. Diese Entwicklung auf dem Weg zu einer Gesellschaft ohne Anhang ist zumindest im sozialen Bewußtsein weit fortgeschritten und hat in der jüngeren Generation bereits zu verbreiteter Unkenntnis ehemals gängiger Verwandtschaftsbezeichnungen geführt. Für entsprechende Endzeitprognosen und sich abzeichnende Auflösungserscheinungen und Entkopplungstendenzen in einer zunehmend unverwandten Gesellschaft schon Mitscherlich (1963) und Desai (1979) sowie später Limbach & Schwenzer (1988) und Hoffmann-Riem (1989).

[3]   Speziell für die Großstadt mit zum Teil anders lautenden Befunden Pfeil & Ganzert (1973).

[4]   Zum Mythos der Rechtsfreiheit des Privaten kritisch Berghahn (1996).

im interkulturellen Vergleich – auch von Soziolog/inn/en vielfach überschätzt werden angesichts der seinerzeit geringeren Lebenserwartung Zahl und Ausmaß verwandt-schaftlicher Verhältnisse vor allem in vertikaler Linie, also nach Generationen. Da es vermutlich noch nie so viele Urgroßeltern wie heute gegeben hat, dürften tatsächlich nur die über Geschwister und deren legale Abkömmlinge vermittelten Seitenverwandt-schaften zahlenmäßig und dem nicht vom Gesetz abgedeckten Verpflichtungscharakter nach in früheren Zeiten größer gewesen sein[5]. Demgegenüber unterschätzt wird die Zahl der zuvor häufiger auf Verwitwung, insbesondere infolge des Kindbettfiebers, als auf eine Ehescheidung zurückgehenden eheähnlichen Lebensgemeinschaften, Fortset-zungsehen und Stieffamilien. Sie hat es – von der Familiensoziologie von wenigen Aus-nahmen abgesehen (König, 1969) unbemerkt[6] – als Formen sukzessiver und teilweise wohl auch synchroner Polygamie in unterschiedlichen Varianten sozialer Sichtbarkeit und damit verbundenen Legitimitätsabstufungen öffentlicher Zusammengehörigkeits-bekenntnisse schon immer gegeben. Was nach dem Zweiten Weltkrieg zum Beispiel das sittenwidrige „Verhältnis" oder die aus Rentengründen tolerierte „Onkelehe" war, ist die heutzutage weitgehend anerkannte und fast schon etablierte nichteheliche Lebens-gemeinschaft.

Vor diesem Hintergrund ist es Ziel des Beitrags, den soziologischen Blick für die Normiertheit des scheinbar Normlosen auch im bislang vernachlässigten Bereich der Verwandtschaft zu schärfen und Übereinstimmungen, aber auch Abweichungen zwischen Sozial- und Legalverwandtschaft einschließlich der hierfür geltenden recht-lichen und sozialen Normen herauszuarbeiten: Wo eilen die Konstruktionen des Rechts gesellschaftlichen Entwicklungen voraus, wo werden Veränderungen in der Gesellschaft von rechtlichen Normierungen lediglich nachvollzogen? Wird die Bedeutung ver-wandtschaftsrelevanter Gesetzesbestimmungen in Zukunft insgesamt zu- oder eher ab-nehmen? Welches sind Anforderungen an künftiges Recht?

---

[5] Literarischen Quellentexten zum Familienleben im mittelalterlichen Italien ist zum Beispiel zu entnehmen: „Francesco und Margherita Datini waren kinderlos und hatten auch keine nahen Verwandten. Trotzdem war das schöne neue Haus in Prato immer voller Leben. Es stand sowohl Margheritas großer Familie offen – ihren Brüdern, ihrer Schwester und deren Mann, ihren Neffen und Nichten – als auch Francescos Fir-menpartnern und Faktoren, und außerdem beherbergte es eine große Schar von Dienern und Dienerin-nen, freien und unfreien, und zuweilen auch noch deren Kinder. Sie alle bildeten ‚la famiglia'." Weiter heißt es dort: „(Zwar) hatte er (Francesco) (...) keine ehelichen Kinder, denen er Namen und Vermögen hätte hinterlassen können. Aber dennoch stand er so sehr unter dem Zwang der Verpflichtungen gegenüber der Familie, daß er wie selbstverständlich die Aufgaben eines *capo del parentado* nicht nur für Margheritas Verwandtschaft in vollem Maße übernahm, sondern auch für die Familien seiner Gesellschafter, Filialleiter, Faktoren und Dienstboten." (Origo, 1995, S. 279 bzw. 281)

[6] Dies gilt insbesondere für jene, die unter Hinweis auf die „postmoderne" (Lüscher u.a., 1988) oder „post-familiale Familie" (Beck-Gernsheim, 1994) sowie die Zunahme binuklearer Familien (Furstenberg, 1987) und multipler Elternschaften (Gross & Honer, 1990) für Deutschland und die USA gegen Ende der 1980er und zu Beginn der 1990er Jahre eine historisch einmalige Ausdehnung der Verwandtschaftsverhält-nisse konstatieren, welche an „Vielfalt und Komplexität (...) jene vormoderner Verwandtschaftsformatio-nen" überträfen (Stacey, 1991, S. 312).

All dies sind „de lege lata" und „de lege ferenda" klassisch rechtssoziologische Frage-stellungen, von denen zumindest einige einer Antwort näher gebracht und die anderen mit schon etwas geschärftem Blick weiteren Studien zu einer Soziologie des Rechts der Verwandtschaft überlassen werden sollen. Um erste Voraussetzungen zur Beantwortung der aufgeworfenen Fragen zu schaffen, werden im nächsten Kapitel die wichtigsten Rechtsvorschriften zusammengestellt, die Verwandtschaft nach dem Gesetz begründen und die sich aus ihr ergebenden Rechtsfolgen regeln. Dies sind im wesentlichen Geset-zesbestimmungen des Grundgesetzes (GG) und des Bürgerlichen Gesetzbuches (BGB).

Rechtsgrundlagen

Das Grundgesetz stellt in Art. 6 Abs. 1 GG Ehe und Familie – im engeren verfassungs-rechtlichen Sinne und gewissermaßen im Verbund – unter den besonderen Schutz der staatlichen Ordnung. Der Verwandtschaft – im Sinne einer um den Kreis der Angehöri-gen erweiterten Kernfamilie – gewährt die Verfassung diesen besonderen Schutz nicht. Gleiches gilt – bis auf weiteres und sich in einzelnen Punkten anbahnenden Veränderun-gen – für die nicht auf Ehe begründete Familie. Ebenso gibt es im Regelungsbereich des Bürgerlichen Gesetzbuches ein Ehe-, Familien- und Scheidungsrecht – selbst ein Nach-barschaftsrecht –, trotz zwischen beiden nicht nur auf sprachlicher Ebene bestehender Verbindungen[7] aber erstaunlicherweise kein eigens kodifiziertes Verwandtschaftsrecht[8].

Das BGB behandelt Verwandtschaftsverhältnisse im 4. Buch (Familienrecht). Es widmet ihnen den gesamten 2. Abschnitt (§§ 1589 ff. BGB), während der 1. Abschnitt (§§ 1297 ff. BGB) der Bürgerlichen Ehe vorbehalten bleibt und neben den allgemeinen Ehewirkungen auch den für die Rechtsbeziehungen unter Verwandten bedeutsamen ehelichen Güterstand und die Ehescheidung regelt. Der für unseren Zusammenhang besonders einschlägige 2. Abschnitt (Abs.) enthält neben den grundlegenden Defini-tionen von Verwandtschaft (§ 1589 BGB) und Schwägerschaft (§ 1590 BGB) unter an-derem Regelungen zur Abstammung, zum Unterhalt sowie zum Rechtsverhältnis von Eltern und Kindern (§§ 1616–1625 BGB). Dazu kommen speziellere Regelungen zur Nichtehelichkeit (§§ 1705 ff. BGB) und zur Adoption (§§ 1741 ff. BGB). Im 4. Buch 2. Abs. 3. Titel (Tit.) finden sich auch die allgemeinen Vorschriften zur Verwandtschaft. Getrennt davon behandelt das 5. Buch das Erbrecht mit Regelungen speziell zur Erb-folge (§§ 1924–1936 BGB), zum Pflichtteilrecht (PflichttR), zum Ausschluß der nicht-ehelichen Lebensgemeinschaft von der Erbfolge (§ 1931 BGB) und zum Erbersatzan-spruch nichtehelicher Kinder (§ 1934a BGB)[9].

---

7   Der lat. „propinquus" ist sowohl mit „Nachbar" als auch mit „Verwandter" übersetzbar. Beide Wortbedeu-tungen implizieren Nähe, aber auch gemeinsame und mithin potentiell strittige Grenzen.

8   Wo der Begriff im folgenden verwendet wird, müßte er korrekterweise in Anführungszeichen stehen.

9   Die nachfolgenden Ausführungen zu einzelnen Paragraphen des BGB basieren, soweit nicht anders ange-geben, auf dem am häufigsten gebrauchten Praktikerkommentar (Palandt, 55. Aufl., 1996).

Definitionen

Im einzelnen definiert der Gesetzgeber:

§ 1589 BGB (Verwandtschaft)
Personen, deren eine von der anderen abstammt, sind in gerader Linie verwandt. Personen, die nicht in gerader Linie verwandt sind, aber von derselben dritten Person abstammen, sind in der Seitenlinie verwandt. Der Grad der Verwandtschaft bestimmt sich nach der Zahl der sie vermittelnden Geburten.

§ 1590 BGB (Schwägerschaft)
I Die Verwandten eines Ehegatten sind mit dem anderen Ehegatten verschwägert. Die Linie und der Grad der Schwägerschaft bestimmen sich nach der Linie und dem Grade der sie vermittelnden Verwandtschaft.
II Die Schwägerschaft dauert fort, auch wenn die Ehe, durch die sie begründet wurde, aufgelöst ist.

Insgesamt unterscheidet das Gesetz

(1) die durch Geburten vermittelte und auf Abstammung beruhende genetische oder Blutsverwandtschaft. Das sind die in § 1569 BGB genannten leiblichen Verwandten und in absteigender Linie die ehelichen und nichtehelichen Abkömmlinge (§§ 1383 ff., 1924 ff. BGB).

(2) die infolge Eheschließung entstandene und ihrerseits durch Verwandtschaftsgrade vermittelte Schwägerschaft. Sie umfaßt in aufsteigender Linie die Schwiegereltern und deren Abkömmlinge. In absteigender Linie (Deszendenz) gehören hierzu zum Beispiel Stiefkinder, seit der Aufhebung von § 1589 II a.F. BGB (Nichtverwandtschaft des nichtehelichen Kindes mit seinem Erzeuger) durch das Nichtehelichengesetz (NEhelG 1969) beim nichtehelichen Kind auch die Ehefrau des leiblichen Vaters (Palandt, Anm. 1 zu § 1590)[10].

(3) die durch Annahme als Kind (§§ 1741 ff. BGB) – früher „an Kindes Statt" – hergestellte und durch das zum 1.1.1977 in Kraft getretene Adoptionsrecht (AdoptG 1976) neu geregelte Verwandtschaft[11].

Verwandtschaft im Sinne des BGB geht somit einerseits über die durch Blutsbande zusammengehaltene hinaus. Verwandtschaft im rechtlichen Sinne erstreckt sich andererseits nicht auf den weitergefaßten Kreis der Angehörigen. Zu den Angehörigen zählen nach geltendem Recht auch die Ehegatten[12] und Verlobten, nicht aber – mit Konsequenzen auf im einzelnen noch zu behandelnden Rechtsgebieten – nicht verehelichte Lebenspartner. Verwandtschaft nach dem Recht umfaßt weiterhin nicht Formen geistlicher, geistiger oder sozialer Verwandtschaft, wie übernommene Patenschaften oder Nenntanten und Nennonkel. Ebenfalls nicht bezieht sich die vom BGB definierte Ver-

---

[10] Das nichteheliche Kind steht seitdem zu zwei Gruppen mütterlicher Verwandter, den Verwandten der leiblichen Mutter und denjenigen der Ehefrau seines biologischen Vaters, in einem – Alltagsauffassung und Lebenspraxis kaum geläufigen – Rechtsverhältnis.

[11] Die Adoption des eigenen (nichtehelichen) Kindes ist nach entsprechender Erweiterung der gesetzlichen Grundlage – neben dem Regelfall der gemeinschaftlichen Annahme eines fremden oder verwandten Kindes durch ein Ehepaar – nun ebenso möglich wie die alleinige Annahme durch eine nicht verheiratete Person.

[12] „Verwandte Ehegatten" sind folglich kein legislativer Pleonasmus, sondern ein zum Beispiel im Erbfall relevanter Sonderfall (§ 1934 BGB).

wandtschaft auf den wissenschaftlichen Ziehvater, die mütterliche Mäzenatin oder – im religiösen Bereich – den Ordensbruder und die Ordensschwester.

Klassifikationen

In einer juristisch nicht eingeführten, soziologischen Typologie[13] könnte folgendermaßen bezeichnet werden

- die durch Geburt[14] begründete und auch zeitlich vor dem Gesetz entstandene Verwandtschaft als angeborene „Verwandtschaft erster Ordnung" oder als „direkte Verwandtschaft",
- die durch Ehe begründete und mithin im doppelten Wortsinn nach dem Gesetz[15] bestehende Verwandtschaft als angeheiratete „Verwandtschaft zweiter Ordnung" oder als „indirekte Verwandtschaft" und
- die per Dekret konstituierte Verwandtschaft als „Adoptiv"- oder „vermittelte Verwandtschaft"[16].

Was im ersten Fall, der Verwandtschaft, die Geburt, ist im zweiten Fall, der Schwägerschaft, die rechtskräftig geschlossene, mithin gültige, aber nicht notwendig aktuell bestehende Ehe[17]. Dem entspricht im dritten Fall die durch richterliche Verfügung zustande gekommene Adoption. Alle drei verwandtschaftskonstitutiven Merkmale sind von prinzipiell irreversibler juristischer Bedeutung. Sie überleben gegebenenfalls selbst ihren eigenen Entstehungsgrund.

Das Recht klassifiziert Verwandtschaft weiterhin nach Linien – und zwar in gerader Linie nach Großeltern, Eltern, Kindern und in Seitenlinie nach Geschwistern – sowie nach Verwandtschaftsgraden. Im Erbrecht gilt eine zusätzliche rechtssystematische Unterscheidung nach Stämmen (väterlicherseits/mütterlicherseits) und Ordnungen (Parentelen).

---

13   Für andere Vorschläge zur Verwandtschaftsklassifikation Müller (1959, 1966, 1981), speziell zu deren Formen Schmitz (1964) und Strukturen Lévy-Strauss (1981).

14   Dieselbe Fokussierung auf die Abstammung findet sich im Altgriechischen. Dort heißt verwandt „syggenes" und die Verwandtschaft „syggenaia", was soviel bedeutet wie die gemeinsam Erzeugten oder gemeinsam Gewordenen.

15   Dies kommt in den englischen Begriffen für Schwager bzw. Schwägerin als „brother" bzw. „sister in law" direkt zum Ausdruck.

16   Den beiden erstgenannten Verwandtschaftstypen entspricht die Unterscheidung von „kinship" als Bezeichnung für Blutsverwandte und „relationship" bzw. „affiliation" als Bezeichnung für die angeheiratete Verwandtschaft im Englischen.

17   Die Ehescheidung ist gewissermaßen schwägerschaftsunschädlich. Jedoch kann Schwägerschaft nach Auflösung einer Ehe nicht neu entstehen. Der frühere Ehemann ist zum Beispiel mit den Kindern seiner ehemaligen Frau aus einer nachfolgenden Ehe nicht verschwägert.

Unterhaltsrechtliche Regelungen

Der gesetzliche Unterhaltsanspruch ist als im Verwandtschaftsverhältnis unmittelbar begründeter Rechtsanspruch im Familienrecht des BGB (4. Buch 2. Abs. 3. Tit.) verankert. Gleichzeitig stellt er ein gesetzliches Schuldverhältnis im Sinne des Schadensrechts dar. Rechtsgeschichtlich wurde Unterhalt zunächst als typischerweise „frauenspezifischer Modus der Versorgung mit dem Lebensnotwendigen, der sich vom Lohn abhebt" (Pelikan, 1984, S. 260) gewährt. Speziell der eheliche Unterhalt wurde zuerst gegen Ende des 18. Jahrhunderts im Allgemeinen Landrecht für die Preußischen Staaten (§ 185 ALR) verankert[18]. Im Unterschied zu anderen vermögensrechtlichen Ansprüchen – und insoweit untypisch – entstehen Unterhaltsansprüche zwischen Verwandten allein aus ihrem nach dem Recht bestehenden Verwandtschaftsverhältnis. Insoweit sind sie auch nur unter genau festgelegten Bedingungen vertraglich oder informell aussetzbar[19].

Zur Unterhaltspflicht unter Verwandten heißt es in § 1601 BGB (Verwandte in gerader Linie):

Verwandte in gerader Linie sind verpflichtet, einander Unterhalt zu gewähren.

Der Kreis der Verpflichteten erstreckt sich auf die gerade ab- und aufsteigende Verwandtschaftslinie[20], und zwar zunächst ohne Rücksicht auf den Grad der Verwandtschaft. Jedoch ist die Reihenfolge der Unterhaltsverpflichtung nach Richtung sowie Nähe der Verwandtschaft dergestalt geregelt, daß eheliche wie nichteheliche Abkömmlinge vor Verwandten der aufsteigenden Linie – Kinder also zum Beispiel vor Eltern – und die näheren vor den entfernteren Verwandten einander zum Unterhalt verpflichtet sind. Dabei sind Unterhaltsverpflichtungen zwischen Eltern und Kindern weder an die elterliche Sorge geknüpft noch geschlechtsgebunden[21]. Vor Verwandten haften – im Rahmen ihrer wirtschaftlichen Leistungsfähigkeit – die Ehegatten (§ 1608 BGB). Sind diese nicht leistungsfähig, kehrt sich die Reihenfolge des Verpflichtungsverhältnisses zu-

---

[18] Eine geschlechtsneutrale Unterhaltsauffassung, derzufolge prinzipiell auch Männer unterhaltsberechtigt werden können, setzte sich mit veränderten wirtschaftlichen Verhältnissen und weiterhin aufrechterhaltenen Geschlechtsstereotypen im Recht erst sehr viel später durch, beim Betreuungsunterhalt erst mit der Reform des Kindschaftsrechts (KindRG 1997).

[19] Unterhaltsansprüche nichtehelicher Kinder sind nach § 1615e I BGB nicht ohne Entschädigung abfindbar und unentgeltliche Verzichterklärungen von vornherein nichtig. Aus ähnlichen Gründen ist es gesetzlich untersagt, eine Adoption an Bedingungen zu knüpfen oder seitens des Annehmenden von Voraussetzungen abhängig zu machen.

[20] Von vornherein nicht unter diese Unterhaltspflicht fallen Verwandte in der Seitenlinie. Geschwister oder Verschwägerte zum Beispiel sind sich nicht zum Unterhalt verpflichtet. Auch nicht unterhaltspflichtig ist der Stiefvater gegenüber Stiefkindern, die er nicht adoptiert hat.

[21] Wie im Ehe- und im Scheidungsrecht nicht konsequent durchgehalten wird die Geschlechtsneutralität in den Unterhaltsregelungen für nichteheliche Kinder. Gemäß § 1739 BGB (Unterhaltspflicht des Vaters) ist der nichteheliche Vater dem für ehelich erklärten Kinde und dessen Abkömmlingen ohne zeitliche Beschränkung vor der Mutter und den mütterlichen Verwandten zur Gewährung des Unterhalts verpflichtet. Die Mutter umgekehrt erfüllt ihre Unterhaltspflicht „in der Regel durch die Pflege und Erziehung des Kindes" (§ 1606 Abs. 3 BGB).

ungunsten der heranziehbaren Verwandten um[22]. Die vom Gesetz festgelegte Unterhaltspflicht gilt grundsätzlich zeitlich unbegrenzt. Die Höhe des Unterhalts bemißt sich
nach Tabellen und Regelunterhaltsverordnungen (RegUV).

Erbrechtliche Regelungen

Das im Erbrecht (§§ 1924–1929 BGB) gebildete Ordnungssystem bestimmt den Kreis
der erbberechtigten Personen. Diese Parentelordnung regelt die gesetzliche Erbfolge für
den Fall, daß unterschiedliche Gruppen Erbberechtigter, also Ehegatten, Blutsverwandte und nicht blutsverwandte Angehörige, vorhanden sind. Dabei stehen die Erb-
rechte von Ehegatten und nächsten Verwandten grundsätzlich gleichberechtigt und
gleichrangig nebeneinander. Entsprechend dem für diese Erbfallkonstellation ebenfalls
geltenden Teilungsprinzip gelangt unter den Verwandten jedoch nur der Erbteil zur
Verteilung, der nicht dem Ehegatten zusteht. Wie der Verwandtenunterhalt, so ist auch
das heute geltende Erbrecht sowohl beim Erben wie beim Vererben[23] durchgängig ge-
schlechtsneutral. In Einklang mit dem Gleichbehandlungsgebot des Art. 3 GG und
einem seit der Eherechtsreform (1. EheRG 1976) konsequent egalitär durchformulier-
ten Familienrecht werden zumindest auf Gesetzesebene[24] im Gegensatz zu anderen
Rechtskulturen und Rechtskreisen in Deutschland keine Unterschiede zwischen mütterlichen oder väterlichen Verwandten gemacht[25].

Gesetzliche Erben erster Ordnung (§ 1924 I BGB) sind die bei Eintritt des Erbfalls
lebenden bzw. zu diesem Zeitpunkt bereits gezeugten ehelichen und nichtehelichen Abkömmlinge des Erblassers. Nach dem Linearsystem (§ 1924 II BGB) schließen sie im
Erlebensfall[26] mit dem Erblasser verwandte andere Abkömmlinge von der Erbfolge
aus[27]. Dabei wahren auch nichteheliche Kinder mit Erbersatzanspruch (§ 1930 in Ver-

---

22 In der Rechtspraxis allerdings setzen Regreßschranken, welche die Unterhaltspflicht einschränken, im So-
    zialhilferecht zum Beispiel schon bei den Großeltern ein.

23 In der Bundesrepublik konnten Frauen vor dem Hinterbliebenenrenten- und Erziehungszeitengesetz
    (HEZG 1985) ihre Rentenansprüche nur dann vererben, wenn sie zuvor überwiegend zum Familien-
    unterhalt beigetragen hatten.

24 Auf untergesetzlicher Ebene setzen Diskriminierungen mit einer nach Geschlecht unterschiedlichen sitt-
    lich-moralischen Verpflichtetheit zur innerfamilialen Rücksichtnahme und Inanspruchnahme und bei
    Frauen erhöhten Anforderungen an ein ehe- und familienverträgliches sowie verwandtschaftsfreundliches
    Verhalten gleichwohl ein. Formal war auch die Rolle des Familienoberhaupts („pater familias") mit allen
    daran geknüpften Rechtspflichten in Deutschland lange Zeit ausschließlich Männern vorbehalten.

25 Auch die Rechtssprache trifft im Deutschen – anders als zum Beispiel im Lateinischen – keine Unterschei-
    dung zwischen dem Onkel mütterlicherseits („avunculus") und väterlicherseits.

26 Wird der Erbfall von den direkten Abkömmlingen nicht erlebt, treten entsprechend der im weiteren nach
    Stämmen geregelten Erbfolge (§ 1924 III BGB) die mit dem Erblasser verwandten Abkömmlinge an deren
    Stelle.

27 Diese Ausschlußwirkung bezieht seit 1970 ausdrücklich auch die nach dem 1.7.1949 geborenen nichehe-
    lichen Kinder ein, die zuvor noch wegen ihrer Nichtehelichkeit selbst als leibliche Kinder und trotz des aus
    Art. 6 Abs. 5 GG folgenden Gleichbehandlungsgebots für eheliche und uneheliche Kinder nicht erb-
    berechtigt gewesen waren.

bindung mit § 1934a BGB) den Rang der Parentelordnung, ohne freilich mit den ehelichen Kindern erbrechtlich vollständig gleichgestellt zu sein. Statt dessen bleiben sie „personae non gratae". Als solche werden sie bis heute auf den gesetzlichen Erbersatzanspruch verwiesen, der sich nur auf geldwertgleiche Erbanteile erstreckt und nichteheliche Kinder beim Erben von Sachvermögen gegenüber den ehelichen Abkömmlingen benachteiligt[28]. Erben zweiter Ordnung (§ 1925 BGB) sind die Eltern und deren Abkömmlinge, Erben dritter Ordnung (§ 1926 BGB) die Großeltern und deren Abkömmlinge. Werden Eltern zu Erben ihres vor ihnen verstorbenen Kindes, so fällt der Nachlaß des Kindes bildlich gesprochen in ihren Schoß zurück[29]. Geschwister und deren Abkömmlinge werden in diesem Fall von der Erbfolge vollständig ausgeschlossen (Palandt, Anm. 1a zu § 1925 BGB).

Blutsverwandte erben mithin nicht immer und automatisch. Umgekehrt können nicht blutsverwandte Angehörige und deren Nachkömmlinge, etwa infolge von Adoption, zu gesetzlichen Erben des Erblassers und dessen Vorfahren werden. Sie haben dann denselben Anspruch auf ihren Pflichtteil wie dessen direkte Nachkommen. Beim Erben und Vererben zählt, wie sich zeigt, nur und ausschließlich die vom Gesetz anerkannte Verwandtschaft im Sinne von § 1589 BGB, nicht allein schon und auch nicht notwendig die biologische. Das Recht tritt an die Stelle der Biologie und führt in diesem Fall dazu, daß die Blutsverwandtschaft einen Teil ihrer Rechtsverbindlichkeit und quasinatürlichen Kalkulierbarkeit einbüßt. Selbst auf den Nachlaß ist – mit schon im antiken römischen Recht verbürgten Wurzeln und Risiken – keinesfalls immer Verlaß.

Grundlegende Strukturmerkmale

Linie vor Seite

Bei der Behandlung von Verwandtschaftsverhältnissen sind die Seitenlinien – analog zum Stab-Linie-System von Organisationen – rechtlich schwächer ausgeprägt als die geraden Linien. Dies wird im Unterhalts- und im Erbrecht besonders deutlich. „De lege lata" nicht bestätigen lassen sich vordergründig plausible Annahmen, wonach die Regelungsdichte mit der Entferntheit der verwandtschaftlichen Beziehungen abnähme und die Normierungshäufigkeit proportional zu den Verwandtschaftsgraden sinken würde.

---

[28] Ziel der auf Schonung der mit dem Eheprivileg ausgestatteten Verwandtschaft gerichteten Regelung ist es, die Mitgliedschaft nichtehelicher Kinder in vom Gesetz legitimierten (legalen) Erbengemeinschaften zumindest dort zu verhindern, wo andernfalls im Erbfall Verwandte in gerader Linie aufeinanderträfen. Beim möglichen Zusammentreffen ehelicher und nichtehelicher Abkömmlinge nur in der Seitenverwandtschaft wird von dieser Sonderregelung abgesehen (Palandt, Anm. 3b zu § 1934a BGB).

[29] Sind dagegen die Eltern vorverstorben, unterscheidet das Erbrecht nach gemeinsamen und einseitigen Abkömmlingen. Letztere erben dabei jeweils nur mit einer Hand, weil aufgrund § 1924 III BGB innerhalb der mütterlichen und väterlichen Verwandtschaftslinien nach Stämmen geerbt wird.

Aufgrund bestehender gesetzlicher Regelungen[30] ist eher davon auszugehen, daß Komplexität und Kompliziertheit weitverzweigter Beziehungen und die dadurch vergrößerte Wahrscheinlichkeit regulationsbedürftiger Fallkonstellationen die Entfernung der betreffenden Verwandten zumindest teilweise aufwiegen. Darüber hinaus gibt es aufgrund rechtssoziologischer Untersuchungen empirisch gestützte Hinweise darauf, daß die Mobilisierungsfreude gegenüber dem Recht mit der Zahl zwischengeschalteter Verwandtschaftsgrade wächst und die prozeßhemmenden Schranken den eigenen Eltern gegenüber höher liegen werden als bei persönlich unbekannten, entfernten Verwandten, die man möglicherweise noch nie gesehen hat.

Primat von Ehe und Familie

Über die dogmatische Figur des Eheprivilegs und die grundgesetzliche Grundierung eines restaurativen Familienbegriffs entsteht eine direkte und indirekte juristische Privilegierung der durch Art. 6 Abs. 1 GG geschützten Ehe und Familie. Dieser verfassungsrechtliche Schutz überträgt sich auf den erweiterten Bereich der Verwandtschaft und setzt sich dort in seinen ungleichen Rechtswirkungen und Folgen fort. In der Bevorzugung der Ehelichkeit kommt die besondere Achtung des Gesetzgebers vor bestehenden Ehen und durch vorangehende Eheschließung legalisierten Familien zum Ausdruck, wie sie für das Erbrecht und die langjährige Absehung von Art. 6 Abs. 5 (Gleichstellung unehelicher und ehelicher Kinder) bereits angedeutet wurde und mit gewissen Schwankungen die Gesetzeswerke früherer Jahrhunderte durchzieht. Ideologisch gestützt und rechtspraktisch wirksam wird dieses Primat durch die bis zum KindRG 1997 aufrechterhaltene Ehelichkeitsfiktion der Geburtenstatistik und das daran geknüpfte Konstrukt des Legalvaters[31]. Eine zusätzliche, wenn auch eher indirekte Bestätigung erfährt die Primatsthese durch die Rechtstradition der Besserstellung von geschiedenen und verwitweten Müttern, die immerhin einmal verheiratet waren, gegenüber ledigen Müttern, etwa im Recht der elterlichen Sorge durch eine bis vor nicht allzu langer Zeit nach mütterlichem Personenstand abgestufte Differenzierung nach Vermögens- und Personensorge[32].

---

[30]   Auf die durch Gesetzestexte nur bedingt repräsentierte Rechtspraxis lassen sich hieraus keine gültigen Rückschlüsse ziehen. Hierzu bedürfte es gesonderter Untersuchungen über Art und Anzahl der Prozesse, die gegen Familienangehörige und Verwandte – ohne Scheidung, Ehelichkeitsanfechtungen und Vaterschaftsklagen – an deutschen Gerichten innerhalb eines bestimmten Zeitraumes geführt wurden.

[31]   Die amtliche Geburtenstatistik registriert derzeit noch grundsätzlich alle von einer zum Zeitpunkt der Geburt verheirateten Frau (oder von ihr innerhalb von 302 Tagen nach einer gerichtlichen Ehelösung) geborenen Kinder als ehelich (Palandt, Anm. 1 zu § 1591 BGB). Durch den statistischen Kunstgriff wird ihr Ehemann automatisch Vater im juristischen Sinne.

[32]   Die dahinterstehende Wertabstufung von Ehe und Nicht-Ehe wurde – mittlerweile durch Zusammenfassung in §§ 1615a–g BGB geändert – durch die getrennte Behandlung der Unterhaltsansprüche verheirateter und nicht verheirateter Mütter im BGB früher auch paragraphenmäßig zum Ausdruck gebracht. Zu den auch im übertragenen Sinne diskriminierenden Mutterbildern des Rechts ausführlich Lucke (1997).

Konstrukt vor Kontrakt

Wiewohl selbst gesatztes und damit prinzipiell veränderbares Recht, tragen viele die Verwandtschaft betreffenden Regelungen den für eine der Wertstabilisierung und Normbekräftigung dienende Leitbildgesetzgebung typischen Charakter. Mit einer dem juristischen Laienverstand zuwiderlaufenden Endgültigkeit suggeriert dieser eine nur geringe Chance auf rechtskräftige Revision. Die durch Ehe begründete Familie und darüber vermittelte Verwandtschaft kann deren Bestand überdauern: Vater und Mutter bleiben Vater und Mutter, Geschwister Geschwister, auch wenn die Eltern geschieden und inzwischen wieder verheiratet sind. Nicht einmal die durch Eheschließung entstandene Schwägerschaft wird durch Auflösung dieser Ehe aufgehoben: Der Schwager bleibt, wie oben dargestellt, Schwager, die Schwägerin lebenslang Schwägerin. Die eheliche Geburt wird durch eine im nachhinein festgestellte Ungültigkeit oder Nichtigkeit der Ehe entsprechend § 1591 BGB nicht zu einer nichtehelichen. Ebensowenig kann eine Ehelicherklärung gemäß § 1726 II BGB widerrufen werden. Auch die per Dekret beschlossene Adoption kann nicht vertraglich aufgehoben oder wieder rückgängig gemacht werden[33].

Artefakt vor Alltag

Die Verwandtschaft hat auch im Alltag rechtsverbindliche Auswirkungen, die von einzelnen weitgehend unbeeinflußbar – in der Regel auch nicht gemeinsam und einverständlich – außer Kraft gesetzt, aufgekündigt oder an Bedingungen geknüpft werden könnten. Nur in Ausnahmefällen, im Erbrecht etwa bei vorangegangener Adoption, können sie von vornherein vertraglich ausgeschlossen werden[34]. Die Verwandtschaftsdefinitionen des Gesetzes und die darauf basierenden Verwandtschaftskonstruktionen des angewandten Rechts erweisen sich als juristische Artefakte zum Teil ohne gesellschaftliche Pendants und ohne vollständige Entsprechung in der empirischen Wirklichkeit. Die „paper rules" als notwendigerweise abstrahierende gesetzliche Regelungen sind andere als die des lebenden Rechts und diese wiederum andere als die des gelebten Lebens. Weder Wunschkinder noch Wuncheltern lassen sich als Rechtsanspruch auf ein eigenes Kind oder die leiblichen Eltern vor Gericht einklagen oder

---

[33] Sicherheit und Vertrauensschutz sind zugleich der Grund, weshalb die durch Adoption entstehenden Verwandtschaftsverhältnisse seit dem AdoptG 1976 durch gerichtlichen Ausspruch (Dekretsystem) anstelle des bisherigen Vertrags (§§ 1750–1752 a.F. BGB) begründet werden.

[34] Änderungen, zum Beispiel des Familiennamens, sind erheblich erschwert und nur unter genau spezifizierten Voraussetzungen und restriktiv gehandhabten Bedingungen möglich. Ähnliche Erschwernisse gelten für die Legitimation nichtehelich geborener Kinder durch Heirat der leiblichen Eltern oder durch Ehelicherklärung (nicht aber bloße Einbenennung), die prozeßrechtlich in §§ 1593 ff. BGB geregelte Ehelichkeitsanfechtung und für die bei einer Vaterschaftsanfechtung zur Anwendung kommenden Verjährungsfristen.

der richtige Vater und die echten Großeltern mit Rechtsmitteln erstreiten. Ebensowenig erhalten Sozialverwandtschaften trotz faktischer Belastbarkeit und realer biographischer Existenz und praktischer Relevanz die gesetzliche Legitimation, noch erlangen sie die juristische Gleichstellung mit der vom Recht anerkannten Legalverwandtschaft. Auf diese Weise schafft der Zwangsapparat des Rechts weniger die rechtlichen
Voraussetzungen für Wahl- als für Zwangsverwandtschaften. Für die Ausgestaltung individueller und gemeinschaftlicher Wahlbiographien bleibt rein rechtlich gesehen
kaum Raum.

Die vom BGB und seinen Kommentatoren hinreichend, wenn auch mit einigen
Ungereimtheiten[35], beantwortete Frage nach dem Beginn legaler Verwandtschaftsbeziehungen wirft im logischen Umkehrschluß die bereits angeklungene Frage nach deren
möglicher Beendigung auf: Kann Verwandtschaft enden?

Bestand vor Bruch

Da Verwandtschaft im Unterschied zur Ehe nicht durch Vertrag – mit dort sinn-
gemäß beiderseitigem Kündigungsrecht durch Scheidung – zustande kommt[36], kann
sie in aller Regel auch nicht beendet werden. Dies gilt schon gar nicht aus freien Stük-
ken oder kraft individueller, nicht einmal aufgrund einvernehmlicher und gemeinsamer Entscheidung aller Beteiligten. Die Ehe ist, wiewohl nach § 1353 BGB grundsätzlich und ihrem Wesen nach auf lebenslange Dauer angelegt[37], im Einzelfall künd-
bar, die Verwandtschaft dagegen unkündbar. Anders ausgedrückt: Eine Eheschließung
ist vom Willen beider Partner abhängig. Sie läßt sich, wie die Entstehung von Nachkommenschaft, zumindest weitgehend verhüten. Für die mit ihr zwangsläufig entstehenden Verwandtschaftsbeziehungen als nicht vertragsförmig geregelten Rechtsver-
hältnissen trifft dies nur sehr bedingt zu[38]. Die praktisch einzige Ausnahme, welche
die Verwandtschaft von Gesetzes wegen beendet, ist die Adoption (§§ 1755, 1756

---

35 Hierzu gehört die Ehelichkeitsfiktion des Abstammungsrechts ebenso wie die Existenzfiktion des Erbrechts
    mit in beiden Fällen gleichen Annahmen über den Beginn des Lebens, nämlich dem Zeitpunkt der Zeu-
    gung, aber unterschiedlichen Konsequenzen für die daraus resultierenden Rechtsbeziehungen. So heißt es
    einerseits: „Verwandtschaft entsteht erst durch die Geburt, die Leibesfrucht hat keine Verwandtschaft."
    (Palandt, Anm. 2 zu § 1589 BGB) Andererseits können zum Zeitpunkt des eintretenden Erbfalls bereits
    Gezeugte später erben.
36 „Die Ehe kommt durch Vertrag zustande, sie ist aber nicht selbst Vertrag." (Palandt, Einführung zu 4. Buch
    5. Tit. [Wirkungen der Ehe im allgemeinen] Anm. 1a)
37 „Die lebenslange Ehedauer ist untrennbarer Bestandteil des Ehebegriffs iSv GG 6 I (BT-Drucks. 7/4361
    S. 6)." (Palandt, Anm. 1 zu § 1353 I BGB)
38 Die bei Heiratszeremonien übliche Besiegelungsformel: „Bis daß der Tod Euch scheidet" gilt streng juri-
    stisch mithin eher für die Verwandtschaft als in dem sprichwörtlich, aber nicht wortwörtlich gebrauchten
    rituellen Sinne. Entsprechend hat die „Verstoßungsscheidung" von Schuldaspekten unabhängig Rechts-
    kraft, die Verstoßung der gefallenen Tochter oder des schlecht geratenen Sohnes aber keine unterhaltsrecht-
    lichen Konsequenzen.

BGB). Mit ihr scheiden die Adoptierten mit Konsequenzen insbesondere für die Erb- und Pflichtteilrechte aus ihrer leiblichen Familie vollständig, das heißt mit allen Rechten und Pflichten, aus. Sie sind – dies gilt namentlich für in Volladoption angenommene Minderjährige – dann nur noch mit den Adoptiveltern und deren Verwandten verwandt (Palandt, Anm. c, aa zu § 1924 BGB). Bei der Annahme eines nichtehelichen Kindes durch den anderen Ehegatten (sogenannte Stiefkindadoption) erlöschen die Verwandtschaftsverhältnisse nur zu dem außerhalb der Ehe stehenden nichtehelichen Elternteil und dessen Verwandten (Palandt, Anm. c, aa zu § 1924 BGB), nicht aber zu dem Elternteil, der das Kind in die Ehe mitgebracht hat. Die Annahme durch Verwandte oder Verschwägerte zweiten oder dritten Grades, also zum Beispiel durch Onkel oder Tante (sogenannte Verwandtenadoption), beendet die Verwandtschaft nur zu den Eltern, nicht aber zu den Großeltern (§ 1756 I BGB) des angenommenen Kindes, die weiterhin dessen Großeltern nicht nur sozial, sondern auch nach dem Recht bleiben[39].

Verwandtschaftsbeendende Parallelen zu den Folgen der Adoption, die zugleich zum nächsten Kapitel überleiten, zeigen sich bei der Heirat. Dort hatten entsprechende Regelungen vor allem im Bereich des Vermögens- und des Namensrechts Nachwirkungen bis in die jüngere Rechtsvergangenheit. Ähnlich wie nach altem Recht die Kaufehe die Ehefrau einschließlich ihres Vermögens aus dem Verwandtschaftskreis ihrer Herkunftsfamilie löste, stellte der in Deutschland bis 1953 gültige gesetzliche Regelgüterstand ihren Besitz, mit Ausnahme des sogenannten Vorbehaltsguts, in die Verwaltung und Nutznießung des Ehemannes. Dessen symbolisches Pendant, die mit der Eheschließung im Regelfall automatisch erfolgende Annahme des Mannesnamens als gemeinsamer und auf die Kinder zu übertragender Familienname, überdauerte die Reform des ehelichen Güterrechts um weitere 40 Jahre[40].

Funktionen des Verwandtschaftsrechts

Viele Rechtsnormen, welche die Verwandtschaftsbeziehungen regulieren, erfüllen mehrere, in ihrer Einschätzung widersprüchliche Funktionen. Das Unterhaltsrecht entlastet nicht nur den Staat von Sozialleistungen, das Erbrecht gewährleistet nicht nur den rechtmäßigen Übergang von Besitz und Vermögen. Vielmehr treffen in ihnen ordnungs-, sozial- und wirtschaftspolitische Motive und Interessen, wie für die Entwick-

---

[39] In diesem Fall kann die unübersichtliche, aber zunehmend häufige Situation entstehen, daß ein Kind im Erbfall nach drei Großelternpaaren erbberechtigt ist.

[40] In anderen Rechtskreisen, zum Beispiel nach den Gesetzen des Koran, wechselt die Frau als Person mit der Eheschließung den Eigentümer. Die Tochter wird gewissermaßen verschenkt, der Vater übergibt die Verfügungsrechte an den Ehemann. Diese Eigentumsübertragung findet auch in der Sprache ihren Niederschlag. Mädchen heißt auf Hindi „paraya dhan", also fremder Reichtum, Sohn dagegen bedeutet „apana dhan", eigener Reichtum. Auch im früheren Korea bezeichneten die Eltern ihre eigene Tochter nach der Heirat als „chul ga oy in", das heißt Fremde.

lung des Rechts- und des Sozialstaats auch historisch nachweisbar[41], zusammen. Mit
der Klärung der Abstammung und der Entscheidung über den Personenstand, der die
Zugehörigkeit zu einer bestimmten Familie unter den hierfür maßgeblichen Umständen (Geburt, Heirat, Tod, Adoption, Legitimation, Scheidung) festlegt, garantieren sie
zugleich die staatliche Kontrolle über die Filiation. Verwandtschaftsrecht moralisiert,
schützt und kontrolliert. Gleichzeitig diskriminiert es mit der dem Familienrecht eigenen Doppelmoral[42] Nichteheliche zum Beispiel mit der schon behandelten, am Sachvermögen ansetzenden Unterscheidung und unterhaltsrechtlich mit der per Gesetz vor-
geschalteten Vaterschaftsfeststellung, die in kritischer Sicht auch als Instrumentalisie-
rung des Unterhaltsvorschußgesetzes (UHG) zur sozialen Kontrolle lediger Mütter
interpretiert werden kann. Ein Teil der verwandtschaftsrelevanten Normierungen hat
eher symbolischen Charakter und erfüllt gerade im privatrechtlichen Bereich gegenüber
instrumentellem Recht nicht zu unterschätzende Leitbild- und Sensibilisierungsfunk-
tionen[43]. Andere auf die Verwandtschaft bezogene Rechte, wie zum Beispiel die gerichtliche Feststellung von Eltern-Kind-Verhältnissen, sind faktisch einklagbar.

Verwandtschaft und Vermögen – die ökonomische Funktion

Wie aus Verwandtenunterhalt und Erbansprüchen deutlich wird, bestehen zwischen
den Institutionen Familie/Verwandtschaft und Eigentum/Vermögen über das Recht
hergestellte, enge materielle Zusammenhänge[44]. Diese lassen sich rechtshistorisch und
kulturanthropologisch rekonstruieren und haben etymologische Wurzeln schon im lateinischen Begriff der „res familiaris" (Vermögen). Das Rechtskonstrukt der Verwandtschaft diente demnach in erster Linie der materialrechtlichen Sicherstellung der Vererbung von Besitz und der symbolischen Weitergabe des (Mannes-)Namens. Beide
markieren sicher nicht zufällig besonders resistente Grundpfeiler der bis in die jüngste
Zeit vom Gesetzgeber hochgehaltenen patriarchalischen Familienkonzeption[45]. Der

---

41 Verwahrlosungsargumente in Verbindung mit der Furcht, uneheliche Kinder und ihre Mütter könnten der
Armenfürsorge und damit der öffentlichen Hand zur Last fallen, zum Beispiel bilden einen klassischen Le-
gitimationstopos des gesamten Nichtehelichenrechts. Auch Mindestunterhaltssätze und -tabellen sind keineswegs eine Erfindung des modernen Sozialstaats, sondern eine aus früheren Jahrhunderten wohlvertrau-
te pseudo-patriarchale Einrichtung.

42 Für den gesetzgeberischen „double talk" auch in anderen Teilbereichen des Familienrechts Lucke (1991).

43 Daß Ehefrauen und Kinder unterhalten und Geliebte ausgehalten werden, fällt zum Beispiel häufig erst
dann auf, wenn nach einer Scheidung Ehegatten- oder Kindesunterhalt in Mark und Pfennig bezahlt werden muß. Ähnliches gilt für das Schadensrecht, wenn die Arbeitsleistung einer durch Verschulden Dritter
verletzten oder zu Tode gekommenen Familienhausfrau den Angehörigen nicht mehr zugute kommt.

44 Friedrich Engels (1884, 1971) sah die Entstehung des Privateigentums und das Interesse des Mannes an
der Vererbung seines Besitzes, Marianne Weber (1907, 1989) dagegen das Interesse der Familie der Frau
an deren und ihrer Kinder Versorgung, als ursächlich für die Ausbildung der monogamen Ehe und bürgerlichen Familie an.

45 Die Subsidiärgeltung des Mannesnamens zum Beispiel wurde erst durch das zum 1.4.1994 in Kraft getretene Gesetz zur Neuordnung des Familiennamensrechts (FamNamRG) vom 16.12.1993 (BGBl I 2054 ff.)
endgültig aufgehoben.

wechselseitige Verpflichtungscharakter von Eigentum, Namen, Familie und Verwandtschaft findet sich unter anderem für das mittelalterliche Italien belegt:

> „Wenn ein Mann Vermögen und Ruhm erwarb, dann war es zum Nutzen der Familie, und hatte er seine weltlichen Güter vermehrt, so war es seine erste Pflicht, sein Testament aufzusetzen und sie seinen Erben zu vermachen – nicht etwa aus väterlicher Sorge, sondern um der Familie das ‚zurückzuerstatten‘, was ihr von Rechts wegen gehörte." (Origo, 1995, S. 280)

Für den Fall eigener Kinderlosigkeit sahen die Rechtsordnungen früher Gesellschaften neben der kultursoziologisch umstrittenen Geschwisterheirat[46] unter anderem die Levirats- und die alttestamentarisch belegte Schwagerehe[47] vor sowie, zum Beispiel in Griechenland, das Institut der Erbtochter[48]. In wieder anderen patriarchalen Rechtskulturen war es möglich, die Tochter offiziell als Sohnersatz zu deklarieren, damit diese den Familienbesitz rechtmäßig erben konnte[49]. Teilweise unterhielten Verwandtschaftsgruppen ein eigenes Kreditwesen zur wechselseitigen Unterstützung[50] und legten so den Nährboden für Versippung und Nepotismus auch auf anderen Gebieten. Einige bildeten den Kern einer mafiaähnlich organisierten Kriminalität (Giddens, 1995, S. 441 ff.) und machten – frei nach Karl Kraus – auch in diesem Sinne dem bösen Wort von der „Familienbande"[51] alle Ehre.

„Recht scheidet, aber freundet nicht" – Die soziale Funktion

Recht stellt einerseits verwandtschaftliche Beziehungen her. Es überformt die in einer Gesellschaft gelebte Verwandtschaft und überzieht schon ihre Entstehung mit einem eng geknüpften Netz gesetzlicher Bestimmungen. Diese wirken im Wechselspiel rechtlicher und sozialer Normen auf die existierenden Verwandtschaftsbeziehungen zurück und prägen deren künftige Ausgestaltung. Durch das Recht werden verwandtschaftliche

---

[46] Hierzu in kritischer Betrachtung vor dem Hintergrund des Inzesttabus Girtler (1976).

[47] Hierbei handelte es sich um die Ehe eines Mannes mit der Frau seines kinderlos verstorbenen Bruders, die zu dem Zweck geschlossen wurde, einen legalen Erben für den Verstorbenen zu zeugen und dessen Namen weiterzutragen. Nach der Überlieferung führte die Verweigerung der Schwagerehe durch den Bruder zur öffentlichen Entehrung der Witwe, die diesem umgekehrt durch rechtskräftige Symbolhandlungen, etwa des Schuhausziehens, den Erbbesitz entziehen konnte (Dtn. 25, 5–10).

[48] Dort war der nächststehende männliche Verwandte eines Mannes, der „keine männlichen Leibeserben", sondern nur Töchter hinterlassen hatte, verpflichtet, eine von ihnen zu heiraten, „damit das Geschlecht des Verstorbenen durch ihre Söhne, die dann als die seinigen galten, fortgesetzt und ihm durch sie vollgültige Totenopfer garantiert würden" (Weber, 1907, 1989, S. 60 f.).

[49] Während alte Kulturen, zum Teil selbst solche ohne entwickelten juristischen Eigentumsbegriff, rudimentäre erbrechtliche Regelungen kannten, gab es solche Rechtsvorkehrungen in armen Gesellschaften bezeichnenderweise nicht.

[50] Bereits das Alte Testament (Dtn. 23, 20 f.) verbot, vom eigenen Bruder Zins zu nehmen, weil dies den Sinn des Darlehens, im alten Israel eine Pflicht der Nächstenliebe, verkehrt hätte.

[51] Von ähnlichem Hintersinn und ironisierender Distanz wie die Rede von den „lieben Verwandten" zeugt folgende Äußerung: „Die Griechen, die so gut wußten, was ein Freund ist, haben die Verwandten mit einem Ausdruck bezeichnet, welcher der Superlativ des Wortes ‚Freund‘ ist. Dies bleibt mir unerklärlich." (Friedrich Nietzsche; zit. nach Hettlage, 1992, S. 265)

Sozialbeziehungen abgesichert, kanalisiert, kontrolliert, ideologisch – zum Beispiel über die von ihm transportierten Leitbilder des Familien- und Verwandtschaftslebens – legitimiert und überhaupt erst einmal registriert und offiziell festhalten[52]. An der erhöhten Regelungsdichte ablesbar konzentrieren sich die verwandtschaftsstiftenden Normierungen im Bereich des Abstammungs- und des Namensrechts auf die anfangs genannten Konstitutiva verwandtschaftlicher Beziehungen, also Heirat, Geburt, gegebenenfalls Adoption, während sich die einschlägigen gesetzlichen Bestimmungen im Unterhalts- und im Erbrecht mehr auf die Rechtsfolgen der Verwandtschaft beziehen. Besonders sorgfältig wacht der Staat, unter anderem mit der amtlichen Eheschließungs- und Scheidungsstatistik und der gesetzlichen Meldepflicht für Geburten, über die verwandtschaftsrelevanten „rites de passage". Das wohl beste Beispiel hierfür ist der in europäischen und vielen außereuropäischen Rechtskulturen detailliert geregelte und bis in die Einzelheiten (Aufgebot, Trauzeugen, Ja-Wort usw.) vorgeschriebene Akt der Eheschließung[53]. Das Ritual des In-die-Ehe-Gehens bzw. bei sakramentaler Betrachtungsweise In-den-heiligen-Stand-der-Ehe-Eintretens stellt eine von und vor Standesbeamten bzw. Priestern vollzogene Statuspassage[54] dar, die den juristischen Personenstand verändert und künftige legale Verwandtschaftszusammenhänge bedingt. Ihr Pendant bildet die gerichtliche – und nicht etwa notariell beglaubigte oder gar informell und einverständlich zwischen den Ehegatten vereinbarte – Ehelösung, die auch nach der Scheidungsreform von 1977 an ähnlich genau definierte Voraussetzungen (Trennungsfristen, Anwaltszwang für eine Seite usw.) geknüpft ist.

Andererseits verhindert das Gesetz die Entstehung bestimmter verwandtschaftlicher Beziehungen. Beispielhaft hierfür ist wiederum die Ehe als nach christlich-abendländischer Tradition notwendig heterosexueller Verbindung und allein zwischen Mann und Frau rechtlich legitimierter Lebensgemeinschaft, wodurch gleichgeschlechtlichen Partnern ein Recht auf Eheschließung und darauf begründeter Verwandtschaft – vom BVerfG 1993 erneut bestätigt – bis heute verwehrt wird. Einige dieser Restriktionen behielten ihre Gültigkeit auch nach dem Aussetzen früherer Heiratsverbote, zum Beispiel für Unfreie, und der Abschaffung ebenfalls ordnungspolitisch motivierter Scheidungsstrafen. So stellt zum Beispiel nächste Verwandtschaft auch noch nach heutigem Recht ein Ehehindernis dar (§§ 4, 21 EheG). Im Interesse der staatlich kontrollierten Filiation

---

[52]   In verschriftlichten Rechtskulturen bilden Heirats- und Geburtsurkunden sowie Familienbücher, sogenannte Stammbücher, die durch Stammbäume nicht nur in Adelsfamilien zum Teil zusätzlich visualisiert werden, die Grundlage rechtlicher Kontrolle über soziale Verwandtschaftsverhältnisse.

[53]   In schriftlosen, sogenannten primitiven Kulturen genügt hierfür die Anwesenheit von Zeugen, welche allein durch körperliche Präsenz die eigens auszufertigende Heiratsurkunde ersetzen. In anderen einfachen, aber bereits alphabetisierten Kulturen ist es eine gewisse Anzahl von Verwandten, Freunden und Bekannten, die die Eheschließung mit ihrer Unterschrift beglaubigen und durch die Zahl der Unterschriften zugleich Aufschluß über den sozialen Status des Paares geben.

[54]   Diese ist nach dem Vorbild der „manus"-Ehe im römischen Recht, der Emanzipation der Frau aus den Händen des Vaters in die des Ehemannes, konstruiert und auch in der deutschen Gegenwartsgesellschaft hochgradig verrechtlicht.

und der juristischen Klärung legitimer Verwandtschaftsverhältnisse stellt das BGB – neben dem Embryonenschutzgesetz und der seit 1990 verbotenen Ersatzmutterschaft (§ 1 I EmbryonenschutzG) sowie dem Adoptionsrecht[55] – im Bereich der allgemeinen Ehewirkungen und besonders ausgeprägt im Nichtehelichenrecht als dem am stärksten durchrationalisierten Teilbereich des Familienrechts die in ihrer Intention komplementären Rechtsinstitute der Vaterschaftsfeststellung und der Ehelichkeitsanfechtung[56] bereit, um Klarheit über die Abstammung und damit Rechtssicherheit zu schaffen.

Ihre historisch und gegenwärtig ambivalente Diskriminierungswirkung entfalten bestehende oder nicht bestehende juristische Verwandtschaftsbeziehungen auch noch in anderen, bisher nicht angesprochenen Bereichen.

„Weder verwandt noch verschwägert" – Die juristische Funktion

Verwandtschaft bringt einerseits Rechtsvorteile. Sie erweitert Handlungsradien und gewährt Wahlmöglichkeiten, wie sie unter Nichtverwandten in dieser Form nicht bestehen. Letzteres gilt zum Beispiel für das Zeugnisverweigerungsrecht aus persönlichen Gründen (§ 52 StPO), welches besagt, daß in Prozessen gegen beschuldigte oder angeklagte Verwandte nicht ausgesagt werden muß. Dieses Vorrecht ist im Vergleich zu anderen aus Verwandtschaftsbeziehungen resultierenden Rechten relativ weit ausgedehnt und bildet in gewisser Weise ein Pendant zur Verletzung von Privatgeheimnissen (§ 203 StGB), der sogenannten Schweigepflicht, welche als Recht auf informationelle Selbstbestimmung ihrerseits aus Art. 2 I GG in Verbindung mit Art. 1 GG folgt. Zur Verweigerung des Zeugnisses berechtigt sind nach § 52 I StPO (Zeugnisverweigerungsrecht der Verwandtschaft) Verlobte, Ehegatten – auch wenn die Ehe nicht mehr besteht – sowie in gerader Linie Verwandte oder Verschwägerte, Verwandte in der Seitenlinie bis zum dritten und Verschwägerte bis zum zweiten Grade. Umgekehrt besteht unter Verwandten ein Recht auf Auskunft – nicht nur über die eigene Abstammung[57], sondern gemäß § 1605 I BGB auch über die Einkünfte und Vermögensverhältnisse potentiell unterhaltspflichtiger Verwandter sowie bei Unfall, Tod oder schwerer Krankheit. Gleichzeitig haben Verwandte bei bestimmten Gelegenheiten gemäß §§ 1695 I, 1847, 1862 I 2, 1897, 1915 BGB das Recht, angehört zu werden. Insbesondere im Erbrecht besitzen Verwandte einen nach Art und Grad des Verwandtschaftsverhältnisses genau definierten Status. Unter bestimmten Voraussetzungen haben sie, wie oben beschrie-

---

55 Als Beispiel auch für das Zusammenwirken von Recht, medizinischen Möglichkeiten und gesundheitlichen Risiken kann die Adoption zum Beispiel von einem Aids-Test des potentiellen Stiefvaters, der das Kind seiner Ehefrau adoptieren will, abhängig gemacht werden (Palandt, Anm. 2 zu § 1741 BGB).

56 Während es im ersten Fall um die Suche nach dem rechtmäßigen Vater geht, handelt es sich im zweiten Fall um den Versuch, eine zunächst angenommene Vaterschaft abzulehnen.

57 Ein Recht auf Kenntnis der eigenen Abstammung ist vom Gesetz zwar nicht ausdrücklich geregelt. Jedoch besteht ein vom BVerfG 1989 (BVerfGE 79, 256) grundsätzlich bejahter höchstpersönlicher Auskunftsanspruch auf Benennung des leiblichen Vaters, der nicht auf Dritte übertragbar ist.

ben, einen vom Gesetz bis in alle Einzelheiten festgelegten Anspruch auf das Pflichtteil, der nicht hinterzieh- oder vorenthaltbar ist.

Andererseits bringt die Verwandtschaft Rechtsnachteile und Handlungsbeschränkungen mit sich. Risiken vor allem wirtschaftlicher Art bestehen darin, daß man im Falle eintretender Bedürftigkeit bei eigener finanzieller Leistungsfähigkeit Verwandten gegenüber unterhaltspflichtig werden kann, für sie haften muß oder zum Beispiel für eine Hypothek bürgen soll. Auch von der Vertretungsmacht des gesetzlichen Vertreters bei bestimmten Rechtsgeschäften (des Kindes oder Mündels) sind Verwandte ausgeschlossen. Ebenso schließt § 26 (Verbot der Mitwirkung als Zeuge oder zweiter Notar) des Beurkundungsgesetzes (BeurkG) bei der Beurkundung neben den Beteiligten selbst auch jene Personen aus, die mit dem Notar verheiratet oder mit ihm in gerader Linie verwandt sind. Im Bereich des Strafrechts schließlich gelten der Gatten-, Vater-, Bruder- oder Kindesmord[58] – im Schutzraum von Familie und Verwandtschaft verübt – als besonders schwere Verbrechen[59]. Andere Übergriffe und Vergehen im familiären und verwandtschaftlichen Nahbereich, wie Gewalt und Vergewaltigung[60], dagegen werden juristisch häufig als „minder schwerer Fall" gewertet und sind im Schatten des Rechts eher geduldet, als daß sie – im blinden Fleck des ansonsten wachen Auges des Gesetzgebers gelegen – einer konsequenten strafrechtlichen Verfolgung zugeführt würden.

Wandel des Verwandtschaftsrechts

Das Familienrecht (FamR), das wesentliche Teile der für die Verwandtschaft relevanten Bestimmungen enthält, ist von Grund auf konservativ und neueren Entwicklungen gegenüber wenig aufgeschlossen (Derleder, 1990; Limbach, 1988). Seit dem Bürgerlichen Gesetzbuch der Jahrhundertwende (BGB 1900) hat das FamR insgesamt nur wenige Reformen erfahren, zu deren wichtigsten das Gleichberechtigungsgesetz (GlberG 1957) und das Erste Eherechtsreformgesetz (1. EheRG 1976) zählen. Dabei zeichnet es sich mit zahlreichen Beispielen für legislative Hiaten[61] insbesondere durch Ignoranz unkonventioneller Lebensformen und diesbezüglich gewandelter Einstellungen in der Bevöl-

---

58   So belegt etwa § 217 StGB (Kindestötung) mit einer aus der Reichsgesetzgebung 1871 übernommenen Gesetzesbestimmung die tötende nichteheliche Mutter – als außerhalb des vom Gesetz gewährten Schutzraumes stehend – gegenüber der verheirateten Frau, die ihr neugeborenes Kind tötet, bis heute mit einem milderen Strafmaß (Michalik, 1994).

59   Ähnlich wie beim Verwandtenunterhalt wird eine umfassende und unbedingte Schutz- und Einstehgemeinschaft Verwandter nach heutigem Recht, wie mit dem Verbot der Sippenhaft (Dtn. 24, 16) schon im Alten Testament, selbst zwischen Eltern und Kindern ausdrücklich verneint.

60   Vgl. hierzu auch die vorerst gescheiterten Reformbestrebungen zur Einführung der Vergewaltigung als nicht nur außerehelicher Straftatbestand (§ 177 StGB).

61   Dieses Nachhinken zeigt sich unter anderem in der Abschaffung des Ehebruchs als Straftatbestand erst 1973 und als rechtlich anerkannter Scheidungsgrund 1976 sowie in dem ebenfalls erst in den 1970er Jahren mit dem 4. Gesetz zur Strafrechtsreform (4. StRG) gefallenen „Kuppelei"-Paragraphen (§§ 174 ff. StGB).

kerung aus[62]. Auf der anderen Seite gibt es Beispiele dafür, daß das Recht veränderten gesellschaftlichen Verhältnissen folgt und dem Zeitgeist entsprechend unterschiedlich begründet wird. Ein Beispiel hierfür ist die Vaterschaftsfeststellung, ein anderes die Adoption. Die Notwendigkeit ersterer wurde rechtshistorisch zunächst mit Schutz- und Alimentationsinteressen der nichtehelichen Mutter und ihres Kindes, also hauptsächlich ökonomisch, legitimiert. Im Nationalsozialismus war die Klärung der Abstammung zum Nachweis der arischen oder nichtarischen Herkunft vorübergehend rassistisch motiviert. Heute kommt insbesondere das auf die europäische Menschenrechtskonvention und die UN-Kinderkommission gestützte und mit identitätsstiftenden Motiven zusätzlich unterlegte Grundrechtsargument eines persönlichen und öffentlichen Rechts auf Kenntnis der eigenen Abstammung zum Tragen (Willenbacher, 1995, S. 309). Ähnlich verhält es sich mit der früher in erster Linie vom Wunsch nach Vererbung von Namen, Adelstiteln und Vermögen bestimmten Adoption. Sie wird nun offiziell nicht mehr namens- oder erbrechtlich, sondern sozial, psychologisch und pädagogisch unter anderem damit begründet, daß sie Kindern ohne Verwandtschaft ein geordnetes Familienleben ermöglichen soll.

Bisherige Rechtsentwicklungen

Seit dem Zweiten Weltkrieg zeichnen sich im Familienrecht gegenläufige Tendenzen der Entrechtlichung im Verhältnis der Geschlechter[63] – wenn man so will, in horizontaler Richtung – bei gleichzeitiger Verrechtlichung im Verhältnis der Generationen, also in vertikaler Richtung, ab. In ihrem Zuge wurde die „cura sexus" (Geschlechtsvormundschaft als die zumeist mit deren besonderer Schutzbedürftigkeit begründete rechtliche Vormachtstellung des Mannes gegenüber der Frau) schrittweise zugunsten von „care" (Kindeswohl) abgebaut und der dem Sinn nach geltende Geschlechtervertrag zugunsten des Generationenvertrags gelockert[64]. In Verbindung mit der durch GlberG und 1. EheRG vollzogenen Egalisierung der Geschlechterverhältnisse steht eine im Übergang von der Familienverbands- zur Familienmitgliederpolitik konstatierbare Individualisierung des gesamten Familienrechts, die auf mittlere Sicht sowohl eine stärkere

---

[62] So gibt es zur inzwischen weit verbreiteten nichtehelichen Lebensgemeinschaft, insbesondere im Falle ihres Scheiterns, mittlerweile eine umfangreiche Rechtsprechung, nicht aber – von punktuellen Ausnahmen abgesehen – gesetzliche Regelungen, die diese Lebensform explizit in den Wortlaut des Gesetzes aufnähmen und dadurch nicht nur den Begriff rechtsfähig machten, sondern auch das gesellschaftliche Phänomen in seinen hetero- und homosexuellen Varianten legalisierten.

[63] Ein Beispiel hierfür ist der mit dem 1. EheRG vollzogene Verzicht auf ein gesetzliches Eheleitbild und eine daran geknüpfte Regelung der innerehelichen Arbeitsteilung.

[64] Hierunter fällt unter anderem die Stärkung der Kindesrechte im Verhältnis zu den Elternrechten. Das 1980 in Kraft getretene Gesetz zur Neuregelung der elterlichen Sorge vom 18.7.1979 spricht zum Beispiel nicht mehr, wie Art. 6 Abs. 2 GG, von einem natürlichen Recht der Eltern, sondern betont die Pflichten der sozialen Elternschaft. Gleichzeitig wurde das „Kindeswohl" zum gesetzlichen Leitbegriff (Derleder, 1995) und dieser wiederum zur Grundlage erweiterter Kindesrechte (Steindorff, 1994).

Regulierung oder aber eine allmähliche Deregulierung verwandtschaftlicher Beziehungen zur Folge haben könnte.

Was die darüber hinausgehenden Verwandtschaftsverhältnisse anlangt, so ist die einschneidendste und für die Zukunft folgenreichste Veränderung diejenige, daß nichteheliche Kinder seit dem Nichtehelichengesetz (NEhelG 1969) mit ihrem leiblichen Vater und dessen Verwandten auch rechtlich als verwandt gelten[65]. Bis dahin hatte das BGB 1900 die Mitverantwortlichkeit nichtehelicher Väter auf die reine Zahlvaterschaft begrenzt, immerhin aber die väterliche Unterhaltspflicht nichtehelichen Kindern gegenüber im Gesetz fixiert. Das nichtehelich geborene Kind besaß demnach zwar einen Unterhaltsanspruch an seinen Vater, beide waren jedoch im Sinne des Gesetzes nicht verwandt. Das Kind hatte folglich keine Erbansprüche gegenüber seinem – in der Amtssprache despektierlich „Kindsvater" genannten – leiblichen Vater, und auch seine Unterhaltsansprüche endeten mit der frühestmöglichen wirtschaftlichen Unabhängigkeit. Auch zwischen seinem Vater und seiner Mutter bestanden keine Rechtsbeziehungen und nur eng begrenzte finanzielle Verpflichtungen, die zusätzlich durch die Einrede des Mehrverkehrs, über die „exceptio plurium concubentium" (§ 1717 a.F. BGB), ausgeschlossen werden konnten und Unterhaltsansprüche an die Voraussetzung mütterlicher Unbescholtenheit banden. Erst mit der Einführung des Abstammungsprinzips[66] anstelle des im französischen Code Civil (CC) geltenden Anerkennungsprinzips[67] zu Beginn des Jahrhunderts bedingte fortan die biologische Vaterschaft auch im Fall der Nichtehelichkeit uneingeschränkt die rechtliche[68].

Zuvor war auch in Deutschland, durch das ALR zeitweilig unterbrochen, mit dem Rechtsgrundsatz: „Pater semper incertus est" argumentiert und „in dubio pro reo", aber „contra ream" die offenbar nur für Männer geltende Unschuldsvermutung angeführt worden, daß eine Vaterschaft stets auf „ungewissen Präsumtionen" beruhe und „unschuldige Mannspersonen" vor einem nur untergeschobenen Kind zu schützen seien[69].

Die mit dem NEhelG 1969 eingetretenen Veränderungen berühren unmittelbar auch die familienrechtliche Stellung nichtehelicher Väter. Der hierzu seit einigen Jahren

---

65   Zur Geschichte von Nichtehelichkeit und lediger Mutterschaft Mitterauer (1983). Zur Entwicklung der Vaterschaft Lenzen (1991).

66   Endgültig durchgesetzt wurde das Abstammungsprinzip im Nichtehelichenrecht mit der juristischen Etablierung der Abstammungsklage im Familienrechtsergänzungsgesetz (FamRErgG 1938) in Deutschland zur Zeit des Nationalsozialismus.

67   Im zwischen 1807 und 1814 sogenannten Code Napoleon waren Paternalitäts- und Alimentationsklagen im Unterschied zu deutschem Recht (§ 1015 ALR) ausdrücklich verboten. Filiationsklagen des Kindes waren nur der Mutter gegenüber gestattet, während das Gesetz den Vater so lange ignorierte und dessen Alimentationsverpflichtung verneinte, bis er das Kind freiwillig anerkannte.

68   Die Einhaltung der hieraus resultierenden Verpflichtungen wird seitdem über die bei nichtehelichen Geburten in der alten Bundesrepublik bis heute eintretende Amtspflegschaft kontrolliert.

69   Trotz gemeinsamer familienrechtlicher Tradition wurde in der ehemaligen DDR länger als in der Bundesrepublik an der Fiktion der Nichtverwandtschaft zwischen dem nichtehelichen Vater und seinem Kind festgehalten und der Vater und seine Verwandten in diesem Fall von ihrer Unterhaltspflicht entbunden. Auch ein Erbrecht wurde dem nichtehelichen Kind im Familiengesetzbuch (FGB 1965) der DDR zunächst nur in reduzierter Form eingeräumt und die völlige erbrechtliche Gleichstellung erst 1976 realisiert.

vor allem von den „neuen Vätern" geführte Kampf um die Rechte am Kind konzentrierte sich nach dem Umgangsrecht, das bislang an mütterliches Wohlwollen geknüpft war, auf die gemeinsame elterliche Sorge auch nicht miteinander verheirateter Elternteile. Nach der Begründung der rechtlichen Verwandtschaft durch die biologische zielten entsprechende Vorstöße nun auf die Begründung der sozialen Verwandtschaft durch die biologische und die rechtliche[70].

Weitere Veränderungen, welche die rechtliche Neuordnung der Verwandtschaftsverhältnisse indirekt mitbetreffen und für deren künftige Entwicklung aufschlußreich sein könnten, zeichnen sich bei der nichtehelichen Lebensgemeinschaft (neL) ab, auch wenn diese selbst keine rechtlich anerkannten Verwandtschaftsverhältnisse begründet. Nachdem mit dem „Kuppelei"-Paragraphen der Straftatbestand der „wilden Ehe" abgeschafft worden war, erfuhren diese Lebensgemeinschaften eine gesellschaftliche Aufwertung, die nun auch vom Recht nachvollzogen wird und sich in Richtung einer hierdurch analog konstituierten Familienmitgliedschaft bewegt. Anzeichen hierfür sind bereits umgesetzte und im folgenden stichwortartig beschriebene Änderungen im Erbrecht, Mietrecht, Sozialhilferecht sowie im Bereich der elterlichen Sorge und im Adoptionsrecht. Diese stehen zugleich exemplarisch für Rechtsgebiete und Lebenssituationen, in denen die Unterscheidung verwandt/nicht verwandt zum Anknüpfungspunkt positiver oder negativer Diskriminierung wird.

Beim Erben und Vererben ist das sogenannte Geliebtentestament nach Auffassung des Bundesgerichtshofes (BGH), des höchsten deutschen Gerichts in Familiensachen, seit 1970 nicht mehr grundsätzlich sittenwidrig[71], wenngleich in Höhe des vollen Erbteils der Übergangenen auch heute noch unwirksam. Nicht geehelichte Lebensgefährt/inn/en können nun als Erb/inn/en eingesetzt werden, ohne daß das Erbrecht von sehr nahen Verwandten per Testament vollständig ausgeschlossen oder Ehegatt/inn/en und eheliche und nichteheliche Kinder auf ihren Pflichtteil beschränkt werden dürften. Jedoch schließt § 1931 BGB (Gesetzliches Erbrecht des Ehegatten) die Partner/in einer neL nach wie vor von der gesetzlichen Erbfolge aus[72].

Im Mietrecht geht nach einer Entscheidung des BGH, hierin der Rechtsprechung der 1980er Jahre folgend, beim Tod des mietenden Teils einer neL die Wohnung seit 1993, wie beim Ehegatten gemäß § 569a BGB, auch auf Lebenspartner/innen einer neL über. Beim Einzug wird ein „berechtigtes Interesse" an einer mehr als nur vorübergehenden Aufnahme des/der anderen bejaht und zuungunsten des im Mietrecht (§ 549

---

70 Die betreffenden Reformbestrebungen fanden ihren vorläufigen Abschluß im reformierten Kindschaftsrecht (KindRG 1997).

71 Davor waren solche Testamente – ein den Leichenschmaus jeder anständigen Verwandtschaft auf unappetitliche Weise störender Empörungsgrund – von vornherein mit der Begründung für ungültig erklärt worden, daß „Unzucht" nicht mit testamentarischen Zuwendungen belohnt werden dürfte.

72 Zur Begründung heißt es: „Die nichteheliche Lebensgemeinschaft entfaltet keine RFolgen, die der Ehe vorbehalten sind (...) und führt daher beim Tod eines Partners nicht zu einem ges. ErbR." (Palandt, Anm. 1c zu § 1931 BGB) Eine analoge Anwendbarkeit von § 1931 BGB (PflichttR iVm ehel. Güterstand) wird selbst für den Fall langjähriger Pflege verneint (Palandt, Anm. 1c zu § 1931 BGB).

BGB) enthaltenen Zustimmungsrechts des Vermieters auf nur wenige Ausnahmefälle begrenzt. Unverheiratet Zusammenlebende werden damit in diesem Punkt Familienangehörigen gleichgestellt. Bei Leistungen nach dem Wohngeldgesetz (WoGG) zählen Eltern und Kinder, Großeltern, Geschwister und Verschwägerte, nicht aber Verlobte, zu den Familienangehörigen. Mit Rücksicht auf den Schutz der Mieter entsprechend § 564b BGB enger gezogen wird der Kreis der Familienangehörigen, wenn Eigenbedarf als Kündigungsgrund geltend gemacht wird. Hier sind nur Verwandte in gerader Linie bis zum Enkel sowie in Seitenlinie die Geschwister ohne weiteres Familienmitglieder, in aller Regel nicht aber der Schwager des Vermieters und auch nicht sein Stiefsohn[73].

Im Sozialhilferecht wird das Einkommen nichtehelicher Lebenspartner/innen bei der Anrechnung auf die Hilfe zum Lebensunterhalt (HLU) des/der anderen so behandelt wie das Einkommen von Ehegatt/inn/en. Im Unterschied zum BGB wird die neL im Sozialgesetzbuch (§ 122 BSHG) der Ehe ausdrücklich gleichgestellt und die öffentliche Hand entlastet[74].

Was das elterliche Sorgerecht und das Adoptionsrecht anbelangt, so ist der Gesetzgeber seit 1991 vom BVerfG aufgefordert, ein gemeinsames Sorgerecht auch für Elternteile, die in einer neL leben, zuzulassen, wie dies inzwischen mit der Verabschiedung des neuen Kindschaftsrechts (KindRG 1997) geschehen ist. Gleichzeitig wurde § 1738 BGB, welcher die gemeinsame elterliche Sorge ausschließlich der Ehe vorbehalten und an deren aktuellen Bestand gebunden hatte, für verfassungswidrig erklärt. Bei der Adoption weiterhin nicht gestattet bleibt die gemeinschaftliche Annahme eines Kindes durch Personen, die nicht miteinander verheiratet sind. Argumentiert wird damit, daß die neL im Unterschied zur Ehe nicht rechtlich fundiert und entsprechend ungesichert ist[75].

Sich wandelnde Rechtsauffassungen

Mit Anhaltspunkten im Regelungsbereich der nichtehelichen Lebensgemeinschaft und der nichtehelichen Elternschaft zeigen Erosionstendenzen traditioneller juristischer Verwandtschaftsauffassungen sich insbesondere an der Peripherie der verwandtschaftskonstitutiven Merkmale Heirat und Geburt. Diese Auflösungserscheinungen betreffen sowohl die legitime Ehe („matrimonium") als auch – mit unterschiedlichen Konsequenzen für die Vater- bzw. die Mutterschaft – die leibliche Elternschaft. Im ersten Fall läßt sich eine sinkende Verpflichtung des Gesetzgebers gegenüber den Institutionen-

---

73 Entfernte Verwandte, zu denen in diesem Fall bereits Schwäger, Nichten und Neffen zählen, können demzufolge nur unter ganz besonderen Umständen ein vor Gericht erfolgreich durchsetzbarer Grund für Eigenbedarf sein.

74 Offiziell begründet wird die negative Aufwertung mit dem formal-juristischen Argument, daß die neL nicht besser gestellt werden dürfe als die durch Art. 6 Abs. 1 GG geschützte Ehe.

75 Umgekehrt wird für die Ehe die alleinige Annahme eines (fremden) Kindes durch nur einen Ehegatten ausgeschlossen und Ehepaaren vom Gesetz nur die gemeinschaftliche Annahme eines Kindes erlaubt (Palandt, Anm. 3b zu § 1741 BGB).

schutzgeboten des Art. 6 GG konstatieren. Im zweiten Fall, bei der Geburt, ist eine in sich ambivalente und nicht nur freudige Aufgabe der biologischen Ereignisbindung feststellbar. Am Ende dieser Entwicklung könnte nicht nur der bereits jetzt absehbare Abschied vom „Stammhalter" stehen. Zu erwarten sind auch Stammbäume mit nicht nur im Erbfall überraschend zutage tretenden Ästen und an einigen Stellen „wild" (nach-)wachsenden Zweigen.

Mit Blick auf künftige Reaktionen des Gesetzgebers auf gesellschaftliche Entwicklungen verdienen die im folgenden thesenhaft zur Diskussion gestellten Positionen besondere rechtssoziologische Aufmerksamkeit:

Das patriarchale Namensprivileg

Sozial sichtbar und auch im Alltag offenkundig werden der schleichende Zerfall der Verwandtschaftsbande und die vom Recht, wenn auch nur zögerlich und keineswegs durchgängig, realisierte Individualisierung und Pluralisierung der Lebensformen unter anderem durch die schrittweisen Liberalisierungen im Namensrecht. Dies geschah zuletzt durch FamNamRG 1993, das die Wahlfreiheit des Ehe- und Familiennamens endgültig im Gesetz fixierte und am Namen allein nicht mehr zweifelsfrei erkennen läßt, welches Paar auf dem Standesamt war und welches Kind aus einer ehelichen oder einer freien Verbindung stammt. Der Familienname hat damit als ehemals zumindest väterlicherseits eindeutiger Indikator verwandtschaftlicher Verhältnisse an Bedeutung eingebüßt und wird als patriarchales Aushängeschild familiärer Zugehörigkeit für die Fremd- und – so steht zu vermuten – in der Folge auch für die Selbstidentifikation eine immer geringere Rolle spielen[76].

Das grundgesetzliche Eheprivileg

Die im Grundgesetz verankerte Privilegierung der Ehe wird durch die wachsende Verbreitung nichtehelicher Lebensgemeinschaften und in deren Folge – zeitverzögert und in derzeit noch geringerem Umfang – auch durch die nichteheliche Elternschaft normativ herausgefordert und als Grundlage familialer und verwandtschaftlicher Vergemeinschaftung und deren gesetzlich vorgeschaltete Voraussetzung von der laufenden Rechtsprechung zusehends ausgehöhlt. Gleiches gilt für andere vom GG nicht geschützte und auch im BGB nicht vorgesehene Familienformen. Unter die erkennbar abnehmende Ehebindung familien- und verwandtschaftsrelevanter Gesetzesbestimmungen fallen variantenreiche Sorgerechtsregelungen, die sich immer weniger am vorangehenden oder aktuellen Bestand einer Ehe orientieren und pluralisierten Verwandtschaftskonstellationen auch jenseits des Ehestands Rechnung tragen[77], ebenso wie die im

---

[76] Vgl. hierzu auch die rechtsgeschichtlich frühere und maßgeblich von seiten des BVerfG betriebene Demontage des männlichen Familienoberhaupts, den juristischen „meurtre du père".

[77] Nachdem das BVerfG den Institutionenschutzgedanken in bezug auf die Ehe noch 1981 verteidigt (BVerfG 56, 263) und die gemeinsame elterliche Sorge nicht (mehr) ehelich verbundener Elternpaare grundsätzlich verneint hatte (Derleder, 1995, S. 232), besteht diese Möglichkeit inzwischen auch für nicht miteinander verheiratete Elternteile und geschiedene Ehegatten. Mit dem geplanten Wegfall der Amtspflegschaft (§ 1706 BGB) wird es darüber hinaus die uneingeschränkte elterliche Sorge auch für ledige Mütter geben.

reformierten Kindschaftsrecht (KindRG 1997) enthaltene Aufgabe der Ehelichkeits-fiktion der amtlichen Geburtenstatistik und die nur noch in Teilbereichen des Erbrechts zu vervollständigende, formal-rechtlich bereits jetzt bestehende Rechtsunerheblichkeit der nichtehelichen Geburt[78].

Das biologische Geburtenprivileg

In bezug auf die Geburt ist eine Relativierung der Blutsverwandtschaft als vom bisheri-gen Recht fraglos privilegierte und als „eigen Fleisch und Blut" in besonderer Weise ge-schützte natürliche Form der verwandtschaftlichen Bindung zu beobachten. Die früher unangefochtene Vorrangstellung der leiblichen Mutter wird – gegenläufig zur aktuell stattfindenden Stärkung der Rechtsposition nichtehelicher Väter und der Aufwertung der leiblichen Vaterschaft – juristisch immer mehr in Frage gestellt. Im einzelnen be-droht werden das biologische Geburtenprivileg und die Mutter-Kind-Diade durch die bevorzugt mit dem „Kindeswohl" begründete Erweiterung von rechtsfähigen Bezugs-gruppen und Verkehrskreisen auch auf Stieffamilien, Pflege- und Adoptiveltern[79]. In dieselbe Richtung weisen der im Kindschaftsrecht verschärfte Interventionsfall des § 1666 BGB mit weitreichenden staatlichen Eingriffsmöglichkeiten in die Elternrechte sowie die ebenfalls seit den 1970er Jahren erleichterte Adoption (§ 1741 III BGB)[80]. Durch die Möglichkeit der künstlichen Befruchtung steht die biologische Mutterschaft zusätzlich und aus einer zuvor nicht gekannten Richtung zur Disposition. Dabei stellt insbesondere die Fortpflanzungsmedizin eine Herausforderung für den mit strittigen und in vielerlei Hinsicht umstrittenen Verwandtschaftsfragen konfrontierten Gesetz-geber dar. Ähnlich und vielleicht mehr noch als die vom Familienrecht weithin igno-rierte nichteheliche Lebensgemeinschaft und die nichteheliche Mutter- und Eltern-schaft wirft die Gentechnologie eine Reihe qualitativ neuer Rechtsprobleme auf, die an-gesichts antizipierbarer Konfliktsituationen gelöst und nicht nur im Interesse der Rechtssicherheit auf eine gesetzliche Grundlage gestellt werden müssen[81].

---

[78] Ihre Ignoranz als juristisch nunmehr irrelevanter Diskriminationsfaktor äußert sich auch in der Aufhebung der früheren Halbbürtigkeit nichtehelicher Geschwister mit gleichen biologischen Eltern, die nach jetzi-gem Recht als vollbürtig gelten. Aus (befürchteten) Diskriminierungsgründen im Namensrecht dagegen aufrechterhalten wurde das Doppelnamenverbot für Kinder eines nicht verehelichten Elternpaares.

[79] Im Umgangsrecht zum Beispiel wird zunehmend der positive Einfluß von Vätern sowie von Großeltern, Geschwistern, Stiefeltern und früheren Pflegeeltern hervorgehoben und vermehrt zur Grundlage gericht-licher Entscheidungen gemacht. Dabei wird teilweise an sozialwissenschaftliche Diskussionen angeknüpft und die Bezugspersonentheorie gegen die zeitweilig präferierte Mutterpräsenz ausgespielt.

[80] Durch das AdoptG vom 2.7.1976 wurde das aktive Adoptionsrecht insbesondere für den Fall der Annah-me eines verwandten Kindes (Palandt, Anm. 4 zu § 1741 III BGB) auch auf Alleinstehende ausgedehnt. Bei allgemein – auch für Verheiratete – gesenkten Anforderungen (an Mindestehedauer, Altersabstände zu bereits vorhandenen Kindern usw.) muß die annehmende Person an objektivierbaren Kriterien heute im wesentlichen nur noch das Alterserfordernis (Mindestalter 25, bei Annahme des eigenen nichtehelichen Kindes 21 Jahre) erfüllen.

Das medizintechnische Zeugungspotential

Unklar und äußerst uneinheitlich ist die derzeitige Rechtslage zum Verhältnis von Mutterschaft, Elternschaft und Verwandtschaft. Dies gilt vor allem im Hinblick auf mit Hilfe medizintechnischer Verfahren gezeugte Kinder und virtuelle Verwandtschaften. Seitdem die durch blutsmäßige und natürliche Abstammung begründete biologische Verwandtschaft auch juristisch nicht mehr bedingungslos und in sich widerspruchsfrei als legitimste Vorfahren- und Nachkommenschaft vor allen anderen Verwandtschaftsverhältnissen ausgezeichnet wird, ist die leibliche Mutter im Nebeneinander von biologischer, sozialer, juristischer, übernommener und stellvertretender Mutterschaft schon heute weder konkurrenzlos im Recht noch im Recht selbst konkurrenzlos. Im Fall einer künstlichen Besamung zum Beispiel ist die homologe Insemination, bei der der Samen vom Ehemann der Frau stammt, wenn sie postmortal vorgenommen wird, strafbar. Das auf diese Weise – möglicherweise gegen den Willen des samenspendenden Vaters – nach dessen Tod entstandene Kind wird dem durch Beiwohnung ehelich gezeugten rechtlich jedoch gleichgestellt[82]. Gleiches Recht läßt das durch heterologe Insemination, also mit dem Samen eines fremden Mannes, gezeugte Kind nach § 1591 BGB ebenfalls (zunächst) ehelich sein, erlaubt im Unterschied zum ersten Fall aber die nachträgliche Ehelichkeitsanfechtung.

Die Ersatzmutterschaft, welche die fehlende Gebärfähigkeit einer (Ehe-)Frau dadurch ersetzen soll, daß eine andere Frau das Kind austrägt, um es nach der Geburt an die Wuscheltern zum Zweck der Adoption herauszugeben, ist durch das Embryonenschutzgesetz (EmbryonenschutzG 1990) seit Beginn dieses Jahrzehnts verboten. Dieses Verbot bezieht sich sowohl auf die Ersatzmutterschaft in Gestalt der sogenannten Tragemutter („Mutter" im Sinne des Schutzgesetzes), bei der das Ei von der Ehefrau stammt, als auch auf die übernommene Mutterschaft („echte Mutter" im Sinne des EmbryonenschutzG), bei der das befruchtete Ei das der Ersatzmutter ist[83]. Auch hier sind die trotz gesetzlichen Verbots gleichwohl eintretenden und durch das Adoptionsvermittlungsgesetz (AdoptVermG) vorsorglich geregelten Rechtsfolgen verwirrend. Das Kind einer verheirateten Tragemutter gilt als eheliches Kind und ist damit auch das ihres Ehemannes[84]. Nach einer in diesem Fall möglichen Ehelichkeitsanfechtung durch den Scheinvater wird es zum nichtehelichen Kind der Ersatzmutter, auch wenn diese

---

[81] Möglicherweise wird es nötig sein, dem alten Rechtsgrundsatz: „Pater semper incertus est" einen neuen, „In vitro veritas", zur Seite zu stellen. Dabei erhebt sich die vermutlich nicht nur juristisch zu entscheidende Frage, ob auf diese Weise gezeugte Kinder – im Unterschied zur biologischen „Leibesfrucht" – eine natürliche Verwandtschaft haben können, die dann auch von künftigem Recht als solche anerkannt wird.

[82] Eine hierzu analoge Ungereimtheit weist § 218 StGB in der zur Zeit gültigen Fassung auf. Demnach ist ein Schwangerschaftsabbruch innerhalb bestimmter Fristen rechtswidrig, aber straffrei.

[83] Aus dem Verbot folgt, daß auch alle etwaigen Absprachen zwischen den Bestelleltern und der Ersatzmutter, zum Beispiel auf Herausgabe und Abnahme des Kindes, nichtig, Entgeltabsprachen sittenwidrig und für das Abstammungsrecht konsequenzlos sind.

[84] Den Status eines ehelichen Kindes der Wuscheltern erlangt das Kind in solchen Fällen erst durch Adoption. Andernfalls greift die automatische Verwandtschaftszuordnung zu den genetischen Eltern.

selbst (immer noch) verheiratet ist. Handelt es sich hingegen um eine übernommene Mutterschaft, dann ist die Möglichkeit der Ehelichkeitsanfechtung – mit ungeklärten Konsequenzen für die Abkömmlinge, künftigen Ehegatten und möglichen Verwandten künstlicher Kinder – ausgeschlossen.

Forschungslage und Ausblick

Für die Prognose künftiger Verwandtschaftsentwicklungen ist eine Analyse von Gesetzestexten für sich genommen aufschlußreich und, selbst wenn es sich um Leitbildgesetze ohne direkten Anwendungsbezug handelt, rechtssoziologisch insoweit von Bedeutung, als Gesetzesinhalte in der Regel geronnenes soziales Bewußtsein darstellen und einen in Rechtsform gegossenen gesellschaftlichen Konsens repräsentieren. Zur Klärung der Frage, inwieweit die zur gesetzlichen Regulierung von Verwandtschaftsverhältnissen dargestellten Bestimmungen rechtspraktisch und damit auch sozial relevant werden, wären über vorhandene Statistiken, etwa zur Belastung der zuständigen Gerichte – das sind im wesentlichen die mit dem 1. EheRG neu gegründeten Familiengerichte und die Amtsgerichte –, hinaus eigene rechtstatsächliche Untersuchungen erforderlich. Einige empirisch fundierte Hinweise auf verwandtschaftliche Sozialbeziehungen, die zugleich – vorsichtige – Schlußfolgerungen auf die hierauf bezogenen Rechtsvorschriften erlauben, ergeben sich aufgrund vorliegender Geburten-, Bevölkerungs- und Unterhaltsstatistiken.

Schon 1986 waren bei vermutlich steigender Tendenz etwa 25 Prozent der in der damaligen Bundesrepublik lebenden minderjährigen Kinder mit ihren sozialen Eltern nur noch hälftig oder gar nicht mehr blutsverwandt[85]. Im einzelnen handelte es sich um 1,2 Mio. Stiefkinder, 100.000 Adoptivkinder und 1,3 Mio. Kinder mit alleinstehenden Bezugspersonen. Zwischen 1960 und 1980 hatte sich das Risiko der in diesen Jahren geborenen Kinder mehr als verdreifacht, noch im Kindesalter von einer Ehelösung ihrer leiblichen Eltern betroffen zu werden[86]. Da etwa 40 Prozent der Mütter nichtehelicher Kinder einen anderen Mann als den leiblichen Vater heiraten und – bei erschließbaren Konsequenzen für sich daran anschließende Familien- und Verwandtschaftskarrieren – überrepräsentativ häufig wieder geschieden werden (Willenbacher, 1995, S. 319), ist damit zu rechnen, daß immer mehr Kinder in Stieffamilien mit Elternkonstellationen in allen nur denkbaren Kombinationen aufwachsen und Geschwister haben werden, deren Verwandtschaft sich den Schnittmengen aus meinen, deinen, unserern Kindern entsprechend multipliziert.

---

[85] Geschätzt wird, daß zwischen 10 und 15 Prozent der nichtehelich geborenen Kinder einen anderen Vater haben als den, der sich als Vater wähnt (Gross & Honer, 1990, S. 110, Fn. 25). In diesen Fällen besteht eine Scheinvaterschaft und eine durch sie auch rechtlich begründete Scheinverwandtschaft.
[86] Zahlenangaben nach Beck-Gernsheim (1994, S. 11).

Unter den geschilderten Bedingungen und Rechtsvoraussetzungen tragen Männer durch vor oder außerhalb einer Ehe gezeugte Kinder rein zahlenmäßig zu einer Vergrößerung der Verwandtschaft bei. Auf der anderen Seite findet – in auch hier auftretender geschlechtsspezifischer Arbeitsteilung – eine Feminisierung der Verwandtschaft durch überwiegend von Frauen geleistete Verwandtschaftsarbeit („kinning") statt.

Was die aus Verwandtschaftsverhältnissen resultierenden juristischen Unterhaltsverpflichtungen anlangt, so dürfte es angesichts der schon bei nichtehelichen und geschiedenen Vätern notorisch geringen Zahlungsmoral im Bereich des Verwandtenunterhalts erst recht zu eher geringen Unterhaltstransfers kommen. Dies steht insbesondere aufgrund der Tatsache zu erwarten, daß die wirtschaftliche Leistungsfähigkeit potentieller Unterhaltsschuldner durch fortdauernde oder ruhende Unterhaltsverpflichtungen aus früheren Ehen oder Beziehungen (Erziehungs- und Ehegattenunterhalt nach Scheidung, Alimente für nicht- und außereheliche Kinder usw.), die jederzeit wiederaufleben können, ohnehin geschwächt ist. Da gerichtliche Unterhaltsfestsetzungen weiterhin stets auf Fiktionen, einer fingierten Bedürftigkeit der Unterhaltsberechtigten und einer fingierten wirtschaftlichen Leistungsfähigkeit der Unterhaltspflichtigen, beruhen, ergibt sich allein aufgrund fehlender Verläßlichkeit und Stetigkeit eine insgesamt geringe Effektivität des Unterhaltsrechts[87].

Gleichzeitig entstehen aufgrund demographischer Entwicklungen, wie der steigenden Lebenserwartung von Frauen und Männern, sowie infolge einer Arbeitsmarktsituation mit hoher Jugendarbeitslosigkeit, verlängerten Ausbildungszeiten und ausgedehnter Postadoleszenz bei anhaltend ungesicherten wirtschaftlichen Verhältnissen neue Bedürfnislagen. Betroffen sind im ersten Fall alte, zum Teil sehr alte, sowie im zweiten Fall junge und – in der Generation der „Nesthocker" – nicht mehr ganz junge Menschen. In Verbindung mit dem Abbau sozialstaatlicher Leistungen und in dessen Folge einsetzenden Reprivatisierungstendenzen läßt dies eine Reaktivierung verwandtschaftlicher Beziehungen und eine Refamilialisierung vormals öffentlicher Leistungen erwarten[88]. Psychologisch begünstigt werden könnte die Inanspruchnahme von Familienangehörigen und Verwandten durch die Gewöhnung an ein Leben von Transferleistungen, wie sie in Risikobiographien mit der Zeit eintritt und bei der Abwendung akuter Bedürftigkeit schließlich nicht mehr zwischen anonymen Versichertengemeinschaften und verwandtschaftsinternen Geldquellen zu unterscheiden vermag.

Zusammengenommen könnte dies dazu führen, daß künftig nicht nur die soziale Bedeutung der weiblichen Verwandtschaft in der mütterlichen Linie, sondern auch die rechtliche Bedeutung der männlichen Verwandtschaft in der väterlichen Linie steigt.

---

[87] Anders stellt sich die Situation im Erbrecht dar. Hier kommt eine erste Nachkriegsgeneration in ein Alter oder ist bereits in diesem, in dem es aus unterschiedlichen Verwandtschaftsverhältnissen zum Teil sehr viel zu erben gibt.

[88] Insbesondere könnte die Bedeutung berufstätiger oder nicht mehr berufstätiger, aber rüstiger Großeltern(teile) sowohl für die Betreuung der Enkel und Urenkel als auch in wirtschaftlicher Hinsicht, bei der finanziellen Unterstützung der Nachkommen, wachsen.

Fazit

Neben das vom Recht lediglich abgebildete – und juristisch nicht weiter auffällige – Netz sozialer Verwandtschaftsbeziehungen tritt eine vom Gesetz formal durchkonstruierte Legalverwandtschaft. Diese wird auch gegen gelebte Familienverhältnisse und bestehende verwandtschaftliche Bindungen durchgesetzt und in Form von Unterhaltsfamilien, Zahlvaterschaften, Zählkindern sowie des Pflichtteils und der kraft Gesetzes eintretenden Erbengemeinschaft rechtskräftig und – zum Teil wider den Willen der Beteiligten und ohne Wissen der Betroffenen – sozial verbindlich.

Schon die Blutsverwandtschaft – und nicht erst die durch Heirat begründete Schwägerschaft – ist eine im Prinzip beliebige und nur durch Brauchtum und Tradition gefestigte Setzung, die einer Mehrheit in der Bevölkerung deswegen nicht nur als natürlich, sondern vielfach auch schon rechtens erscheint. Seitdem von Rechts wegen geschaffene künstliche und gewachsene oder frei gewählte Verwandtschaftskreise immer häufiger auseinanderfallen und als deckungsungleiche den Erwartungen und Praktiken des juristisch unverbildeten Alltagsbewußtseins und Alltagslebens immer augenfälliger zuwiderlaufen, wird die den Einzel- und Ausnahmefall übersteigende kontrafaktische Konstruiertheit des Verwandtschaftsrechts selbst für ein Laienpublikum unübersehbar. Da auch die professionellen Hüter des Rechts diese Diskrepanz nicht mehr länger ignorieren können und Gesetzgebung und Rechtsprechung auf gesellschaftliche Neuerscheinungen auf dem Markt verwandtschaftlicher Beziehungen wenigstens punktuell reagieren müssen, entstehen unter anderem durch die nichteheliche Lebensgemeinschaft und in geringerem Umfang auch auf dem Umweg über die künstliche Elternschaft Einfallstore, welche die dogmatische Konsistenz geltenden Rechts stören und allein aus rechtssystematischen Gründen Reformen bis in den Geltungsbereich des Grundgesetzes erforderlich machen. Eine als Folge dieser Systemstörungen mittlerweile auch nach Gesetz und Recht nicht mehr konsequent statuierte Legalverwandtschaft stellt in ihrer inneren Widersprüchlichkeit die natürliche und durch verfassungsrechtliche Institutionenschutzgarantien zusätzlich legitimierte Verwandtschaft zunehmend in Frage. Möglicherweise wird der konkurrenzlos legitime Weiterbestand letzterer dadurch mehr bedroht als durch die in der deutschen Gegenwartsgesellschaft zu beobachtende Pluralisierung und Individualisierung der Lebensformen selbst.

Vor dem Hintergrund einer Zwangsverwandtschaft nach dem Gesetz wird es außerordentlich interessant sein, zu beobachten und mit Blick auf die Steuerungskapazität des Rechts vor allem rechtssoziologisch zu analysieren, wie lange, inwieweit und in welchen Punkten sich die rationale Definitionsmacht des Gesetzes gegen die soziale Verwandtschaft mit ihren affektiven Wunsch- und subjektiv präferierten Wahlverwandtschaften wird durchsetzen und ihre Rechts- und Sozialrelevanz auch gegen deren Widerstand wird behaupten können. Dabei wird es entscheidend darauf ankommen, wo umgekehrt die seit Georg Jellinek für die Rechtssoziologie klassische „faktische Kraft des Normativen" der normativen Kraft des Faktischen unterliegt, weil die gesellschaftliche Entwicklung nicht nur Vorstellungen in der Bevölkerung, sondern auch Rechtsmeinungen in Bewegung bringt und den Gesetzgebungsstaat und seinen Rechtsstab, wenn nicht zum Rückzug aus Familien- und Verwandtschaftssachen zwingt, so doch auch hier zum Wandel bewegt.

Literatur

Beck-Gernsheim, Elisabeth. (1994). Auf dem Weg in die postfamiliale Familie. Von der Notgemeinschaft zur Wahlverwandtschaft. *Aus Politik und Zeitgeschichte, B 29-30*, 3–14.

Berghahn, Sabine. (1996). Die Verrechtlichung des Privaten – allgemeines Verhängnis oder Chance für bessere Geschlechterverhältnisse? *Leviathan, 24*, 241–271.

Derleder, Peter. (1990). Die Entwicklung des deutschen Familienrechts seit 1945. *Frauenforschung, 8* (4), 78–87.

Derleder, Peter. (1995). Das Kindeswohl als Prinzip der Familiensteuerung. In Uta Gerhardt, Stefan Hradil, Doris Lucke & Bernhard Nauck (Hrsg.), *Familie der Zukunft* (S. 227–243). Opladen: Leske + Budrich.

Desai, Elisabeth. (1979). *Auf dem Weg in die kinderlose Gesellschaft*. Reinbek: Rowohlt.

Durkheim, Emile. (1921). La famille conjugale. *Revue philosophique de la France et de l'Etranger, 46*, 1–14.

Eickelpasch, Rolf. (1974). Ist die Kernfamilie universal? *Zeitschrift für Soziologie, 3*, 323–338.

Engels, Friedrich. (1971 [1884]). *Der Ursprung der Familie, des Privateigentums und des Staats: Im Anschluß an Lewis H. Morgans Forschungen*. Frankfurt a.M.: Verlag Marxistische Blätter.

Furstenberg, Frank F. (1987). Fortsetzungsehen. *Soziale Welt, 38*, 29–40.

Gerhard, Ute. (1978). *Verhältnisse und Verhinderungen. Frauenarbeit, Familie und Rechte der Frauen im 19. Jahrhundert*. Frankfurt a.M.: Suhrkamp.

Giddens, Anthony. (1995). *Soziologie*. Graz: Nausner & Nausner. Darin: Kap. 12: Verwandtschaft, Ehe und Familie, S. 411–447.

Girtler, Roland. (1976). Überlegungen zum Inzesttabu: Probleme, Kategorien und die Konzeption der ,Geschwisterheirat'. *Kölner Zeitschrift für Soziologie und Sozialpsychologie, 28*, 674–689.

Gross, Peter & Honer, Anne. (1990). Multiple Elternschaften. Neue Reproduktionstechnologien, Individualisierungsprozesse und die Veränderung von Familienkonstellationen. *Soziale Welt, 41*, 97–116.

Heinsohn, Gunnar & Knieper, Rolf. (1975). *Theorie des Familienrechts*. Frankfurt a.M.: Suhrkamp.

Hettlage, Robert. (1992). *Familienreport*. München: Beck.

Hoffmann-Riem, Christa. (1989). Elternschaft ohne Verwandtschaft: Adoption, Stiefbeziehung und heterologe Insemination. In Rosemarie Nave-Herz & Manfred Markefka (Hrsg.), *Handbuch der Familien- und Jugendforschung* (Bd. 1, S. 389–411). Neuwied: Luchterhand.

König, René. (1969). Soziologie der Familie. In R. König (Hrsg.), *Handbuch der empirischen Sozialforschung* (Bd. II, S. 172–305). Stuttgart: Enke.

Lenzen, Dieter. (1991). *Vaterschaft. Vom Patriarchat zur Alimentation*. Reinbek: Rowohlt.

Lévy-Strauss, Claude. (1981). *Die elementaren Strukturen der Verwandtschaft*. Frankfurt a.M.: Suhrkamp.

Limbach, Jutta. (1988). Entwicklung des Familienrechts seit 1949. In Rosemarie Nave-Herz (Hrsg.), *Wandel und Kontinuität der Familie in der Bundesrepublik Deutschland* (S. 11–35). Stuttgart: Enke.

Limbach, Jutta & Schwenzer, Ingeborg (Hrsg.). (1988). *Familie ohne Ehe*. Frankfurt a.M.: Schweitzer.

Lucke, Doris. (1991). *Das Geschlechterverhältnis im rechtspolitischen Diskurs. Gleichstellungsdiskussion und gesetzgeberischer „double talk"*. Bremen (bremer soziologische texte, Bd. 4).

Lucke, Doris. (1997). Mutterbilder im Recht. Von Rechtschöpfern und Müttermachern. In Margret Schuchard & Agnes Speck (Hrsg.), *Mutterbilder – Ansichtssache* (S. 133–198). Heidelberg: Mattes.

Lüscher, Kurt, u.a. (Hrsg.). (1988). *Die postmoderne Familie*. Konstanz: Universitätsverlag.

Michalik, Kerstin. (1994). Vom „Kindsmord" zur Kindstötung: Hintergründe der Entwicklung des Sonderatbestandes der Kindstötung (§ 217) im 18. und 19. Jahrhundert. *Feministische Studien, 12* (1), 44–55.

Mitscherlich, Alexander. (1963). *Auf dem Weg zur vaterlosen Gesellschaft*. München: Piper.

Mitterauer, Michael. (1983). *Ledige Mütter. Zur Geschichte der unehelicher Geburten in Europa*. München: Beck.

Müller, Ernst W. (1959). Versuch der Typologie der Familienformen. *Kölner Zeitschrift für Soziologie und Sozialpsychologie, 11*, 666–676.

Müller, Ernst W. (1966). Über Grundformen der Verwandtschaft. *Kölner Zeitschrift für Soziologie und Sozialpsychologie, 18*, 337–358.

Müller, Ernst W. (1981). *Der Begriff „Verwandtschaft" in der modernen Ethnosoziologie*. Berlin: Reimer.

Origo, Iris. (1995). Familienleben in Prato. In Rainer Beck (Hrsg.), *Streifzüge durch das Mittelalter* (S. 279–291). München: Beck.

Pelikan, Christa. (1984). Vom Sorgen und Versorgtwerden der Frauen und Mütter. Das eheliche Unterhaltsrecht in europäischen Kodifikationen des 19. und 20. Jahrhunderts. *Zeitschrift für Rechtssoziologie, 5*, 260–275.

Pfeil, Elisabeth & Ganzert, Jeanette. (1973). Die Bedeutung der Verwandtschaft für die großstädtische Familie. *Zeitschrift für Soziologie, 2*, 366–383.

Schmitz, Carl August. (1964). *Grundformen der Verwandtschaft*. Basel: Schwabe.

Simitis, Spiros & Zenz, Gisela (Hrsg.). (1975). *Seminar: Familie und Familienrecht*. Frankfurt a.M.: Suhrkamp.

Stacey, Judith. (1991). Zurück zur postmodernen Familie: Geschlechterverhältnisse, Verwandtschaft und soziale Schicht im Silicon Valley. *Soziale Welt, 42*, 300–322.

Steindorff, Caroline. (1994). *Vom Kindeswohl zu den Kindesrechten*. Neuwied: Luchterhand.

Tyrell, Hartmann. (1978). Die Familie als Urinstitution. *Kölner Zeitschrift für Soziologie und Sozialpsychologie, 30*, 611–651.

Weber, Marianne. (1907). *Ehefrau und Mutter in der Rechtsentwicklung*. Tübingen: Mohr (2. Neudruck Aalen: Scientia 1989).

Willenbacher, Barbara. (1995). Paradigmen des Nichtehelichenrechts. In Uta Gerhardt, Stefan Hradil, Doris Lucke & Bernhard Nauck (Hrsg.), *Familie der Zukunft* (S. 305–322). Opladen: Leske + Budrich.

Abkürzungen

a.F.	alte Fassung
Abs.	Abschnitt (BGB) bzw. Absatz (GG)
AdoptG	Adoptionsgesetz
AdoptVermG	Adoptionsvermittlungsgesetz
Anm.	Anmerkung
AFG	Arbeitsförderungsgesetz
ALR	Allgemeines Landrecht für die Preußischen Staaten
BeurkG	Beurkundungsgesetz
BGB	Bürgerliches Gesetzbuch
BGBl	Bundesgesetzblatt
BGH	Bundesgerichtshof
BR	Bundesrat
BSHG	Bundessozialhilfegesetz
BT	Bundestag
BT-Drucks.	Bundestagsdrucksache
BVerfG	Bundesverfassungsgericht
BVerfGE	Bundesverfassungsgerichtsentscheidung
CC	Code Civil (Frankreich)
Dtn.	Deuteronomium (Altes Testament)
EheRG	Eherechtsreformgesetz
EmbryonenschutzG	Embryonenschutzgesetz
FamNamRG	Familiennamenreformgesetz
FamR	Familienrecht
FamRErgG	Familienrechtsergänzungsgesetz
FGB	Familiengesetzbuch (DDR)
Gen.	Genesis (Altes Testament)

GG	Grundgesetz
GlberG	Gleichberechtigungsgesetz
HEZG	Hinterbliebenenrenten- und Erziehungszeitengesetz
HLU	Hilfe zum Lebensunterhalt (Sozialhilfegesetz)
KindRG	Kindschaftsrechtsreformgesetz
NEhelG	Nichtehelichengesetz
neL	nichteheliche Lebensgemeinschaft
RegE	Regierungsentwurf
RegUV	Regelunterhaltsverordnung
Stat. BA	Statistisches Bundesamt
StGB	Strafgesetzbuch
StPO	Strafprozeßordnung
StrRG	Strafrechtsreformgesetz
Tit.	Titel
UHG	Unterhaltsvorschußgesetz
UN	United Nations
VGH	Verwaltungsgerichtshof
WoGG	Wohngeldgesetz

Verwandtschaftsbeziehungen und Abstammung – Eine Prüfung soziobiologischer und ethnologischer Thesen mit Hilfe familiensoziologischer Daten

Jan H. Marbach

1. Einführung

Seit Talcott Parsons' (1943, 1955) Analysen über das Verwandtschaftssystem in den Vereinigten Staaten führen Verwandte in der familiensoziologischen Forschung ein Schattendasein. Das war zum Teil Folge der von Parsons vorgetragenen Ergebnisse, die auf eine gesunkene Bedeutung der Verwandtschaft für die moderne Kernfamilie hinausliefen. Die struktur-funktionale Systemtheorie hatte wohl zu einer „Verkürzung" des Familienbegriffs auf die Kernfamilie (Bertram, 1991, S. VII) beigetragen, aber von Anfang an auch Familie im Rahmen von Verwandtschaft thematisiert (Johnson, 1970). Aus dieser weiteren Sicht sind die Aussagen zum Überleben, ja zur wachsenden Bedeutung der Kernfamilie (Parsons, 1964, S. 91 ff.) erst möglich gewesen. In Erinnerung geblieben und zum Credo der amtlichen Statistik und vieler sozialwissenschaftlicher Umfragen avanciert ist aber hauptsächlich die Identifikation der Familie mit Kernfamilie und Einzelhaushalt (Hareven, 1984, S. 146 f.; Skolnick, 1987, S. 66 f.).

Die in den USA von Parsonskritikern vorgetragene These einer „modifiziert erweiterten Familie" mit dichten Verwandtschaftsbeziehungen (Litwak, 1960a, 1960b; Sussman, 1959, 1965; Sussman & Burchinal, 1962; kritisch dazu Lopata, 1978, und Skolnick, 1987) hat diesem Bild, soweit es die Soziologie betrifft, wenig anhaben können. Der Verwandtschaft blieb meist nur die Rolle einer Staffage in Untersuchungen über familiale Sozialisation, über Stabilität und Wandel privater Lebensformen, über Gatten-, Eltern-Kind- und Generationenbeziehungen oder den Austausch von Solidarleistungen unter Familienangehörigen. Von einigen Ausnahmen (z.B. Lopata, 1978; Reiss & Oliveri, 1983; Rosser & Harris, 1965; White, 1963) abgesehen, traten Verwandte – insbesondere solche jenseits der Grenzen des Kernfamilienhaushalts – nur vergleichsweise schemenhaft, als Kontaktpartner und Unterstützungsquellen in Erscheinung.

Immerhin haben auch in den 1960er und 1970er Jahren, in denen sich die Familienforschung vermehrt der binnenfamilialen Sozialisation zuwandte (Vaskovics, 1994, S. 6), einzelne Untersuchungen über Außenbeziehungen von Familien eine nach wie vor große, ja überragende Bedeutung von Verwandten festgestellt (Fauser, 1982; Pfeil & Ganzert, 1973; Schneider, 1970). Befunde aus den 1980er Jahren, die nun schon unter

Zuhilfenahme von Netzwerkinformationen die auf den Einzelhaushalt begrenzte Sicht überwanden, haben diese Erkenntnisse im wesentlichen bestätigt (Bertram, 1995b; Bien & Marbach, 1991; Diewald, 1986, 1991; Lüschen, 1988; Marbach, 1989, 1994; Mayr-Kleffel, 1991; Neidhardt, 1985; Schubert, 1990; Szydlik, 1994). Unter anderem zeigte sich, daß die Interaktionsdichte unter Verwandten ihre Grundlage in einer unerwartet hohen räumlichen Agglomeration naher Verwandter in Deutschland hat (Bien & Marbach, 1991, S. 33; Marbach u.a., 1996, S. 35 f.) – ein Phänomen, das Trotha (1990, S. 453) „supplementäre Mehrgenerationen-Familie" und Bertram (1995a, S. 13 ff.), gestützt auf die zitierten Befunde, „multilokale Mehrgenerationen-Familie" genannt haben. Damit scheint eine These von Bronfenbrenner (1976, S. 184 f.), daß der Schwund an Erziehungskraft der modernen nordamerikanischen Familie der Erosion eines – überwiegend verwandtschaftlichen – Unterstützungsnetzes im nahen räumlichen Umfeld zu verdanken sei, in Deutschland nicht zu gelten. Zumindest trifft die Annahme fehlender verwandtschaftlicher Ressourcen in räumlicher Nähe nicht zu.

Somit sehen wir uns heute mit einer Lage konfrontiert, in der – nach Befunden der seit anderthalb Jahrzehnten wieder kräftig belebten familiensoziologischen Forschung (Bien, 1996; Vaskovics, 1994) – zwar vieles für die nach wie vor große oder sogar zunehmende Bedeutung (so Lüschen, 1988, S. 167) von Verwandten für das Familienleben spricht, aber Verwandtschaft selbst weder theoretisch noch empirisch zu einem eigenständigen Gegenstand soziologischer Forschung geworden ist.

2. Fragestellung und Hypothesen

Im folgenden greife ich auf – auch aus soziologischer Sicht relevante – Aussagen über Verwandtschaft in zwei Nachbardisziplinen, der Ethnologie und der Soziobiologie, zurück. Ziel ist es, Hypothesen zu gewinnen, die sich an familiensoziologischen Umfragedaten prüfen lassen. Der Rückgriff scheint mir gerechtfertigt, weil speziell die Soziobiologie einige wichtige theoretische Erklärungsvorschläge für klassische familiensoziologische Fragen geliefert hat, etwa die Wechselwirkung zwischen Familienstrukturen und Kooperationsverhalten (Kopp, 1992; Piliavin & Charng, 1990; Trivers, 1971). In den Abschnitten 2.1 und 2.2 werde ich den Extrakt dieses Ausflugs zu den Nachbardisziplinen kurz skizzieren.

Gegen solche Anleihen könnte mit Kopp (1992) und Kritikern der soziobiologischen Erklärungsmodelle (z.B. Hemminger, 1994), aber auch mit soziobiologischen Forschern selbst (Berghe, 1988) eingewendet werden, daß es an empirischen soziobiologischen Untersuchungen aktuellen Verhaltens in Familien mangele. Evolutionsbezogene Erklärungsmodelle seien für aktuelle Beobachtungen häufig unzureichend oder konkurrierten bestenfalls mit anderen Erklärungsmodellen. Ihre Meriten, soweit es menschliches Verhalten betrifft, haben soziobiologische Erklärungsmodelle in erster Linie an anthropologischen Befunden über die Wechselwirkungen von Zeugung, Altern und Sterblichkeit im Lebensverlauf erworben (Alexander, 1988; Hamilton, 1966; Stearns, 1977), ferner an ethnologischen Beobachtungen, wie sie etwa in den „Human Relation Area Files" (Murdock, 1949) dokumentiert sind (Berghe, 1988). Vereinzelt werden auch historische Daten herangezogen. So greift eine der jüngsten soziobiologischen Untersuchungen von familiensoziologischer Relevanz auf Heirats-, Geburts- und Sterbedaten aus Kirchen- matrikeln im holsteinischen Leezen und im ostfriesischen Krummhörn zurück, die zwischen 1720 und 1869 aufgezeichnet wurden (Voland, 1993, 1995).

Der Einwand mangelnder Aktualität der Daten läßt sich gegen den im folgenden vorgetragenen Versuch nicht aufrechterhalten, denn die zugrunde gelegten Daten (Bender, Bien & Alt, 1996) sind neuesten Datums und repräsentativ für die deutsche Wohnbevölkerung der Bundesrepublik (siehe Kap. 3). Im Mittelpunkt stehen Informa- tionen über Verwandtenbeziehungen, die überwiegend als egozentrierte Netzwerkdaten erhoben wurden.

Die Frage, der ich nachgehen möchte, lautet: Gibt es einen Zusammenhang zwi- schen den alltäglichen Beziehungen der Befragten zu ihren Verwandten und der Stel- lung dieser Verwandten zu den Befragten, wenn man diese Stellung mit Hilfe eines – im einzelnen noch näher zu definierenden – Kriteriums verwandtschaftlicher Nähe be- schreibt? Falls dieser Zusammenhang existiert, wie stabil ist er im Hinblick auf verschie- dene Merkmale der Befragten und unterschiedliche Interaktionsanlässe?

2.1 Exkurs zur Soziobiologie der „Vetternwirtschaft"

Nach der in den 1960er Jahren formulierten „theory of kin selection" von Hamilton (1964, 1975), Williams (1966), Trivers (1971) und anderen ist Altruismus zugunsten Verwandter eine unter dem Druck der natürlichen Selektion entstandene Eigenschaft vieler sozial lebender Lebewesen, auch des Menschen. Sie dient dazu, das genetische Profil des altruistisch handelnden Individuums, das sich auch in seiner Blutsverwandt- schaft findet, zu schützen und zu vermehren. Anlaß zu dieser Theorie bildete die Frage, die schon Darwin (1809–1882) beschäftigte, wie der Altruismus der selbst unfrucht- baren Arbeiterinnen von soziallebenden Insekten wie etwa Ameisen zu erklären sei. Ein zentraler Bestandteil des in den 1960er Jahren entwickelten Erklärungsmodells ist der sogenannte „Egoismus des Gens" (Dawkins, 1976, 1988; vgl. auch den Beitrag von Voland & Paul in diesem Band). Dahinter verbirgt sich die Annahme, daß nicht Indivi- duen oder Gruppen Einheiten der natürlichen Selektion sind, sondern Gene. Demzu- folge sind nicht Eigenschaften individueller Organismen und Merkmale ihres Verhal- tens Gegenstand der Reproduktion unter Selektionsdruck, was zum Beispiel noch Lorenz (1963) annahm. Sie dienen vielmehr lediglich als Mittel und Instrumente, mit deren Hilfe Gene sich im Generationentakt reproduzieren. Als „fitness" wird die Befä- higung von Individuen zur Verbreitung ihrer Gene bezeichnet. „Inclusive fitness" (Dawkins, 1988, S. 63; Masters, 1988, S. 270) meint die Gesamtzahl der erfolgreich an die nachfolgende Generation tradierten Genkopien, sei es durch eigene Nachkommen, sei es durch die Förderung genetisch Verwandter.

Als der direkten Vererbung nächstgelegene Strategie des genetischen Selbstschutzes gilt Nepotismus („Vetternwirtschaft"). Nach Alexander (1988, S. 145 f.) bildet Hilfe unter Verwandten neben Paarung und elterlicher Aufzucht sowie Erziehung eigener Kinder den Kern der reproduktiven Lebensleistungen eines Individuums. Gründet sich die elterliche Leistung vor allem auf die Altrizialität menschlicher Babys, also ihre Hilflosigkeit und Abhängigkeit von der Fürsorge Erwachsener, so dienen Investitionen in die Verwandtschaft in erster Linie der „inclusive fitness". Altrizialität Minderjähriger läßt sich als ein Mittel verstehen, anstelle möglichst vieler möglichst „gute" Nachkommen zu erzeugen („better adult hypothesis", Alexander, 1988, S. 160). Demgegenüber richten sich nepotistische Anstrengungen auf das Ziel, dem Reproduktionsinteresse des „selfish gene" ein Operationsfeld jenseits eigener Nachkommen zu erschließen. Wie das folgende Zahlenbeispiel zeigen soll, herrscht dabei aber eine ähnliche Logik wie im Fall der „better adult hypothesis".

Angenommen, jemand verfügt über Mittel im Umfang C, die er bzw. sie für nepotistische Investitionen einsetzen will. Wie kann dies am effektivsten geschehen? Das hängt in erster Linie von der Zahl und dem Verwandtschaftsgrad der Empfänger ab, aber auch von ihrem Alter, denn nach Alexander (1988, S. 148) kommen gleiche Investitionen bei einem noch unverbrauchten Reproduktionspotential mehr potentiellen Genkopien zugute und sind daher selektionswirksamer als bei einem teilweise oder ganz verbrauchten Reproduktionspotential. Dieses aber ist eng mit dem Alter korreliert. Um diesen komplexen Zusammenhang zu vereinfachen, nehmen wir an, der Investor habe drei Adressaten im Auge, die ihre Reproduktionskarriere noch vor sich haben: eine Tochter (Verwandtschaftsfaktor .5), einen jüngeren Bruder (.25) und eine Nichte (.125). Je nach Aufteilung des Investitionsvolumens C variieren die Kosten pro geförderter Verwandtschaftseinheit (Summe der drei Quotienten aus C-Anteil und Verwandtschaftsfaktor) wie folgt:

Aufteilung von C auf ...			Kosten pro
Tochter	Bruder	Nichte	V-Einheit
0.4	0.3	0.3	4.4
0.5	0.3	0.2	3.8
0.5	0.4	0.1	3.4
0.5	0.5	–	3.0
0.6	0.4	–	2.8
0.7	0.3	–	2.6
0.8	0.2	–	2.4
0.9	0.1	–	2.2
1.0	–	–	2.0

Je egalitärer die Aufteilung von C, desto mehr Aufwandskosten pro geförderter Verwandtschaftseinheit fallen an, desto ineffektiver ist mithin die nepotistische Investition. Am lohnendsten aus der Sicht des Investors erscheint eine Aufteilung nach dem Prinzip „the winner takes it all", wobei als „winner" die verwandtschaftlich nächststehende Person feststeht. Allerdings tun Investoren gut daran, sich nicht allein nach diesem Kriterium zu richten, sondern ihr Risiko (daß der alleinige Empfänger stirbt oder aus anderen Gründen nicht die in ihn gesetzten Erwartungen erfüllt) zu streuen, indem sie ihre

Zuwendungen abgestuft auf mehrere Empfänger – soweit vorhanden – aufteilen, etwa nach dem Motto: Soviel Konzentration wie möglich, aber soviel Streuung wie nötig.

Übersetzt in meine Fragestellung, die sich an den Möglichkeiten von Umfragedaten orientieren muß, läßt sich die These wie folgt formulieren: Es ist zu erwarten, daß Befragte in dem Umfang Kontakt zu Verwandten suchen und pflegen, wie diese kraft ihrer genetischen Nähe und reproduktiven Karriere als Adressaten nepotistischer Investitionen in Frage kommen. Die These unterstellt also eine an die genealogische Entfernung gekoppelte Stufenfolge abnehmender Intensität verwandtschaftlicher Kontaktbeziehungen, die sich in eine ordinale Rangreihe bringen lassen.

An bestimmten Punkten lassen sich kontroverse Hypothesen formulieren. Betrachtet man zum Beispiel junge Erwachsene als rationale Akteure im Sinne des „rational choice"-Paradigmas (Becker, 1981; Esser, 1990; Nauck, 1989; Raub & Voss, 1981), dann läge die Vermutung nah, daß sie das nepotistische Interesse ihrer älteren Verwandten erwidern, um deren Zuwendungen auf sich zu lenken. Im Gegensatz dazu nimmt die soziobiologische Sicht als Zentrum reproduktiver Interessen nicht das Individuum, sondern das „selfish gene" (Dawkins, 1976) an. Sie gelangt daher zu einer anderen Prognose. Nach Alexander (1988, S. 146) richtet sich das Interesse des „selfish gene" bei jüngeren Befragten in einem vorreproduktiven Stadium zunächst auf „somatische Leistung", also Wachstum und Entwicklung, nach dem Übergang in die reproduktive Phase auf Paarung. Beides impliziert eine im Vergleich zu älteren Befragten größere Indifferenz gegenüber verwandtschaftlichen Kontakten.

2.2 Exkurs zu ethnologischen Vorstellungen von Verwandtschaft

Anders als in der Familiensoziologie kann Verwandtschaft als Forschungsgegenstand in der Ethnologie auf eine lange und kontinuierliche Karriere zurückblicken. Aus vielen historischen Analysen und Kulturvergleichen (Fortes, 1970; Lévy-Strauss, 1949; Linton, 1936; Malinowski, 1929; Morgan, 1877; Murdock, 1949; u.a.) ist bekannt, daß Filiationszusammenhänge („lineages") oder auch Blutsverwandtschaftsverbände („consanguine families") eine große interkulturelle Variationsbreite aufweisen. „Lineages" können im Prinzip unilineal nach der väterlichen oder mütterlichen Linie, bilineal-komplementär oder – wie in modernen Gesellschaften üblich – undifferenziert-kognatisch sein (Segalen, 1990, S. 68 ff.). Innerhalb dieser Grundtypen gibt bzw. gab es eine Vielzahl von Unterarten. Mit ihnen verknüpft sind Verwandtschaftsterminologien, die in unterschiedlichen Graden mehrdeutig (z.B. Schwager = Schwesterngatte oder Gattenbruder), extensional (Ausdehnung der Terme für nahe Verwandte auf fernere) und bifurkativ (begriffliche Differenzierung zwischen Vater- und Mutterverwandten, z.B. Onkel = Vaterbruder, Oheim = Mutterbruder) sind.

Aus den ethnologischen Befunden ergeben sich für meine Fragestellung sowohl inhaltliche wie methodische Folgerungen. Um mit der inhaltlichen Seite zu beginnen: Die in modernen westlichen Gesellschaften vorherrschende kognatische Filiation hat – wie unter anderem Farber (1970, S. 96 f.) und Segalen (1990, S. 77 f.) gezeigt haben – zu einer undifferenzierten Mitgliedschaft eines Menschen in den Familien aller seiner Vorfahren – etwa auch der Großmutter väterlicherseits und des Großvaters mütterlicherseits – geführt. Die damit mögliche quantitative Ausdehnung des Verwandtschaftsnetzes hat aber nach vorherrschender Ansicht einen Bedeutungsverlust der Filiation zur Folge gehabt. Beispielsweise waren in Gesellschaften mit ausgeprägten „lineages" Abstammungsbeziehungen nach juristischer (erbrechtlicher) Stellung und öffentlichem Ansehen der Gattenbeziehung übergeordnet (Eickelpasch, 1974, S. 333). In matrilinearen Gesellschaften galt dies für die Mutterbruder–Schwesternsohn–Beziehung, wobei die Rolle des Ehemannes sich mitunter auf ein „Besuchsgattentum" reduzierte, in patrilinearen Gesellschaften für die Vater–Sohn–Beziehung. Nach dem Übergang zu kognatischer Filiation traten an die Stelle der Filiationsgruppen die „Intim-Verwandtschaftsgruppe" (Farber, 1970, S. 96) bzw. die im Französischen als „parentèle" bezeichnete „engere Verwandtschaft" (Segalen, 1990, S. 78 f.). Deren Charakter ähnelt eher einem auf Sympathie beruhenden Netzwerk persönlicher Beziehungen als einer rechtlich verfaßten Gruppe. Goode (1963) faßte dies in die Formel, Verwandtschaft in modernen Gesellschaften sei „askriptive Freundschaft".

Sollte diese These zutreffen, dann wäre zu erwarten, daß bei der Komposition von Verwandtenkontakten eher individuelle Vorlieben und/oder die Wahrnehmung von Kontaktgelegenheiten (z.B. aufgrund von Mitgliedschaft im Haushalt) zum Zuge kommen als eine auf genetischer Nähe fußende Abstammungssystematik. Wir erhalten so eine Gegenthese zu den aus der Soziobiologie abgeleiteten Annahmen.

Mit den Befunden über die kulturelle Überformung verwandtschaftlicher Beziehungen stellte sich fast von selbst die Frage nach dem Verhältnis von „natürlicher" bzw. familialer oder Blutsverwandtschaft einerseits und kulturell bedingter, „gentiler" bzw. Sozialverwandtschaft andererseits. In einer kritischen Revision früherer Befunde und Diskussionen verwirft Müller (1984, S. 241) zwar die These einer reinen Familienbestimmtheit der Verwandtschaftsterminologie, zieht sich aber – nicht zuletzt aus forschungspragmatischen Gründen – auf eine Definition von Verwandtschaft zurück, die den „biotischen" Aspekt mit einem sozialen verbindet: Verwandtschaft sei das, was „topologisch" (an anderer Stelle heißt es nur „irgendwie") auf eine Genealogie abbildbar sei (Müller, 1984, S. 247 und 253).

Diesen Gedanken aufgreifend, werde ich in Kapitel 4 versuchen, Verwandtschaftsterme genealogisch zu interpretieren und um die Befragten als Mittelpunkte verwandtschaftlicher Netzwerke zu plazieren. Auf diesem Wege gelange ich zu einem ordinalen Modell graduierter Nähe, mit dessen Hilfe sich die oben entwickelten Thesen an Umfragedaten prüfen lassen.

3. Datengrundlage

Die Untersuchung stützt sich auf die 2. Welle des DJI-Familiensurveys (zur methodischen Anlage siehe Bender, Bien & Alt, 1996). Die Daten dieser 2. Welle setzen sich aus drei Teilen zusammen:

- einer 1994 durchgeführten Panelbefragung mit N = 4.497 realisierten Interviews, deren 1. Welle 1988 eine Zufallsstichprobe mit N = 10.043 realisierten Interviews darstellt. Die Startstichprobe war repräsentativ für 18- bis unter 56jährige Einwohner deutscher Nationalität der damaligen Bundesrepublik und Westberlins, soweit sie in Privathaushalten lebten (zur methodischen Anlage siehe Alt, 1991);
- einer 1994 neu erhobenen Zufallsstichprobe, die N = 3.995 realisierte Interviews umfaßt und repräsentativ für die 18- bis unter 56jährige deutsche Wohnbevölkerung in den neuen Bundesländern ist;
- einer ebenfalls 1994 durchgeführten Zufallsstichprobe im Umfang von N = 2.002 realisierten Interviews, die repräsentativ für die 18- bis 30jährige Wohnbevölkerung in den alten Bundesländern ist. Diese Ergänzungserhebung sollte die durch die Alterung der Panelteilnehmer entstandene Lücke der 18- bis 24jährigen schließen. Außerdem sollte der seit der Vereinigung einsetzenden Migration vorwiegend junger Erwachsener zwischen alten und neuen Bundesländern Rechnung getragen werden.

Um Überbesetzungen in der Altersspanne zwischen 24 und 30 Jahren zu korrigieren, habe ich aus der Gesamtstichprobe der 2. Welle eine Teilstichprobe mit N = 9.710 Interviews herausgezogen, die die neu gezogenen Stichproben unverändert enthält, aber die Panelbefragung um die 24- bis unter 31jährigen auf N = 3.713 Interviews reduziert. Die verbleibende Stichprobe umfaßt Befragte von 18 bis unter 62 Jahren. Die Stichprobe ist im Altersbereich von 18 bis unter 56 Jahren (N = 8.987 Fälle) repräsentativ für die deutsche Wohnbevölkerung in den alten und neuen Bundesländern. Ein Rest von 723 Befragten im Alter zwischen 56 und unter 62 Jahren stammt aus dem Panel und kann als repräsentativ für diese Altersgruppe in den alten Bundesländern gelten, da in diesem Altersegment die Wanderungsbewegung innerhalb Deutschlands, durch die sich Grundgesamtheiten seit der Vereinigung verändert haben, nur schwach ausgeprägt war.

4. Operationalisierung und Prüfverfahren

Die im Familiensurvey verwendeten Verwandtschaftsterme lassen sich in ein Geflecht von Abstammungsbeziehungen einordnen, das im Abbildung 1 wiedergegeben ist.

Hinter EGO verbirgt sich der bzw. die Befragte. Die durchgehenden schrägen Linien bezeichnen Abstammungsbeziehungen. Bei (Ur-)Großeltern und Enkeln können diese Abstammungsbeziehungen über EGO oder seinen bzw. ihren Partner laufen, weil in der Befragung nicht zwischen eigenen und affinen (Ur-)Großeltern[1] bzw. Enkeln unterschieden wurde. Sie sind daher gesperrt gedruckt. Bei der Kalkulation verwandtschaftlicher Nähe berücksichtige ich nur die kürzere Entfernung über EGO, was die Hypothesenprüfung konservativer macht. Die unterbochene Linie zwischen „Part-

---

[1] Da Urgroßeltern aufgrund der Alterszusammensetzung der Befragten kaum vorkommen, verzichte ich im folgenden auf die erweiternde Bezeichnung „(Ur-)Großeltern".

Abbildung 1: Das Verwandtennetz im Familiensurvey

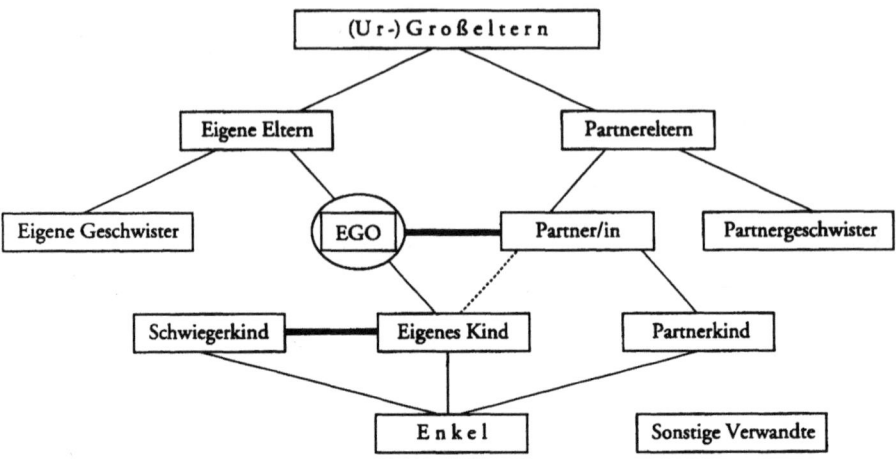

ner/in" und „eigenem Kind" soll andeuten, daß die als „eigenes Kind" angegebene Person nicht in jedem Fall auch ein *gemeinsames* Kind des/der Befragten und seines/ihres zum Zeitpunkt der Befragung aktuellen Partners ist. Doch zeigen die Daten des Familiensurveys, daß selbst bei Ledigen, Geschiedenen und Getrenntlebenden, die mit einem oder mehreren eigenen Kindern und mit einem nichtehelichen Partner zusammenleben, etwa 61 Prozent der Kinder gemeinsame Kinder sind (verheiratet Zusammenlebende: 94 %).

Die Operationalisierung unserer Fragestellung wird dadurch erleichtert, daß die in Abbildung 1 aufgeführten Abstammungslinien, soweit es die Blutsverwandten von EGO betrifft, sich direkt in die übliche Berechnung von verwandtschaftlicher Nähe übersetzen lassen. Diese Berechnungsweise (vgl. Vowinckel, 1995) stützt sich darauf, daß ein Kind von einem leiblichen Elternteil jeweils die Hälfte seines Chromosomensatzes erbt und daher mit jedem Elternteil mit dem Faktor .5 verwandt ist. Obwohl nun in Abbildung 1 die Verwandtenarten pauschal (als „Eltern", „Geschwister" usw.) eingetragen sind, handelt es sich auf der Datenebene stets um dyadische Beziehungen zwischen EGO und *einem* Elternteil oder *einer* Schwester, ja selbst *einem* „sonstigen Verwandten". Deshalb ist es möglich, jede der nichthorizontalen Linien, die EGO mit einem Blutsverwandten verbinden, mit dem Wert .5 zu signieren. Es besteht folglich eine direkte Korrespondenz zwischen einem Näheindex, der sich auf die Abfolge von Aufwärts- und Abwärtsschritten stützt, und der Berechnung verwandtschaftlicher Nähe nach dem üblichen Verfahren. So erreicht EGO ein Elternteil durch einen Aufwärtsschritt, ein Geschwister durch einen Aufwärts- und einen Abwärtsschritt. Das Geschwister ist mit zwei Schritten genealogisch also doppelt so weit von EGO entfernt wie der Elternteil. Dasselbe in Verwandtschaftsfaktoren ausgedrückt: Mit seinem

Elternteil verbindet EGO eine verwandtschaftliche Nähe von .5, mit seinem Geschwister eine von .25.

Die horizontalen fetten Linien in Abbildung 1 stehen für feste Partnerbeziehungen einschließlich Ehen, die zum Zeitpunkt der Befragung bestanden haben. Die Interpretation und Quantifizierung dieser Paarbeziehungen (EGO–Partner/in sowie eigenes Kind–Schwiegerkind) ist von entscheidender Bedeutung für die Berechnung der verwandtschaftlichen Nähe zwischen EGO und seinen bzw. ihren „angeheiratetnen" (affinen) Verwandten. Das gilt insbesondere für die Beziehung EGO–Partner, denn der Partner schlägt die Brücke zur affinen Verwandtschaft. Drei Möglichkeiten bieten sich an:

(1) Die Entfernung zum Partner bemißt sich nach dem Abstammungsschema, das heißt, die Verbindung zwischen EGO und Partner nimmt den Weg über ein (vorhandenes oder potentielles) gemeinsames „eigenes Kind". Der Partner bzw. die Partnerin bekommt demnach mit .25 denselben Verwandtschaftsfaktor zugewiesen wie ein Geschwister. Die Entfernung zu affinen Verwandten ist dann gleich dem Produkt aus ihrer Nähe zu EGOs Partner und dem Faktor .25. Wenn ich im weiteren Text den Term „*Abstammungsmodell*" verwende, dann ist diese Art von Verknüpfung zwischen EGO und Partner/in sowie affinen Verwandten gemeint.

(2) Die Entfernung zum Partner wird auf Null gesetzt, EGO und Partner verschmelzen quasi zu einer Person. Affine Verwandte werden damit äquidistant zu Blutsverwandten gleicher Art, was die Diskriminationskraft dieses Modells stark beeinträchtigt.

(3) Das dritte Modell kombiniert beide zuvor genannten Verfahren nach folgendem Schlüssel: Die Entfernungen zwischen EGO und den affinen Verwandten werden wie im Abstammungsmodell ermittelt. Der Partner in seiner Funktion als *Brücke* erhält also den Verwandtschaftswert .25 zugewiesen. In seiner Funktion als *Intimgefährte* rückt er dagegen bis auf eine Distanz, die Null minimal übersteigt, an EGO heran. Damit wird der besonderen Intimität der Paarbeziehung Rechnung getragen, ohne die Diskriminationskraft des Abstammungsmodells aufzugeben. Ich verwende in diesem Fall den Term „*Minimaldistanzmodell*".

Im Fortgang werde ich aus theoretischen und pragmatischen Gründen nur die Modelle (1) und (3) berücksichtigen. Theoretisch betrachtet reflektieren die beiden Modelle auf unterschiedliche Weise die Wege der Entstehung von Verwandtschaft durch Abstammung und Affinität. Das Abstammungsmodell tut so, als käme Heirat und Partnerschaft außer ihrer generativen Funktion keine besondere Bedeutung zu. Insofern verkörpert es eine auf das Genetische reduzierte evolutionsbiologische Sicht.

Das Minimaldistanzmodell betont neben der generativen Funktion die besondere Stellung der Paarbeziehung als Intimpartnerschaft. Es kommt damit unserem kulturellen Verständnis entgegen. Dies geschieht allerdings um den Preis einer etwas künstlich wirkenden Aufspaltung der Partnerrolle in eine generative Partnerschaft, aus der sich einerseits die Brückenfunktion ergibt und andererseits die Rolle als Intimpartner. Betrachtet man allerdings die Diskussion in der Familiensoziologie um kindorientierte Eheschließung (Nave-Herz, 1984, 1988; Vaskovics & Rost, 1995) und den Monopolverlust der Ehe (Beck, 1986; Burkart, 1995; Meyer, 1993; Tyrell, 1985), dann relativiert sich dieser Eindruck der Künstlichkeit. Weitgehend übereinstimmend wird eine allmähliche Entkoppelung von Partnerschaft und Elternstatus registriert. Schon im „goldenen Zeitalter" der Familie (Sieder, 1987, S. 243 f.) hatte König (1964, S. 125 f.) eine „zunehmende Emanzipation der Ehe von der Familie" beklagt. Tyrell (1985, S. 117) und Beck (1986, S. 164) diagnostizierten später eine Tendenz zur Entkoppelung von Liebe, Ehe, Zusammenwohnen und Sexualprivileg. In die gleiche Richtung zielt Meyer (1993) mit seiner Differenzierung privater Lebensformen in kindorientierte Familien, partnerorientierte nichteheliche Gemeinschaften und selbstorientierte Singles. Als Konsequenz zeichnet sich eine zunehmende Diskrepanz zwischen Filiation und Partnerschaft (Burkart, 1995, S. 12) ab, also jener beiden Elemente von Partnerschaft, die das Minimaldistanzmodell als generative Partnerschaft und Intimität unterscheidet.

Welche Konsequenzen ergeben sich aus den beiden Modellen für die übrigen Verwandtschaftsbeziehungen? Wie in der Beziehung EGO–Partner/in gilt auch für die Beziehung zwischen eigenem Kind und Schwiegerkind eine verwandtschaftliche Verknüpfung von .25. Unklar ist der Abstammungsstatus der „sonstigen Verwandten". Daher wurde auch nicht unterschieden nach ihrer Beziehung zu EGO und seiner bzw. ihrer Partner/in. Aus pragmatischen Gründen unterstelle ich den kürzeren, nicht über den Partner führenden Weg zu EGO und nehme des weiteren an, daß „sonstige Verwandte" weiter von EGO entfernt sind als der weitest entfernte der spezifizierten Verwandten.

Die Abbildungen 2 und 3 übersetzen das Abstammungsmodell und das Minimaldistanzmodell in Schemata aus Aufwärts- und Abwärtsschritten, die genealogische Distanzen in einem Raum mit fünf Generationen bestimmen. Im Abstammungsmodell taucht EGO in der Position „Zeile 0" und „Spalte 0" (P_{00}) der Matrix auf, während

Abbildung 2: Abstammungsmodell

		aufwärts		
	0	1	2	3
0	EGO	Eigene Eltern	Großeltern	
abwärts 1	Eigene Kinder	Partner Eigene Geschwister	Partnereltern	
2	Enkel	Partnerkinder Schwiegerkinder	Partnergeschwister	
3				Sonstige Verwandte

Abbildung 3: Minimaldistanzmodell

		aufwärts		
	0	1	2	3
0	Partner	Eigene Eltern	Großeltern	
1	Eigene Kinder	Eigene Geschwister	Partnereltern	
2	Enkel	Partnerkinder Schwiegerkinder	Partnergeschwister	
3				Sonstige Verwandte

(linke Randbeschriftung: abwärts)

EGO im Minimaldistanzmodell fehlt. Der Grund dafür liegt in der erläuterten Art und Weise, wie die Partnerbeziehung in die Weglängenberechnung einbezogen wird. Im Abstammungsmodell hat EGO allein zu sich selbst eine 0-Distanz. Der Partner bzw. die Partnerin besetzt dagegen die Position P_{11}. Im Minimaldistanzmodell tritt der Partner an die Stelle von EGO, von dem er bzw. sie nur minimal entfernt ist, während EGO selbst verschwindet.

Abbildung 4 faßt die in den Abbildungen 2 und 3 enthaltenen Distanzannahmen zu einem ordinalen Schema von Paarvergleichen nach genealogischer Distanz zusammen. Die Linien drücken Stufen der „Nähe zu EGO" aus. Die in bezug auf eine Linie rechts, unten oder rechts unten befindliche Position ist von EGO jeweils weiter entfernt als die links, oberhalb oder links oberhalb der Linie befindliche Position. Insgesamt gelten in dem ordinalen Schema folgende Restriktionen für die Hierarchie der Nähe zu EGO:

$$P_{00} > P_{01} > P_{02} \qquad P_{10} > P_{11} > P_{12} \qquad P_{10} > P_{21}$$
$$P_{00} > P_{10} > P_{20} \qquad P_{20} > P_{21} > P_{22} \qquad P_{01} > P_{12}$$
$$P_{00} > P_{11} > P_{22} \qquad P_{01} > P_{11} > P_{21} \qquad P_{22} > P_{33}$$
$$\phantom{P_{00} > P_{11} > P_{22} \qquad} P_{02} > P_{12} > P_{22}$$

Damit sind jedoch nur 17 der 21 möglichen bilateralen Relationen in Abbildung 4 definiert. Um ein vollständiges ordinales System zu erhalten, müssen auch die restlichen vier Relationen bestimmt werden, nämlich P_{10}–P_{01}, P_{11}–P_{02}, P_{20}–P_{11} und P_{21}–P_{12}. Die Hauptdiagonale in Abbildung 4 vom „Partner" bis zu den „Partnergeschwistern", also die Linie durch die Positionen P_{00}, P_{11} und P_{22}, beschreibt eine *Generationenachse*. Auf ihr reihen sich Angehörige der Generation von EGO, rechts oberhalb Angehörige älterer Generationen und links unterhalb Angehörige jüngerer Generationen. Die vier noch zu definierenden Relationen liegen quer zur Generationenachse. Aus den Annah-

Abbildung 4: Modell der genealogischen Distanzen

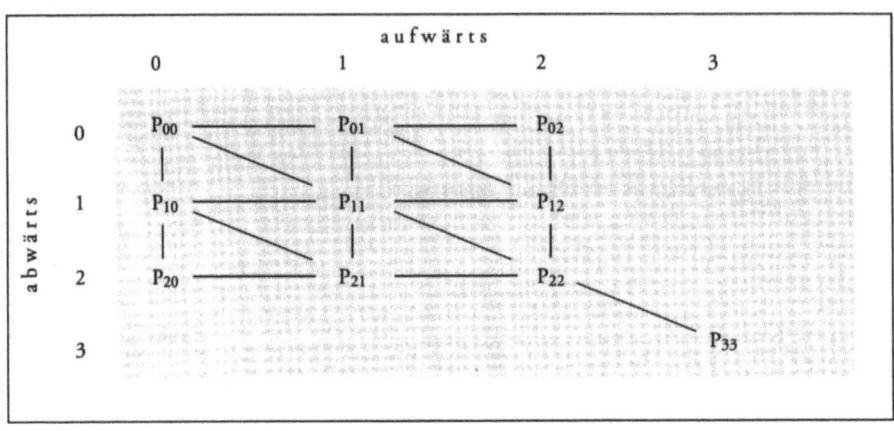

men über Nepotismus läßt sich die Voraussage ableiten, daß die Befragten des Familiensurveys überwiegend Angehörigen der jüngeren Generationen den Vorzug vor Angehörigen der älteren Generationen geben. Eine gegenteilige Annahme wird zwar von ethnologischer Seite nicht ausdrücklich vertreten, doch sollten die Präferenzen nach Alter weiter gestreut und indifferenter sein. Das gilt auch für die „rational choice"-Annahme, daß Jüngere um nepotistische Investitionen seitens älterer Verwandter werben. Die ordinalen Restriktionen für die Präferenz für Generationen lauten:

Präferenzmodell für Jüngere	Präferenzmodell für Ältere
$P_{10} > P_{01}$	$P_{10} < P_{01}$
$P_{20} > P_{11}$	$P_{20} < P_{11}$
$P_{11} > P_{02}$	$P_{11} < P_{02}$
$P_{21} > P_{12}$	$P_{21} < P_{12}$

Um die Hypothesen zu prüfen, verwende ich das Konzept der *genealogischen Distanz* in zwei Varianten:

(a) *Paarvergleiche*

Erstes Prüfkriterium genealogischer Distanz sind Paarvergleiche zwischen Verwandtenarten nach Maßgabe von Abbildung 4. Verglichen werden jeweils die durch Linien verbundenen Positionen. Die Hypothese lautet: Der bzw. die genealogisch näher Verwandte wird bevorzugt. Die Vergleiche nach genealogischer Nähe werden ergänzt um Paarvergleiche über die „Generationenachse" hinweg. Die Hypothese lautet hier: Jüngere werden bevorzugt.

Aus Platzmangel, aber auch um die Lesbarkeit zu erleichtern, soll die Prüfung unserer Hypothesen nur exemplarisch dargestellt werden. Den Paarvergleich illustrieren die Teile A und B der Tabelle 1. Abstammungsmodell und Minimaldistanzmodell werden jeweils getrennt geprüft. Tabelle 2 vermittelt einen Überblick, der alle, auch die nicht aufgeführten Paarvergleiche einbezieht.

(b) *Erklärende Variable*

Genealogische Distanz dient außerdem als erklärende Variable in Regressionsgleichungen[2]. Darin wird der Einfluß genealogischer Distanz unter Kontrolle konkurrierender Einflüsse geprüft. Nun läßt sich Distanz, welcher Art auch immer, zwischen befragten und genannten Personen nur auf der Ebene von *Dyaden*, bestehend aus der befragten und jeweils nur *einer* genannten Person, exakt bestimmen. Da die Befragten meist mehrere Netzwerkpersonen genannt haben, steigt die Fallzahl bei der Dyadenbetrachtung erheblich (brutto sind es N = 64.171 Dyaden aus Befragten und genannten Verwandten). Beispielhaft zeigt Tabelle 1c die Ergebnisse der Regressionen zu den ersten beiden Indikatoren für nepotistisches Engagement der Befragten.

Auf folgende fünf Indikatoren stützt sich die Hypothesenprüfung:

(1) *Multiplexität*

Summe der Nennungen eines Verwandten in sechs verschiedenen Namensgeneratoren (persönliche Gespräche, gemeinsame Mahlzeiten, Gefühlsbindung, Vergabe finanzieller Unterstützung, Empfang finanzieller Unterstützung, gemeinsame Freizeit). Formal drückt Multiplexität den Grad an funktioneller Vielfalt einer dyadischen Beziehung aus (Feld, 1981, S. 1025; Fischer, 1982, S. 141 f.; Verbrugge, 1979, S. 1287). Inhaltlich beschreiben die Namensgeneratoren Aktivitäten, die als Indikatoren für die drei zentralen Aspekte *sozialer Unterstützung* dienen: instrumentelle Hilfe in konkreten Interaktionen, emotionale Zuwendung, Anerkennung und Wertschätzung (Diewald, 1991, S. 71; Kahn & Antonucci, 1981, S. 392; Van der Poel, 1993, S. 55). Je höher die Multiplexität, desto „ganzheitlicher" die soziale Unterstützung.

(2) *Überschneidung*

Summe der Nennungen eines Verwandten als Haushaltsmitglied, als Angehöriger der subjektiv wahrgenommenen Familie und/oder Funktionsträger in mindestens einem der sechs Namensgeneratoren, aus denen die Multiplexität berechnet wird. Methodisch entspricht die Überschneidung einer von Bien und Marbach (1991, S. 19 f.) vorgestellten Mengenbetrachtung von Familienfunktionen. Inhaltlich beschreibt Überschneidung eine graduelle Annäherung an das Kernfamilienmodell im Sinne eines *„gemeinschaftlichen Lebensvollzugs"* (Schneewind, 1991, S. 16).

(3) *Ausschöpfungsraten*

Anteile der in Namensgeneratoren Genannten an allen lebenden Verwandten eines Typs. Dieser Indikator kann nur für Verwandte berechnet werden, deren Zahl als Gelegenheitsstruktur erhoben wurde (Kinder, Eltern, Geschwister, Enkel und

---

2 Der Index für genealogische Distanz stützt sich auf die Schrittzahl gemäß Abbildung 4. Er variiert zwischen .5 (Minimaldistanz des Partners) und 5 (sonstige Verwandte) im Minimaldistanzmodell, zwischen 1 (Kinder, Eltern) und 5 im Abstammungsmodell.

Großeltern). Anders als bei Multiplexität und Überschneidung wird hier nicht gefragt, wie viele nepotistische Aktivitäten sich auf *eine* verwandte Person richten, sondern zu welchem Anteil *vorhandene* Verwandte für bestimmte Aktivitäten aus dem Spektrum sozialer Unterstützung jeweils *ausgeschöpft* werden. Die dafür ausgewählten Aktivitäten sind „Gefühlsbindung" und geleistete finanzielle Unterstützung („Finanzgabe").

(4) *Kontakthäufigkeit*
Anteil der häufiger als einmal monatlich kontaktierten Verwandten einer bestimmten Art. Dieser Indikator beruht auf der Annahme, daß Kontaktpflege kein nur gelegenheitsabhängiges, sondern intentionales Handeln darstellt. Es beinhaltet *Investition von Zeit in Interaktionen* (Van der Poel, 1993, S. 30 f.).

(5) *Wohnentfernung*
Anteil der näher als im gleichen Orts- oder Stadtteil (bis zu einer Entfernung von etwa 15 Gehminuten) lebenden Verwandten einer bestimmten Art. Ich nehme an, daß die Wohnentfernung zwar *Erreichbarkeit für Interaktionen* ausdrückt und damit auch einen Rahmen für nepotistisches Engagement setzt, aber aufgrund der Zwänge des Wohnungs- und Arbeitsmarkts Nähe nicht als Folge absichtsvollen, sondern eher gelegenheitsbedingten Handelns ausdrückt. Träfe dies zu, dann sollte die Wohnentfernung, ausgenommen bei Haushaltmitgliedern, nicht mit genealogischer Nähe korrespondieren.

5. Ergebnisse

Um einen Einblick in den Charakter der Indikatoren zu vermitteln, seien zunächst einige deskriptive Befunde wiedergegeben.

5.1 Soziale Beziehungen zwischen Verwandten

Abbildung 5 erläutert die Indikatoren „Multiplexität" und „Überschneidung" am Beispiel der in Abbildung 1 aufgeführten Arten von Verwandten. Die Multiplexität einer Beziehung kann Werte zwischen 0 und 6 annehmen. Ein hoher Wert steht für eine funktionell vielfältige, „ganzheitliche" Unterstützungsbeziehung. Der Wertbereich der Überschneidung variiert zwischen 0 und 3. Nähert sich der Wert der 3, dann ähnelt die Beziehung der für Kernfamilien typischen Gleichzeitigkeit von gemeinsamem Haushalt, Anerkennung als Familienmitglied und Erfüllung mindestens einer Unterstützungsfunktion. Um die Werte der beiden Indikatoren vergleichbar zu machen, sind sie in Prozenten des jeweiligen Maximums ausgedrückt.

Beide Indikatoren erreichen in der Tendenz höhere Werte bei Partner und Blutsverwandten, die auf der linken Seite der Horizontalachse abgetragen sind. Dabei überragt der Partner alle Blutsverwandten einschließlich der eigenen Kinder. Die Beziehungen

Abbildung 5: Multiplexität (0–6) und Überschneidung (0–3), standardisiert für alle erfaßten Verwandtenarten aus der Sicht von EGO (in %)

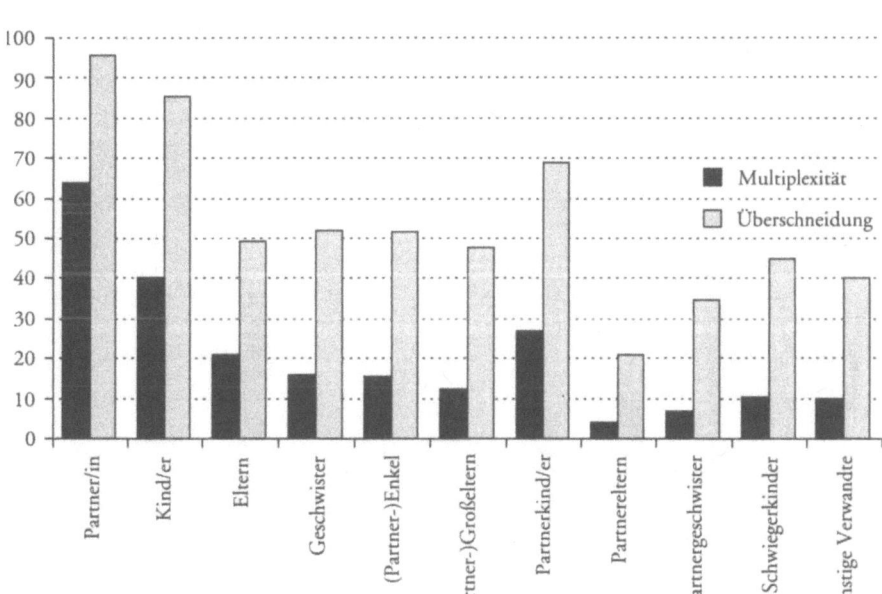

Quelle: DJI-Familiensurvey, 1994.

EGOs zu Verwandten des Partners sowie Schwiegerkindern und sonstigen Verwandten auf der rechten Seite der Achse sind im Schnitt weniger multiplex und überschneidend. Eine Ausnahme bilden Kinder des Partners, die in beiden Indikatoren noch vor blutsverwandten Eltern und Geschwistern an dritter Stelle hinter eigenen Kindern rangieren. Bemerkenswert schwach entwickelt sind Beziehungen EGOs zu den Eltern des Partners. Auch Geschwister des Partners schneiden kaum besser ab und liegen noch hinter „sonstigen Verwandten".

Vergleicht man die beiden Indikatoren miteinander, so schwanken sie überwiegend im Gleichklang. Bei allen Verwandtenarten nähern sich die Mittelwerte der Überschneidung ihrem Maximum stärker als die Mittelwerte der Multiplexität. In Sachen eines gemeinschaftlichen Lebensvollzugs, wozu ja auch die Anerkennung als Familienmitglied gehört, stehen demnach Partner und Verwandte EGO relativ näher, als es die praktizierte Vielfalt der sozialen Unterstützung ausdrückt (das Gesamtmittel beträgt bei der Multiplexität 29,7 %, bei der Überschneidung 61,7 %).

Abbildung 6 beschreibt Nähe zu EGO nach dem Kriterium der „Ausschöpfungsrate". Es handelt sich um den Anteil, zu dem bestimmte Verwandtenarten, deren Vorhandensein eigens abgefragt wurde, für Funktionen in Anspruch genommen wurden.

Abbildung 6: Ausschöpfungsraten bei enger Gefühlsbindung und geleisteter
finanzieller Unterstützung für Bluts- und affine Verwandtenarten aus
der Sicht von EGO (in %)

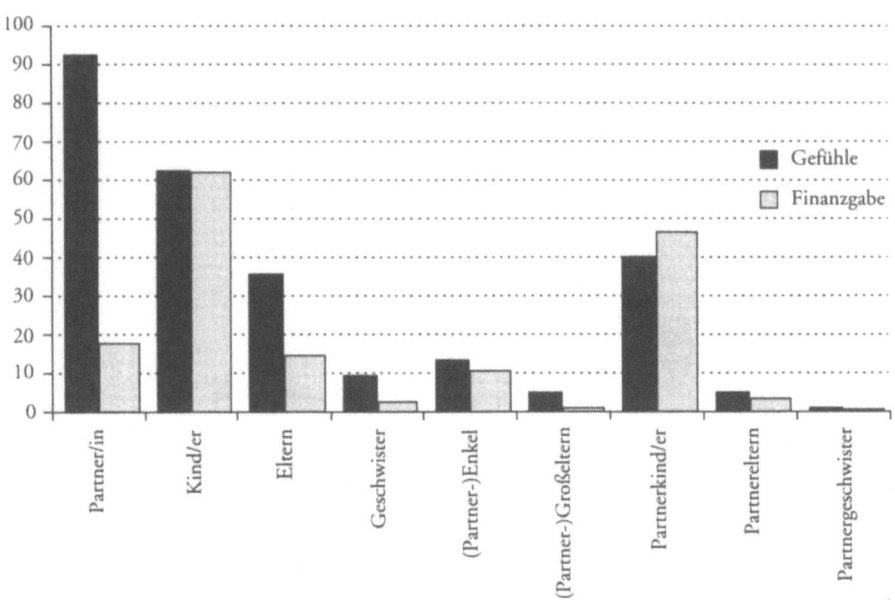

Quelle: DJI-Familiensurvey, 1994.

Da die Kontaktgelegenheiten nicht bei allen Verwandtenarten erhoben wurde, ist die
Anzahl der auf der Horizontalachse aufgeführten Verwandtenarten reduziert.

Auch dieses Bild zeigt eine in der Tendenz engere Beziehung EGOs zu Blutsverwandten im Vergleich zu affinen Verwandten. Die Ausnahmestellung der Partnerkinder
tritt hier noch stärker hervor. Dabei fällt auf, daß bei Partnerkindern als einziger Ver-
wandtenkategorie die geleistete finanzielle Unterstützung seitens EGO eine relativ größere Rolle spielt als die Gefühlsbindung. Dennoch und erstaunlicherweise übertrifft die
emotionale Nähe der Partnerkinder zu EGO noch dessen bzw. ihre Nähe zu den eigenen Eltern. Einen Sonderfall bildet in diesem Szenarium die Beziehung zum Partner.
Überragt er nach emotionaler Nähe alle Verwandtenarten, so führt er als Empfänger
finanzieller Unterstützung eher ein Schattendasein. Dies findet seine einfache Erklärung
darin, daß die mit Partnern weit überwiegend praktizierte Haushaltsgemeinschaft
finanzielle Transaktionen[3], wie sie die Frage nach geleisteter finanzieller Unterstützung

---

3   Gefragt wurde nicht nach Geldbeträgen, was sich in einer Haushaltsgemeinschaft kaum valide beantwor-
    ten läßt, sondern nach Personen, denen regelmäßig finanzielle Unterstützung gewährt wurde.

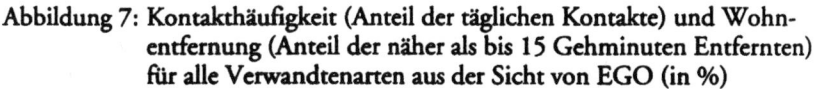

Abbildung 7: Kontakthäufigkeit (Anteil der täglichen Kontakte) und Wohnentfernung (Anteil der näher als bis 15 Gehminuten Entfernten)
für alle Verwandtenarten aus der Sicht von EGO (in %)

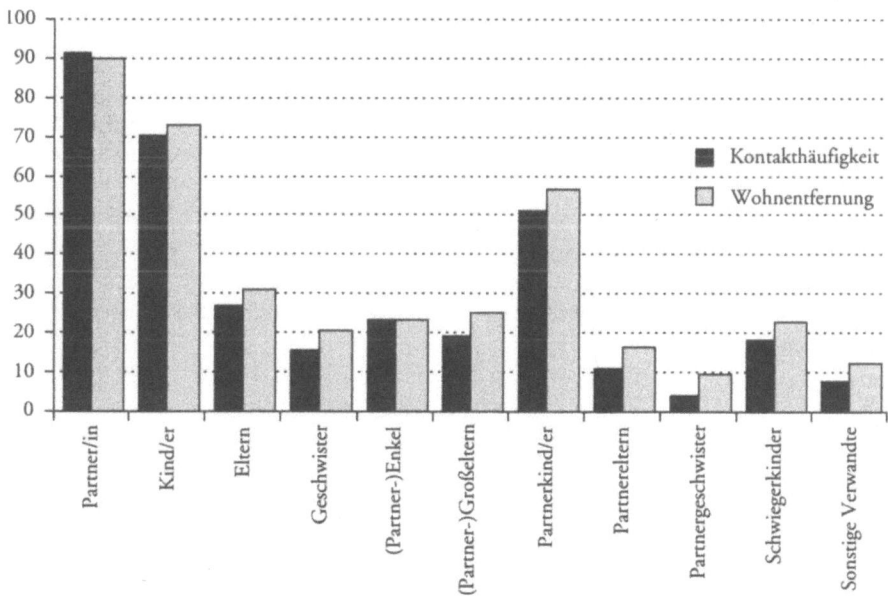

Quelle: DJI-Familiensurvey, 1994.

anspricht, erübrigt. Anders verhält es sich mit Verwandten, die einer nachkommenden
Generation angehören, also eigene und Partnerkinder sowie Enkel. Zwar herrscht auch
bei eigenen und Partnerkindern überwiegend Haushaltsgemeinschaft mit EGO, doch
verlangt ihre künftige oder schon erreichte Selbständigkeit Investitionen, solange sie
wirtschaftlich noch nicht auf eigenen Füßen stehen. Dies findet seinen Ausdruck darin,
daß bei allen drei Verwandtenarten finanzielle Unterstützung fast dasselbe oder sogar
ein höheres Ausschöpfungsniveau erreicht wie emotionale Nähe.

Abbildung 7 illustriert die Nähe EGOs zu seinen Verwandten nach den Kriterien
der Kontakthäufigkeit und Wohnentfernung. Abgebildet sind die Prozentanteile der
oberhalb des jeweiligen Medians befindlichen Verwandtenarten. Wie in Abbildung 5
können hier alle in Abbildung 1 enthaltenen Verwandtenarten berücksichtigt werden.

In beiden Kriterien sind die bisher festgestellten Tendenzen – eine Favorisierung von
Partner und Blutsverwandten gegenüber „angeheirateten" Verwandten sowie die Ausnahmestellung der Partnerkinder – erkennbar. Zwischen den Schwankungen beider
Nähemaße besteht ein enger Zusammenhang. Er widerspricht meinen Annahmen über
die unterschiedlichen „Logiken" bei der Wahl des Wohnstandorts und des Zeitauf-
wands für Kontakte. Wohnstandortentscheidungen fallen dieser Annahme gemäß eher

gelegenheitsabhängig, orientiert an den Vorgaben des Wohnungs- und Arbeitsmarkts. Kontakte und ihre Häufigkeit stehen dagegen individuellen Wünschen und familialen Gepflogenheiten eher offen. Statt dessen scheinen die Wahl des Wohnstandorts und die Häufigkeit der Verwandtenkontakte dergestalt miteinander verknüpft zu sein, daß die Wohnentfernung über den damit verbundenen Kommunikationsaufwand die Kontakthäufigkeit weitgehend bestimmt. Tatsächlich schwanken die Korrelationen der Wohnentferung mit der Kontakthäufigkeit bei den einzelnen Verwandtenarten zwischen r = .52 bei Geschwistern des Partners und r = .85 bei eigenen Kindern. In allen Fällen wird die Signifikanzschwelle von 1 Prozent Fehlerwahrscheinlichkeit deutlich unterschritten, so daß man von statistisch gesicherten Korrelationen ausgehen kann.

Damit sind die Indikatoren, mit deren Hilfe die Hypothesen über Zusammenhänge zwischen verwandtschaftlicher Nähe und Kontaktverhalten geprüft werden sollen, in groben Zügen beschrieben. Ich wende mich nun, wie angekündigt, den Paarvergleichen gemäß Abbildung 4 und der Analyse des Einflusses der genealogischen Distanz auf die Indikatoren zu.

5.2 Genealogische Distanz und nepotistische Investitionen

5.2.1 Soziale Unterstützung und gemeinschaftlicher Lebensvollzug

Tabelle 1, in der es um die Indikatoren „Multiplexität" und „Überschneidung" geht, dient als Beispiel für das gesamte Programm, mit dem ich meine Hypothesen über die Bevorzugung genealogisch naher und jüngerer Verwandter prüfe. Es existieren zwei weitere Tabellen gleichen Aufbaus für die restlichen vier Indikatoren, deren Ergebnis in der zusammenfassenden Tabelle 2 berücksichtigt ist.

Wenden wir uns zunächst den Fußzeilen in den Tabellen 1a und 1b zu, die das Ergebnis jeweils zusammenfassen. Die Gesamtmittelwerte für konforme und diskonforme Prozentanteile signalisieren durchwegs Konformität mit den genealogischen Distanzannahmen beider verglichenen Modelle, das heißt, sowohl im Abstammungs- als auch im Minimaldistanzmodell liegt das Gesamtmittel der die Hypothese bestätigenden Prozentanteile (in der mit „> %" signierten Spalte) über dem Gesamtmittel der hypothesenwidrigen Prozentanteile (in der mit „< %" signierten Spalte). Diese Feststellung gilt für die Indikatoren „Multiplexität" und „Überschneidung" gleichermaßen. Insgesamt findet die These der Investitionen in Verwandte nach dem Grad ihrer Nähe zu EGO mithin Unterstützung.

Doch zeigt sich ein deutlicher Qualitätsunterschied zwischen den Modellen. Das Minimaldistanzmodell wird den Daten weitaus besser gerecht als das Abstammungsmodell, das heißt, die Differenz der Gesamtmittelwerte ist im Fall des Minimaldistanzmodells deutlich größer als im Fall des Abstammungsmodells. Auch diese Feststellung gilt für beide Indikatoren. Die vorausgesagte Bevorzugung Jüngerer (siehe Tab. 1b) erreicht mit etwa 86 Prozent konformen gegenüber 6 Prozent diskonformen (sowie

Tabelle 1a: Multiplexität und Überschneidung im Vergleich von Abstammungsmodell und Minimaldistanzmodell nach ordinalem Schema: Prozentanteile konformer (>) und diskonformer (<) Paarvergleiche sowie Befragte mit gültiger Antwort (N)[1]

Modell	Vergleichspaare	Multiplexität		Überschneidung		N
		> %	< %	> %	< %	
ABSTAMMUNG	EGO : eigene Eltern	100,0	0,0	100,0	0,0	7.393
	EGO : Partner	100,0	0,0	100,0	0,0	7.682
	EGO : eigene Kinder	100,0	0,0	100,0	0,0	6.608
	EGO : eigene Geschwister	100,0	0,0	100,0	0,0	3.583
	Eigene Kinder : Partner	5,2	79,9	7,6	79,6	5.947
	Eigene Eltern : Partner	3,0	91,9	9,3	89,6	5.824
	Partner : Partnereltern	98,8	0,2	99,2	0,5	5.039
	Partner : Partnerkinder	92,1	2,0	91,5	3,0	305
	Partner : Partnergeschwister	97,7	0,8	96,7	2,9	755
	Partner : Schwiegerkinder	98,5	0,3	97,9	1,7	653
GEMEIMSAMER KERN	Eigene Eltern : Großeltern	66,1	11,1	67,6	15,4	814
	Eigene Eltern : eigene Geschwister	50,9	14,5	52,7	18,2	3.028
	Enkel : Partnerkinder	–	55,0	–	60,0	20
	Partnerkinder : Partnergeschwister	64,0	12,0	80,0	4,0	25
	Eigene Kinder : Enkel	63,4	8,8	67,3	10,9	612
	Eigene Kinder : eigene Geschwister	81,9	6,8	91,2	5,3	1.903
	Großeltern : Partnereltern	41,1	8,2	62,9	9,5	453
	Partnereltern : Partnergeschwister	15,8	16,8	20,6	23,7	582
	Eigene Eltern : Partnereltern	47,3	5,9	52,3	7,5	4.360
	Eigene Kinder : Partnerkinder	36,0	18,0	37,0	24,2	211
	Eigene Geschwister : Partnerkinder	18,0	60,0	17,0	73,0	100
	Eigene Geschwister : Partnereltern	44,9	8,9	59,0	12,1	1.849
	Eigene Geschwister : Schwiegerkinder	30,7	23,5	24,6	39,1	179
	Enkel : Schwiegerkinder	28,9	12,2	30,6	12,7	425
	Schwiegerkinder : Partnergeschwister	25,0	20,0	43,3	15,0	60
	Eigene Kinder : Schwiegerkinder	73,7	1,6	76,2	3,7	697
	Eigene Geschwister : Partnergeschwister	29,0	4,8	33,0	6,6	482
	Partnergeschwister : sonstige Verwandte	10,3	12,8	12,8	13,5	312
MIN.	Partner : eigene Eltern	91,9	3,0	89,6	9,3	5.824
	Partner : eigene Kinder	79,9	5,2	79,6	7,6	5.947
	Partner : eigene Geschwister	95,9	1,4	86,2	12,9	2.544
„Abstammungsmodell" (ohne EGO)		42,5	38,4	46,7	38,8	8.774
„Minimaldistanzmodell"		71,3	6,7	72,4	10,6	8.741

[1] Vgl. Erläuterungen S. 111.

Quelle: DJI-Familiensurvey, 1994.

Tabelle 1b: Multiplexität und Überschneidung im Vergleich von Abstammungsmodell und Minimaldistanzmodell nach Generationen-Präferenz: Prozentanteile konformer (>) und diskonformer (<) Paarvergleiche sowie Befragte mit gültiger Antwort (N)[1]

Vergleichspaare	Multiplexität		Überschneidung		N
	> %	< %	> %	< %	
Abstammungsmodell					
Enkel : Partner	1,3	96,2	2,2	96,8	557
Partner : Großeltern	96,0	0,7	79,8	18,8	575
Gemeinsamer Kern					
Eigene Kinder : eigene Eltern	78,9	8,1	90,7	4,5	4.744
Enkel : eigene Geschwister	38,2	25,0	54,2	18,8	144
Eigene Geschwister : Großeltern	42,2	16,1	47,9	16,9	472
Partnerkinder : Partnereltern	67,7	3,6	82,1	3,6	195
Schwiegerkinder : Partnereltern	31,6	11,0	54,1	13,4	209
„Abstammungsmodell" (ohne EGO)	71,8	13,8	81,1	12,2	5.710
„Minimaldistanzmodell"	74,0	9,0	85,9	5,8	5.341

[1] Vgl. Erläuterungen S. 111.

Quelle: DJI-Familiensurvey, 1994.

nicht eigens aufgeführten 8 % indifferenten) Prozentanteilen beim gemeinschaftlichen Lebensvollzug („Überschneidung") im Minimaldistanzmodell die höchsten Werte unter allen Indikatoren, auch den im weiteren nicht eigens aufgeführten.

Betrachten wir, bevor wir uns den Details zuwenden, noch ein weiteres globales Resultat. Die Regressionen in Tabelle 1c zeigen, daß genealogische Distanz starke und hochsignifikante Effekte auf Multiplexität und Überschneidung[4] ausübt: Je größer die genealogische Distanz, desto spärlicher fallen soziale Unterstützung (Multiplexität) und gemeinschaftlicher Lebensvollzug (Überschneidung) aus. In beiden Regressionen erzielt genealogische Distanz den jeweils zweitstärksten Effekt hinter Mitgliedschaft im Haushalt bzw. Wohnentfernung. Abzulesen ist dies an den Werten des standardisierten Regressionskoeffizienten Beta (−.25 bzw. −.22), die einen direkten Vergleich der Effektstärken erlauben. Das hohe Niveau der Varianzaufklärung (R^2) bescheinigt dem Ergebnis ein großes Maß an Robustheit.

Unter den Faktoren, die zur Kontrolle der genealogischen Distanz in die Regressionsgleichungen aufgenommen wurden, sei nur der Geschlechtseinfluß herausgegrif-

---

[4] Im Regressionsmodell für „Überschneidung" entfallen zwei Prädiktoren, weil sie Teil der abhängigen Variable sind.

Tabelle 1c: Multiple Regression der Multiplexität und Überschneidung verwandter Netzwerkpersonen auf ihre genealogische Distanz zu EGO (Minimaldistanzmodell) – Datenbasis: Dyaden aus befragten und genannten Personen (N = 64.171 Verwandte)

Prädiktoren (Wertebereich)	Multiplexität			Überschneidung		
	B	Beta	SigT	B	Beta	SigT
Genealogische Distanz (1–5)	–.31	–.25	.0000	–.18	–.22	.0000
Verwandte Person ist männlich (0/1)	–.06	–.02	.0000	.02	.01	.0007
Teil der wahrgenommenen Familie (0/1)	.23	.06	.0000			entfällt
Kontakthäufigkeit (1–7)	–.19	–.19	.0000	–.11	–.17	.0000
Wohnentfernung (1–7)	–.05	–.07	.0000	–.21	–.46	.0000
Haushaltsmitglied (0/1)	1.29	.38	.0000			entfällt
Konstante	2.10		.0000	3.00		.0000
R^2 (adjustiert)		.57			.53	
N im Modell		63.110			63.110	

Quelle: DJI-Familiensurvey, 1994.

Erläuterung zu den Tabellen 1a, b, c:

Die vertikale Gliederung von Tabelle 1a in drei Segmente dient der Abgrenzung des Minimaldistanzmodells vom Abstammungsmodell. Der obere Teil kennzeichnet allein das Abstammungsmodell, der mittlere Teil ist beiden Modellen gemeinsam, der untere Teil gilt nur für das Minimaldistanzmodell. In Tabelle 1b entspricht das Minimaldistanzmodell einer Teilmenge des Abstammungsmodells. Daher existieren nur zwei Segmente.

In den Kopfzeilen bezeichnet das Signum „> %" die *thesenkonformen*, das Signum „< %" die *diskonformen* prozentuierten Häufigkeiten. Zusammen mit den nicht angegebenen Anteilen einer indifferenten Antwort addieren sich die Prozentpunkte zeilenweise zu 100.

Die Fallzahlen unter „N" geben die Häufigkeit des jeweiligen Paarvergleichs an. In Tabelle 1a unterscheiden sich die beiden Indikatoren nicht in den Häufigkeiten.

Die ersten vier Zeilen des Abstammungsmodells, in denen EGO im Paarvergleich auftaucht, erfüllen die ordinalen Restriktionen *ex definitione* und werden daher aus der Berechnung der Modellmittelwerte in den Fußzeilen ausgeschlossen.

fen, weil die übrigen Faktoren uns weiter unten noch beschäftigen werden. Der Geschlechtseinfluß ist unter allen Effekten der schwächste. Gleichwohl ist er statistisch relevant. Handelt es sich um einen männlichen Verwandten, dann dämpft das den Tausch sozialer Unterstützung (Multiplexität), fördert aber die Gemeinsamkeit des Lebensvollzugs (Überschneidung), wenngleich beides nur geringfügig. Verwandte Männer werden also im Vergleich zu verwandten Frauen eher als Mitglieder eines Dreierverbunds aus Haushalt, Familie und Unterstützungsfunktionen, aber als weniger „ganzheitliche" Unterstützer wahrgenommen. Auf eine kurze Formel gebracht: Männer gehören – mindestens so wie Frauen – zur Familie, aber sie leben Familie weniger intensiv.

Wenden wir uns nun den Details des Paarvergleichs in Tabelle 1a zu. Die Mißachtung der besonderen Nähe des Partners zu EGO im Abstammungsmodell führt zu Teilergebnissen (Zeilen 5 und 6 in Tab. 1a, Zeile 1 in Tab. 1b), die der Nepotismusthese deutlich widersprechen. In diesen Fällen liegen die hypothesenwidrigen Prozentanteile deutlich höher als die hypothesenkonformen, wird also der Partner als nichtverwandte Person den eigenen Kindern und eigenen Eltern sowie Enkeln „vorgezogen" (im Sinne höherer Multiplexität bzw. Überschneidung). Das Minimaldistanzmodell rechnet dagegen von vornherein mit der besonderen Nähe des Partners zu EGO, ohne dabei den Toleranzbereich der soziobiologischen Sicht zu überschreiten (Alexander, 1988, S. 138). Man könnte also argumentieren, daß die Fehler des Abstammungmodells die Nepotismusthese nicht gefährden.

Dieser Ausweg entfällt aber, wenn wir Partnerkinder jeweils mit Enkeln und eigenen Geschwistern vergleichen (Zeilen 13 und 21 in Tab. 1a). In beiden Fällen dominieren entgegen der soziobiologischen Voraussage affine über genealogische Verwandte[5]. Zwar können nur relativ wenige Befragte mit diesen Konstellationen aufwarten, doch ist der Befund eindeutig. Als Erklärung bietet sich Haushaltsmitgliedschaft der Partnerkinder[6] an. Wie Tabelle 1c zeigt, übt Haushaltsmitgliedschaft (Beta = .38) den insgesamt stärksten Effekt auf „Multiplexität" aus, und in „Überschneidung" ist sie ohnehin ein Baustein. Die Tatsache, daß Kinder des Partners relativ häufiger Mitglieder des Haushalts der Befragten sind als Enkel und Geschwister, erklärt den thesenwidrigen Befund hinreichend. Schließlich macht Zusammenwohnen soziale Unterstützung und erst recht gemeinschaftlichen Lebensvollzug bis zu einem gewissen Grad unvermeidlich. Folgt daraus, daß die räumlich-geographische Verteilung der Verwandten ihrer Verteilung nach genealogischer Nähe zuwiderläuft?

Bevor ich dieser Frage nachgehe, sind noch weitere Abweichungen von der vorhergesagten Rangordnung in den Paarvergleichen zu beachten, so bei Partnergeschwistern im Verhältnis zu Partnereltern und bei sonstigen Verwandten im Verhältnis zu Partnergeschwistern (Zeilen 18 und 28 in Tab. 1a). Doch verharren diese diskonformen Befunde auf einem numerisch niedrigen Niveau und bleiben bei „sonstigen Verwandten" hinsichtlich ihrer genealogischen Distanz ohnehin unbestimmt. Daher fallen diese Kontra-Evidenzen weniger ins Gewicht. Auffällig ist indessen, daß mit größerer genealogischer Distanz zwischen EGO und den verglichenen Verwandtenarten das Gefälle zwischen konformen und diskonformen Anteilswerten flacher wird. Darüber hinaus sinkt das numerische Niveau, auf dem sich Präferenzen artikulieren, bzw. steigt die Indifferenz, also der Komplementärwert zu 100 Prozent. Zunehmende genealogische Distanz geht hier offensichtlich einher mit nachlassender Wahrnehmungsschärfe auf Seiten EGOs.

---

[5] Blutsverwandtschaft mit den Befragten trifft zwar bei Enkeln nur teilweise zu, dies kann aber zugunsten einer konservativeren Prüfung vernachlässigt werden.

[6] 46,2 Prozent der 515 Partnerkinder sind Mitglieder des Haushalts der Befragten, 3,0 Prozent der 1.329 Enkel und 9,4 Prozent der 7.248 eigenen Geschwister.

5.2.2 Kontakthäufigkeit und Wohnentfernung

Auch bei den Investitionen in Zeit und Erreichbarkeit für Interaktionen (die Indikatoren 4 und 5, deren Ergebnisse nach Art der Tabelle 1 hier aus Platzgründen nicht wiedergegeben werden können) trifft das Minimaldistanzmodell die Daten besser als das Abstammungsmodell. Die Annahmen der Nepotismusthese finden auch hier gobal Unterstützung. Mit wachsender genealogischer Distanz zu EGO sinkt die Kontakthäufigkeit, ebenso nimmt die Wohnentfernung zu. Beide Effekte sind statistisch hochsignifikant und bei erklärten Varianzen von jeweils 62 Prozent auch sehr robust. Genealogische Distanz wirkt auf die Wohnentfernung (Beta = .13) geringfügig stärker als auf die Kontakthäufigkeit (Beta = .12). Gleichwohl bleibt der Unterschied so gering, daß die bei der Beschreibung der Indikatoren (Abschnitt 5.1) getroffene Feststellung, Wohnentfernung und Kontakthäufigkeit seien eng miteinander verknüpft, bestätigt wird. Dies legt zwei Schlußfolgerungen nahe:

– Die These, die Wahl des Wohnorts bei nahen Verwandten sei eher eine von Gelegenheiten des Wohnungs- und Arbeitsmarkts als von der Suche nach territorialer Erreichbarkeit gesteuerte Handlung und stehe darin in Gegensatz zur Kontaktpflege, läßt sich empirisch nicht bestätigen. Dem widerspricht klar die Korrespondenz zwischen genealogischer Nähe und Wohnentfernung – ein Hinweis auf ein systematisches Moment beim Zustandekommen der „multilokalen Mehrgenerationenfamilie" (Bertram, 1995a; Marbach, Bien & Bender, 1996). Bisher ist dieses Phänomen nur durch Befunde belegt, aber ohne theoretische Erklärung geblieben.

– Beide Indikatoren fügen sich gleichermaßen klar in das hypothetisch postulierte Schema nepotistischer Präferenzen.

Auch hier gibt es diskonforme Einzelbefunde, die Beachtung verdienen. Zu den bereits aus Tabelle 1 bekannten Abweichungen („Enkel : Partnerkinder" und „Eigene Geschwister : Partnerkinder") tritt eine weitere von Gewicht hinzu, nämlich in der Konstellation „Eigene Geschwister : Schwiegerkinder". Wieder steht ein affiner Verwandtentyp EGO im Mittel näher als ein blutsverwandter, und zwar sowohl bei der Kontakthäufigkeit als auch bei der Wohnentfernung. Der Grund liegt allerdings auf der Hand: Schwiegerkinder leben in der Regel mit eigenen Kindern zusammen und diese wohnen im Mittel näher an den Befragten als die eigenen Geschwister[7]. Letztlich ist der kulturell bedingte Umstand, daß in modernen Gesellschaften Familienhaushalte von Nichtverwandten (dem Partnerpaar) gegründet werden und überwiegend auf Kernfamilien begrenzt bleiben, verantwortlich für die Abweichungen vom Schema einer genealogisch beeinflußten Wahl des Wohnstandorts.

---

[7] Auf der siebenteiligen Skala der Wohnentfernungen erreichen im Mittel eigene Kinder 2.42, Schwiegerkinder 4.93 und eigene Geschwister 5.16 Entfernungseinheiten.

5.2.3 Gefühlsbindungen und finanzielle Unterstützung

Das Minimaldistanzmodell erweist sich dem Abstammungsmodell wohl bei Gefühlen überlegen, nicht aber bei finanzieller Unterstützung – ein Befund, der sich bereits in Abbildung 6 mit den gegenläufigen Ausschöpfungsraten beim Partner angedeutet hat. Die genealogische Distanz erzielt wiederum hochsignifikante Effekte, die der Voraussage entsprechen: Wächst die genealogische Distanz, dann werden Gefühlsbindungen (Beta = –.12) und noch deutlicher finanzielle Hilfe (Beta = –.40) schwächer. Bei erklärten Varianzen von 40 bzw. 39 Prozent kann auch dieses Ergebnis als robust gelten.

Von Interesse ist zunächst, ob sich die thesenwidrigen „Eskapaden" der Partnerkinder auch bei Gefühlsbindungen zeigen, ob also diese nichtverwandten Mitglieder des Haushalts EGO näherstehen als eigene Kinder oder andere nahe Verwandte. Das ist tatsächlich der Fall, und zwar in erweitertem Umfang. Wenn sie zusammen auftreten, drängen Partnerkinder sogar eigene Kinder als Adressaten enger Gefühlsbindung in die „zweite Reihe". Im allgemeinen werden 61,4 Prozent der vorhandenen eigenen Kinder, aber nur 39,8 Prozent der Partner- bzw. Stiefkinder als „Objekte" enger Gefühlsbindung genannt. Statt dessen haben nun 41 Prozent derjenigen Eltern, die *beide Arten* von Kindern haben, zu Partnerkindern eine engere Gefühlsbindung. Ihnen gegenüber stehen nur 17 Prozent Eltern mit eigenen und Parternkindern, bei denen das Gegenteil der Fall ist, und 42,7 Prozent, die indifferent sind. Durch Mitgliedschaft im Haushalt läßt sich dieser Befund nicht erklären, weil in der Regression Haushaltszugehörigkeit auf Gefühlsbindung keine eigenständige Wirkung ausübt, wohl aber die Vielfalt sozialer Unterstützung (Multiplexität). Unterscheidet man die betreffenden Befragten danach, ob sie hinsichtlich ihrer Gefühle konform, indifferent oder diskonform im Sinne der Nepotismusthese antworten, dann erreichen ihre leiblichen und Partner- bzw. Stiefkinder folgende Multiplexitätswerte (in Klammern: Alter der Kinder in Jahren):

Votum (Gefühle)	Multiplexität (Alter)		N	%
	Eigene Kinder	Stiefkinder		
Konform	2.7 (20.3)	.6 (25.3)	52	16,5
Indifferent	1.0 (17.0)	.8 (19.8)	135	42,7
Diskonform	2.5 (14.1)	2.9 (17.3)	129	40,8
Eta² in %/Summe	37.3 (6.2)	54.7 (7.5)	316	100,0

Die Minderheit der bezüglich ihrer Gefühle thesenkonform antwortenden Eltern unterstützt die leiblichen Kinder umfassender als die Stiefkinder (Multiplexität 2.7 bzw. .6), entspricht also auch darin der Voraussage. Die größere Zahl der diskonform antwortenden Eltern unterstützt dagegen leibliche und Stiefkinder annähernd gleich, mit leichten Vorteilen für Stiefkinder. Der in allen drei Gruppen existierende Altersvorsprung der Stiefkinder entspricht den allgemeinen Verhältnissen. Im Mittel sind eigene Kinder 16.2, Stiefkinder 19.6 Jahre alt. Es fällt auf, daß die diskonformen Eltern die jüngsten Kinder, die konformen Eltern die ältesten Kinder haben. Ferner springt ins Auge, daß die indifferent antwortenden Eltern ihre Kinder, ob leiblich oder nicht, deutlich weniger unterstützen. Im Vergleich der drei Gruppen zeichnen sich die diskonformen Eltern durch das im Sinne sozialer Unterstützung (Multiplexität) vielseitigste Engagement für Kinder aus. Es sind also vor allem aktive Eltern, die der Nepotismusthese zuwiderhandeln und damit zugleich der ethnologischen These einer nach Sympathie komponierten Intimverwandtschaft am nächsten kommen.

Für die Nepotismusthese spricht andererseits der starke negative Einfluß der genealogischen Distanz auf die finanzielle Unterstützung für Verwandte. Es verdient hervorgehoben zu werden, daß dieser Zusammenhang nirgendwo klarer zutage tritt als bei diesem Indikator, der den Investitionsgedanken wohl am direktesten verkörpert. Dessen ungeachtet konterkarieren auch bei finanzieller Unterstützung Partnerkinder im Vergleich mit eigenen Kindern und eigenen Geschwistern ein weiteres Mal die Voraussagen der Nepotismusthese. Ließe sich das in der Konstellation mit eigenen Kindern noch durch altersunterschiedlichen Bedarf erklären, so entfällt diese Möglichkeit bei eigenen Geschwistern[8]. Eine Verbindung mit der soziobiologischen These nepotistischer Investitionen läßt sich meines Erachtens nicht überzeugend herstellen. Die Annahme etwa, daß das starke Engagement für die Kinder des Partners – in der Mehrzahl handelt es sich um eine Partnerin – der Festigung dieser Partnerbeziehung dienen soll, bricht sich an der Beobachtung, daß dergleichen in Familien mit Kindern eines Elternteils ohne gemeinsame Kinder oder Kinder des anderen erwachsenen Partners keineswegs der Fall ist.

5.3 Zwischenbilanz

Die überwiegende Mehrzahl der bisher vorgetragenen Befunde spricht dafür, daß die soziobiologische Nepotismusthese auch unter heutigen gesellschaftlichen Bedingungen nicht obsolet ist. Eine erste Modifikation dieser Grundaussage besteht darin, daß das Minimaldistanzmodell den Befunden mit nur zwei Ausnahmen gerechter wird als das Abstammungsmodell. In Tabelle 2, die die Fußzeilen aller, auch der zuvor nicht wiedergegebenen Tabellen mit Paarvergleichen zusammenfaßt, ist dies an „Netto-Konformitätswerten" (NKW) abzulesen. Damit sind die jeweiligen Differenzen zwischen konformen und diskonformen Prozenthäufigkeiten in den Fußzeilen gemeint. Je größer diese Differenzen ausfallen, desto mehr spricht für die Nepotismusthese.

Um ein Lesebeispiel zu geben: Bei der genealogischen Nähe, also den Paarvergleichen entlang den Linien in Abbildung 4, erreicht der „Netto-Konformitätswert" von Gefühlen 27 Prozentpunkte im Abstammungsmodell (errechnet aus der Differenz thesenkonfomer und thesenwidriger Prozentanteile) und 39,8 Prozentpunkte im Minimaldistanzmodell – ein Ergebnis, das für die Annahme einer nur minimalen Distanz zwischen EGO und Partner bei Gefühlen spricht. Anders bei der Generationenpräfe-

---

[8] Das mittlere Alter der eigenen Kinder beträgt 16.2 Jahre, der Partnerkinder 19.6 Jahre und der eigenen Geschwister 24.4 Jahre.

Tabelle 2: Verwandtschaftsbeziehungen nach Näheindikatoren: Prozentanteile konformer (>) und diskonformer (<) Paarvergleiche sowie Netto-Konformitätswerte (NKW)

	Abstammungsmodell			Minimaldistanzmodell		
	> %	< %	NKW	> %	< %	NKW
Genealogische Nähe						
Multiplexität	42,5	38,4	4.1	71,3	6,7	64.6
Überschneidung	46,7	38,8	7.9	72,4	10,6	61.8
Kontakthäufigkeit	18,1	13,1	5.0	24,6	5,6	19.0
Wohnentfernung	26,5	23,5	3.0	40,6	6,3	34.3
Gefühle	39,7	12,7	27.0	43,2	3,4	39.8
Finanzgabe	33,1	5,6	27.5	24,8	14,8	10.0
Generationenpräferenz						
Multiplexität	71,8	13,8	58.0	74,0	9,0	65.0
Überschneidung	81,1	12,2	68.9	85,9	5,8	80.1
Kontakthäufigkeit	27,2	6,6	20.6	28,2	6,1	22.1
Wohnentfernung	59,4	10,5	48.9	62,2	5,8	56.4
Gefühle	44,5	12,9	31.6	37,1	7,6	29.5
Finanzgabe	53,1	5,9	47.2	56,8	5,5	51.3

Quelle: DJI-Familiensurvey, 1994.

renz, also den Paarvergleichen, die Verwandtenarten rechts oberhalb und links unterhalb der Generationenachse in Abbildung 4 ins Verhältnis setzen. Hier übersteigt der Gefühls-NKW des Abstammungsmodells mit 31,6 Prozentpunkten den des Minimaldistanzmodells mit 29,5, wenn auch nur geringfügig.

Ausschlaggebend für die Dominanz des Minimaldistanzmodells ist die Stellung des Partners, dessen vor allem kulturell bedingte Nähe zu EGO vom Abstammungsmodell ignoriert wird. Auch für die Ausnahmen bei finanzieller Unterstützung (Zeile 6) und Gefühlen (Zeile 11) ist die Stellung des Partners entscheidend. Im Fall finanzieller Unterstützung tritt der Partner jenseits der Wirtschaftsgemeinschaft im Haushalt nur relativ selten als Empfänger finanzieller Zuwendungen in Erscheinung und erscheint daher weiter von EGO entfernt. Bei Gefühlsbindungen profitiert das Abstammungsmodell von der Vergleichskonstellation „Partner : Großeltern" (vgl. Tab. 1b, Zeile 2), die ein starkes thesenkonformes Gefälle erzeugt, aber im Minimaldistanzmodell nicht enthalten ist. Insgesamt widersprechen diese Befunde, ob Regel oder Ausnahme, der soziobiologischen Nepotismusthese aber nicht grundsätzlich.

Dies ändert sich, wenn man die Stellung einzelner Verwandtenarten näher betrachtet. Entgegen der Voraussage der Nepotismusthese zeigt sich in bestimmten Konstellationen eine Bevorzugung affiner gegenüber Blutsverwandten. Am deutlichsten kommt dies in der Stellung von Partnerkindern zum Ausdruck. Befragte, die sowohl mit eigenen wie mit Kindern eines Partners bzw. einer Partnerin zu tun haben, bekennen sich zu einem beachtlichen Teil zur sozialen Elternschaft. Da dieses Bekenntnis nicht als verbales Statement erhoben wurde, sondern aus Nennungen in konkret vorgegebenen Situationen hervorgeht, läßt sich der Befund nicht als Konformität der Befragten mit sozial erwünschen Antworten erklären. Nur für diesen Teil der Eltern erscheint die ethnologische These einer sympathiegeleiteten „parentèle" angemessen. Es bleibt festzuhalten, daß entgegen der Nepotismusthese und einigen kriminologischen Befunden[9] Kinder als Nutznießer nepotistischer Investitionen eines Stiefelternteils zumindest dann selten benachteiligt werden, wenn es noch ein oder mehrere leibliche Kinder des Stiefelternteils gibt. Wenn in einer Familie „meine" und „deine" Kinder vereint sind, dann führt das in der Mehrzahl der Fälle zu einer elterlichen Haltung, die „mein" und „dein" nicht säuberlich trennt, sondern bemüht ist, beiden gleichermaßen gerecht zu werden.

5.4 Wer engagiert sich nepotistisch?

Die bisher referierten Befunde beruhen im wesentlichen auf Merkmalen der Verwandten im Netzwerk der Befragten. Es bleibt zu untersuchen, welchen Einfluß Merkmale der Befragten einschließlich der Umstände, unter denen sie leben, auf ihr nepotistisches Engagement ausüben. Die folgende Tabelle 3 enthält Netto-Konformitätswerte (NKW), die für einzelne Befragte – nicht nur wie in Tabelle 2 im Aggregat – ermittelt wurden[10]. Je größer der NKW, desto ausgeprägter die Konformität des/der Befragten mit der Nepotismusthese. Die Prozedur wurde für alle Indikatoren[11] wiederholt. Schließlich habe ich für jeden Indikator getrennt eine mehrfaktorielle Varianzanalyse und multiple Klassifikation der NKW durchgeführt, um zu prüfen, in welcher Weise die Merkmale der Befragten auf ihr nepotistisches Verhalten einwirken. Die Effekte der unabhängigen Variablen (linke Randspalte) auf die NKW in den Zahlenspalten gelten „netto", das heißt unter der Bedingung, daß alle übrigen Variablen konstant gehalten werden. In der Tabelle sind nur Effekte mit einer Fehlertoleranz unter 1 Prozent enthalten. Der obere Teil ist den Ergebnissen für genealogische Nähe vorbehalten, der untere denen für Generationen-Präferenzen.

Zunächst zur genealogischen Nähe. Ein Beispiel mag als Lesehilfe dienen: Der mittlere individuelle Netto-Konformitätswert beträgt beim Indikator „Multiplexität" 1.92

---

9 Stiefkinder laufen demnach ein erheblich größeres Risiko, im Elternhaus mißhandelt oder gar getötet zu werden (Wright, 1994, S. 45).

10 Für jede befragte Person wurde die individuelle Bilanz der Paarvergleiche nach Abbildung 4 berechnet. Dafür wurde zunächst fallweise die Summe der thesenkonformen Paarvergleiche ermittelt und von dieser die Summe der thesenwidrigen Paarvergleiche abgezogen. Sodann erhielt jede befragte Person die Differenz der Summen als individuellen Netto-Konformitätswert (NKW) zugeschrieben. Ist der NKW größer als Null, dann hat die befragte Person überwiegend thesenkonforme Paarvergleiche angestellt. Der Betrag gibt an, um wieviel sie im Plus liegt. Ist der NKW gleich Null, dann halten sich die thesenkonformen und die thesenwidrigen Paarvergleiche die Waage. Hat der NKW ein negatives Vorzeichen, dann überwiegen die thesenwidrigen Paarvergleiche.

11 Aus Platzgründen verzichte ich auf einen Indikator. Wegen seiner großen Ähnlichkeit mit der Wohnentfernung trifft es den Indikator „Kontakthäufigkeit".

Tabelle 3: Multiple Klassifikationen – Abhängige Variable: Netto-Konformitätsraten der Indikatoren für Nepotismus, ausgedrückt in Bilanzen thesenkonformer Paarvergleiche

Multiple Klassifikation		Genealogische Nähe				
		Multi-plexität	Über-schneidung	Entfernung	Gefühle	Finanzgabe
Familienstand	Verheiratet	1.86	1.97	1.17	1.98	*
	Getrenntlebend	1.55	1.03	.57	1.54	*
	Geschieden	1.88	1.55	.72	1.69	*
	Verwitwet	2.14	1.73	.55	1.90	*
	Ledig	2.08	1.69	.82	2.01	*
Partnerschaft	Ohne Partner	.71	1.08	.74	1.31	.82
	Mit Partner	2.21	2.04	1.09	2.10	1.47
Elternschaft	Ohne Kind	1.59	1.45	.84	1.54	1.03
	Mit Kind(ern)	2.05	2.01	1.09	2.12	1.45
Geschlecht	Männer	*	*	*	*	1.27
	Frauen	*	*	*	*	1.48
Bundesländer	Alte	*	*	*	1.84	*
	Neue	*	*	*	2.12	*
Altersgruppe	18–29	2.30	2.19	*	1.86	1.04
	30–44	1.95	1.92	*	2.10	1.25
	45–62	1.57	1.50	*	1.88	1.59
Schulbildung	Volks-/Hauptschule	1.81	1.75	.97	1.89	*
	Mittlere Reife	1.94	1.87	1.04	1.99	*
	Abitur	2.04	1.96	1.07	2.01	*
Gesamtmittelwerte (Paarvergleiche)		1.92	1.85	1.02	1.96	1.38
		Generationen-Präferenz				
Familienstand	Verheiratet	.40	.50	.35	*	*
	Getrenntlebend	.39	.50	.31	*	*
	Geschieden	.32	.36	.23	*	*
	Verwitwet	.43	.46	.32	*	*
	Ledig	.34	.44	.27	*	*
Elternschaft	Ohne Kind	.07	.04	.00	.04	.15
	Mit Kind(ern)	.50	.64	.46	.29	.48
Bundesländer	Alte	*	*	*	*	.39
	Neue	*	*	*	*	.47
Altersgruppe	18–29	.40	.56	.45	.25	.29
	30–44	.50	.58	.44	.27	.50
	45–62	.24	.27	.08	.14	.40
Schulbildung	Volks-/Hauptschule	.32	.40	.25	*	*
	Mittlere Reife	.41	.50	.35	*	*
	Abitur	.42	.53	.37	*	*
Gesamtmittelwerte (Paarvergleiche)		.38	.47	.32	.22	.42

* = Nicht signifikant auf dem 1-Promille-Niveau.

Quelle: DJI-Familiensurvey, 1994.

(siehe Fußzeile unter dem oberen Teil der Tab. 3). Was bedeutet dieser Wert? Im Schnitt haben die Befragten über (laut Abb. 4) maximal 17 mögliche, faktisch aber mangels lebender Verwandter nur über durchschnittlich 3.1 Paarvergleiche hinweg einen thesenkonformen „Überschuß" von knapp 2 Paarvergleichen erzielt. Leben sie ohne festen Partner, dann beträgt ihr Überschuß nur 0.7 Paarvergleiche, mit Partner dagegen steigt er auf 2.2 Paarvergleiche (Zeilen 6 und 7 in Spalte 1 der Tab. 3). Durch eine feste Partnerschaft und die damit ins Spiel kommenden Verwandten des Partners werden Gelegenheiten zu nepotistischem Engagement mithin erschlossen und offenbar auch genutzt. Ich habe darauf verzichtet, den Einfluß solcher Gelegenheiten durch eine weitere Standardisierung der NKW zu eliminieren, um auf diese Weise die gelegenheitsunabhängige Nepotismusneigung zu dokumentieren – sie erreicht bei der Multiplexität im Schnitt 71,3 Prozent des durch individuelle Gelegenheiten limitierten Maximums. Da es hier aber nicht mehr um diesen Nachweis geht, sondern um den Einfluß von Personenmerkmalen und Lebensumständen auf nepotistisches Verhalten, erscheint mir ein solches Verfahren unangemessen. Welche Einflüsse erweisen sich nun als relevant?

Gemeindegröße (sie wurde geprüft, ist in Tab. 3 aber nicht aufgeführt, da ohne signifikante Effekte) und Wohnsitz in den alten oder neuen Bundesländern spielen die geringe Rolle, die man aufgrund ihres akzidentiellen Charakters bezüglich der hier untersuchten Phänomene erwarten konnte. Dagegen verursacht das Vorhandensein einer festen Partnerschaft einen sehr starken Effekt, weil sich erst dann für EGO die „Welt" der affinen Verwandtschaft und mit ihr ein breiteres nepotistisches Betätigungsfeld öffnet. Ähnliches gilt für den Einfluß der Elternschaft im Hinblick auf nachfolgende Generationen.

Von theoretischem Interesse sind vor allem die Einflüsse von Geschlecht und Alter. Anders als man aufgrund landläufiger Vorurteile vermuten könnte, spielt das Geschlecht nicht bei Gefühlen oder „ganzheitlicher" Unterstützung, sondern nur bei finanzieller Unterstützung eine Rolle: Frauen (1.48) sind mehr auf eine nepotistische Ausrichtung ihrer finanziellen Hilfeleistungen bedacht als Männer (1.27). Der Einfluß des Alters der Befragten bietet ein differenziertes Bild. In etwa den Erwartungen entspricht er nur bei finanzieller Unterstützung: Je älter die Befragten sind, desto mehr lenken sie ihre Investitionen nach nepotistischen Gesichtspunkten, was natürlich auch damit zu tun hat, daß der finanzielle Spielraum der Jungen für solche Zwecke enger ist.

Stark, doch anders als erwartet, wirkt das Alter bei Multiplexität und Überschneidung. Es sind die Jüngeren, die mit einem Spitzenwert von 2.30 soziale Unterstützungsleistungen und ihr Gemeinschaftsleben deutlicher an nepotistischen Zielen ausrichten als die Älteren. Repliziert man die Tabelle 1a nur für die 18- bis 30jährigen, dann tritt zutage, daß es nicht Partner oder eigene Kinder sind, in die die jungen Erwachsenen vermehrt investieren. Das stünde im Einklang mit der soziobiologischen Sicht. Vielmehr sind es die eigenen Eltern, denen die 18- bis 30jährigen Befragten im Vergleich zu eigenen Geschwistern und Partnereltern umfassendere soziale Unterstützung gewähren als die Befragten insgesamt. Die Eltern der jungen Erwachsenen gehören bei einem mittleren Generationenabstand von 25 Jahren bereits der ältesten

Befragtengruppe über 45 Jahren an. Ich komme auf diese Generationen-Präferenz zurück.

Einen unerwarteten, aber philosophisch interessanten Einfluß übt die Schulbildung aus: Je höher sie ausfällt, desto nepotistischer agieren die Befragten in allen Indikatoren außer der Finanzhilfe. Die mit höherer Bildung gemeinhin assoziierte rationalere Selbstkontrolle verhindert offenbar nicht, ja sie fördert sogar, daß sich die Gebildeten von Interessen leiten lassen, die nicht in ihrer soziokulturellen Individualität begründet liegen, sondern – aus soziobiologischer Sicht – ihr „selfish gene" zum Ursprung haben. Man kann darin einen Beleg zugunsten der These sehen, daß der menschliche „Geist", ebenso wie individuelles Wachstum, Entwicklung und Lernen, ihrem Ursprung nach Mechanismen zur Steigerung der „fitness" sind (Alexander, 1988, S. 136).

Wenden wir uns nun dem unteren Teil der Tabelle 3 zu, der den Einfluß der Befragtenmerkmale auf die (angenommene) nepotistische Präferenz für Verwandte jüngerer Generationen dokumentiert. Der Befund ähnelt in vieler Hinsicht dem bei genealogischer Nähe. Ich konzentriere mich auf die Besonderheiten.

Stand beim genealogisch geprägten Nepotismus der Einfluß der Elternschaft im Schatten der Partnerschaft, so kehrt sich dieses Verhältnis beim intergenerationellen Nepotismus um. Nun geht von der Elternschaft der stärkste einzelne Haupteffekt aus, anders ausgedrückt: Die Bevorzugung jüngerer Generationen gewinnt durch eigene Nachkommen erst an Fahrt. Das Vorhandensein eines aktuellen Partners scheint dabei unerheblich. Partnerschaft taucht daher als Effekt im unteren Teil der Tabelle 3 gar nicht mehr auf. In den nach wie vor starken Alterseffekt mischen sich vermehrt kurvilineare Elemente, die zuvor nur bei Gefühlsbindungen vorhanden waren. Befragte mittleren Alters übernehmen als nepotistische Förderer Jüngerer die Führung, am Ende rangieren, außer bei finanzieller Unterstützung, die älteren Befragten.

Zusammen mit dem Befund über Alterseffekte bei der genealogischen Nähe zeichnet sich ein Ringtausch nepotistischer Zuwendungen zwischen benachbarten Generationen ab, der nur durch die Altersgrenzen der Befragung unausgeglichen erscheint. Die jungen Erwachsenen leisten ihren Eltern, die der Gruppe der über 45jährigen Befragten angehören, vermehrt „Dienste" im Rahmen sozialer Unterstützung. Tabelle 3 (viertletzte Zeile) zeigt, daß die über 45jährigen sich vorwiegend finanziell revanchieren. Das entspricht bisherigen Befunden über den intergenerationellen Tausch von Solidarleistungen. Danach fließen finanzielle Leistungen überwiegend von Älteren zu Jüngeren, Dienstleistungen in umgekehrter Richtung (Hancock u.a., 1988, S. 159; Marbach, 1997, S. 93 f.). Ähnliches zeichnet sich zwischen Befragten mittleren Alters und ihren Kindern ab, die aber oft noch minderjährig und daher unter den Befragten kaum vertreten sind. Dem geringeren Alter der Empfänger gemäß fließen in diesem Fall Dienste und Finanzen von Alt zu Jung, dokumentiert in der Spitzenposition der 30- bis 45jährigen bei „Multiplexität" und „Finanzgabe". Vermutlich existiert ein analoger Tauschring zwischen Befragten mittleren Alters und ihren Eltern, die aber jenseits der erfaßten Altersgrenze von 62 Jahren liegen.

6. Diskussion

Am Ende seiner Betrachtungen über den Wert soziobiologischer Erklärungsansätze für die Familiensoziologie gelangt Kopp (1992, S. 501) zu dem Schluß, daß diese Modelle zwar zur Lösung einiger alter Probleme der Familiensoziologie beitragen konnten, bei der Erklärung sich wandelnder Familienstrukturen sowie aktuellen familialen Verhaltens sich aber einer überlegenen Konkurrenz kulturanthropologischer und handlungstheoretischer Erklärungsalternativen gegenübersähen. Ich denke, daß einiges für diese Einschätzung spricht, vor allem was Wandlungsphänomene betrifft. Der zentrale Befund meines Beitrags, daß die soziobiologische These des Nepotismus mit gewissen Einschränkungen durchaus sinnvolle Erklärungen zum Thema der Verwandtschaftsbeziehungen beizusteuern vermag, wird von Kopps Resümee insofern noch gedeckt, als es sich in der Tat um ein altes Thema handelt.

Das Alter eines Themas sagt freilich – für sich genommen – wenig über die Aktualität seiner Inhalte aus. Es erscheint durchaus plausibel, daß Verwandtschaftsbeziehungen ein Terrain bilden, auf dem sich auch heute noch, stärker als in anderen sozialen Feldern, Impulse eines evolutionären Erbes mit kulturellen Einflüssen mischen. Schon der Vorrang des Minimaldistanzmodells gegenüber dem Abstammungsmodell weist in diese Richtung. Der Toleranzbereich des soziobiologischen Erklärungsmodells ist hier noch nicht verlassen, gleichwohl unterliegt die Nähe in der Partnerschaft zwischen den Geschlechtern zahlreichen kulturellen Einflüssen, wie nicht zuletzt die ethnologische Forschung gezeigt hat. Und so kann die Bestätigung des Minimaldistanzmodells auch als ein empirischer Beleg für die Brauchbarkeit der familiensoziologischen Unterscheidung zwischen generativer und Intimpartnerschaft in modernen Familien gelten.

Zu den wichtigen Ergebnissen dieser Untersuchung gehört, daß die Beziehungen unter Verwandten zwar überwiegend, aber keineswegs durchgehend und ausnahmslos den Annahmen der soziobiologischen Nepotismusthese folgen. Manche der Ausnahmen lassen sich relativ leicht durch Gepflogenheiten der Haushaltsgründung und -zusammensetzung in modernen Gesellschaften erklären. Andere, vor allem die gleichrangige Stellung von Stief- bzw. Partnerkindern in Familien mit Kindern beider Partner, verlangen mehr Erklärungsaufwand – unter anderem auch deshalb, weil gerade das Verhältnis zwischen Stiefkindern und Stiefeltern unter dem Stichwort der Kindesmißhandlung zu einem wichtigen Gebiet soziobiologischer Erklärung menschlichen Verhaltens geworden ist, wenn man an die Untersuchungen von Daly, Singh und Wilson (1993) und Daly und Wilson (1994) denkt. Das Bekenntnis von Eltern, die mit „meinen" und „deinen" bzw. „unseren" Kindern zu tun haben, zur sozialen Elternschaft spricht meines Erachtens klar für den Einfluß einer in diesem Fall von den Eltern bewußt übernommenen und praktizierten soziokulturellen Norm, die sozialer Elternschaft einen höheren Stellenwert einräumt als biologischer. Somit kann an dieser Stelle auch die ethnologische These einer nach Sympathie komponierten Intimverwandtschaft Punkte für sich verbuchen.

Ein weiteres Ergebnis dieser Untersuchung besteht darin, daß nicht nur empirische Kontra-Evidenzen den soziobiologischen Blick teilweise verstellen, sondern auch theoretische Mängel. Ein Beispiel liefern unsere Befunde über nepotistisches Engagement familial verbundener Generationen füreinander. Intergenerationelle Solidarleistungen werden in der Familiensoziologie überwiegend mit Konzepten des reziproken oder generalisierten Tauschs (Alt, 1994; Diewald, 1991; Marbach, 1994; Nye, 1979) oder normativ-funktionalistisch (Walter, 1993) erklärt. Dabei bleibt außer Betracht bzw. wird als selbstverständlich vorausgesetzt, daß der Tausch von Leistungen vorwiegend unter *nächsten* Verwandten stattfindet. Hier setzen soziobiologische Erklärungsmodelle zu Recht an. Dennoch klafft meines Erachtens eine theoretische „Unterdeckung" angesichts des Phänomens der Reziprozität und des generationenaufwärts gerichteten Solidarverhaltens der jungen Erwachsenen. Aus Sicht eines „rational choice"-Ansatzes helfen junge Erwachsene ihren Eltern, um nach der Logik reziproken Tauschs deren (finanzielle) Zuwendungen auf sich und ihre Kinder zu lenken. Diese Erklärung paßt hier punktuell besser zu den Daten als die Annahme, Jugendliche und junge Erwachsene brauchten sich nur um Wachstum, Partnerschaft und Paarung zu kümmern, weil die ältere Verwandtschaft sie im Dienst der „inclusive fitness" ohnehin unterstützt. Diese Annahme findet sich auch in der These von der abnehmenden Bedeutung des Reziprozitätskalküls mit zunehmender Blutsverwandtschaft (vgl. Voland in diesem Band). Die theoretische Frage, die noch unzureichend geklärt ist, lautet: In welchem Verhältnis stehen EGOs Egoismus und der seines bzw. ihres „selfish gene"?

Das Thema „Verwandtschaft" mag zwar alt sein, als soziale Realität ist es aber nach wie vor aktuell. Die Familiensoziologie leistet sich auf diesem Gebiet theoretische Lükken, in die andere Erklärungsansätze drängen. In diesem Zusammenhang lautet das Ergebnis dieser Untersuchung, daß sich familiensoziologische Daten durchaus mit Hilfe nichtsoziologischer Theorien der Verwandtschaft analysieren lassen – mit Gewinn, so hoffe ich gezeigt zu haben. Daraus läßt sich der Schluß ziehen, daß man Erkenntnisoptionen ohne Not preisgibt, wenn man soziobiologische Erklärungen ausschließlich in Konkurrenz zu soziologischen oder anderen sozialwissenschaftlichen Ansätzen sieht. Es wäre meines Erachtens eine reizvolle Aufgabe für die Handlungswissenschaften, solche Phänomene, die man als Hinweise auf „evolutionäre Paradigmenwechsel" deuten könnte, aufzusuchen und eingehender zu untersuchen, auch unter Hinzuziehung evolutionsbiologischer Erklärungsmodelle.

Literatur

Alexander, R. D. (1988). Über die Interessen der Menschen und die Evolution von Lebensabläufen. In H. Meier (Hrsg.), *Die Herausforderung der Evolutionsbiologie* (S. 129–171). München: Piper.

Alt, C. (1991). Stichprobe und Repräsentativität der Survey-Daten. In H. Bertram (Hrsg.), *Die Familie in Westdeutschland. Stabilität und Wandel familialer Lebensformen* (S. 497–528). Opladen: Leske + Budrich.

Alt, C. (1994). Reziprozität von Eltern-Kind-Beziehungen in Mehrgenerationennetzwerken. In W. Bien (Hrsg.), *Eigeninteresse oder Solidarität. Beziehungen in modernen Mehrgenerationenfamilien* (S. 197–222). Opladen: Leske + Budrich.

Beck, U. (1986). *Risikogesellschaft. Auf dem Weg in eine andere Moderne.* Frankfurt a.M.: Suhrkamp.

Becker, G. S. (1981). *A treatise on the family.* Cambridge, MA: Harvard University Press.

Bender, D., Bien, W. & Alt, C. (1996). Anlage des Familiensurvey, Datenbasis und methodische Aspekte. In W. Bien (Hrsg.), *Familie an der Schwelle zum neuen Jahrtausend. Wandel und Entwicklung familialer Lebensformen* (S. 271–288). Opladen: Leske + Budrich.

Berghe, P. L. van den (1979). *Human family systems. An evolutionary view.* New York: Elsevier.

Berghe, P. L. van den (1988). The family and the biological base of human sociality. In E. E. Filsinger (Ed.), *Biosocial perspectives on the family* (pp. 39–60). Newbury Park, CA: Sage.

Bertram, H. (1991). *Die Familie in Westdeutschland. Stabilität und Wandel familialer Lebensformen.* Opladen: Leske + Budrich.

Bertram, H. (1995a). Individuen in einer individualisierten Gesellschaft. In H. Bertram (Hrsg.), *Das Individuum und seine Familie. Lebensformen, Familienbeziehungen und Lebensereignisse im Erwachsenenalter* (S. 9–34). Opladen: Leske + Budrich.

Bertram, H. (1995b). Die Sicherheit privater Beziehungen. In H. Bertram (Hrsg.), *Das Individuum und seine Familie. Lebensformen, Familienbeziehungen und Lebensereignisse im Erwachsenenalter* (S. 91–123). Opladen: Leske + Budrich.

Bien, W. (1996). Vorwort. In W. Bien (Hrsg.), *Familie an der Schwelle zum neuen Jahrtausend. Wandel und Entwicklung familialer Lebensformen* (S. 1–3). Opladen: Leske + Budrich.

Bien, W. & Marbach, J. H. (1991). Haushalt – Verwandtschaft – Beziehungen: Familienleben als Netzwerk. In H. Bertram (Hrsg.), *Die Familie in Westdeutschland. Stabilität und Wandel familialer Lebensformen* (S. 3–44). Opladen: Leske + Budrich.

Bronfenbrenner, U. (1976). *Ökologische Sozialisationsforschung.* Stuttgart: Klett.

Burkart, G. (1995, 22. Dezember). Zum Strukturwandel der Familie. Mythen und Fakten. *Aus Politik und Zeitgeschichte. Beilage zur Wochenzeitung „Das Parlament",* S. 3–15.

Daly, M., Singh, L. S. & Wilson, M. (1993). Children fathered by previous partners: A risk factor for violence against women. *Canadian Journal of Public Health, 84,* 209–210.

Daly, M. & Wilson, M. (1994). Stepparenthood and the evolved psychology of discriminative parental solicitude. In S. Parmigiani & F. S. Vom Saal (Eds.), *Infanticide and parental care* (pp. 121–134). Chur: Harwood Academic Publishers.

Dawkins, R. (1976). *The selfish gene.* Oxford: Oxford University Press.

Dawkins, R. (1988). Auf welche Einheiten richtet sich die natürliche Selektion? In H. Meier (Hrsg.), *Die Herausforderung der Evolutionsbiologie* (S. 53–78). München: Piper.

Diewald, M. (1986). Sozialkontakte und Hilfeleistungen in informellen Netzwerken. In W. Glatzer & R. Berger-Schmitt (Hrsg.), *Haushaltsproduktion und Netzwerkhilfe. Die alltäglichen Leistungen der Familien und Haushalte* (S. 51–84). Frankfurt a.M.: Campus.

Diewald, M. (1991). *Soziale Beziehungen: Verlust oder Liberalisierung? Soziale Unterstützung in informellen Netzwerken.* Berlin: edition sigma.

Eggebeen, D. J. & Hogan, D. P. (1990). Giving between generations in American families. *Human Nature, 1,* 211–232.

Eickelpasch, R. (1974). Ist die Kernfamilie universal? Zur Kritik eines ethnozentrischen Familienbegriffs. *Zeitschrift für Soziologie, 3,* 323–338.

Esser, H. (1990). Habits, frames und rational choice. Die Reichweite von Theorien der rationalen Wahl. *Zeitschrift für Soziologie, 19,* 231–247.

Farber, B. (1970). Affinität und Abstammung in industriellen Gesellschaften. In G. Lüschen & E. Lupri (Hrsg.), *Soziologie der Familie* (S. 94–120). Opladen: Westdeutscher Verlag (Sonderheft der Kölner Zeitschrift für Soziologie und Sozialpsychologie, Bd. 14).

Fauser, R. (1982). *Zur Isolationsproblematik von Familien – Sozialisationstheoretische Überlegungen und empirische Befunde.* München: DJI-Verlag.

Feld, S. L. (1981). The focused organization of social ties. *American Journal of Sociology, 86,* 1015–1035.

Fischer, C. S. (1982). *To dwell among friends. Personal networks in town and city.* Chicago: The University of Chicago Press.

Fortes, M. (1970). Time and social structure: An Ashanti case study. In M. Fortes & M. W. Meyer (Eds.), *Time and social structure and other essays.* London: University of London, Athlone Press.

124 Jan H. Marbach

Goode, W. J. (1963). *World revolution and family patterns*. Glencoe, IL: Free Press.

Hamilton, W. D. (1964). The genetical evolution of social behavior, I and II. *Journal of Theoretical Biology, 7*, 1–32.

Hamilton, W. D. (1966). The moulding of senescence by natural selection. *Journal of Theoretical Biology, 12*, 12–45.

Hamilton, W. D. (1975). Innate social aptitudes of man: An approach from evolutionary genetics. In R. Fox (Ed.), *Biosocial anthropology* (pp. 133–135). London: Malaby Press.

Hancock, P., Mangen, D. J. & McChesney, K. Y. (1988). The exchange dimension of solidarity: Measuring intergenerational exchange and functional solidarity. In D. J. Mangen, V. L. Bengtson & P. H. Landry, Jr. (Eds.), *Measurement of intergenerational relations* (pp. 156–186). Newbury Park, CA: Sage.

Hareven, T. K. (1984). Themes in the historical development of the family. In R. D. Parke (Ed.), *Review of child development research*, Vol. 7: The family (pp. 137–178). Chicago: The University of Chicago Press.

Hemminger, H. (1994). Soziobiologie des Menschen – Wissenschaft oder Ideologie? *Spektrum der Wissenschaft, 6*, 72–80.

Hogan, D. P., Eggebeen, D. J. & Clogg, C. C. (1993). The structure of intergenerational exchanges in American families. *American Journal of Sociology, 98*, 1428–1458.

Johnson, H. M. (1970). Strukturell-funktionale Theorie der Familien- und Verwandtschaftssysteme. In G. Lüschen & E. Lupri (Hrsg.), *Soziologie der Familie* (S. 32–48). Opladen: Westdeutscher Verlag (Sonderheft der Kölner Zeitschrift für Soziologie und Sozialpsychologie, Bd. 14).

Kahn, R. L. & Antonucci, T. C. (1981). Convoys of social support: A life-course approach. In S. B. Kiesler, J. N. Morgan & Y. K. Oppenheimer (Eds.), *Aging, social change* (pp. 383–405). New York: Academic Press.

König, R. (1964). Soziologie der Familie. In A. Gehlen & H. Schelsky (Hrsg.), *Soziologie. Ein Lehr- und Handbuch zur modernen Gesellschaftskunde* (S. 121–158). Düsseldorf: Eugen Diederichs Verlag.

Kopp, J. (1992). Soziobiologie und Familiensoziologie. *Kölner Zeitschrift für Soziologie und Sozialpsychologie, 44*, 489–502.

Lévy-Strauss, C. (1949). *Les structures élémentaires de la parenté*. Paris: PUF.

Linton, R. (1936). *The study of man*. New York: Appleton-Century-Crofts.

Litwak, E. (1960a). Occupational mobility and extended family cohesion. *American Sociological Review, 25*, 9–21.

Litwak, E. (1960b). Geographic mobility and extended family cohesion. *American Sociological Review, 25*, 385–394.

Lopata, H. Z. (1978). Contributions of extended families to the support systems of metropolitan area widows: Limitations of the modified kin network. *Journal of Marriage and the Family, 40*, 355–364.

Lorenz, K. Z. (1963). *Das sogannte Böse. Zur Naturgeschichte der Aggression*. Wien: Borotha-Schoeler.

Lüschen, G. (1988). Familial-verwandtschaftliche Netzwerke. In R. Nave-Herz (Hrsg.), *Wandel und Kontinuität der Familie in der Bundesrepublik Deutschland* (S. 145–172). Stuttgart: Enke (Der Mensch als soziales und personales Wesen, Bd. 8).

Malinowski, B. (1929). *The sexual life of savages in north-western Melanesia*. London: Routledge.

Marbach, J. H. (1989). Soziale Netzwerke von Familien – Wer hat, dem wird gegeben. In I. Brodersen & F. Duve (Hrsg.), *Familienalltag. Ein Report des Deutschen Jugendinstituts, Frauensichten – Männersichten* (S. 82–120). Reinbek: Rowohlt.

Marbach, J. H. (1994). Tauschbeziehungen zwischen Generationen. Kommunikation, Dienstleistungen und finanzielle Unterstützung in Dreigenerationenfamilien. In W. Bien (Hrsg.), *Eigeninteresse oder Solidarität. Beziehungen in modernen Mehrgenerationenfamilien* (S. 163–196). Opladen: Leske + Budrich.

Marbach, J. H. (1997). Sozialer Tausch unter drei familiär verbundenen Generationen. In J. Mansel, G. Rosenthal & A. Tölke (Hrsg.), *Generationen-Beziehungen, Austausch und Tradierung* (S. 85–96). Opladen: Westdeutscher Verlag.

Marbach, J. H., Bien, W. & Bender, D. (1996). Vergleich der Lebensformen in den alten und neuen Bundesländern zwischen 1988 und 1994. In W. Bien (Hrsg.), *Familie an der Schwelle zum neuen Jahrtausend. Wandel und Entwicklung familialer Lebensformen* (S. 28–37). Opladen: Leske + Budrich.

Masters, R. D. (1988). Evolutionsbiologie, menschliche Natur und Politische Philosophie. In H. Meier (Hrsg.), *Die Herausforderung der Evolutionsbiologie* (S. 251–289). München: Piper.

Mayr-Kleffel, V. (1991). *Frauen und ihre sozialen Netzwerke. Auf der Suche nach einer verlorenen Ressource*. Opladen: Leske + Budrich.

Meyer, T. (1993). Der Monopolverlust der Familie. Vom Teilsystem Familie zum Teilsystem privater Lebensformen. *Kölner Zeitschrift für Soziologie und Sozialpsychologie, 45*, 23–40.

Morgan, L. H. (1877). *Ancient society.* London: Macmillan.

Müller, E. W. (1984). Rethinking Verwandtschaft. In E. W. Müller, R. König, K.-P. Koepping & P. Drechsel (Hrsg.), *Ethnologie als Sozialwissenschaft* (S. 240–254). Opladen: Westdeutscher Verlag (Sonderheft der Kölner Zeitschrift für Soziologie und Sozialpsychologie, Bd. 26*).

Murdock, G. P. (1949). *Social structure.* New York: Macmillan.

Nauck, B. (1989). Individualistische Erklärungsansätze in der Familienforschung: die rational-choice-Basis von Familienökonomie, Ressourcen- und Austauschtheorien. In R. Nave-Herz & M. Markefka (Hrsg.), *Handbuch der Familien- und Jugendforschung*, Bd. 1: Familienforschung (S. 45–61). Neuwied: Luchterhand.

Nave-Herz, R. (1984). *Familiäre Veränderungen seit 1950 – eine empirische Studie.* Abschlußbericht, Teil I. Oldenburg: Universitätsverlag.

Nave-Herz, R. (1988). Kontinuität und Wandel in der Bedeutung, in der Struktur und Stabilität von Ehe und Familie in der Bundesrepublik Deutschland. In R. Nave-Herz (Hrsg.), *Wandel und Kontinuität der Familie in der Bundesrepublik Deutschland* (S. 61–94). Stuttgart: Enke (Der Mensch als soziales und personales Wesen, Bd. 8).

Neidhardt, F. (1985). *Soziale Beziehungsnetze und Unterstützungsprobleme in der Bevölkerung.* Forschungsbericht. Köln: Universität Köln, Institut für Soziologie.

Nye, F. I. (1979). Choice, exchange, and the family. In W. R. Burr, R. Hill, F. I. Nye & I. L. Reiss (Eds.), *Contemporary theories about the family. General theories, theoretical orientations* (Vol. II, pp. 1–41). New York: Free Press.

Parsons, T. (1943). The kinship system of the contemporary United States. *American Anthropologist, 45*, 22–38.

Parsons, T. (1955). The American family: Its relations to personality and the social structure. In T. Parsons & R. F. Bales (Eds.), *Family, socialization and interaction process* (pp. 3–21). Glencoe, IL: Free Press.

Parsons, T. (1964). *Beiträge zur soziologischen Theorie.* Neuwied: Luchterhand.

Pfeil, E. & Ganzert, J. (1973). Die Bedeutung der Verwandten für die großstädtische Familie. *Zeitschrift für Soziologie, 2*, 366–383.

Piliavin, J. A. & Charng, H.-W. (1990). Altruism: A review of recent theory and research. *Annual Review of Sociology, 16*, 27–65.

Popenoe, D. (1993). American family decline, 1960–1990: A review and appraisal. *Journal of Marriage and the Family, 55*, 527–555.

Raub, W. & Voss, T. (1981). *Individuelles Handeln und gesellschaftliche Folgen.* Neuwied: Luchterhand.

Reiss, D. & Oliveri, M. E. (1983). The family's construction of social reality and its ties to its kin network: An exploration of causal direction. *Journal of Marriage and the Family, 45*, 81–91.

Rosser, C. & Harris, C. (1965). *The family and social change: A study of family and kinship in a south Wales town.* London: Routledge and Kegan Paul.

Schneewind, K. A. (1991). *Familienpsychologie.* Stuttgart: Kohlhammer.

Schneider, A. (1970). Expressive Verkehrskreise: Eine Untersuchung zu freundschaftlichen und verwandtschaftlichen Beziehungen. In G. Lüschen & E. Lupri (Hrsg.), *Soziologie der Familie* (S. 443–472). Opladen: Westdeutscher Verlag (Sonderheft der Kölner Zeitschrift für Soziologie und Sozialpsychologie, Bd. 14).

Schubert, H. J. (1990). *Private Hilfenetze. Solidaritätspotentiale von Verwandtschaft, Nachbarschaft und Freundschaft.* Hannover: Institut für Entwicklungsplanung und Strukturforschung (Materialien, Bd. 145).

Segalen, M. (1990). *Die Familie. Geschichte, Soziologie, Anthropologie.* Frankfurt a.M.: Campus.

Sieder, R. (1987). *Sozialgeschichte der Familie.* Frankfurt a.M.: Suhrkamp.

Skolnick, A. S. (1987). *The intimate environment. Exploring marriage and the family.* Boston: Little, Brown & Co.

Stearns, S. C. (1976). Life-history tactics: A review of the ideas. *Quarterly Review of Biology, 51*, 3–47.

Stearns, S. C. (1977). The evolution of history traits: A critique of the theory and a review of the data. *Annual Review of Ecological Systems, 8*, 145–171.

Sussman, M. B. (1959). The isolated nuclear family: Fact or fiction? *Social Problems, 6*, 333–340.

Sussman, M. B. (1965). Relationships of adult children with their parents in the United States. In E. Shanas & G. Streib (Eds.), *Social structure and the family: Generational relations* (pp. 62–92). Englewood Cliffs, CO: Prentice Hall.

Sussman, M. B. & Burchinal, L. (1962). Kin family network: Unheralded structure in current conceptualization of family functioning. *Marriage and Family Living, 24,* 231–240.

Szydlik, M. (1994). *Die Enge der Beziehung zwischen erwachsenen Kindern und ihren Eltern – und umgekehrt.* Berlin: Freie Universität Berlin (Forschungsbericht 45 der Forschungsgruppe Altern und Lebenslauf [FALL]).

Trivers, R. L. (1971). The evolution of reciprocal altruism. *Quarterly Review of Biology, 46,* 35–57.

Trivers, R. L. (1985). *Social evolution.* Menlo Park, CA: Benjamin/Cummings.

Trotha, T. von. (1990). Zum Wandel der Familie. *Kölner Zeitschrift für Soziologie und Sozialpsychologie, 42,* 452–473.

Tyrell, H. (1985). Literaturbericht. In Bundesminister für Jugend, Familie und Gesundheit (Hrsg.), *Nichteheliche Lebensgemeinschaften in der Bundesrepublik Deutschland* (S. 93–140). Stuttgart: Kohlhammer (Schriftenreihe des BMJFG, Bd. 170).

Van der Poel, M. (1993). *Personal networks. A rational choice explanation of their size and composition.* Lisse: Swets & Zeitlinger.

Vaskovics, L. A. (1994). *Wiederentdeckung familialer Lebenswelten – ein Trend?* München: Oldenbourg (Soziologische Revue, Sonderheft 3: Familie – Soziologie familialer Lebenswelten.

Vaskovics, L. A. & Rost, H. (1995). Junge Ehepaare in den alten und neuen Bundesländern – Ein Vergleich. In B. Nauck, N. Schneider & A. Tölke (Hrsg.), *Familie und Lebensverlauf im gesellschaftlichen Umbruch* (S. 137–153). Stuttgart: Enke.

Verbrugge, L. M. (1979). Multiplexity in adult friendship. *Social Forces, 57,* 1286–1309.

Voland, E. (1993). *Evolution und Anpassung. Warum die Vergangenheit die Gegenwart erklärt.* Stuttgart: Hirzel.

Voland, E. (1995). Kalkül der Elternliebe – ein soziobiologischer Musterfall. *Spektrum der Wissenschaft, 6,* 70–77.

Vowinckel, G. (1995). *Verwandtschaft, Freundschaft und die Gesellschaft der Fremden – Grundlagen menschlichen Zusammenlebens.* Darmstadt: Wissenschaftliche Buchgesellschaft.

Walter, W. (1993). Unterstützungsnetzwerke und Generationenbeziehungen im Wohlfahrtsstaat. In: K. Lüscher & F. Schultheis (Hrsg.), *Generationenbeziehungen in „postmodernen" Gesellschaften. Analysen zum Verhältnis von Individuen, Familie, Staat und Gesellschaft* (S. 331–354). Konstanz: Universitätsverlag (Konstanzer Beiträge zur sozialwissenschaftlichen Forschung, Bd. 7).

White, H. C. (1963). *An anatomy of kinship.* Englewood Cliffs, CO: Prentice Hall.

Williams, G. C. (1966). *Adaptation and natural selection.* Princeton: Princeton University Press.

Wilson, E. O. (1975). *Sociobiology. The new synthesis.* Cambridge, MA: Harvard University Press.

Wright, R. (1994). Our cheating hearts. Devotion and betrayal, marriage and divorce: How evolution shaped human love. *TIME, 144* (7), 38–46.

Kinder und ihre Verwandten

Helga Zeiher

Der Dankesbrief für das Weihnachtsgeschenk, Familienfeste an Geburtstagen, Besuche – wenn Erwachsene an die Großeltern, die Onkel und Tanten, die Vettern und Cousinen ihrer Kinderzeit denken, kommen Erinnerungen auf an Freuden und Zwänge, an herausragende Erlebnisse und an Langeweile. Verwandtschaftliche Beziehungen sind zweifellos immer durch persönliche Eigenheiten der Beteiligten, durch Sympathien und Antipathien geprägt. Hier ist zu fragen: Gibt es darüber hinaus verwandtenspezifische Interessen aneinander, Verständnismöglichkeiten füreinander, Angewiesensein aufeinander, Abhängigkeiten voneinander?

Dieser Beitrag befaßt sich mit Kindern und ihren außerhalb des Familienhaushalts lebenden, nicht zur Kernfamilie gehörenden Verwandten. Von Episoden aus Tagesläufen von zwei 10jährigen Kindern ausgehend, möchte ich versuchen, einige Eigenheiten des Verwandtenverhältnisses in heutiger Kindheit erkennbar zu machen. Ich werde Überlegungen und Vermutungen anstellen, denen in empirischen Untersuchungen noch nachzugehen wäre. Denn gegenwärtig ist zwar ein zunehmendes Interesse am Verhältnis zwischen Enkeln und Großeltern festzustellen, in den USA früher (z.B. Barranti, 1985; Bengtson & Robertson, 1985; Cherlin & Furstenberg, 1986; Hagestad & Burton, 1986; Kornhaber & Woodward, 1981; Roberto & Stroes, 1992) als im deutschsprachigen Raum (z.B. Krappmann, 1997; Lange & Lauterbach, 1997; Lauterbach, 1995; Wilk, 1993). Doch sind Verhältnisse zwischen Kindern und anderen Verwandten bisher kaum beachtet worden. Es ist eine Frage, die sich am Ende dieses Beitrags stellt, ob diese Verhältnisse für Kinder so peripher sind, daß sie besonderer Beachtung nicht wert sind, oder ob der übliche soziologische Blick auf die Kernfamilie als der Familienform der Moderne die Forschungsperspektiven eingeengt hat.

Das Verwandtenverhältnis ist ein gesellschaftliches Verhältnis, das auf naturbedingten Zusammenhängen zwischen Menschen gründet. Denn während es für Erwachsene der eigenen Lebensentscheidung anheimgestellt ist, ob und mit welchem Partner oder welcher Partnerin sie eine neue Familie gründen wollen, werden Kinder in diese Familie hineingeboren. Kein Kind kann der Tatsache ausweichen, daß bestimmte Menschen seine Eltern sind. Mit den Eltern findet es auch deren verwandtschaftlichen Hintergrund vor. Wenn Eltern mit jemandem verwandt sind, ist es auch das Kind. Das Neugeborene ist jüngstes Glied in den Filiationsfolgen, in denen seine Mutter bzw. sein Vater einst ebenfalls durch Geburt ihren Platz erhalten haben, und es gilt als verwandt mit all den Menschen, die ebenfalls in diesen familialen Nachkommenschaften und in

Seitenlinien davon stehen. Ein Kind steht den Verwandten freilich keineswegs in gleicher verwandtschaftlicher Nähe gegenüber wie seine Eltern. Als Nachkomme seiner Eltern ist das Kind immer um einen Grad entfernter verwandt als diese. Seine Großeltern sind Eltern seiner Mutter oder seines Vaters, seine Onkel und Tanten deren Geschwister. Auch die eigenen Geschwister stehen den gemeinsamen Eltern als deren direkte Abkömmlinge im Verwandtschaftsverhältnis näher.

Auch Kindheit, verstanden als Zusammenhang der gesellschaftlichen Definitionen und Strukturen, in denen das Verhältnis zwischen Kindergeneration und Erwachsenengeneration organisiert ist, gründet auf einem Naturverhältnis: auf der anthropologischen Tatsache der nachgeburtlichen Entwicklung des Menschen. Kinder werden hilflos geboren und sind zunächst völlig und dann in allmählich abnehmendem Umfang auf Schutz und Versorgung und auf Einführung in die Gesellschaft durch Ältere angewiesen. Jede Gesellschaft transformiert diese beiden Naturverhältnisse – Elternschaft und Verwandtschaft einerseits, entwicklungsbedingte Hilfsbedürftigkeit andererseits – in ein gesellschaftlich geregeltes Verhältnis der Generationen, das in den Definitionen und Strukturen der Kindheit zum Ausdruck kommt. Welche Bedeutung hat Verwandtschaft in der Konstruktion der Kindheit unserer Gesellschaft?

1. Verwandte im Alltag 10jähriger Kinder – zwei Fallbeispiele

Im folgenden werden die Alltagsverhältnisse zweier 10jähriger Kinder kurz vorgestellt. Aus Tagesläufen dieser Kinder werden Episoden berichtet, in denen Verwandte der Kinder beteiligt sind.

Diese Beispiele sind einer Untersuchung über die alltägliche Lebensführung 10jähriger Kinder entnommen (Zeiher & Zeiher, 1994). Die Untersuchung war weder im Hinblick auf die Bedeutung, die Verwandte im Leben der Kinder haben, angelegt, noch auf irgendeinen anderen spezifischen Lebensbereich der Kinder. Alltägliche Lebensführung ist eine besondere Art des Handelns, nämlich Bestimmen über das eigene Tun und den eigenen täglichen Lebensablauf. Ziel der Untersuchung war, unterschiedliche Weisen alltäglicher Lebensführung von Kindern zu identifizieren und zu erklären, wie diese in den je besonderen individuellen Lebenszusammenhängen entstanden sind. Es handelt sich um sehr intensive Studien an einzelnen Kindern. Das empirische Material für die Analysen besteht in sieben Tagesläufen eines jeden Kindes (jeweils mit einem Tag Abstand erhoben), gegliedert in Tätigkeiten, sowie in einer Vielzahl von Informationen über die aktuelle Lebenssituation des Kindes, über dessen Lebensgeschichte, dessen Intentionen und persongebundene Handlungsvoraussetzungen.

Sofern in den sieben untersuchten Tagesläufen Verwandte auftraten, ist aus diesem Material bekannt, wie die konkrete Begegnung zustande kam, in welcher Weise das Kind daran beteiligt war, und wie sie verlief. Weiterhin kann diese Begegnung im Kontext des gesamten untersuchten Alltagslebens, der Interessen und Intentionen dieses Kindes sowie seiner Lebensführung betrachtet werden, und sie kann auf die Bedeutung bezogen werden, die diese Verwandten im Leben dieser Familie haben und seit der Geburt des Kindes hatten.

Manuela

Manuela wohnt mit ihrer Mutter zusammen, und sie lebt in sehr enger, sie räumlich, zeitlich und sozial einschränkender Abhängigkeit vom Alltagsleben ihrer Mutter. Frau M., die in einem Pflegeberuf arbeitet, will so ungebunden wie möglich leben. Sie hat seit Manuelas Geburt schon fünfmal die Wohnung gewechselt, und sie hatte seit der Scheidung von Manuelas Vater immer nur für kurze Zeit einen festen Freund. Im Alltag vermeidet sie feste Termine und bevorzugt spontane Unternehmungen mit dem Auto. Auch durch die Tochter läßt sie sich nicht in ihrer Ungebundenheit beeinträchtigen: Sie gesteht ihr keine Gleichaltrigenbeziehungen zu, auch nicht den Besuch institutioneller Freizeitangebote und nicht einmal Bummeln mit anderen Kindern auf dem Schulweg. Manuelas Ort ist die Wohnung, denn dort ist sie jederzeit für Frau M. verfügbar.

Manuela begleitet ihre Mutter gern zu deren außerhäuslichen Unternehmungen, denn das ist ihre einzige Chance, nachmittags an andere Orte und unter andere Menschen zu kommen. Ihre starken Bestrebungen, jenseits der Schule ihren sozialen Erfahrungs- und Beziehungsraum auszuweiten, kann Manuela nur als Anhängsel an das Leben der Mutter verwirklichen. Das bedeutet auch: nur mit Personen, mit denen Frau M. Beziehungen pflegt.

Bei diesen Personen handelt es sich überwiegend um Verwandte. Auf den ersten Blick mag das erstaunen angesichts des Unabhängigkeitsstrebens von Frau M., zumal dieses Streben wohl eine Reaktion gegen eine sehr repressive eigene Kindheit, gegen unangenehme Erfahrungen mit der Familie, ist. Bei näherem Hinsehen zeigt sich freilich, daß Frau M.s Verhältnisse zu Verwandten recht stark auf wechselseitigen Hilfeleistungen gründen. Frau M. erhält Leistungen von Verwandten, die ihr zu Unabhängigkeit verhelfen. Für die alte, behinderte Mutter ihres geschiedenen Mannes hat sie Betreuungsaufgaben übernommen. Sie ist deshalb vor einem Jahr in die Nachbarwohnung im selben Mietshaus gezogen. Diese Arbeit entspricht ihrer gewünschten Lebensweise, weil sie zeitlich nach eigenem Belieben ausführbar ist, und sie erweist sich nicht nur der Entlohnung wegen als nützlich, sondern auch, weil Frau M. Manuela gelegentlich in die Wohnung dieser Großmutter schicken kann, wenn Manuela nicht unkontrolliert allein bleiben soll. Mit der Wohnung mußte Frau M. die Hausmeisterstelle übernehmen. Da ihr die Arbeit zuviel ist, hat sie ihren 18jährigen Bruder gegen Bezahlung zum wöchentlichen Treppenhausputzen angestellt. Und auch ihr geschiedener Mann ist nützlich, weil Frau M. Manuela zu ihm bringen kann, wenn sie Wochenenddienst hat.

Aus den Nutzenbeziehungen entstehen immer wieder soziale Situationen, die über die direkten Hilfeleistungen hinausgehen. Sehen wir uns Manuelas Begegnungen mit Verwandten an, die in ihren sieben von uns untersuchten Tagesläufen vorkommen:

Samstag: Nachdem Frau M.s Bruder beim Treppenhausputzen geholfen hat, machen Frau M., ihr Bruder sowie Manuela einen Nachmittagsausflug: Großeinkauf, Bummeln durch ein Straßenfest, Restaurantessen. Zurück in der Wohnung, beginnt Manuelas junger Onkel, sich mit Spielen am Computer zu beschäftigen. Manuela hat zwar kein besonderes Computerinteresse, sucht in diesem Moment aber Gesellschaft. Nach sechs Minuten Herumstreifen in der Nähe von Mutter und Onkel setzt sie sich neben den Onkel und spielt mit. Als Frau M. schließlich ihren Bruder heimfahren will, ist es für Manuela selbstverständlich, mitzufahren. Der Onkel wohnt bei seiner Mutter, Manuelas Großmutter mütterlicherseits. Dort sind gerade „zwei Frauen" zu Besuch. Die Erwachsenen beginnen Karten zu spielen. Manuela bleibt außerhalb der Spielgruppe. „Rumstehen, rumstehen" schreibt sie in ihr Tagesprotokoll. Sie beginnt mit ihrem Onkel zu „stänkern" – Stören als Mittel, um die Erwachsenengruppe aufzubrechen und selbst in Kontakt zu kommen. Schließlich findet Manuela in der Katze eine Spielgefährtin.

Sonntag: Die Familie pflegt sonntags bei Manuelas nebenan wohnender Großmutter väterlicherseits zu frühstücken – ein Teil von Frau M.s Pflegeleistungen. An diesem Sonntag geht Manuela ungern zu diesem Familienfrühstück. Denn dadurch wurde ihr Versuch abgebrochen, ihrer Mutter als Muttertagsüberraschung das Frühstück ans Bett zu bringen. Auch zu dieser Großmutter hat Manuela keine besondere persönliche Beziehung. Auch in deren Wohnung kann sie mit der Katze mehr anfangen.

Montag: Manuela hat eine schlechte Zensur aus der Schule mitgebracht. Frau M. schimpft und zwingt Manuela, sofort zu üben. Da Frau M. an diesem Nachmittag in der Wohnung ihrer behinderten Schwiegermutter putzen will, nimmt sie Manuela zum Üben dorthin mit – für Manuela ein unangenehmer Aufenthalt bei der Großmutter. Nach drei leidvollen Stunden erscheint Besuch für die Oma. Manuela wird dadurch vom Übzwang befreit. Als die Besucherin sich verabschiedet, erkennt sie sofort eine Fluchtchance: Sie bietet an, die alte Frau zur U-Bahnstation zu begleiten.

Freitag: Durch Frau M.s Pflegedienst an dieser Großmutter kommt Manuela zu einem Ausflug, der in ähnlicher Weise früher schon mehrmals stattfand, und auf den Manuela sich sehr freut. Die Großmutter wird zu deren Freundin gebracht, die in einer Gartenkolonie wohnt. Nach gemeinsamem Kaffeetrinken beginnen die Erwachsenen, Rommé zu spielen. Manuela beteiligt sich nie an den Kartenspielen der Erwachsenen. Diesen langweiligen Teil des Ausflugs hat sie vorhergesehen und sich ein Buch zum Lesen mitgebracht. Sie liest aber nicht, sondern schaut zu, beobachtet Tiere, streift im Garten umher.

Thomas

Thomas ist Einzelkind. Sein Vater und teilzeitlich auch seine Mutter arbeiten in einem eigenen kleinen Betrieb, den einst Thomas' Urgroßvater gegründet hat. Thomas' werktäglichem Alltagsablauf haben die Eltern ein festes Raum-Zeit-Raster aus Mahlzeiten, Schulaufgabenzeit und Schlafzeit gesetzt, in dessen Zwischenräumen Thomas weitgehend frei ist. Das Umsorgtwerden durch die Mutter, ihre täglichen Dienstleistungen für alle seine Bedürfnisse, bildet die selbstverständliche Basis, von der aus Thomas sich zu Hause mit eigenen Interessen und fast an jedem Nachmittag draußen in einer eigenen sozialen Welt von den Eltern ab-

grenzt und entfernt. Es gibt freilich in seinem Umfeld kein spontan sich herstellendes Nachbarschaftsleben unter Kindern. Thomas verabredet sich vielmehr schon am Vormittag mit einem seiner – mindestens acht – Freunde aus der Schulklasse und läuft oder radelt oft recht weit zum vereinbarten Ort. Für Thomas' vielfältige Außenaktivitäten – Radfahren, Fußball, Schwimmen, bestimmte Spielplätze, Naturbeobachtung am Kanalufer – sind jeweils bestimmte Orte und bestimmte Freunde geeignet.

Die Familie mit ihren Dienstleistungen und Alltagsordnungen als Ausgangsbasis für zeitweises räumliches, soziales und inhaltliches Absondern in eine elternunabhängige Kinderwelt – nach diesem Muster lebt Thomas nicht nur an Schultagen im sozialen Netzwerk seiner Schulfreunde. Es findet sich auch in den regelmäßig am selben Ort verbrachten Osterferien, wo einige Familien mit Kindern jedes Jahr erneut zusammentreffen, und die Kinder sich häufig gemeinsam selbständig machen. Und dieses Muster findet sich auch an den Wochenenden, die die Familie mit Verwandten zu verbringen pflegt.

Thomas' Eltern sind beide in diesem Stadtbezirk aufgewachsen. Beide Großmütter wohnen in der Nähe, die eine zehn Fahrradminuten entfernt, die andere zehn Autominuten entfernt in einem Haus mit großem Garten. In der Familie einer Schwester der Mutter hat Thomas eine 11jährige Cousine und einen 13jährigen Vetter (Peter), in der Familie des Bruders des Vaters einen 10jährigen Vetter (Philipp) sowie eine 13jährige und eine 16jährige Cousine (Anna). Die Mutter hat zwei weitere Schwestern, eine 17jährige und eine 22jährige. Thomas liebt letztere sehr; er war bei ihr und ihrem Freund schon oft über Nacht zu Besuch. In der weiteren Verwandtschaft gibt es noch mehr Familien mit Kindern, darunter noch einen mit Thomas gleichaltrigen Jungen.

Die große Zahl der Verwandten, die in derselben Stadt wohnen, erweitern die Familie im Wochenrhythmus: Werktags findet das Familienleben zu dritt statt, am Wochenende im großen Familienkreis. Im Sommer ist der großmütterliche Garten beliebt für die Familientreffen. In der von uns untersuchten Zeit gab es zwei solcher Treffen. Während Thomas werktags die Nachmittage jenseits der Kleinfamilie mit Schulfreunden verbringt, trifft er am Wochenende innerhalb der Großfamilie gleichaltrige Verwandte, die auch seine Freunde sind. Thomas hatte aber auch an Werktagen Interaktionen mit Verwandten.

Sonntag: *Als Thomas am Nachmittag mit seinen Eltern bei der Großmutter väterlicherseits ankommt, wartet der gleichaltrige Vetter Philipp bereits mit seinem Crossrad auf Thomas. In der letzten Zeit haben die beiden Jungen mehrfach im nahen Park geübt, wo es Crossrad-Steilkurven und Sprungschanzen gibt. Thomas nimmt sein Rad aus dem Auto und beide fahren los. Nach einer Stunde haben sie genug, wollen lieber Fußball spielen und sind durstig. So fahren sie zurück. Im Garten finden sie außer ihren beiden Familien und der Großmutter noch eine weitere verwandte Familie mit zwei älteren Kindern versammelt. Thomas und Philipp lassen sich davon nicht aufhalten. Sie trinken etwas und gehen mit dem Ball in den Park. Eine knappe Stunde später mögen sie nicht länger Fußball spielen, sondern wieder Crossrad fahren. Wieder gehen sie zum Garten zurück, trinken rasch etwas und fahren mit den Rädern davon. Erst zu der Zeit, die die Eltern als Heimfahrtermin genannt hatten, kehren sie zurück.*

Montag: Thomas war an diesem regnerischen Nachmittag mit einem Schulfreund im Schwimmbad. Um 16.50 Uhr steht er mit seinem Rad vor dem Haus des Freundes, von dem er sich gerade verabschiedet hat, und muß sich entscheiden, wohin er jetzt fahren will. Freunde sind um diese Tageszeit in der Regel nicht erreichbar. Bis zu einer Fernsehsendung, die er unbedingt sehen will, ist noch eine Stunde Zeit. Da fällt Thomas die Großmutter mütterlicherseits ein, die nicht weit von hier wohnt. Er pflegt von Zeit zu Zeit einmal bei ihr hereinzuschauen. Vorgestern hat sie seinen Eltern ein Geldgeschenk für ihn mitgegeben – 20 DM für das bevorstehende Volksfest –, und er hat sich noch nicht bedankt. Er fährt dorthin und trifft seine Großmutter und seine 17jährige Tante beim Fernsehen an. Er bekommt etwas zu trinken, es wird geredet und zusammen ferngesehen. Thomas bricht rasch auf, als er merkt, daß die Zeit bis zu der Sendung, die er zu Hause ansehen will, schon sehr knapp ist.

Mittwoch: Thomas ist für den Nachmittag mit einem Schulfreund verabredet. Als aber sein etwas älterer Vetter Peter anruft, weil er mit ihm radfahren möchte, sagt er sofort zu und telefoniert dem Freund ab. Peter erscheint bald. Die beiden fahren weite Strecken durch den Stadtpark. Nach eineinhalb Stunden sind sie zurück in Thomas' Wohnung, weil an dessen Rad etwas zu reparieren ist. Thomas möchte noch mit Peter zusammenbleiben. Zum gemeinsamen Repertoire gehört Fußballspielen. So fahren die beiden mit den Rädern zu einem Fußballplatz nahe Peters Wohnung. Vom Ballspielen müde und durstig, brauchen sie eine Pause. Sehr nah wohnt auch die gemeinsame Großmutter mütterlicherseits. Die beiden Vettern beschließen, die Pause bei dieser zu machen, und tun das. Sie trinken dort etwas und kehren dann nach zehnminütigem Besuch zum Fußballplatz zurück. Dort spielen sie, bis Thomas' üblicher Heimkehrtermin schon überschritten ist.

Samstag: Das heutige Nachmittagsprogramm lassen die Eltern Thomas wählen: Thomas könnte seine Mutter zum örtlichen Volksfest begleiten, wo sie am Informationsstand ihres Vereins stehen wird, oder seinen Vater zum großmütterlichen Garten, wohin auch sein Vetter Philipp und dessen Familie kommen werden. Für Thomas hat ganz fraglos Philipp Priorität. Zuletzt war er dort vorgestern am (von uns nicht untersuchten) Himmelfahrtstag mit Philipp zusammen, der sein neues Crossrad an den Sprungschanzen im Park ausprobiert hat. Das wollen die beiden Vettern heute weiter tun. Doch im Garten lockt heute zuerst eine seltene Gelegenheit, auf Bäume zu klettern. Denn die Großmutter, die das sonst nicht erlaubt, ist heute nicht zu Hause. Die beiden klettern auf einen Apfelbaum. Dort kommen sie auf die Idee, mit Pappen ein Baumhaus zu bauen. Als sich die versammelten Familienmitglieder im Garten zu Kaffee und Kuchen zusammensetzen, kommen die beiden Jungen vom Baum herunter. Sie essen und trinken rasch, greifen sich ihre Crossräder und fahren zum Park. Nach einer Stunde Crossradspringen ist eine Pause nötig. Dazu im Garten angekommen, trinken sie, klettern in ihr Baumhaus und bleiben eine Weile damit beschäftigt. Dann brechen sie wieder zum Crossradfahren auf. Pünktlich zum vorher angesagten Essenstermin sind sie wieder zurück. Anschließend fahren beide Familien zum Volksfest, wo sie sich noch zwei Stunden gemeinsam aufhalten.

2. Chancen, Verwandte zu treffen

Manuela und Thomas haben an den sieben untersuchten Tagen mehrmals Verwandte getroffen. Ist solche Häufigkeit eine Ausnahme? Wie groß sind die Chancen der Kinder, Verwandte zu haben und mit ihnen zusammen zu sein?

Lauterbach (1995) hat in bezug auf Großeltern diese Chancen mit demographischen Mitteln analysiert. Während noch zu Beginn des 20. Jahrhunderts Überschneidungen der Lebenszeit von Großeltern und Enkeln selten waren, sind erst nach dem Zweiten Weltkrieg die Chancen von Kindern sehr gestiegen, ihre Großeltern zu kennen. 1991 hatten mehr als ein Fünftel der 10- bis 14jährigen in den alten Bundesländern noch alle Großeltern, vier Fünftel hatten noch mindestens ein Großelternteil (Lange & Lauterbach, 1997, S. 21). Der vergrößerten Chance, Großeltern – und wohl auch Großtanten und Großonkel – zu haben, steht die geringere Chance gegenüber, Verwandte jüngeren Alters zu haben. Die Verwandtschaftsstruktur ist vertikaler geworden. Niedrige Geburtenzahlen und hohe Anteile von Einkindfamilien führen in der nächsten Generation zu weniger Onkeln, Tanten, Cousinen und Vettern (Lüschen, 1988). Andererseits sorgen Trennungen und neue Partnerschaften von Eltern für eine Vielzahl und Vielfalt an verwandtenähnlichem Anhang.

Daß Kinder ihre Verwandten treffen, ist abhängig von räumlicher Nähe und von der Art und Weise, wie Entfernungen überbrückt werden. Auch zur Wohnnähe von Enkeln und Großeltern geben die Konstanzer Untersuchungen Auskunft (Lange & Lauterbach, 1997). Bei 43 Prozent der 10- bis 14jährigen wohnte mindestens ein Großelternteil im selben Ort, davon 9 Prozent im selben Haus und von letzteren etwa die Hälfte im selben Haushalt (für 1991, alte Bundesländer). Es wäre zu untersuchen, in welchem Umfang Kinder Ferien bei Großeltern und in den Familien von Onkeln und Tanten verbringen, wie dies in früheren Kindergenerationen verbreitet gewesen zu sein scheint. Wieweit hat gemeinsamer Urlaubstourismus der Kernfamilie diese Art des Verwandtenkontakts nur des Kindes abgelöst? In welcher Weise finden Verwandtenbesuche heute statt?

Eine andere Annäherung im Hinblick auf das Zusammensein von Kindern mit Verwandten bieten Statistiken zur Betreuung von Kindern. Der DJI Familiensurvey (Nauck & Bertram, 1995, S. 78) weist für Großeltern Anteile an der Betreuung von bis zu 6jährigen zwischen 10 und 23 Prozent in Westdeutschland und zwischen 21 und 37 Prozent in Ostdeutschland (je nach Schulbildung der Mutter und Region) aus. Andere Verwandte sind seltener beteiligt: zwischen knapp 2 und gut 4 Prozent in Westdeutschland und zwischen knapp 2 und 5 Prozent in Ostdeutschland.

3. Anhang der Eltern

Manuela wird von ihrer Mutter zu Verwandten mitgenommen. Und den Onkel trifft sie zu Hause, weil die Mutter ihn zum Helfen geholt hat. Thomas trifft Verwandte zwar auch aus eigener Initiative, vor allem ist er mit seinen Verwandten aber an Wochenenden zusammen, wenn die Eltern mit den Verwandten Familientreffen arrangiert haben.

Was hier zu beobachten ist, findet sich vermutlich häufig: Alltagspraktisch sind Kinder im Umgang mit Verwandten vor allem Anhang ihrer Eltern. Bei kleinen Kindern ist das unumgänglich, solange diese von elterlicher Tagesgestaltung und von elterlicher Orts- und Zeitbestimmung abhängig sind. In den ersten Lebensjahren eines Kindes sind es wohl immer die Erwachsenen, die miteinander Verabredungen treffen und die wechselseitigen Besuche und gemeinsamen Unternehmungen organisieren. Das Kind ist dabei, wird mitgenommen, geht mit – ob das Treffen seinetwegen arrangiert ist oder ob das Kind nur als Anhängsel von Eltern dabei ist.

Vom Kind aus gesehen, sind Verwandte zunächst einmal Anhang der Eltern. Denn Kinder kennen die Verwandten, weil und soweit Eltern mit diesen Beziehungen pflegen. Eltern kennen alle Verwandten, die älter als ihr Kind sind, jedoch schon länger, als das Kind diese kennt. Mit manchen Verwandten haben sie in vergangenen Lebensphasen gemeinsam gelebt. Großeltern sowie Onkel und Tanten „ersten Grades" des Kindes haben früher einmal, als das Elternteil des Kindes selbst Kind war, mit diesem Elternteil sogar eine Familie gebildet. Die gegenwärtigen Verwandtenbeziehungen der Eltern gründen weitaus mehr als die davon abgeleiteten des Kindes auf gemeinsamen Erfahrungen, auf geteilten Gebräuchen und auf überlieferter Familienidentität, und sie führen in der einen oder anderen Weise fort, was sich im Laufe der Zeit aufgeschichtet hat an Sympathien und Antipathien, an Interessen und Machtverhältnissen, an erfüllten und enttäuschten Erwartungen, an Leiden und Freuden aneinander und an Konflikten und Ambivalenzen.

Kinder erleben mit, wie ihre Eltern die Kontakte zu einzelnen Verwandten pflegen. Sie erleben mit, wie die persönlichen Beziehungen zwischen Eltern und Verwandten beschaffen sind, und was für Abhängigkeiten, Einstellungen, Erwartungen und Konflikte darin zum Ausdruck kommen. Deshalb ist die Art und Weise, wie Kinder und ihre Verwandten sich einander begegnen, sicherlich von den Qualitäten der persönlichen Beziehungen zwischen den Eltern und den jeweiligen Verwandten beeinflußt (Barranti, 1985; Kaiser, 1993, S. 147). Auch altersgleiche verwandte Kinder, etwa Vettern und Cousinen, kennen sich, weil sie Anhang der jeweiligen Eltern sind. Ein Bewußtsein des verwandtschaftlichen Verhältnisses, der lebensgeschichtlichen Verbindungen und der persönlichen Beziehungsqualitäten unter ihren Eltern wird zweifellos auch in den Beziehungen zwischen diesen Kindern wirksam sein.

In den vorgestellten Tageslaufausschnitten wird erkennbar, wie die Art des Verhältnisses zwischen Kind und erwachsenen Verwandten auch der besonderen Art und Weise des Verhältnisses zwischen Kindergeneration und Erwachsenengeneration entspricht – daran „anhängt" –, das sich zwischen dem Kind und seinen Eltern ausgebildet hat:

Manuelas Mutter versperrt ihrer Tochter jenseits der Schule den Zugang zu sozialem Leben unter Kindern, sei es privat oder institutionell organisiert. Damit bleibt für Manuela nur die Erwachsenenwelt ihrer Mutter, in der sie, das Kind, bloßes Anhängsel an das All-

tagsleben ihrer Mutter ist. Dieses besondere Verhältnis findet sich in den Verhältnissen zu ihren Verwandten wieder. Manuela muß sich auch dort den Erwachsenentätigkeiten anschließen, und sie findet auch dort keine Offenheit für ihre Bedürfnisse und Interessen. Thomas lebt dagegen in einer eigenen, selbst organisierten sozialen Kinderwelt, in der er seine Interessen unter Gleichaltrigen entfaltet und in die er sich von der Erwachsenenwelt absetzt. Seine Eltern akzeptieren diese Eigenbewegung und damit auch diese Art der Generationendistanz. Sie tun aber nicht, was bei manchen anderen Eltern zu beobachten ist: sich auf die Seite der erwachsenen Arrangeure von Kinderwelten schlagen, sich in das Kinderleben einmischen, sich an die Welt der Kinder „anhängen". Von seinen erwachsenen Verwandten erfährt Thomas das gleiche Verständnis für seine Absetzbewegungen und die gleiche Bereitschaft, sein eigenes „Kinderleben" bei Bedarf mit kleinen Hilfeleistungen zu unterstützen, wie von seinen Eltern.

Beide Kinder bleiben bei den hier vorgestellten Familientreffen außerhalb des Geschehens, das zwischen ihren Eltern und den erwachsenen Verwandten abläuft: *Thomas kann sich in eine eigene Lebenssphäre, in seine sozialen Kinderwelten, absondern, und Manuela leidet darunter, daß sie das nicht tun kann. Thomas' Eltern und seine Verwandten akzeptieren und unterstützen diese Trennung der Welten, während Manuelas Mutter und ihre Verwandten die Möglichkeit oder gar Notwendigkeit einer solchen besonderen Lebenssphäre der Kinder nicht wahrnehmen.* In jeder der beiden Familien anders gehandhabt, haben wir es in beiden Fällen mit einer Trennung der Generationen zu tun, die in der gleichen Weise, wie sie zwischen den Kindern und ihren Eltern besteht, auch zwischen den Kindern und ihren erwachsenen Verwandten erscheint.

In beiden Beispielen sind es die Kinder selbst, die die besondere Art des Generationenverhältnisses, das sie in ihren Beziehungen zu den Eltern erfahren, in ihre Verhaltensweisen und Erwartungen den Verwandten gegenüber hineintragen. *Manuela wäre mangels Gelegenheiten zum Umgang mit Gleichaltrigen gern „anhänglich". Sie sucht bei den Verwandten Nähe, die sie bei ihrer Mutter zwar nicht als Empathie, wohl aber als Kommunikationsbereitschaft und emotionale Zuwendung kennt. Wenn sie diese Nähe nicht findet, fühlt sie sich „abgehängt". Die Diskrepanz zwischen erhofftem und tatsächlichem Verhalten wird zur Konfliktquelle. Thomas setzt sich von den erwachsenen Verwandten ebenso ab wie von seinen Eltern, wenn er Gelegenheit hat, mit Partnern aus seiner eigenen Generation seinen eigenen Interessen nachzugehen. Den erwachsenen Verwandten gegenüber verhält er sich seiner objektiven Familienabhängigkeit entsprechend, indem er die Unterstützung und Versorgung freundlich – und durchaus auch anhänglich – annimmt, die ihm die Verwandten freundlich gewähren. Soweit wir sehen, stellt hier keine Seite, weder Thomas noch die Eltern und Verwandten, Ansprüche, die verlangen würden, die eigene Generationenzugehörigkeit hintanzustellen. Deshalb können Thomas' Verwandtenverhältnisse konfliktfrei sein.*

Verallgemeinernd läßt sich als These formulieren: Wie Kindergeneration und Erwachsenengeneration zueinander stehen, erfahren Kinder primär in den konkreten Alltagsverhältnissen, die sich von Geburt an zwischen ihnen und ihren Eltern herausbilden. Diese Erfahrung bringen sie in ihre Interaktionen mit erwachsenen Verwandten ein, zumal sie diesen ja im Rahmen des Familienlebens begegnen. Je nachdem, wie eine bestimmte verwandte Person das aufnimmt, und je nachdem, was für Vorstellungen vom Generationenverhältnis diese ihrerseits in die Beziehung zum Kind hineinträgt, wird ein spezifisches konkretes Generationenverhältnis zwischen Kind und verwandter Person entstehen.

4. Familiengeschichte, Lebensgeschichte: Verbindungen in der Zeit

Sind erwachsene Verwandte bloßer Anhang der Eltern, die die Eltern mehr oder weniger mit Dienstleistungen – vor allem Großeltern auch mit Geldleistungen – unterstützen, sich im übrigen aber ganz in die Umgangsweisen zwischen Eltern und Kindern fügen? Gibt es darüber hinaus die Möglichkeit eines eigenständigen Kind-Verwandte-Verhältnisses?

Die Geburt eines Kindes macht die Verwandten von dessen Eltern zu Großeltern, Onkeln und Tanten, Cousinen und Vettern. Diese Eigenschaften basieren darauf, daß das Kind Nachkomme seines Vaters bzw. seiner Mutter ist und somit die jeweilige Filiationslinie um ein neues Glied weiterführt. Deshalb pflegt das Erscheinen von Kindern unter den erwachsenen Verwandten das Bewußtsein der verwandtschaftlichen Verknüpfungen und der gemeinsamen Familienabstammung zu aktivieren. Es ist für jeden Verwandten ja der eigene Verwandtschaftsverband, der durch ein neugeborenes Kind erweitert wird: Seine Familiengeschichte wird weitergeführt und Familienmerkmale werden tradiert. Im Alltag ist häufig zu beobachten, daß nicht nur Großeltern, sondern auch Onkel und Tanten Kinder gern mit ihren Vorfahren vergleichen, indem sie Familienähnlichkeiten thematisieren. Insbesondere in der französischen Literatur zur Großelternrolle wird die Übermittlung von Familientradition als eine Großelternfunktion genannt, die nach wie vor bedeutsam ist (z.B. Pitrou, 1993).

Für Kinder – so läßt sich vermuten – mag solches Hereingeholtwerden in die Familienzugehörigkeit widersprüchliche Züge haben. Zum einen konstituiert sich Familienzusammenhang in der Zeit. Es ist ein Traditionszusammenhang, der privat ist und sich somit an ganz bestimmten Personen, Ereignissen und Dingen festmacht. Historisches hat darin konkrete Gestalt. In der individuellen Lebensgeschichte älterer Verwandter erscheint Weltgeschichte als Familiengeschichte. Das Kind kann sich als Familienmitglied indirekt beteiligt fühlen.

Familiengeschichte ist mehr als die Erinnerung an miteinander verflochtene Lebensgeschichten. Martine Segalen (1993) spricht von einer „auf Erinnerung sich stützenden Vorstellungswelt", von einer „mythischen Konstruktion, welche gleichermaßen in Vergangenheit, Gegenwart und Zukunft fußt" (S. 161). In der französischen Gesellschaft hat sie beobachtet, wie solche Familientraditionen heute wieder zunehmend Bedeutung erlangen als Identifikationsmöglichkeiten für die Individuen. Wie sich das in deutschen Familien verhält, wäre zu untersuchen. Heranwachsen im Kindesalter ist mit dem Gewißwerden eigener Identität verbunden, mit einem Selbstverständnis der eigenen Person, das Dauer hat, das sich in der Tiefe der Zeit verankert. Vermittlung von Familientradition durch Verwandte könnte deshalb bei Kindern durchaus auf Resonanz stoßen.

Zum Begreifen eigener Identität ist wohl vor allem die Konfrontation mit der eigenen Lebensgeschichte wichtig. Als eine Stufe in diesem Prozeß, etwa um das zehnte Lebensjahr einsetzend, gilt die Selbstreflexion der eigenen Lebensgeschichte (Müller-Wiedemann, 1973). Alte Fotos werden aus diesem Grund interessant, und auch die erzählten Erinnerungen von Eltern und Verwandten. Ältere Verwandte – und älter sind für Kinder fast alle ihre Verwandten – tragen an ein Kind nicht nur erinnerte Ereignisse aus dem Leben verwandter Menschen heran, sondern wissen auch Geschichten aus früheren Altersphasen dieses Kindes selbst.

Neben solcherart Einbindung in familiale und individuelle Zeitzusammenhänge steht das Gewinnen von Unabhängigkeit. Kindliche Entwicklung hat eine Richtung in die Zukunft, die eine Richtung des Zuwachses ist: vom Kleinsein zum Großsein, vom Unfertigsein zur Reife, aus Abhängigkeit in Eigenständigkeit. Vergangenes wird ständig überwunden, die früheren Entwicklungsstadien erscheinen jeweils defizitär. So gesehen, ist die jeweilige Gegenwart des Kindes ein Durchgangsstadium, eine Stufe im Fortschreiten zu einer Zukunft. Eltern begleiten das Leben ihres Kindes von Geburt an durch die Kindheitsphase und haben somit sein Aufwachsen und Sich-Entwickeln ständig vor Augen. Erwachsene Verwandte kennen das Kind seit seiner Geburt, zumindest wissen sie seither von ihm. Sofern sie nicht im Familienhaushalt oder in dessen Nähe leben, können Verwandte aber nicht wie Eltern auf die kontinuierliche Lebensgeschichte und Entwicklung des Kindes zurückblicken, sondern nur auf eine Reihe zeitlich distanter Begegnungen. Das Bild vom Kind, so wie es beim letzten Mal erschien, wird bis zur nächsten Begegnung festgehalten. Bei dieser wird es dann zunächst als Erwartung an das Kind herangetragen. Sollte das Kind sich als verändert erweisen, wird die Veränderung hervorgehoben: „Wie groß du geworden bist!" „Als du noch klein warst (...)". Das in der Zeit erstreckte Aufwachsen des Kindes, sein Werden, steht dann mehr im Blick als sein gegenwärtiges Sein.

Dagegen ist für Kinder Entwicklung ihr eigener Lebensprozeß, der vorangetrieben wird im eigenen Tun, und das findet jeweils jetzt statt. Entwicklung heißt für Kinder, im Gegenwartsmoment ein bißchen größer sein, ein bißchen mehr zu können, ein bißchen selbständiger zu handeln als noch kurz zuvor. In dieser gegenwartsbezogenen Weise am Größerwerden und am Zugewinn von Eigenständigkeit orientiert, können Kinder es nicht wollen, wenn sie auf dem schon überwundenen Stand der eigenen Entwicklung wahrgenommen und so auf diesem festgehalten werden. Und ihrem Bestreben nach immer mehr Eigenständigkeit kann es nicht entsprechen, an Zukunftsvorstellungen der Erwachsenen gebunden zu werden, weder als Vertröstung auf später erst Mögliches noch als Festlegung auf Zukunftsentwürfe. Insofern wird es dem Selbstverständnis von Kindern widersprechen, wenn erwachsene Verwandte sie nicht in ihrer Gegenwart, so wie sie jetzt gerade sind, wahrnehmen.

Andererseits kann, wie gesagt, gerade die lebenszeitlich weite Zeitperspektive von Großeltern, Onkeln und Tanten für das Selbständigwerden der Kinder wichtig und interessant sein. Verwandte können also im Prozeß der Selbständigkeitsentwicklung durchaus ambivalente Bedeutung haben, sie sind zugleich hinderlich und hilfreich. Von Person zu Person und von Zeit zu Zeit mag die eine oder die andere Seite mehr Gewicht haben, mag Ablehnung oder besondere Zuwendung der Kinder zu Verwandten daraus entstehen. Zuneigung wird sicherlich um so eher entstehen, je weniger die Verwandten dem Kind mit pädagogischen Intentionen entgegenkommen.

5. Verwandte als Erzieher?

Wenn Verwandte dazu neigen sollten, aus der Familiengeschichte heraus Erwartungen an Kinder zu formulieren, etwa in bezug auf spezifische Fähigkeiten und Interessen, auf Verhaltensweisen, Bildungskarriere und Berufswahl, so ist fraglich, ob solcherart Einwirkungen bei Kindern und bei Eltern Erfolg haben können. Amerikanische Untersuchungen bestätigen Alltagsbeobachtungen, die auch bei uns zu machen sind: Eltern pflegen Einmischungen der älteren Generation in ihre Erziehungsvorstellungen und Umgangsweisen mit den Kindern nicht zu dulden. So sehr die Existenz von Kindern bewirkt, daß sich deren Eltern und Großeltern näher kommen – nicht zuletzt aufgrund großelterlicher Hilfeleistungen für die junge Familie (Marbach, 1994) –, so scheint hier eine deutliche Abgrenzung und, falls diese nicht respektiert wird, auch Konfliktpotential zu liegen (Cherlin & Furstenberg, 1986; Krappmann, 1997). Erziehungsziele als Verhaltenserwartungen an Eltern wie an Kinder werden heute kaum mehr von Generation zu Generation tradiert. Sie werden vielmehr auf gesamtgesellschaftlicher Ebene bestimmt. Experten definieren, wie Kinder zu erziehen sind, was für sie gut oder schlecht ist und sogar, wie und wieviel sie zu lieben sind. Das wird in vielerlei Formen, in der Elternberatung, durch die Praxis der Betreuungs- und Bildungseinrichtungen sowie unter Eltern in die Familien vermittelt.

Die Definitionen und kulturellen Muster des Erziehens haben in den letzten Jahrzehnten in vieler Hinsicht radikalen Wandel erfahren. Erfahrungswissen von Großeltern muß deshalb als veraltet erscheinen, und so erscheint es wohl in der Regel auch den Großeltern selbst. Heute lernen Großeltern eher von den Eltern und von den Kindern, wie mit Kindern umzugehen ist. Agnès Pitrou (1993) verweist auf Untersuchungen über Erziehungseinflüsse von der jüngsten zur ältesten Generation: Die „Einstellungen der Generation der 60- bis 70jährigen gegenüber neuen ehelichen und familialen Verhaltensweisen haben sich umso schneller weiterentwickelt, als die Vertreter dieser Generation direkt durch Kinder oder Enkelkinder mit diesen konfrontiert wurden und dadurch nicht einfach fortfahren konnten, diese ‚en bloc' zu verdammen" (S. 80). Am Leben des Kindes Anteil nehmend – so läßt sich hinzufügen – haben erwachsene Verwandte eine Chance zu erfahren, was es gegenwärtig heißt, Kind zu sein und wie Kindheit heute beschaffen ist. Liselotte Wilk (1993) betont für Großeltern und Enkel „die Chance beider Partner, ihre Lebenssituation besser zu bewältigen, durch das Wissen um die Vergangenheit einerseits, und das bessere Verstehen der Gegenwart andererseits" (S. 208).

Das überkommene Bild von nachsichtigen, die Enkel verwöhnenden Großeltern paßt sowohl zu diesem Ausschluß von Erziehungsverantwortung als auch zu den heute gültigen Erziehungsvorstellungen. Beziehungen zwischen Großeltern und Enkeln sind heute eher durch Gleichheit und Informalität, Wärme und Nachsicht gekennzeichnet, durch „pleasure without responsibility" (Barranti, 1985; Krappmann, 1997; Wilk, 1993). Das gilt vermutlich ebenso für Beziehungen zwischen anderen erwachsenen Verwandten und Kindern.

In Zeiten strengerer, die Selbstentfaltung von Kindern stark einschränkender Erziehungsregeln bezeichneten „Nachsicht" und „Verwöhnen" Verhaltensweisen gegenüber Kindern, die eigentlich nicht zugelassen waren. Verwandte konnten – und können wohl auch noch heute – sich damit von den pädagogischen Motiven distanzieren, denen Kinder bei Eltern, Erziehern und Lehrern ständig begegnen. Ein Indiz dafür, wie erwachsene Verwandte sich zum Erziehungsanspruch gegenüber Kindern stellen, kann die Art ihrer Geschenke für Kinder sein. Auf den kinderbezogenen Märkten finden sich Angebote, die im Dienst pädagogischer Konzepte stehen, neben solchen, die allein auf das Vergnügen der Kinder setzen. In jüngster Zeit sind Tendenzen bei Industrie und Medien zu beobachten, eine Kinderkultur zu unterstützen, die nicht zu den pädagogisch konzipierten Spiel- und Freizeitangeboten paßt und die keine pädagogischen Intentionen hat (Hengst, 1996). Verwandte, die Kinder „verwöhnen" wollen, kaufen ihnen dann schon einmal Geburtstags- oder Weihnachtsgeschenke, die Kinder sich sehr wünschen, aber von den Eltern nur schwerlich bekommen würden.

Die Beteiligung an aktueller Kinderkultur verlangt Mittel, die Kinder von Erwachsenen als Geschenk erbitten müssen, denn sie sind ja ökonomisch völlig abhängig. Eltern setzen solchen Wünschen nicht nur aus pädagogischen Gründen rasch Grenzen, sondern auch – und oft allein – wegen der Kosten. Gerade an dieser Stelle, wo Kinder Bedürfnisse nach zunehmender Eigenständigkeit und Unabhängigkeit von Erwachsenen realisieren wollen, können dann erwachsene Verwandte nützlich werden. Als Schenkende, nicht zuletzt auch von Geld, sind Verwandte für Kinder interessant. Verwandte haben keine Erziehungsmacht, wohl aber eine gewisse finanzielle Macht.

6. Verwandte als Freunde

Erwachsene Verwandte ohne Erziehungsmacht und ohne Erziehungsanspruch – erleichtert diese Tatsache Kindern und ihren Verwandten, miteinander Freunde zu werden? Liselotte Wilk (1993) beschreibt die Großeltern-Enkel-Beziehung als eine frei von verbindlichen Rollenkonzepten „von den beiden Partnern weitgehend frei gestaltbare Beziehung" (S. 205), die dementsprechend entweder eine gute oder keine Beziehung sei. „In erster Linie aber scheint der Wert, den Enkel heute für ihre Großeltern haben, ähnlich wie jener, den Kinder für ihre Eltern besitzen, auf der emotional-psychischen und nicht mehr auf einer instrumentell-materiellen Ebene zu liegen. Dies hat mit dazu beigetragen, daß die Beziehung zwischen Enkeln und Großeltern von einer distanziertrespektvoll-hierarchisch strukturierten zu einer der Freundschaft wurde, getragen von Wärme, Nähe und Zuneigung." (S. 207) Wenn schon die Großeltern-Enkel-Beziehung einen solchen Wandel erfährt, so ist anzunehmen, daß Beziehungen zwischen Kindern und anderen Verwandten erst recht frei gestaltbar sind. Wenn sie überhaupt intensiviert werden, dann als persönliche Freundschaft. Unterscheiden sich freundschaftliche Beziehungen von Kindern zu Verwandten von solchen zu nicht verwandten Freunden? Gibt es Momente in der Verwandtenbeziehung, die das Entstehen von Freundschaft zwischen Kindern und ihren Verwandten begünstigt oder erschwert? Gibt es verwandtenspezifische Wege in die Freundschaft?

Verwandtschaft ist eine natürlich zugewachsene Beziehung. Gleichaltrige verwandte Kinder werden meistens von ihren Eltern in der Erwartung zusammengeführt, daß sie sich als Freunde verhalten. Der Versuch wird nicht immer gelingen; auch Kinder mögen sich nicht immer. Wo er gelingt, wie bei Thomas und seinen Vettern, entfaltet sich die Freundschaft nach einem traditionalen Muster, das anders ist als das Muster der selbst gewählten Gleichaltrigenbeziehungen (zu letzterem Muster bei Thomas siehe Zeiher & Zeiher, 1994). Die Freundschaft zwischen verwandten Kindern kann in der Vorstellung ruhen, als Verwandte das Leben lang in Beziehung zu bleiben. Sie erscheint nicht so sehr wie die frei gewählte und frei gepflegte Freundschaft bedroht, zu zerfallen und durch andere Interessen oder Beziehungen abgelöst zu werden. Sie bleibt „Anhang der Eltern" und braucht als solche weniger eigene Bemühung, um erhalten zu werden. Das hat auch eine praktische Seite: Verabredungen unter den Kindern erübrigen sich, wenn die Treffen der Kinder in die Familientreffen eingebettet sind, die die Eltern arrangieren.

Von erwachsenen Verwandten erfahren Kinder Beziehungssuche von Geburt an. Kinder werden mit Erwartungen konfrontiert, den Erwachsenen, die sich um sie bemühen, Zuneigung entgegenzubringen. Verwandte suchen durch Freundlichkeit und Geschenke, die Liebe des Kindes zu gewinnen. Und Eltern erwarten vom Kind, daß es den Verwandten Einstellungen und Gefühle entgegenbringt, die sie, die Eltern, für angemessen halten. So mag es vorkommen, daß ein Kind einer Schwester seiner Mutter kaum je begegnet ist und dennoch erwartet wird, daß es diese Tante als ihm eng verbundene Verwandte liebt. Kinder werden hier sicherlich immer auch als Anhang ihrer Eltern behandelt, denn gute Beziehungen zwischen Kindern und Verwandten unterstützen gute Beziehungen zwischen den Eltern und diesen Verwandten.

Es gibt freilich gewichtige Gründe zu vermuten, daß Erwachsene auch eine eigene nahe Beziehung zum Kind suchen, und daß dieses Motiv heute eher bedeutsamer ist als in früheren Generationen. Die Spezialisierung der Kernfamilie auf das Aufziehen von Kindern ist eine zentrale Tendenz in der historischen Entwicklung der Familie. In diesem Zusammenhang, so die verbreitete Auffassung, haben emotionale Bindungen Erwachsener an Kinder immer mehr Gewicht bekommen (Ariès, 1975; Schütze, 1988; Shorter, 1977). Wenn andere Beziehungen, etwa im Arbeitsleben, sachlich und zeitlich partikular angelegt sind und wenn Partnerbeziehungen vom Zerfall bedroht erscheinen, wird in der Sicht von Eltern die Beziehung zum Kind zur einzig stabilen, dauerhaften.

In der elterlichen Liebe zum Kind fallen aktuelle Affektivität und Hoffnung auf lebenslange Dauer der wechselseitigen Zuneigung zusammen. Aufgrund von Untersuchungsergebnissen zur länger gewordenen gemeinsamen Lebenszeit von Eltern und Kindern ist die These aufgestellt worden, daß Eltern auch im Hinblick auf ihr eigenes Älterwerden an guten Beziehungen zu ihren Kindern sehr gelegen sein muß, und daß sie dies in der Bevorzugung entsprechender Erziehungsstile zum Ausdruck bringen (Bertram, 1995b; Nauck, 1989).

Lassen sich solcherart Motive Kindern gegenüber auch bei erwachsenen Verwandten vermuten? Zwei ältere Befragungsstudien von Familien mit Kindern zeigen, daß vor allem Verwandte und nur in geringem Umfang Freunde der Eltern Paten von Kindern wurden. Die Autoren nehmen dies als Symptom dafür, daß Eltern eher von Verwandtenbeziehungen als von Freundesbeziehungen erwarten, daß diese lebenslang bestehen werden (Lüschen, 1988; Pfeil & Ganzert, 1973). Es ist anzunehmen, daß auch Großeltern, Onkel und Tanten eines Kindes davon ausgehen, daß die Beziehung, die sie zu einem Kind aufbauen, Chancen hat, lebenslang zu währen. Sie werden davon zumindest mehr ausgehen als Freunde der Eltern dieses Kindes. Das heißt, auch bei ihnen mögen neben aktuellen auch langfristige Beziehungswünsche mitspielen, wenn sie sich um die Zuneigung eines Kindes bemühen. Wie sehr eine enge Beziehung zum Kind einzelnen Verwandten persönlich wichtig ist, wird von deren Lebenssituation abhängen. Ein großer Teil der Bevölkerung lebt allein, viele haben keine eigenen Kinder. So mag soziale Vereinzelung oder die Furcht davor in manchen Fällen mitspielen, wenn Nichten und Neffen zu Ersatzkindern werden und Großeltern sich emotional sehr stark an ihre Enkelkinder heften.

Beziehungswünsche von Verwandten werden nicht in jedem Fall auf Gegenliebe beim Kind stoßen. Es dürfte heute nur selten gelingen, einem Kind ein Verhalten aus bloßer „Artigkeit" abzuverlangen, wenn dies nicht einer Beziehungsqualität entspricht, die das Kind selbst wünscht. Denn Kinder sind es gewohnt, ihre Interessen mit den Erwachsenen auszuhandeln (du Bois-Reymond, 1994; Büchner, 1983) und ihre Neigungen und Gefühle zur Geltung zu bringen. Eltern nehmen Kinder heute in der Regel in ihrer besonderen individuellen Eigenart ernst. Erwachsene Verwandte werden das ebenso tun müssen, wenn sie eine freundschaftliche Beziehung zu einem Kind suchen.

Freundschaft braucht Inhalte, in denen Interesse aneinander und Verständigung möglich ist. Zwischen erwachsenen Verwandten und Kindern können das die oben genannten Verbindungen in der historischen Zeit sein: Familiengeschichten und Lebensgeschichten können in solchen Beziehungen Kindern bewußt werden und können das Verstehen der eigenen und der anderen Person erweitern. Zu gemeinsamen Inhalten können auch draußen vorgefundene Themen und Tätigkeitsmöglichkeiten werden, sofern sie Junge und Alte gleichermaßen interessieren. Wo so vieles, was Kinder tun, eigens für Kinder arrangiert ist, wo Kinder ihre eigene Kinderkultur produzieren, mag es oft nicht leicht sein, solche Themen zu finden. Nicht kindspezifische, nicht die Generationen trennende, sondern allen zugängliche Inhalte bieten die Medien. Medienangebote sind für Kinder ebenso wie für die Erwachsenen zugänglich. Hier entstehen

Verständigungsmöglichkeiten zwischen den Generationen (Barthelmes & Sander, 1997), auch zwischen Kindern und ihren erwachsenen Verwandten. Es mag symptomatisch sein, daß sich in den von uns untersuchten Tagesläufen der beiden Kinder bei jedem Kind nur einmal eine gemeinsame Tätigkeit mit erwachsenen Verwandten findet, die über das, was im Familienrahmen geschieht – Essen etwa – hinausgeht, und daß diese Tätigkeit Mediennutzung ist: *Manuela und ihr Onkel beschäftigen sich mit Computerspielen; Thomas sieht gemeinsam mit Großmutter und Tante fern.*

7. Verwandte und die Kindheitskonstruktion der Moderne

In den hier vorgestellten Überlegungen sind zwei Momente von Verwandtschaft hervorgetreten, die hinter der Oberfläche des Alltagslebens – auf der sich die Episoden von Manuelas und Thomas' Verwandtenkontakten bewegen – wirksam sind. Beide Momente betreffen Verbindungen zwischen Kindern und ihren Verwandten in der Zeit. Es sind erstens die gemeinsame Verankerung in einer familiengeschichtlichen Tiefe der Zeit und zweitens die Perspektive lebenslanger Dauer der Beziehung. Welchen Stellenwert haben diese beiden Momente in der gegenwärtigen gesellschaftlichen Konstruktion der Kindheit?

Familialisierung – die Privatisierung der Kinder in der sich auf Kinderaufzucht spezialisierenden Kernfamilie (Bollinger, 1980; Rosenbaum, 1982) – und Scholarisierung – die Vergesellschaftung von Erziehung und Bildung – sind die beiden ineinandergreifenden historischen Prozesse, in denen die heutigen Kindheitsstrukturen entstanden sind (Zeiher, 1996). Damit stehen Kinder in einem Spannungsfeld zwischen privater, personbezogener und öffentlicher, standardisierender Behandlung. Letztere bedeutet Universalität des vermittelten Wissens, Altershomogenität der Menschen, mit denen Kinder in den Bildungs-, Betreuungs- und Freizeitinstitutionen zusammenkommen, sowie Abtrennung von Lebenszeitstücken im Kindheitsverlauf, während deren je bestimmte altersspezialisierte Institutionen und Orte aufgesucht werden und je bestimmte alters- oder sachspezialisierte professionelle Kinderarbeiter zuständig sind. Demgegenüber ist die Familie der im Prinzip dauerhafte soziale Ort, an dem der Lebensprozeß des Kindes von Geburt an als ganzer und in seinen persönlichen Eigenheiten bewahrt und unterstützt wird.

Dieses Gegengewicht der Familie kann durch den Umgang mit Verwandten verstärkt werden, wenn in diesem Umgang für das Kind ein Bewußtsein zeitlicher Tiefe des Familienzusammenhangs und des eigenen Lebens lebendig wird. Die Beziehung zu Verwandten kann ein Korrektiv in allen drei genannten Aspekten darstellen: Der Universalität des in der Schule an Kinder vermittelten Wissens stehen die besonderen, von Verwandten persönlich erlebten Ereignisse und die in der Familie tradierten Geschichten gegenüber. Der Alters- und Berufshomogenität der Menschen, die in Kinderinstitutionen miteinander zu tun haben, steht die Altersheterogenität unter Verwandten gegenüber und bietet eine Möglichkeit, eigenes aktuelles Leben zu anderen Lebensaltern und anderen Lebensweisen in Beziehung zu setzen. Und ein Bewußtsein der eigenen Lebensgeschichte wird sich um so reichhaltiger ausbilden können, je mehr Menschen es gibt, die das Leben des Kindes dauerhaft begleitet haben, an denen das Kind Erinnerungen festmachen kann und die ihre Erinnerungen weitergeben können. *In Manuelas Tagesläufen erscheinen ein Onkel im Jugendalter und zwei Großmütter. Thomas ist mit einem gleichaltrigen Vetter gut befreundet, aber auch mit einem drei Jahre älteren Vetter sowie mit einer 22jährigen Tante. In seinen Tagesläufen erscheinen außerdem, neben den Onkeln und Tanten aus der Altersgruppe seiner Eltern, zwei Großmütter sowie eine Jugendliche, die seine Tante ist, und zwei andere Jugendliche, die seine Cousinen sind.*

Wie verhält es sich mit dem anderen verwandtenspezifischen Moment, der Perspektive lebenslanger Dauer der Beziehung, also der relativen Sicherheit von Verwandtenbeziehungen? Solange die besondere Versorgungsabhängigkeit der Kinder und der Alten allein auf Familie und Verwandtschaft lastete, war diese Sicherheit außerordentlich wichtig. Heute ist der diachrone Austausch von Versorgungsleistungen zwischen Familiengenerationen im Prinzip nicht mehr notwendig. Einerseits haben wohlfahrtsstaatliche Kranken- und Altenversorgung diesen ersetzt, andererseits ist die Zuständigkeit für die Kinderversorgung auf die Kernfamilie und auf diese unterstützende wohlfahrtsstaatliche Instanzen eingeschränkt. Auf beiden Seiten entstehen freilich immer wieder Unzulänglichkeiten und Lücken der Versorgung, in denen persönlicher Leistungsaustausch zwischen Familiengenerationen praktiziert wird. Verwandte, überwiegend Großeltern, betreuen recht häufig Kinder (Nauck & Bertram, 1995, siehe oben; Borchers & Miera, 1993; Mayr-Kleffel, 1991; Templeton & Bauereiss, 1994). In familiären Krisensituationen (Fabian, 1994) und wenn junge Familien des Kindes wegen in finanzielle Schwierigkeiten geraten (Marbach, 1994; Vascovics, 1993) helfen vor allem Großeltern.

Solche Hilfen sind zum einen wechselseitiger diachroner Austausch von Kinderbetreuung und Altenbetreuung zwischen den erwachsenen Generationen der Eltern und Großeltern. Großeltern helfen jungen Eltern, die zeitlichen und ökonomischen Belastungen, die durch Kinder entstehen, zu tragen. Andererseits können sie erwarten, später bei Bedarf selbst einmal Hilfe zu erhalten. Nicht minder bedeutsam ist vermutlich das Austauschverhältnis, das zwischen den helfenden Verwandten und den Kindern selbst besteht. Liselotte Wilk betont, daß Großeltern ihre Zuwendungen und Dienstleistungen freiwillig einbringen, und daß diese deshalb von einer guten persönlichen Beziehung abhängig sind (1993, S. 206). Kinder haben in diesem Verhältnis ebenfalls etwas zu geben, nämlich ihre Zuneigung und emotionale Nähe.

Um das gesellschaftliche Verhältnis zwischen Kindern und ihren Verwandten vollständig zu erfassen, ist die Ausgangsfrage auch von der anderen Seite aus zu stellen: Was bedeutet die Art und Weise, wie Kindheit gesellschaftlich konstruiert ist, für erwachsene Verwandte? Der Spezialisierung der Kernfamilie auf das Aufziehen von Kindern entspricht die Freisetzung der Menschen, die nicht Eltern versorgungsbedürftiger Kinder sind, aus der Familie in andere Lebensformen – häufig heißt das, in ein allein geführtes Leben. Die Separierung kleiner Haushalte ist immer auch mit der Gefahr sozialer Vereinzelung verbunden, wenngleich Alleinleben keineswegs Vereinzelung bedeuten muß (Bertram, 1995a, S. 26). Verwandtschaftliche Beziehungen zu Kindern zu pflegen, kann dieser Gefahr nicht nur in der Gegenwart begegnen – wo sie möglicherweise gar nicht akut ist –, sondern in der Perspektive auf spätere Lebensphasen, sofern sich die Beteiligten von solchen Beziehungen Dauerhaftigkeit versprechen.

Kinder sind also keineswegs nur Anhang ihrer Eltern oder nur Empfänger von Dienstleistungen und Geschenken ihrer Verwandten. Ihnen wird vielmehr eine „Gegenleistung" abverlangt: ein Beitrag zur psychischen Stabilisierung der Erwachsenen. Im hohen emotionalen Wert der Kinder, der das moderne Kindheitsbild bestimmt (Zelizer, 1985), kommt dies zum Ausdruck. Es wäre empirisch zu untersuchen, in welcher Weise und in welchem Umfang diese moderne Form verwandtschaftlicher Solidarleistungen der Kinder für Erwachsene in Beziehungen zwischen Kindern und ihren Verwandten praktiziert wird.

Literatur

Ariès, Philippe. (1975). *Geschichte der Kindheit.* München: Hanser.

Barranti, Chrystal C. R. (1985). The grandparent-grandchild relationship: Family resource in an era of voluntary bounds. *Family Relations, 34,* 343–352.

Barthelmes, Jürgen & Sander, Ekkehard. (1997). *Medien in Familie und Peer-group. Vom Nutzen der Medien für 13- und 14jährige.* München: Deutsches Jugendinstitut.

Bengtson, Vern L. & Robertson, Joan F. (1985). (Eds.). *Grandparenthood.* Beverly Hills: Sage.

Bertram, Hans. (1995a). Die Sicherheit privater Beziehungen. In Hans Bertram (Hrsg.), *Das Individuum und seine Familie.* Opladen: Leske + Budrich.

Bertram, Hans. (1995b). Kindheit in einer individualisierten Gesellschaft. In Institut für angewandte Familien-, Kindheits- und Jugendforschung an der Universität Potsdam, *Dokumentation zur Internationalen Konferenz „Familie und Kindheit im Wandel"* (S. 247–255). Potsdam.

Bollinger, Heinrich. (1980). Hof, Haushalt, Familie. In Ostner, Ilona & Pieper, Barbara (Hrsg.), *Arbeitsbereich Familie, Umrisse einer Theorie der Privatheit* (S. 13–72). Frankfurt a.M.: Campus.

Borchers, Andreas & Miera, Stephanie. (1993). *Zwischen Enkel-Betreuung und Altenpflege. Die mittlere Generation im Spiegel der Netzwerkforschung.* Frankfurt a.M.: Campus.

Bois-Reymond, Manuela du. (1994). Die moderne Familie als Verhandlungshaushalt. In Manuela du Bois-Reymond u.a. (Hrsg.), *Kinderleben. Modernisierung von Kindheit im interkulturellen Vergleich* (S. 137–219). Opladen: Leske + Budrich.

Büchner, Peter. (1983). Vom Befehlen und Gehorchen zum Verhandeln. In Ulf Preuss-Lausitz u.a., *Kriegskinder, Konsumkinder, Krisenkinder. Zur Sozialisationsgeschichte seit dem Zweiten Weltkrieg* (S. 196–212). Weinheim: Beltz.

Cherlin, Andrew J. & Furstenberg, Frank F. (1986). *The new American grandparent. A place in the family, a life apart.* New York: Basic Books.

Fabian, Thomas. (1994). Großeltern als „Helfer" in familiären Krisen. *Neue Praxis, 24* (5), 384–396.

Hagestad, Gunhild O. & Burton, Linda M. (1986). Grandparenthood, life context, and family development. *American Behavioral Scientist, 29,* 471–484.

Hengst, Heinz. (1996). Kinder an die Macht! Der Rückzug des Marktes aus dem Kindheitsprojekt der Moderne. In Helga Zeiher, Peter Büchner & Jürgen Zinnecker (Hrsg.), *Kinder als Außenseiter? Umbrüche in der gesellschaftlichen Wahrnehmung von Kindern und Kindheit* (S. 117–133). Weinheim: Juventa.

Kaiser, Peter. (1993). Beziehungen in der erweiterten Familie und unterschiedliche Familienformen. In Ann Elisabeth Auhagen & Maria von Salisch (Hrsg.), *Zwischenmenschliche Beziehungen* (S. 143–172). Göttingen: Hogrefe.

Kornhaber, Arthur & Woodward, Kenneth L. (1981). *Grandparents/grandchildren. The vital connection.* New York: Anchor Press.

Krappmann, Lothar. (1997). Brauchen junge Menschen alte Menschen? In Annette Lepenies & Lothar Krappmann (Hrsg.), *Alt und Jung – Spannung und Solidarität zwischen den Generationen* (S. 185–204). Frankfurt a.M.: Stroemfeld.

Lange, Andreas & Lauterbach, Wolfgang. (1997). *„Wie nahe wohnen Enkel bei ihren Großeltern?" Aspekte der Mehrgenerationenfamilie heute.* Konstanz: Universität Konstanz (Arbeitspapier Nr. 24 des Forschungsschwerpunkts „Gesellschaft und Familie").

Lauterbach, Wolfgang. (1995). Die gemeinsame Lebenszeit von Familiengenerationen. *Zeitschrift für Soziologie, 24* (1), 22–41.

Lüschen, Günther. (1988). Familial-verwandtschaftliche Netzwerke. In Rosemarie Nave-Herz (Hrsg.), *Wandel und Kontinuität der Familie in der BRD* (S. 145–171). Stuttgart: Enke.

Marbach, Jan H. (1994). Der Einfluß von Kindern und Wohnentfernung auf die Beziehungen zwischen Eltern und Großeltern. In Walter Bien (Hrsg.), *Eigeninteresse oder Solidarität. Beziehungen in modernen Mehrgenerationenfamilien* (S. 77–111). Opladen: Leske + Budrich.

Mayr-Kleffel, Verena. (1991). *Frauen und ihre sozialen Netzwerke. Auf der Suche nach einer verlorenen Ressource.* Opladen: Leske + Budrich.

Müller-Wiedemann, Hans. (1973). *Mitte der Kindheit. Das neunte bis zwölfte Jahr. Eine biographische Phänomenologie der kindlichen Entwicklung.* Stuttgart: Freies Geistesleben.

Nauck, Bernhard. (1989). Individualistische Erklärungsansätze in der Familienforschung: Die rational-choice-Basis von Familienökonomie, Ressourcen- und Austauschtheorien. In Rosemarie Nave-Herz & Manfred Markefka (Hrsg.), *Handbuch der Familien- und Jugendforschung* (S. 45–61). Neuwied: Luchterhand.

Nauck, Bernhard & Bertram, Hans. (Hrsg.). (1995). *Kinder in Deutschland. Lebensverhältnisse von Kindern im Regionalvergleich.* Opladen: Leske + Budrich.

Pfeil, Elisabeth & Ganzert, Jeanette. (1973). Die Bedeutung der Verwandten für die großstädtische Familie. *Zeitschrift für Soziologie, 2,* 366–383.

Pitrou, Agnès. (1993). Generationenbeziehungen und familiale Strategien. In Kurt Lüscher & Franz Schultheis (Hrsg.), *Generationenbeziehungen in „postmodernen" Gesellschaften* (S. 75–93). Konstanz: Universitätsverlag.

Roberto, Karen A. & Stroes, Johanna. (1992). Grandchildren and grandparents. Roles, influences, and relationships. *International Journal of Aging and Human Development, 34,* 227–239.

Rosenbaum, Heidi. (1982). *Formen der Familie.* Frankfurt a.M.: Suhrkamp.

Schütze, Yvonne. (1988). Zur Veränderung im Eltern-Kind-Verhalten seit der Nachkriegszeit. In Rosemarie Nave-Herz & Manfred Markefka (Hrsg.), *Handbuch der Familien- und Jugendforschung* (S. 311–324). Neuwied: Luchterhand.

Segalen, Martine. (1993). Die Tradierung des Familiengedächtnisses in den heutigen französischen Mittelschichten. In Kurt Lüscher & Franz Schultheis (Hrsg.), *Generationenbeziehungen in „postmodernen" Gesellschaften* (S. 157–169). Konstanz: Universitätsverlag.

Shorter, Edward. (1977). *Die Geburt der modernen Familie.* Reinbek: Rowohlt.

Templeton, Robert & Bauereiss, Renate. (1994). Kinderbetreuung zwischen den Generationen. In Walter Bien (Hrsg.), *Eigeninteresse oder Solidarität. Beziehungen in modernen Mehrgenerationenfamilien* (S. 249–278). Opladen: Leske + Budrich.

Vascovics, Laslzo A. (1993). Elterliche Solidarleistungen für junge Erwachsene. In Kurt Lüscher & Franz Schultheis (Hrsg.), *Generationenbeziehungen in „postmodernen" Gesellschaften* (S. 185–202). Konstanz: Universitätsverlag.

Wilk, Liselotte. (1993). Großeltern und Enkelkinder. In Kurt Lüscher & Franz Schultheis (Hrsg.), *Generationenbeziehungen in „postmodernen" Gesellschaften* (S. 203–214). Konstanz: Universitätsverlag.

Zeiher, Hartmut J. & Zeiher, Helga. (1994). *Orte und Zeiten der Kinder. Soziales Leben im Alltag von Großstadtkindern.* Weinheim: Juventa.

Zeiher, Helga. (1996). Kinder in der Gesellschaft und Kindheit in der Soziologie. *Zeitschrift für Sozialisationsforschung und Erziehungssoziologie, 16* (1), 26–46.

Zelizer, Viviana. (1985). *Pricing the priceless child.* New York: Basic Books.

Geschwisterbeziehungen im Lebenslauf

Hartmut Kasten

1. Einleitung

Die Bedeutung von Geschwistern für die individuelle Entwicklung liegt auf der Hand und wird nicht bestritten. Daß Geschwisterbeziehungen in der Sozialisationsforschung trotzdem lange Jahrzehnte wenig Beachtung gefunden haben, ist verwunderlich: Anderen Sozialbeziehungen, wie Eltern-Kind-Beziehungen, (Ehe-)Partnerbeziehungen, Peers-Beziehungen oder hierarchischen Beziehungen (z.B Vorgesetzter–Untergebene), wurde demgegenüber wesentlich mehr Aufmerksamkeit gewidmet.

Sutton-Smith und Rosenberg (1970) faßten in ihrem Buch „The sibling" die Ergebnisse der traditionellen Geschwisterforschung zusammen, die sich – überwiegend atheoretisch – mit den Einflüssen von Geburtsrangplatz und -position auf die Persönlichkeit befaßte. Zu Beginn der 1980er Jahre konstatierte Lamb in seiner zusammen mit Sutton-Smith (vgl. Lamb & Sutton-Smith, 1982) herausgegebenen Monographie „Sibling relationhips: Their nature and significance across the life span" eine gewisse Neuorientierung in der Geschwisterforschung: Zunehmend häufiger wären Untersuchungen zu registrieren, die nicht mehr „vordergründig" Effekte einfacher struktureller Variablen, wie Geburtsrangplatz oder Geschwisterzahl, untersuchen, sondern sich mit „dahinterliegenden" verursachenden Prozessen und Wechselwirkungen sowie intra- und interindividuellen Vergleichen – teilweise bereits in längsschnittlicher Perspektive und mit verbesserten Forschungsdesigns – beschäftigten. Die Zunahme monographisch orientierter Arbeiten in den späten 1980er und frühen 1990er Jahren untermauert Lambs Einschätzung nicht nur, sondern gibt ihr prognostische Validität. Lediglich Studien, in denen Ergebnisse interkultureller Vergleiche von Geschwisterbeziehungen vorgelegt werden, sind bis heute nur vereinzelt zu registrieren (vgl. Kasten, 1994a, S. 9 ff.).

Ob das gewachsene sozialwissenschaftliche Interesse am Forschungsgegenstand Geschwister (und Einzelkinder!) in Verbindung gebracht werden kann mit der sinkenden Geburtenquote in den reichen Industrieländern, ist eine offene Frage. Faktum ist dagegen, daß in Deutschland Familien mit Geschwisterkindern seltener werden: Das Statistische Jahrbuch für die Bundesrepublik belegt, daß 1993 in 51,1 Prozent aller Familien mit Kindern unter 18 Jahren nur ein Kind lebte, 37,8 Prozent der Familien hatten zwei Kinder, 8,7 Prozent drei Kinder und nur 2,4 Prozent vier oder mehr Kinder.

Im vorliegenden Beitrag wird auf eine Darstellung der Ergebnisse der traditionellen Geschwisterforschung verzichtet. Deren Theorieferne und geringe Validität aufgrund

methodischer Unzulänglichkeiten wiesen Ernst und Angst (1983) auf der Basis umfassender kritischer Reanalysen überzeugend nach. In aller Kürze skizziert werden die
wichtigsten Befunde interkultureller Vergleiche von Geschwisterbeziehungen. Ausgehend von begrifflichen Klärungen und der Charakterisierung grundlegender Dimensionen der Geschwisterbeziehung wird im Hauptteil des Beitrags die längsschnittliche
Entwicklung von „Nähe" und „Rivalität" als essentiellen Bestimmungsstücken von Geschwisterschaft beschrieben. In einem abschließenden, zusammenfassenden Absatz
werden Desiderate für die zukünftige Forschung umrissen.

2. Interkulturelle Vergleiche von Geschwisterbeziehungen

Als Meilenstein in der interkulturell orientierten Geschwisterforschung kann das von
Goldring Zukow (1989) herausgegebene Buch „Sibling interaction across cultures –
theoretical and methodological issues" betrachtet werden. In diesem interdisziplinär
orientierten Sammelband wurden erstmals zusammenfassend die Ergebnisse kulturver-
gleichender anthropologischer, linguistischer, psychologischer und soziologischer Untersuchungen präsentiert.

Der Anthropologe Weisner (1989) schlägt in diesem Band programmatisch vor, sich
an Universalien der Geschwisterbeziehung zu orientieren: Geschwister werden zum Beispiel in einer bestimmten Reihenfolge, mit einem bestimmten Altersabstand und mit
einem bestimmten Geschlecht geboren. Der Rückgriff auf solche strukturellen Variablen der Geschwisterkonstellation könnte über verschiedene Kulturen hinweg eine
standardisierte, geordnete Darstellung der Forschungsergebnisse erlauben.

Anknüpfend an verhaltensgenetisch orientierte Autoren (vgl. z.B. Plomin &
Daniels, 1987) geht Weisner davon aus, daß kulturimmanente Normen und Regeln in
weitem Umfang bestimmen, welche innerfamilialen und außerfamilialen Erfahrungen
Geschwister gemeinsam machen und welche nicht. Gesellschaftlich definierte Rollen
und Verhaltensvorschriften sind (mit-)verantwortlich dafür, wie Geschwister ihre Beziehungen zueinander und zu anderen Verwandten strukturieren, wie lange sie zum Beispiel miteinander in derselben Familie wohnen und auf welche Weise sie miteinander
umgehen: fürsorglich-hilfsbereit, rivalisierend-aggressiv, distanziert-abweisend usw.

Weisner empfiehlt der kulturvergleichenden Geschwisterforschung, methodisch an-
zusetzen an der Beobachtung und Beschreibung von „Aktivitäten-Settings", das heißt
abgrenzbaren Handlungskontexten mit spezifischen Akteuren, Aufgaben, Motiven, Zielen und Normen, in denen sich das Alltagsleben abspielt und die jeweilige Kultur in „In-
stant"-Form ausdrückt. Einleuchtend ist, daß solche Aktivitäten-Settings durchaus geeignet sind, um – im Hinblick auf den Forschungsgegenstand Geschwisterbeziehung –
die intrakulturelle Vielfalt und Homogenität, aber auch die Variabilität zwischen verschiedenen Kulturen deutlich zu machen.

Weisner selbst demonstriert an einer Reihe von eigenen Untersuchungen einge-
borener hawaiianischer Familien die Brauchbarkeit seines methodischen Ansatzes. Die

von ihm zutage geförderten Befunde machen aufmerksam auf umfassende kulturelle Wandlungsprozesse, denen derzeit die traditionellen polynesisch-pazifischen Werte von Geschwistersolidarität und Geschwisterversorgung unterworfen sind (Weisner, 1989, S. 19 ff.). Auch die Forschungsergebnisse anderer Autoren (alle in Goldring Zukow, 1989), die ihre Studien in Stammesgesellschaften in Westafrika (Whittemore & Beverley), Melanesien (Watson-Gegeo & Gegeo), Zentralmexiko (Goldring Zukow) sowie chinesischen und mexikanischen Immigrantenfamilien in den USA (Ervin-Tripp) durchführten, belegen die Abnahme von Versorgungsverhalten, Solidarität und Fürsorglichkeit zwischen Geschwistern durch zunehmenden Kontakt mit den Wertestandards der Industrie- und Leistungsgesellschaft.

Die von den zitierten Autoren vorgelegten Befunde verdeutlichen aber auch, daß in den großen Geschwisterreihen der Stammesgesellschaften traditionelle geschwisterbezogene Verpflichtungen noch weitverbreitet sind. In Industrieländern wird an vergleichbare Verpflichtungen von seiten der Eltern allenfalls noch dann (hin und wieder) appelliert, wenn ein behindertes Kind geboren wurde, dessen Versorgung und Betreuung von den Eltern (wenn sie älter werden) allein nicht mehr zu bewerkstelligen ist. In der Regel jedoch sind, sieht man von schicht- und geschwisterzahlabhängigen Ausnahmen ab, die älteren Geschwister heute bereits weitgehend entbunden von Aufgaben und Pflichten gegenüber ihren jüngeren Geschwistern. Diese Regel gilt jedoch nicht für Einwandererfamilien der ersten Generation, in denen die älteren, im Einwanderungsland geborenen Kinder ihren jüngeren Geschwistern tendenziell immer noch häufiger zwischenmenschliche Werte, wie Kooperation, Hilfsbereitschaft, Respekt vor den Älteren, Einordnung in die Gemeinschaft usw., und seltener leistungsbezogene Orientierungsmuster vermitteln (vgl. Ervin-Tripp, 1989).

Festzuhalten bleibt zum einen, daß die interkulturell vergleichende Geschwisterforschung auf die Vielfalt der von Kultur zu Kultur variierenden Ausprägungsformen von Geschwisterbeziehung aufmerksam macht und dadurch zur Überwindung ethnozentrischer Sichtweisen beiträgt. Zum anderen darf nicht aus den Augen verloren werden, daß der Kulturvergleich in besonderem Maße von der Verwendung anspruchsvoller methodischer Designs abhängig ist (z.B. Kombination von reaktiven und nichtreaktiven Erhebungstechniken), wenn er zuverlässige und gültige Analysen der sich in komplexen Bedingungsgefügen vollziehenden Veränderungen leisten will. Seine innovative Rolle im Bereich der Methodenentwicklung ist somit nicht zu bezweifeln (vgl. dazu die ausführlicheren Hinweise in Kasten, 1994a, S. 10 ff.).

3. Geschwister„beziehung": Begriffliche Klärungen und grundlegende Dimensionen

Geht man von der umgangssprachlichen Bedeutung des Begriffs „Beziehung" aus, so wird mit ihm unterstellt, daß zwischen zwei Individuen ein (wie im Einzelfall auch immer beschaffenes) bestimmtes (und bestimmbares) zwischenmenschliches Verhältnis existiert. Angezweifelt werden kann mit Recht, ob mit dieser Wortbedeutung nicht der Blick auf die psychologische Realität versperrt wird: Beziehungen haben eine Entstehungsgeschichte und wandeln sich im Laufe der Zeit unter Umständen beträchtlich. Andererseits erscheint es durchaus sinnvoll zu sein zu postulieren, daß Beziehungen charakterisiert werden können durch spezifische, relativ invariante Merkmale, aufgrund derer sie sich voneinander unterscheiden. Zu fragen ist, ob sich an Geschwisterbeziehungen solche essentiellen Merkmale aufweisen lassen, die verwendet werden können, um sie von anderen zwischenmenschlichen Beziehungen abzugrenzen.

Was die Frage nach „essentials", Bestimmungsstücken oder grundlegenden Dimensionen der Geschwisterbeziehung betrifft, so erbringt eine sorgfältige Analyse des Forschungsstandes (vgl. Kasten, 1993, 1994a) tatsächlich einige konvergierende Ergebnisse. Geschwisterforscher unterschiedlicher Provenienz, Ethologen, Psychoanalytiker, Psychologen, Soziologen, sind sich in einer Reihe von Punkten einig: (1) Die Geschwisterbeziehung ist die längste, das heißt zeitlich ausgedehnteste Beziehung im Leben des Menschen. (2) Geschwisterbeziehungen besitzen etwas Schicksalhaftes, weil man sie sich nicht aussuchen kann, sondern in sie hineingeboren wird. (3) Geschwisterbeziehungen können nicht beendet werden, sie wirken fort, auch wenn sich die Geschwister getrennt haben oder keine Kontakte mehr stattfinden. (4) In unserem Kulturkreis gibt es keine gesellschaftlich kodifizierten Regeln, die auf den Ablauf und die Gestaltung von Geschwisterbeziehungen Einfluß nehmen (so wie Heirat, Scheidung, Taufe, Kündigung oder andere legislativ bzw. religiös verankerte Prozeduren und Rituale). (5) Zwischen Geschwistern existieren mehr oder weniger ausgeprägte, ungeschriebene Verpflichtungen, die sich in solidarischem, Anteil nehmendem, hilfsbereitem und hilfreichem Verhalten manifestieren können. (6) Durch das „Aufwachsen in einem Nest" können Geschwisterbeziehungen durch ein Höchstmaß an Intimität charakterisiert sein, das in keiner anderen Sozialbeziehung erreicht wird. (7) Typisch für die meisten Geschwisterbeziehungen ist eine tiefwurzelnde (oftmals uneingestandene) emotionale Ambivalenz, das heißt das gleichzeitige Vorhandensein von intensiven positiven Gefühlen (Liebe, Zuneigung) und negativen Gefühlen (Ablehnung, Haß).

In welchem Umfang diese „essentials" verallgemeinerbar sind, ist teilweise noch klärungsbedürftig. Die Geschwisterforschung hat sich in den letzten zweieinhalb Jahrzehnten vor allem um die empirische Durchdringung der zuletzt genannten Bestimmungsstücke „Verpflichtung", „Intimität" und „Ambivalenz" bemüht.

In vorliegendem Zusammenhang stellt sich vor allem die Frage, in welchem Umfang die vorangehend aufgeführten „essentials" tragfähig sind für Forschungsarbeiten und Theoriebildungen, die sich mit der Entwicklung der Geschwisterbeziehung über die Lebensspanne hinweg beschäftigen.

Konstatiert werden kann, daß Lambs Einschätzung von 1982, nach der in der empirischen Psychologie ein zunehmendes Interesse auch an der längsschnittlichen Entwicklung von Geschwisterbeziehungen registriert werden kann (vgl. Lamb, 1982, S. 1), teilweise noch desiderativen Charakter hat: Echte Längsschnittuntersuchungen prospektiven Zuschnitts sind bis heute äußerst selten. Gelegentlich angetroffen werden können

Studien, die sich bemühen, auf der Grundlage retrospektiv erhobener Daten Entwicklungsverläufe und Entwicklungsregelmäßigkeiten zu rekonstruieren oder Miniatur-Längsschnittstudien, in denen relativ kurze Zeitabschnitte (ein bis zwei Jahre) als Prozeß untersucht werden. Im wesentlichen basiert der heutige Kenntnisstand aber auf Daten, die ursprünglich in Querschnittuntersuchungen erhoben wurden und durch komparative und additive Aufbereitung sozusagen längsschnittlich aneinandergereiht worden sind. Dementsprechend sind theoriebezogene Arbeiten kaum anzutreffen und theoretische Konstrukte und Modellvorstellungen rar.

Einige wenige inhaltliche Konzepte von Entwicklungsphasen übergreifendem Zuschnitt, wie Nähe, Rivalität, Hilfe/Unterstützung, die eine gewisse Affinität zu den oben angegebenen „essentials" besitzen, scheinen sich als Ordnungsraster zu eignen, um auf die Lebensspanne bezogene Forschungsergebnisse in eine übersichtliche und überschaubare Form zu bringen.

4. Entwicklungsaufgaben für Geschwister

Daneben bietet sich das von Havighurst (z.B. 1963) schon vor Jahrzehnten vorgeschlagene entwicklungspsychologische und pädagogische Konzept der „developmental tasks" als ordnungsstiftende Strukturierungshilfe an: Die Familiensoziologin Goetting (1986) griff das Havighurst-Konzept auf und versuchte, auf der Grundlage einer Literaturanalyse wichtige prosoziale Entwicklungsaufgaben aufzuzeigen, die Geschwister im Laufe des Lebens miteinander zu bewältigen haben:

(1) In der Kindheit und Jugend sind das in erster Linie wechselseitige emotionale Unterstützung, Aufbau von Freundschaft und Kameradschaft; die älteren Geschwister helfen den jüngeren, man erweist sich kleine Gefälligkeiten und steht einander bei, solidarisiert sich und bezieht zum Beispiel gemeinsam Front gegen Dritte (gelegentlich auch gegen die eigenen Eltern).

(2) Während des frühen und mittleren Erwachsenenalters zählen auch wieder Kameradschaft und gegenseitige emotionale Unterstützung; man übernimmt gemeinsam die Pflicht des sich Kümmerns um die älter werdenden Eltern, die Auflösung des elterlichen Haushaltes, die Nachlaßfrage; in Krisensituationen ist Beistand und Hilfe (seltener materieller Art) angezeigt; Gefälligkeiten sind erwünscht.

(3) Im späteren Erwachsenenalter und höheren Alter erhalten Kameradschaft und wechselseitige gefühlsmäßige Unterstützung besonderes Gewicht; Geschwister sind füreinander vonnöten, wenn es darum geht, vergangene, konflikthafte Ereignisse aufzuklären und zum Beispiel (latent immer noch vorhandene) Rivalitätsprobleme endgültig aufzuarbeiten; in der Not hilft man sich und ist füreinander da, erweist sich Gefälligkeiten und vermittelt einander das Gefühl, sich auf den anderen verlassen zu können.

Goetting betont, daß sie sich bei ihrem Versuch, das „developmental tasks"-Konzept für die Geschwisterforschung nutzbar zu machen, auf prosoziale Entwicklungsaufgaben, die Geschwister in unserem Kulturkreis zu bewältigen haben, beschränkt. Einige dieser Entwicklungsaufgaben sind phasenspezifisch und typisch für einen bestimmen Entwicklungsabschnitt, andere weisen eine gewisse Konstanz auf und bleiben über die gesamte Lebensspanne hinweg erhalten. Für Goetting ist das Verhältnis zwischen Geschwistern insofern einzigartig, als sozusagen allein aufgrund der verwandtschaftlichen Bande in der Regel eine tiefwurzelnde Bindung aufgebaut wird, die garantiert, daß man über Zeit und Raum hinweg einander gewogen bleibt und füreinander da ist.

Anzufügen bleibt, daß es sich bei Goettings Vorschlag lediglich um ein deskriptives, kulturspezifisches Modell handelt, das gewisse Plausibilität, aber keinerlei Erklärungskraft besitzt und von dem aus sich auch keine Hinweise auf Entstehungsbedingungen und kausale Zusammenhänge ableiten lassen. Mit Hilfe dieses Modells kann zum Beispiel die interessante Frage nicht beantwortet werden, wieso manche Geschwister ihre Entwicklungsaufgaben erfüllen und ein Leben lang miteinander verbunden bleiben und intensiven Kontakt halten, während für andere Geschwister Distanz und emotionales Desinteresse charakteristisch sind. Weitere Forschung ist notwendig, um zu klären, in welchem Umfang Entwicklungsaufgaben in der individuellen Sozialisation zum Tragen kommen und – im Sinne von ungeschriebenen Verpflichtungen und Wertorientierungen – die persönliche Lebensgestaltung von Geschwistern bestimmen.

5. Nähe als übergreifendes Konstrukt

In einer großen Zahl empirisch orientierter Arbeiten wurde versucht, mit (mehr oder weniger gut operationalisierten) Konstrukten, wie „affection" (z.B. Furman & Buhrmester, 1985), „affiliation" (Bedford, 1989), „closeness" (Gold, 1989) oder „intimacy" (Mosatche, Brady & Noberini, 1983), die zwischen Geschwistern im allgemeinen nachweisbare Nähe, Vertrautheit und gefühlsmäßige Verbundenheit zu erfassen. Die methodischen Bemühungen des Meßbarmachens von „Nähe" zielen dabei in zwei Richtungen: Erfassung von „Nähe" als innerpsychischem Zustand durch Aufzeigen von „subjektiven" Variablen (z.B. Emotionalität, innere Wahrnehmung), Erfassung des Konstruktes von „außen" durch soziologische, soziodemographische und physikalische Variablen (z.B. Kontakthäufigkeit, geographische Distanz der Wohnorte, Familienstand, Kinderzahl).

Versucht man die vorgelegten Befunde in längsschnittlicher Orientierung zusammenzufügen, so zeichnet sich folgendes Gesamtbild ab: In der frühen Kindheit ist es zunächst Aufgabe der Eltern, einer Beziehung zwischen den Geschwistern den Weg zu ebnen. Nach Kreppner, Paulsen und Schütze (1981, S. 108), die ein Drei-Phasen-Modell für die Zeit nach der Geburt des zweiten Kindes in der Familie vorlegten, obliegt es den Eltern in der ersten und zweiten Phase (bis ungefähr zum 16./17. Lebensmonat des jüngeren Geschwisters), „die Beziehung der Geschwister zueinander zu regeln und den unterschiedlichen Ansprüchen der beiden Kinder gerecht zu werden". Im Verlaufe der dritten Phase, die bis zum vollendeten zweiten Lebensjahr des zweitgeborenen Kindes dauert, nehmen nach Einschätzung der drei Autoren die Konflikte zwischen den Geschwistern allmählich ab, und nach und nach etabliert sich zwischen ihnen eine Beziehung, die auch unabhängig von elterlichen Einflüssen Eigendynamik gewinnt.

Einige britische, US-amerikanische und kanadische Forscherteams (z.B. Corter, Abramovitch & Pepler, 1983; Dunn & Kendrick, 1981; Teti & Ablard, 1989), die sich – inspiriert vom Attachment-Konstrukt (vgl. Ainsworth, 1973; Bowlby, 1969) – mit der Entwicklung von Attachment oder Anhänglichkeit zwischen Geschwistern im Verlaufe der frühen Kindheit beschäftigten, fanden Anhaltspunkte dafür, daß die jüngeren Geschwister mehr Attachment-Verhalten bezogen auf die älteren Geschwister zeigen als umgekehrt und dafür, daß eine sichere und verläßliche Bindung beider Kinder an die Mutter dem Aufbau von Anhänglichkeit zwischen den Geschwistern förderlich ist. Generell kann festgehalten werden, daß es während der gesamten Kindheitsjahre entscheidend von den Eltern abhängt, ob sich zwischen den Geschwistern eine positive, nahe, von Rivalität weitgehend ungetrübte Beziehung aufbaut und aufrechterhält.

Erwähnenswert sind in diesem Zusammenhang aber auch die Waisenkinder von Theresienstadt, eine Gruppe nichtverschwisterter Kleinkinder, die nach der Ermordung ihrer Eltern im Konzentrationslager einige Jahre weitgehend ohne erwachsene Bezugspersonen aufwuchsen. Zwischen ihnen baute sich – möglicherweise als Reaktion auf den frühen Elternverlust, wie Anna Freud, die später mit der psychiatrischen Betreuung der Kinder befaßt war (vgl. z.B. Freud & Dann, 1951), vermutete – eine extreme Nähe und gegenseitige Abhängigkeit auf; die Kinder waren füreinander Elternersatz und gaben einander die Nähe und Liebe, die für intakte Eltern-Kind-Beziehungen charakteristisch sind.

Erwähnenswert sind des weiteren Beobachtungen psychoanalytisch orientierter Autoren (z.B. Parens, 1988), die in Fallstudien Belege dafür fanden, daß Geschwister füreinander Objekte libidinöser Besetzung („Liebesobjekte") und Babyersatz sein können.

Ein geringer Altersunterschied und Gleichgeschlechtlichkeit begünstigen wechselseitige Identifikationsprozesse zwischen den Geschwistern, worauf zum Beispiel auch die mit ihrem Buch „Geschwister-Bindung" (1989) bekannt gewordenen Familientherapeuten Bank und Kahn hinweisen, die zwischen Geschwistern mit „hohem (emotionalen) Zugang" zueinander und niedrigem Zugang differenzieren. Ein niedriger emotionaler Zugang zueinander (und wenig Nähe und Intimität) korreliert häufig mit einem großen Altersunterschied (von mehr als acht Jahren) und Ungleichgeschlechtlichkeit (vgl. Bank & Kahn, 1989, S. 14).

Zwischen Geschwistern mit hohem emotionalen Zugang kann sich natürlich auch öfter ein negatives Gefühlspotential aufbauen, jedoch spricht der gegenwärtige Forschungsstand eher dafür, daß sich Geschwisterbeziehungen im Verlaufe der mittleren und späten Kindheit in der Regel zunehmend egalisieren und harmonisieren. Dazu tragen möglicherweise die heutzutage weitverbreitete partnerschaftliche und individualisierende Erziehung der Kinder und das von Schachter (1982) beschriebene Phänomen der „Deidentifikation" bei. Nicht zuletzt aufgrund der Tatsache, daß es für alle Beteiligten sehr belastend ist, für längere Zeit negative Emotionen und aggressiv-feindselig getönte Aggressionen aufrechtzuerhalten, spielen sich gerade zwischen altersmäßig eng benachbarten und gleichgeschlechtlichen Geschwistern häufig Prozesse der Abgrenzung und des Aufbaus eigener Person- und Objektbesetzungen ab, die Schachter als „Deidentifikationen" bezeichnet. Dabei kommt es auch zu „split-parent"-Identifikationen: Ein Geschwister identifiziert sich stärker mit der Mutter, das andere stärker mit dem Vater. Im Laufe der Zeit entspannt sich dadurch, daß jedes Geschwister seine eigenen Kontakte und Beziehungen und eigenen Beschäftigungsvorlieben und Interessen ausbaut, die negativ getönte Situation.

Eine Reihe von Forschungsbefunden spricht dafür, daß sich im Verlaufe der Jugendjahre Geschwister immer mehr von der Herkunftsfamilie wegbewegen: Die gleichgeschlechtlichen Freundschaften und im allgemeinen ungleichgeschlechtlichen Liebesbeziehungen erhalten einen immer höheren emotionalen Stellenwert, demgegenüber die Geschwister zunehmend in den Hintergrund rücken (vgl. z.B. Pulakos, 1989).

Die während der Adoleszenz und frühen Erwachsenenjahre anstehenden Entwicklungsaufgaben, eine eigene Identität (unabhängig von den innerfamilialen Bezugspersonen) und Intimität aufzubauen, das heißt die Fähigkeit, enge Beziehungen einzugehen, zu gestalten und aufrechtzuerhalten, führen dazu, daß sich die Geschwister (häufig auch geographisch) etwas voneinander entfernen und die Nähe zwischen ihnen geringer wird. Daß sich in Fällen von unerwarteten kritischen Lebensereignissen, zum Beispiel Arbeitslosigkeit, lebensbedrohenden Erkrankungen, Tod eines nahen Angehörigen, Geschwisterbeziehungen sehr schnell wieder intensivieren können und Bewältigungspotential zur Verfügung stellen, mit dessen Hilfe Schwierigkeiten und Widrigkeiten ertragen und gemindert werden, wurde in der Forschung mehrfach belegt (z.B. Mosatche, Brady & Noberini, 1983).

Im mittleren Erwachsenenalter, wenn der Beruf und die Karriere, die Partnerbeziehung und die Kindererziehung im Vordergrund stehen, rücken die Geschwister (und meist auch die eigenen Eltern) etwas in den Hintergrund. Nicht selten reduzieren sich während dieser Altersphase die geschwisterlichen Kontakte auf regelmäßige, fast ritualisierte Treffen zu besonderen Anlässen, wie Feiertage, Geburtstage oder Jubiläen. Wenn Geschwister – untypischerweise – auch in dieser Zeit engere Kontakte unterhalten, hängt dies mit besonderen Konstellationen und Variablen zusammen. In einem von Connidis vorgeschlagenen und ansatzweise bereits empirisch geprüften Modell spielen besonders die folgenden Faktoren eine wichtige Rolle: Gleichgeschlechtlichkeit, Familienstand ledig und ohne Anhang, Kinderlosigkeit, geographische Nähe, gegenseitiges Vertrauen, Häufigkeit der physischen Kontakte und Wahrnehmung des Geschwisters als enger Freund. Pfadanalytisch nachgewiesen werden konnte zum Beispiel, daß alleinstehende und kinderlose Geschwister häufiger räumlich näher zusammenleben, engeren Kontakt haben und größeres gegenseitiges Vertrauen empfinden und somit eine engere, freundschaftliche Beziehung unterhalten als Geschwisterpaare, die verheiratet sind und eigene Kinder haben (Connidis, 1989). Eine im Durchschnitt jedoch eher zunehmende innere Distanz, das heißt Abnahme von Nähe, kann für diesen Altersabschnitt als gesichert gelten.

Im späteren Erwachsenenalter und höheren Alter rücken die Geschwister dann in der Regel wieder näher zusammen. Wenn die erwachsen gewordenen Kinder das Haus verlassen haben, beginnen für die Geschwister gemeinsame Entwicklungsaufgaben, in deren Mittelpunkt die alten Eltern stehen. Brody, Hoffman, Kleeban und Schoonover (1989) konnten in ihrer Untersuchung nachweisen, daß sich zwischen älter werdenden Geschwistern besonders dann wieder Nähe aufbaut, wenn Fragen, welche die Versorgung und Betreuung der pflegebedürftigen Eltern betreffen, gemeinsam und zufriedenstellend bewältigt werden können. Konflikte und Spannungen entstehen oftmals dadurch, daß sich die männlichen Geschwister aus der Verantwortung für die Versorgung der alten Eltern (emotional und physisch, nicht unbedingt auch ideell und materiell) weitgehend heraushalten und die weiblichen Geschwister (besonders die älteste Schwester), dem traditionellen Geschlechtsrollenstereotyp entsprechend, sich in der Hauptsache um die Pflege und Betreuung des gebrechlichen Elternteils kümmern.

Zu einer – meist vorübergehenden – Abnahme von Nähe zwischen den Geschwistern kann es auch kommen, wenn sich bei der Auflösung des Elternhaushalts und Nachlaßregelung Meinungsverschiedenheiten ergeben.

Daß sich Nähe zwischen Geschwistern im höheren Alter nicht automatisch und gleichsam von selbst wieder einstellt, sondern oftmals erst allmählich in einem Prozeß der verstärkten wechselseitigen Kontaktaufnahme und des Sichaustauschens wiederaufgebaut wird, belegt eine Reihe von Untersuchungen (Bedford, 1989; Gold, 1987; Suggs, 1989). Nicht selten müssen Konflikte der Vergangenheit, zum Beispiel unerfreuliche Kindheitserlebnisse, Vertrauensbrüche, unterschiedliche Wertorientierungen und Grundhaltungen, noch einmal durchgearbeitet und verkraftet werden, oder andere Spannungen, die zum Beispiel dadurch entstehen, daß ein Verlust der Eigenständigkeit oder eine Minderung des Selbstwertgefühls (durch krankheits- oder altersbedingte Hilfsbedürftigkeit) drohen, abgebaut werden.

Interessante Zusammenhänge zwischen subjektivem Wohlbefinden und der Qualität der Geschwisterbeziehung im höheren Lebensalter konnte Cicirelli (1989) nachweisen: Die positive Beziehung (und Bindung) an ein weibliches Geschwister scheint sowohl für Männer als auch für Frauen im Alter für das persönliche Wohlbefinden (gemessen am Fehlen von Depressionssymptomen) zentrale Bedeutung zu besitzen. Für die positive Bindung an ein männliches Geschwister ist ein derartiger Effekt nicht festzustellen. Cicirelli interpretiert diese Ergebnisse unter Anlehnung an das Attachment-Konzept sensu Bowlby (1969) und Ainsworth (1973): Ältere Schwestern fungieren im Alter häufig als Mutterersatz, sind also – in Vertretung der längst verstorbenen Mutter – zuständig für die emotionale (und physische) Versorgung, zwischenmenschliche Nähe und Aufrechterhaltung der innerfamilialen Bindungen.

Daß viele Geschwister nicht bereit sind, auf ihre Unabhängigkeit zugunsten von mehr Nähe in der Geschwisterbeziehung zu verzichten, machen Untersuchungsergebnisse, über die Borland (1987) berichtet, deutlich: Die Autorin, die sich mit der Bereitschaft älterer Geschwister, zusammenzuziehen und einen gemeinsamen Haushalt zu führen, beschäftigte, stellte fest, daß es sich in 90 Prozent der Fälle um Schwestern han-

delte, in deren Haushalt gezogen wurde. Nur knapp die Hälfte der befragten Probanden war überhaupt bereit, mit einem Geschwister zusammenzuziehen. Auf einem Beur-
teilungsbogen wurde „Zusammenleben mit einem Geschwister" deutlich niedriger ein-
gestuft als „Im Altersheim untergebracht sein" und auf dieselbe Stufe gestellt wie
„Leben bei einem eigenen Kind".

Reziprozität, gleichberechtigtes Handeln und wechselseitige Unterstützung scheinen
unabdingbare Voraussetzungen zu sein für den Aufbau und die Aufrechterhaltung von
Nähe zwischen Geschwistern im höheren Alter (vgl. z.B. James, James & Smith, 1984).

Gold (1989), die sich mit den Bedingungen für „generationale Solidarität" befaßte,
konnte ergänzend belegen, daß Nähe meistens in Verbindung mit innerem Involviert-
sein, Akzeptanz und gegenseitiger Billigung vorkommt. Die Autorin legte eine Reihe
von korrelationsstatistisch und faktorenanalytisch gewonnenen Befunden vor, die das
Verflochtensein von Nähe mit zahlreichen anderen, intervenierenden Variablen deutlich machen. Sie interpretiert ihre Ergebnisse als Indiz dafür, daß Geschwisterbeziehungen auch noch im Alter etwas sehr Lebendiges und Veränderbares sind. Wenn sich
Nähe und Kontakthäufigkeit während des Erhebungszeitraums von zwei Jahren als relativ konstant erwiesen, so kann dies als Beleg dafür gewertet werden, daß die emotionale
Verbundenheit zwischen älteren Geschwistern nicht so sehr als Ergebnis direkter Interaktionen, sondern eher als Resultat einer langen gemeinsamen Lebensgeschichte begriffen werden muß.

Das Forscherehepaar Moss (1986) befaßte sich in einer Erkundungsstudie mit der
Frage, wie alte Menschen den Tod eines Geschwisters verarbeiten. Sie fanden – zu ihrer
eigenen Überraschung – heraus, daß sich nur ein Drittel der befragten 20 Probanden
im Durchschnittsalter von 77 Jahren durch den Geschwistertod sehr stark betroffen
fühlten; es handelte sich hierbei überwiegend um Personen, die ihre Beziehung zum
verstorbenen Geschwister als sehr eng und nah bzw. als extrem ambivalent charakteri-
sierten. Die Mehrheit der befragten alten Menschen beschrieb sich als gefühlsmäßig
nicht besonders betroffen (es waren dies zumeist Personen, die ihr Leben lang keine
sehr enge Beziehung zu ihrem Geschwister unterhalten hatten). Viele Geschwister thematisierten von sich aus auch positive Auswirkungen des Geschwistertods auf ihre
eigene Identität: Sie fühlten sich gesünder und vitaler, weil sie das (zuweilen sogar jüngere) Geschwister überlebt hatten. Auf im Zusammenhang mit dem Geschwistertod erlebte Gefühle der Beeinträchtigung, Minderung und Verarmung der eigenen Identität
kam nur eine Minderheit der Probanden zu sprechen (vgl. Moss & Moss, 1989,
S. 105 ff.).

6. Rivalität: Die negative Komponente in der Geschwisterbeziehung

Über die Wurzeln geschwisterlicher Rivalität wird bis heute kontrovers diskutiert: Psychoanalytiker sprechen vom „Entthronungstrauma" des erstgeborenen Geschwisters,
das mit der Geburt seines Bruders/seiner Schwester die elterliche Liebe und Zuwen-

dung nicht mehr ungeteilt erfährt. Empirisch orientierte Psychologen führen Rivalitäts-
motive zurück auf von den Geschwistern selbst angestellte Vergleiche, die von den
Eltern häufig initiiert oder aufgegriffen und weitergeführt werden. Evident ist, daß
solche Vergleichsprozesse zwischen Geschwistern in einer Leistungsgesellschaft allge-
genwärtig sind und besonders häufig vorkommen, wenn die Geschwister sich als ähnlich erleben, was natürlich eher dann der Fall ist, wenn kein großer Altersunterschied
zwischen ihnen besteht und sie dasselbe Geschlecht haben.

Methodisch erfaßt wird Rivalität zum einen durch Operationalisierungsbemühun-
gen von „außen", zum Beispiel durch Präzisierung von Beobachtungskategorien, in
denen konkrete Verhaltensweisen inventarisiert sind, oder durch Versuche, Rivalität
durch Spezifizierung innerpsychischer (meist emotionsnaher) Variablen, wie Eifersucht-
oder Neidimpulse, meßbar zu machen.

Die vor allem in Beobachtungsstudien zutage geförderten Befunde (z.B.
Abramovitch, Corter, Pepler & Stanhope, 1986) zur Entwicklung von Rivalität in der
frühen Kindheit untermauern die zentrale Bedeutung der Eltern, insbesondere der
Mutter, in den ersten Lebensjahren. Rivalität – und die damit einhergehenden negativen Emotionen – manifestiert sich in der Regel zunächst beim älteren Geschwister
und äußert sich oft in Form von aggressiven, feindseligen Verhaltensweisen bezogen auf
das jüngere Geschwister. Mit dem Heranwachsen des jüngeren Geschwisters werden die
rivalisierenden Auseinandersetzungen gleichberechtigter und spätestens dann nicht
mehr so häufig registriert, wenn die Geschwister eigene Wege zu gehen beginnen,
eigene Beschäftigungsvorlieben aufbauen und eigene Freundschaften außerhalb der
Familie anknüpfen (z.B. beim Eintritt in einen Kindergarten oder die Grundschule).

Die Einflüsse elterlichen Erziehungsverhaltens auf die Regulation geschwisterlicher
Rivalität sind evident und empirisch vielfach belegt (z.B. Felson & Russo, 1988). Emp-
fohlen wird eine individualisierende Behandlung der Geschwister, jedoch begünstigt
das Aufwachsen in einer leistungsorientierten Gesellschaft die Ausbildung von Ver-
gleichsprozessen und resultierendem Konkurrenzverhalten zwischen den Geschwistern.
Gestützt von der traditionellen Geschlechtsrollenerziehung kann sich rivalisierendes
Verhalten besonders intensiv und hartnäckig zwischen altersmäßig eng benachbarten,
männlichen Geschwistern manifestieren.

Viele Geschwisterforscher sind der Ansicht, daß im Verlaufe der mittleren und späten Kindheit Geschwisterrivalität tendenziell abnimmt, und erklären dies unter Rückgriff auf das bereits erwähnte „Deidentifikations"-Theorem sensu Schachter (1982), das
eine innere Abgrenzung und äußere Separierung der Geschwister postuliert.

Daß Rivalitätsprobleme relativ häufig weiterbestehen, oft verdrängt oder regelrecht
tabuisiert werden, jedoch jederzeit wiederaufbrechen können, machen Untersuchungen
von Ross und Milgram (1982) deutlich: Drei Viertel der von ihnen befragten Probanden berichteten von Rivalitätsproblemen gegenüber ihren Geschwistern – Gefühle, die
lange Jahre zumeist unausgesprochen bleiben und auch sozial stigmatisiert werden (in
Gruppendiskussionen redeten die Teilnehmer nur äußerst ungern über diese Aspekte
ihrer Geschwisterbeziehung).

Die beiden Autoren fanden in ihrer explorativen Studie Belege dafür, daß ganz unterschiedliche Bedingungen zur Entstehung und Aufrechterhaltung von Geschwisterrivalität beitragen: An erster Stelle wurden die Eltern genannt, die durch offene oder verdeckte Vergleiche, die von den Geschwistern oftmals als Benachteiligungen oder Bevorzugungen empfunden werden, zur Ausbildung und Aufrechterhaltung von Rivalitätsmotiven entscheidend beitragen. Solche von den Eltern induzierte Rivalität läßt sich bis in die früheste Kindheit zurückverfolgen und ist nicht selten auch im Erwachsenenalter noch gegenwärtig. (Ross und Milgram berichten von einem Fall, in dem die von den Eltern in Gang gebrachte geschwisterliche Rivalität sich auch nach deren Tod noch zwischen den Geschwistern bis ins hohe Alter aufrechterhielt.) An zweiter Stelle wurde für die Verursachung von Rivalität in der Geschwisterbeziehung ein Bruder verantwortlich gemacht, seltener eine Schwester, und nur äußerst selten gaben sich die befragten Probanden selbst die Schuld an bestehenden Rivalitätskonflikten.

Natürlich wandeln sich die Inhalte oder Themen, um die rivalisiert wird, im Lebensverlauf beträchtlich: Um Kontrolle, Dominanz und Reife geht es häufig in rivalisierenden Auseinandersetzungen in der Kindheit, die häufig noch dadurch besonders geschürt werden, daß die Eltern den älteren Geschwistern Vorbild- und Aufsichtsfunktionen übertragen, gegen deren Ausübung sich die jüngeren Geschwister zur Wehr setzen. Es kann die jüngeren Geschwister gravierend belasten, wenn Eltern und ältere Geschwister an einem Strang ziehen und Leistungen und Erfolge der Jüngeren über ganze Lebensphasen hinweg nicht hinreichend würdigen.

Die typischen Rivalitätsthemen im Jugend- und frühen Erwachsenenalter sind zumeist leistungsbezogen: Berufserfolg und berufliche Anerkennung spielen zwischen männlichen Geschwistern häufig eine bedeutsame Rolle, zwischen Schwestern daneben auch – moderiert durch eine traditionelle Geschlechtsrollenerziehung – physische Attraktivität, Fitneß und gutes Aussehen. Im mittleren und späten Erwachsenenalter verblassen die genannten Rivalitätsinhalte mehr und mehr, Konflikte und Auseinandersetzungen entzünden sich häufiger an familienbezogenen und einstellungs- sowie wertorientierten Themen. Neid und Eifersucht können über die Zeit aufrechterhalten werden bzw. wieder aufflammen, wenn zum Beispiel das eine Geschwister kinderlos bleibt, Ehe- und Partnerschaftsprobleme durchlebt oder arbeitslos wird und extreme politische Ansichten zu vertreten beginnt, während das andere („glücklichere") Geschwister sich einer großen Kinderschar erfreut, beruflich sehr erfolgreich ist und in einer glücklichen Beziehung lebt.

Mehrheitlich wird in der Geschwisterforschung die Meinung vertreten, daß – längsschnittlich betrachtet – Rivalitätskonflikte zwischen Geschwistern eher abnehmen, wenn nicht die Rahmenbedingungen und äußeren Umstände dagegen sprechen.

Erwähnung verdient abschließend eine von Ross und Milgram (1982) auf der Grundlage ihrer Befragungsdaten vorgenommene Differenzierung in einseitige, wechselseitige und mit dem Geschlecht verknüpfte Geschwisterrivalität. Die beiden Autoren fanden am weitaus häufigsten Fälle von einseitiger Rivalität: Die schwächeren, sich unterlegen fühlenden Geschwister rivalisieren mit den stärkeren (häufig älteren) Geschwistern, denen das (oft verdeckt ablaufende) Konkurrenzverhalten der Jüngeren manchmal gar nicht weiter auffällt. Auf den in den letzten Jahrzehnten in vielen Industrieländern stattgefundenen Geschlechtsrollenwandel lassen sich häufig Rivalitätstendenzen zurückführen, die Schwestern gegenüber ihren Brüdern in späteren Lebensphasen entwickeln: Die weiblichen Geschwister fühlen sich – gerade in der Rückschau – benachteiligt, wenn sie sich klar darüber werden, welche Privilegien und Bevorzugungen ihre (meist jüngeren) Brüder in der Jugend genossen haben.

Zusammenfassend betrachtet finden sich also mehr Belege dafür, daß Rivalität zwischen Geschwistern im Laufe des Lebens tendenziell abnimmt, in der Regel schon aufgrund der Tatsache, daß die Gelegenheiten, miteinander zu konkurrieren und sich gegenseitig auszustechen, während der Erwachsenenjahre seltener werden. Jedoch finden sich auch Anhaltspunkte dafür, daß Rivalitätstendenzen in späteren Lebensabschnitten gelegentlich wieder aufflammen, wenn es die Umstände provozieren.

Daß Rivalität *und* Nähe im Alter *gleichzeitig* wieder zunehmen können, wird in einigen Untersuchungen nachgewiesen (vgl. Bedford, 1989; Gold, 1989). Dies psychologisch plausibel zu machen, bereitet keine Probleme: Das gleichzeitige Vorhandensein von positiven und negativen („ambivalenten") Gefühlen ist gerade für Geschwisterbeziehungen (und andere enge und intime zwischenmenschliche Beziehungen) ein charakteristisches Merkmal. Das Vorhandensein von gefühlsmäßiger Nähe zwischen Geschwistern bildet sozusagen die Grundlage und Voraussetzung für die Entstehung von Rivalität bei entsprechenden Anlässen: Mit einer Person, die einem gefühlsmäßig gleichgültig ist, in Rivalität zu treten, bietet keinen Anreizwert (vgl. Kasten, 1993, S. 168).

Die vorangehend zusammengestellten Forschungsbefunde zu Nähe und Rivalität gelten für Geschwisterdyaden. Eine Übertragung auf größere Geschwistergruppen, die in der zeitgenössischen Geschwisterforschung kaum noch Beachtung finden, erscheint allenfalls in begrenztem Umfang möglich.

7. Resümee und Ausblick

Der gegenwärtige Forschungsstand im Bereich der längsschnittlich orientierten Geschwisterforschung weist noch viele Lücken auf. In der empirischen Forschung der letzten zwei Jahrzehnte vermehrt Beachtung gefunden haben zentrale positive Komponenten der Geschwisterbeziehung, wie Nähe, Intimität, Verbundenheit, und negative Komponenten, wie Rivalität, Eifersucht, Aggression. Noch relativ selten auf Forschungsinteresse gestoßen sind Fragen, die sich auf Entwicklungsphasen übergreifende Zusammenhänge beziehen. Solche Fragen könnten auf der Basis einer Analyse der alltäglichen geschwisterlichen Interaktionen und damit verbundener Sozialisationseffekte, die durch die Verbesserung der Untersuchungsdesigns und methodischen Erhebungsinstrumente mittlerweile in angemessener Weise durchgeführt werden kann, in naher Zukunft einer Lösung zugeführt werden[1].

Dabei dürfte sich der Vergleich der Lebensbedingungen von Ein-Kind-Familien und Mehr-Kind-Familien als interessante Untersuchungsrichtung erweisen (vgl. Kasten, 1995, S. 21 ff.), die einen Beitrag zur Beantwortung von Forschungsfragen leistet, die auf die Bedeutung der Geschwisterschaft im Lebenslauf abheben: Sind Geschwisterkinder gegenüber Einzelkindern im Vorteil oder Nachteil? Spielt die Position in der Geschwisterreihe dabei eine Rolle? Sind biologisch fundierte Beziehungen (wie Geschwisterschaften) in späteren Lebensabschnitten tragfähiger als Freundschaften?

---

[1] Erwähnenswert sind hier vor allem die anspruchsvollen, verhaltensgenetisch orientierten Untersuchungen von Daniels, Dunn, Furstenberg und Plomin (z.B. 1985), mit denen Anfang der 1980er Jahre begonnen wurde.

Literatur

Abramovitch, R., Corter, C., Pepler, D. J. & Stanhope, L. (1986). Sibling and peer interaction. A final follow-up and a comparison. *Child Development, 57,* 217–229.

Ainsworth, M. D. S. (1973). The development of the infant-mother attachment. In B. M. Caldwell & H. N. Ricciuti (Eds.), *Review of child development research.* Chicago: University of Chicago Press.

Bank, S. P. & Kahn, M. D. (1989). *Geschwister-Bindung.* Paderborn: Junfermann.

Bedford, V. H. (1989). Understanding the value of siblings in old age: A proposed model. *American Behavioral Scientist, 33,* 33–44.

Borland, D. C. (1987). The sibling relationship as a housing alternative to institutionalization in later life. Special issue: Diversity in the lifestyles of older people. *Lifestyles, 8,* 55–69.

Bowlby, J. (1969). *Attachment and loss,* Vol. 1: Attachment. New York: Basic Books.

Brody, E. M., Hoffman, C., Kleeban, M. H. & Schoonover, C. B. (1989). Caregiving daughters and their local siblings: Perceptions, strains, and interactions. *Gerontologist, 29,* 529–539.

Cicirelli, V. G. (1989). Feelings of attachment to siblings and well-being in later life. *Psychology and Aging, 4,* 211–216.

Connidis, I. A. (1989). Siblings as friends in later life. *American Behavioral Scientist, 33,* 81–93.

Corter, C., Abramovitch, R. & Pepler, D. J. (1983). The role of the mother in sibling interaction. *Child Development, 54,* 1599–1605.

Daniels, D., Dunn, J., Furstenberg, F. F. & Plomin, R. (1985). Environmental differences within the family and adjustment differences within pairs of adolescent siblings. *Child Development, 56,* 764–774.

Dunn, J. & Kendrick, C. (1981). *Siblings: Love, envy and understanding.* Cambridge, MA: Harvard University Press.

Ernst, C. & Angst, J. (1983). *Birth order.* New York: Springer-Verlag.

Ervin-Tripp, S. (1989). Sisters and brothers. In P. Goldring Zukow (Ed.), *Sibling interaction across cultures.* New York: Springer-Verlag.

Felson, R. B. & Russo, N. J. (1988). Parental punishment and sibling aggression. *Social Psychology Quarterly, 51,* 11–18.

Freud, A. & Dann, S. (1951). An experiment in group upbringing. In R. S. Eisler (Ed.), *The psychoanalytic study of the child.* New York: International Universities Press.

Furman, W. & Buhrmester, D. (1985). Children's perceptions of the quality of sibling relationships. *Child Development, 56,* 448–461.

Goetting, A. (1986). The developmental tasks of siblingship over the life cycle. *Journal of Marriage and the Family, 48,* 703–714.

Gold, D. T. (1987). Siblings in old age: Something special. *Canadian Journal on Aging, 6,* 199–215.

Gold, D. T. (1989). Generational solidarity: Conceptual antecedents and consequences. *American Behavioral Scientist, 33,* 19–32.

Goldring Zukow, P. (Ed.). (1989). *Sibling interaction across cultures.* New York: Springer-Verlag.

Havighurst, R. J. (1963). *Developmental tasks and education.* New York: David McKay.

James, A., James, W. L. & Smith, H. L. (1984). Reciprocity as a coping strategy of the elderly: A rural Irish perspective. *Gerontologist, 24,* 483–489.

Kasten, H. (1993). *Die Geschwisterbeziehung,* Bd. 1. Göttingen: Hogrefe.

Kasten, H. (1994a). *Die Geschwisterbeziehung,* Bd. 2: Spezielle Geschwisterbeziehungen. Göttingen: Hogrefe.

Kasten, H. (1994b). *Geschwister – Vorbilder, Rivalen, Vertraute.* Heidelberg: Springer-Verlag.

Kasten, H. (1995). *Einzelkinder – Aufwachsen ohne Geschwister.* Heidelberg: Springer-Verlag.

Lamb, M. E. (1982). Introduction. In M. E. Lamb & B. Sutton-Smith (Eds.), *Sibling relationships: Their nature and significance across the life span.* Hillsdale, NJ: Erlbaum.

Mosatche, H. S., Brady, E. M. & Noberini, M. R. (1983). A retrospective life span study of the closest sibling relationship. *Journal of Psychology, 113,* 237–242.

Moss, M. S. & Moss, S. Z. (1986). Death of an adult sibling. *International Journal of Family Psychiatry, 7,* 397–418.

Moss, M. S. & Moss, S. Z. (1989). The impact of the death of an elderly sibling. *American Behavioral Scientist, 33,* 94–106.

Parens, H. (1988). Siblings in early childhood: Some direct observational findings. *Psychoanalytic Inquiry, 8,* 51–70.

Plomin, R. & Daniels, D. (1987). Why are children in the same family so different from another? *Behavioral and Brain Sciences, 10,* 1–16.

Pulakos, J. (1989). Young adult relationships: Sibling and friends. *Journal of Psychology, 123,* 237–244.

Ross, H. G. & Milgram, J. I. (1982). Important variables in adult sibling relationships: A qualitative study. In M. E. Lamb & B. Sutton-Smith (Eds.), *Sibling relationships: Their nature and significance across the life span.* Hillsdale, NJ: Erlbaum.

Schachter, F. F. (1982). Sibling deidentification and split-parent identification: A family tetrad. In M. E. Lamb & B. Sutton-Smith (Eds.), *Sibling relationships: Their nature and significance across the life span.* Hillsdale, NJ: Erlbaum.

Suggs, P. K. (1989). Predictors of association among older siblings: A Black/White comparison. *American Behavior Scientist, 33,* 70–80.

Teti, D. M. & Ablard, K. E. (1989). Security of attachment and infant-sibling relationship: A laboratory study. *Child Development, 60,* 1519–1528.

Watson-Gegeo, K. A. & Gegeo, D. W. (1989). The role of sibling interaction in child socialization. In P. Goldring Zukow (Ed.), *Sibling interaction across cultures.* New York: Springer-Verlag.

Weisner, T. S. (1989). Comparing sibling relationships across cultures. In P. Goldring Zukow (Ed.), *Sibling interaction across cultures.* New York: Springer-Verlag.

Whittemore, R. D. & Beverly, E. (1989). Trust in the Mandinka way. The cultural context of sibling care. In P. Goldring Zukow (Ed.), *Sibling interaction across cultures.* New York: Springer-Verlag.

Verfügbarkeit und Leistungen verwandtschaftlicher Beziehungen im Alter[1]

Frieder R. Lang und Yvonne Schütze

Die Wirkungen und Leistungen verwandtschaftlicher Beziehungen im Alter lassen sich unter zwei Blickwinkeln betrachten. Erstens geht es um die Frage: Welche Bedeutung kommt verwandtschaftlichen Beziehungen angesichts von im Alter gehäuft auftretenden Verlusten, wie dem Tod des Ehepartners oder der Geschwister, zu? Damit ist auch die Frage verbunden, ob die Verwandtschaft im Alter im Vergleich zu anderen Lebensabschnitten eine spezifische Rolle spielt. Zweitens geht es um die Frage: Welche Leistungen erbringen verwandtschaftliche Beziehungen im Gegensatz zu anderen sozialen Beziehungen alter Menschen? Verwandtschaftliche Beziehungen werden hierbei von Beziehungen zu Mitgliedern der Kernfamilie – Ehepartnern, Kindern und Geschwistern – unterschieden. Zu beachten ist, daß der hier verwendete Verwandtschaftsbegriff neben „blutsverwandtschaftlichen" Beziehungen auch alle auf Legalisierung beruhenden Verwandtschaftsbeziehungen (also alle Stief-, Adoptiv-, Schwieger- bzw. Schwagerbeziehungen) umfaßt.

1. Aspekte der Verwandtschaft im Alter

Es werden zwei Aspekte der Verwandtschaft im Alter untersucht. Erstens betrachten wir die strukturellen Merkmale von Verwandtschaft, das heißt, das Verhältnis, in dem verwandtschaftliche Beziehungen zu den übrigen sozialen Beziehungen alter und sehr alter Menschen stehen und in welcher Weise sich diese Strukturen in Abhängigkeit von sozialen Verlusten in der Kernfamilie unterscheiden. Im weiteren werden die spezifischen Funktionen der Verwandtschaft thematisiert, wobei diese zum einen nach ihren

[1] Die vorliegende Arbeit ist im Rahmen der multidisziplinären Berliner Altersstudie (BASE) entstanden. BASE wird von der Arbeitsgruppe „Altern und gesellschaftliche Entwicklung (AGE)" in Zusammenarbeit mit der Freien Universität Berlin, der Humboldt-Universität zu Berlin und dem Max-Planck-Institut für Bildungsforschung durchgeführt. Dem Leitungsgremium der Berliner Altersstudie gehören Prof. Dr. P. B. Baltes (Sprecher), Prof. Dr. K. U. Mayer (stellvertr. Sprecher), Prof. Dr. H. Helmchen sowie Prof. Dr. E. Steinhagen-Thiessen an. Das Projekt wurde vom Bundesministerium für Forschung und Technologie (1989–1991, Förderkennzeichen: TA 011 + 13 TA 011/A), vom Bundesministerium für Familie, Senioren, Frauen und Jugend (1992–1998, Förderkennzeichen: 314-1722-102/9 + 314-1722-102/9a) sowie von den beteiligten Institutionen gefördert.

spezifischen Leistungen und zum anderen nach ihren emotionalen Wirkungen differenziert werden. Leistungen beziehen wir hierbei auf die nichtinstitutionellen und auf persönlicher Verbundenheit beruhenden Transfers zwischen Verwandten (vgl. Kaufmann, 1990). Die Wirkungen der Verwandtschaft beziehen wir auf den Beitrag von verwandtschaftlichen Beziehungen zur emotionalen Stabilisierung und zur sozialen Einbindung älterer Menschen. Im Vordergrund steht hierbei die Frage, welchen Beitrag verwandtschaftliche Beziehungen dazu leisten, daß sich alte Menschen weniger einsam fühlen, und inwieweit dabei negative Auswirkungen sozialer Verluste auf das Einsamkeitserleben aufgefangen werden können.

2. Modelle der Struktur und Funktion verwandtschaftlicher Beziehungen

Bisher wurden die Struktur und die Leistungen verwandtschaftlicher Beziehungen im hohen und sehr hohen Alter theoretisch wie empirisch eher vernachlässigt und nur in wenigen Studien überhaupt berücksichtigt (z.B. Crohan & Antonucci, 1989; Litwak & Szelenyi, 1969; Rossi & Rossi, 1990; Wellman & Hall, 1986). Zumeist wurde Verwandtschaft im Alter hierbei im Sinne einer „stillen Reserve" im sozialen Netzwerk beschrieben, wonach Verwandte quasi „Lückenbüßer" darstellen, die vor allem dann einspringen, wenn kernfamiliale Beziehungen mit Lebensgefährten, Kindern oder Geschwistern ausfallen. Dies bedeutet, daß die Leistungen und Wirkungen verwandtschaftlicher Beziehungen im Alter dabei vor allem im Hinblick auf den Umgang mit sozialen Verlusten konzeptualisiert und diskutiert wurden (Chatters, Taylor & Jackson, 1986; Litwak, Messeri & Silverstein, 1991; Simons, 1984).

Der Verlust des Ehepartners, der Geschwister oder der eigenen Kinder stellt sicherlich eines der einschneidendsten Lebensereignisse des höheren Alters dar und hat in der Regel auch langfristige Konsequenzen für die soziale Eingebundenheit im Alter. Die Verwandtschaft kann dabei maßgeblich zur Bewältigung der mit den sozialen Verlusten einhergehenden Belastungen und Veränderungen beitragen (Dykstra, 1993; Sussman, 1985). In welcher Weise dies geschieht, ist dabei allerdings bisher noch unklar oder zumindest strittig. Zumeist werden zwei zwar kontroverse, aber nicht unbedingt gegensätzliche Konzepte zur Beschreibung der Leistungen und Wirkungen der Verwandtschaft im Alter herangezogen: zum einen die These der hierarchischen Kompensation (Cantor, 1979; Chatters, Taylor & Jackson, 1986) und zum anderen die These der funktionalen Spezifität von Beziehungen (Litwak & Kulis, 1987; Litwak, Messeri & Silverstein, 1991).

2.1 Hierarchische Kompensation der Verwandtschaft im Alter

Die hierarchische Kompensationsthese beruht auf der Annahme, daß die unterschiedlichen sozialen Beziehungen alter Menschen hierarchisch angeordnet sind (Cantor,

1979; Simons, 1984). Hinweise auf eine solche hierarchische Anordnung sozialer Beziehungen wurden in mehreren Studien nachgewiesen (Rossi & Rossi, 1990; Shanas, 1979; Stoller & Earl, 1983). Somit sind eheliche Beziehungen im Vergleich zu allen anderen Sozialbeziehungen durch die größte Vielfalt der bereitgestellten Leistungen charakterisiert (z.B. emotionale Nähe, instrumentelle Hilfe, soziales Beisammensein, Zärtlichkeit usw.), gefolgt von den Beziehungen zu erwachsenen Kinder, Geschwistern, sonstigen Verwandten, Freunden und schließlich anderen Netzwerkpartnern (Cantor, 1979; Chatters, Taylor & Jackson, 1986). Fallen nun einzelne Beziehungen aus, etwa bei Verwitwung, so wird angenommen, daß die jeweils in der Hierarchie nächstkommende Beziehung an die Stelle der ausgefallenen Beziehung tritt, diese also ersetzt. Empirische Belege für eine solche hierarchische Ersetzung ausfallender Beziehungen wurden beispielsweise bereits im Rahmen der Kansas City Study (Cumming & Henry, 1961) oder auch in einer Studie von Babchuk (1965) beschrieben. Die hierarchische Kompensationsthese beruht somit auf der Annahme, daß verwandtschaftliche Beziehungen im Alter vorwiegend erst im Falle sozialer Verluste, etwa nach der Verwitwung, wirksam werden. Nach sozialen Verlusten können dann die verfügbaren Verwandtschaftsbeziehungen im sozialen Netzwerk „kompensatorisch" realisiert werden. Im allgemeinsten Fall besagt die These der hierarchischen Kompensation, daß die Realisierung verfügbarer Familien- bzw. Verwandtschaftsbeziehungen in der Folge von sozialen Verlusten, insbesondere bei Verlusten nahestehender Familienangehöriger ansteigt. Verwandtschaftsbeziehungen werden demnach vermehrt aktiviert oder genutzt, wenn Mitglieder der Kernfamilie ausfallen.

2.2 Leistungsspezifische Kompensation der Verwandtschaft im Alter

Während Anhänger einer hierarchischen Kompensationsthese eine „beziehungsabhängige" Kompensation verlorengegangener Beziehungen im sozialen Netzwerk annehmen, gehen Anhänger der funktionalen Spezifitätsthese von einer leistungsabhängigen Kompensation aus. Nach der These der leistungsabhängigen Kompensation wird angenommen, daß die sozialen Beziehungen alter Menschen in erster Linie durch ihre jeweiligen Leistungen definiert sind (Litwak, 1985; Litwak, Messeri & Silverstein, 1991). Beispielsweise sind eheliche Beziehungen, wie erwähnt, durch eine besondere Vielfalt von Leistungen gekennzeichnet, wobei diese Leistungen nach der Verwitwung durch eine Vielzahl anderer Personen abgedeckt werden. Das heißt, bestimmte Funktionen der Gattenbeziehung gehen auf einzelne andere Beziehungen über, so etwa der Austausch von Zärtlichkeiten (z.B. mit Kindern; Enkeln), der Erhalt instrumenteller oder emotionaler Unterstützung (z.B. mit Kindern, Schwiegerkindern; Geschwister), emotionale Nähe oder Intimität (z.B. mit Freunden), geselliges Beisammensein (z.B. mit Freunden, Bekannten, Verwandten) usw. Es wird aber angenommen, daß es neben der Gattenbeziehung keine einzelne andere Rollenbeziehung geben kann, in der alle Leistungen der Gattenbeziehung gleichermaßen abgedeckt werden. Dies bedeutet, daß soziale Verluste älterer Menschen mit einer veränderten Aufteilung der Leistungen auf andere Rollenbeziehungen einhergehen.

Im Unterschied zur These der hierarchischen Kompensation wird entsprechend der leistungsabhängigen Kompensationsthese nicht davon ausgegangen, daß Verluste von nahestehenden Familienmitgliedern durch „nachrückende" Verwandte ausgeglichen werden. Statt dessen wird angenommen, daß die fehlenden Leistungen relativ gleichmäßig auf andere verfügbare Netzwerkpartner verteilt werden. Stellt man sich beispielsweise die verschiedenen Rollenbeziehungen als einen Regler vor, der den Fluß sozialer Ressourcen steuert, so werden nach einem sozialen Verlust bei bestimmten Leistungen von Sozialbeziehungen (z.B. Zärtlichkeit, erhaltene Hilfe) bestimmte andere Regler stärker aufgedreht. Das heißt, es wird angenommen, daß das Ensemble der Leistungen, die beispielsweise die Gatten- oder die Eltern-Kind-Beziehung kennzeichnen, tatsächlich nicht ersetzbar ist. Die Neuverteilung der Leistungen auf andere Rollenbeziehungen („Regler") verändert also auch die spezifischen Wirkungen der Leistungen (Litwak, Messeri & Silverstein, 1991). Konkret bedeutet dies, daß beispielsweise Zärtlichkeit, die man mit dem Ehepartner oder den eigenen Kindern austauscht, nicht gleichbedeutend ist mit Zärtlichkeit, die man mit anderen Verwandten austauscht. Zusammenfassend besagt die hier im folgenden als „leistungsabhängige Kompensation" bezeichnete These, daß der Verwandtschaft nach sozialen Verlusten im Kanon der sonstigen Sozialbeziehungen keine „neuen", wohl aber andere, in ihrer üblichen (durchschnittlichen) Ausprägung intensivierte Funktionen zukommen.

Die hierarchische und die leistungsspezifische Kompensationsthese kommen somit in bezug auf die Verfügbarmachung und Aktivierung verwandtschaftlicher Beziehungen nach sozialen Verlusten zu unterschiedlichen, keineswegs aber einander ausschließenden Vorhersagen. Aufgrund der hierarchischen Kompensationsthese ist zu erwarten, daß bei Verlust von Beziehungen im Netzwerk bisher nicht aktivierte Verwandtschaftsbeziehungen verstärkt verfügbar gemacht werden. Beispielsweise kann erwartet werden, daß Verwitwete verstärkt Beziehungen zu solchen Verwandten aufnehmen, mit denen sie bisher keine Beziehungen unterhielten (die für sie aber verfügbar sind). Aufgrund der leistungsspezifischen Kompensationsthese ist zu erwarten, daß nach Verlust von Rollenbeziehungen in der Kernfamilie (z.B. Verwitwung, Verlust der Kinder oder Geschwister) die spezifischen Leistungen der (bereits bestehenden) Verwandtschaftsbeziehungen im Austausch emotionaler oder instrumenteller Unterstützung verstärkt in Anspruch genommen werden. Dies zeigt sich beispielsweise darin, daß Verwandte verwitweter alter Menschen in deren Hilfeaustausch eine größere Rolle spielen als die Verwandten verheirateter bzw. mit Partner lebender alter Menschen.

2.3 Kritik der hierarchischen und der leistungsspezifischen Kompensationsthese

Die hierarchische und die leistungsspezifische Kompensationsthese beruhen auf der Annahme, daß Verlust oder Nichtvorhandensein von Familienangehörigen durch verwandtschaftliche Beziehungen ausgeglichen werden kann. Obwohl nicht immer ausdrücklich erwähnt, gehen beide Thesen davon aus, daß solche Kompensationen zeitlich überdauernd sind. Während die hierarchische These von einer Veränderung der Netzwerkstruktur ausgeht und die Bedeutung der Verwandtschaft vor allem als „Lückenbüßer" nach Wegfall anderer Beziehungen beschreibt, geht die Leistungsthese von einer Neuaufteilung von Leistungen nach sozialen Verlusten aus. Beide Kompensationsthesen erscheinen nicht ausreichend für ein Verständnis der Funktionen verwandtschaftlicher Beziehungen im Alter.

Die hierarchische Kompensationsthese geht davon aus, daß Gatten-, Eltern-Kind- oder Geschwisterbeziehungen durch andere Verwandtschaftsbeziehungen ersetzt werden können. Dem steht entgegen, daß gerade kernfamiliale Beziehungen durch eine in aller Regel die Lebenszeit umfassende Beziehungsgeschichte gekennzeichnet sind. Zwar sind Verwandte in dieser Hinsicht durchaus vergleichbare Interaktionspartner, da die Beziehungen unter Verwandten zumeist die Lebensdauer mindestens eines der beiden beteiligten Partner umfassen und da diese somit ein (familien-)biographisches Wissen teilen (Lüschen, 1989; Vowinckel, 1995). Festzustellen ist aber, daß es beispielsweise keine Hinweise auf eine mögliche normative Verpflichtung in der Verwandtschaft gibt, sich um einen verwitweten Verwandten zu kümmern (Morgan, 1989). Im Sinne Kaufmanns (1990) bedeutet dies, daß die institutionellen Aufgaben der Verwandtschaft im Alter bisher vermutlich noch weitgehend undefiniert sind. Somit erscheint die der Leistungsthese zugrundeliegende Annahme etwas plausibler, wonach die tatsächlichen Leistungen der Verwandtschaft lediglich verstärkt werden, wenn Verluste eintreten.

Fragwürdig erscheint die beiden Thesen zugrundeliegende Annahme, daß Verwandte langfristig bzw. zeitüberdauernd bereit sind, die Leistungen von Ehepartnern, von Kindern oder von Geschwistern zu übernehmen. Dem scheint nicht so zu sein, wie einige empirische Befunde nahelegen, wonach die spezifischen Leistungen anderer Beziehungen im sozialen Netzwerk beispielsweise auch nach Verlust aller Kinder unverändert fortbestehen und somit einen „Grundstock" der Versorgung bilden, der unabhängig vom Familienstatus ist (vgl. Lang, 1994, 1996). Verstirbt also beispielsweise der Ehepartner, so werden sich die bisherigen Austauschbeziehungen zu Kindern, Geschwistern oder Verwandten langfristig kaum verändern können, da diese Beziehungen ja durch spezifische Gelegenheiten, Gewohnheiten und Bedürfnisse *beider* Beziehungspartner definiert sind und somit einer reziproken Veränderung unterliegen müssen (Gouldner, 1960; Wentowski, 1981).

Ein weiterer Einwand gegen beide Kompensationsthesen besteht in deren Vernachlässigung der Auswirkungen verwandtschaftlicher Beziehungen auf die Handlungsressourcen und die Lebensqualität des Individuums (Felton & Berry, 1992; Hobfoll, 1989). So kommt verwandtschaftlichen Beziehungen insofern eine besondere Bedeutung bei, als Verwandte – unabhängig von spezifischen Leistungstransfers – auch zur emotionalen Stabilisierung und sozialen Einbindung des Individuums beitragen können. Nach dieser Überlegung besteht eine wichtige Funktion der

Verwandtschaft also in ihren affektiven bzw. emotionalen Wirkungen für das Individuum, und zwar auch angesichts im Kern nichtsubstituierbarer Verluste von Familienangehörigen. Die emotionale Funktion der Verwandtschaft ist also darin zu sehen, daß die mit dem Alter einhergehenden sozialen Verluste in ihrer Wirkung durch verwandtschaftliche Beziehungen aufgefangen oder gemildert werden. Die Leistung verwandtschaftlicher Beziehungen ist entsprechend dieser These der affektiven Wirkung vor allem in der emotionalen Stabilisierung nach sozialen Verlusten zu sehen, also beispielsweise darin, die emotionale Belastung oder auch Einsamkeitsgefühle nach sozialen Verlusten zu vermindern. Mit dieser Wirkungsthese verbunden ist somit die Frage, ob vermehrter Kontakt zu Verwandten nach sozialen Verlusten oder bei Nichtverfügbarkeit von kernfamilialen Beziehungen zu einem verringerten Einsamkeitserleben beiträgt.

Zu beachten ist, daß die Wirkungsthese in keinem Widerspruch zu den Thesen der hierarchischen oder leistungsspezifischen Kompensation steht, sondern diese in einem wesentlichen Aspekt ergänzen kann, indem sie auch die sozioemotionale Bedeutsamkeit verwandtschaftlicher Beziehungen hervorhebt. Im einzelnen prüfen wir die folgenden Annahmen im Rahmen der Berliner Altersstudie (BASE):

(1) *Hierarchische These.* Sind keine Ehepartner, keine Kinder oder keine Geschwister verfügbar, werden andere verfügbare Verwandtenbeziehungen im sozialen Netzwerk vermehrt realisiert (im Vergleich zur Verfügbarkeit von Ehepartnern, Kindern oder Geschwistern).

(2) *Leistungsthese.* Die Art der Realisierung (z.B. emotionale Nähe, Zärtlichkeit, Hilfeaustausch) von Verwandtschaftsbeziehungen unterscheidet sich je nachdem ob Ehepartner, Kinder oder Geschwister verfügbar sind oder nicht.

(3) *Wirkungsthese.* Einsamkeit ist um so geringer, je höher das Ausmaß der Realisierung von Verwandtschaftsbeziehungen ist. Dieser Effekt ist größer, wenn ältere Menschen soziale Verluste erfahren.

3. Die Berliner Altersstudie – Datengrundlage und Untersuchungsvorgehen

Die Berliner Altersstudie (BASE) beruht auf einer multidisziplinär angelegten und intensiven Befragung einer nach Alter und Geschlecht geschichteten Wahrscheinlichkeitsauswahl von insgesamt 516 Berlinern im Alter zwischen 70 und 103 Jahren (Mayer & Baltes, 1996). Die Studienteilnehmer nahmen insgesamt an 15 Sitzungen teil, die vier Disziplinen umfaßte: Geriatrie bzw. innere Medizin, Psychiatrie, Psychologie und Soziologie. Insgesamt 27 Prozent der über das Landeseinwohnermeldeamt kontaktierten Teilnehmer nahmen an allen 15 Sitzungen der Studie teil. Eine Selektivitätsanalyse der Endstichprobe ergab, daß diese Teilnehmer im Vergleich zur Ausgangsstichprobe von N = 1.908 eine etwas reduzierte Mortalität aufwiesen (vgl. im Detail Lindenberger u.a., 1996).

Von den 516 Teilnehmern[2] der Berliner Altersstudie verfügten 178 (28,9 %) über einen *Lebens- oder Ehepartner*, 265 (52,4 %) waren *verwitwet* und 73 (18,7 %) waren *ledig oder geschieden*. Die meisten verheirateten Teilnehmer hatten ein lebendes Kind (N = 143; 87,1 %). Lediglich 181 (73,8 %) der Verwitweten und 31 (50,3 %) der Nichtverheirateten hatten ein lebendes Kind. Insgesamt 135 Studienteilnehmer (22,8 %) waren *lebenslang kinderlos* geblieben, und 355 (73,2 %) Eltern hatten noch mindestens ein lebendes Kind. 26 (3,9 %) im folgenden als „verwaiste Eltern" bezeichnete Teilnehmer haben alle ihre Kinder überlebt. Jeweils etwa ein Drittel der Studienteilnehmer waren seit mehr als 20 Jahren oder schon immer ohne Geschwister (d.h. „Geschwisterlose": N = 172; 31,5 %), hatten alle ihre Geschwister überlebt (im folgenden als „verwaiste Geschwister" bezeichnet: N = 154; 22,7 %) oder verfügten noch über mindestens ein lebendes Geschwister (N = 190; 45,9 %).

Ehe-, Eltern- und Geschwisterstatus stehen in einem engen Zusammenhang mit dem Alter der Studienteilnehmer: Verheiratete waren mit durchschnittlich 81.7 Jahren (*SD* = 8.2) etwa vier Jahre jünger als Verwitwete (87.3 Jahre; *SD* = 8.2) und zweieinhalb Jahre jünger als Ledige bzw. Geschiedene (84.1 Jahre; *SD* = 8.6; Eta^2 = .071, p < .001). Verwaiste Eltern waren mit 90.2 Jahren (*SD* = 7.9) deutlich älter als lebenslang Kinderlose (Alter: 86.9 Jahre; *SD* = 8.7) und als Eltern mit einem lebenden Kind (Alter: 83.8 Jahre; *SD* = 8.4; Eta^2 = .037, p < .001). Verwaiste Geschwister waren mit durchschnittlich 87.7 Jahren (*SD* = 8.2) zwar deutlich älter als Teilnehmer mit einem lebenden Geschwister (81.6 Jahre; *SD* = 7.7; Eta^2 = .111, p < .001), jedoch kaum älter als die Geschwisterlosen (86.1 Jahre; *SD* = 9.0, Eta^2 = .007, n.s.). Darüber hinaus besteht auch ein enger Zusammenhang zwischen Ehe- und Elternstatus und dem Geschlecht der Befragten: Lediglich 14,6 Prozent der Verheirateten waren Frauen (n = 26), im Gegensatz zu 66 Prozent bei den Verwitweten und 78,1 Prozent bei den Ledigen bzw. Geschiedenen. Verwaiste Eltern sind mit größerer Wahrscheinlichkeit Frauen (69,2 %) als Männer (30,8 %).

Die im folgenden zu berichtenden Befunde stammen aus zwei unterschiedlichen Erhebungssitzungen der Berliner Altersstudie, aus dem „Fragebogen zu Lebenslauf und aktueller Lebenslage" der BASE-Forschungseinheit „Soziologie und Sozialpolitik" sowie aus dem „Fragebogen zu sozialen Beziehungen" der BASE-Forschungseinheit „Psychologie".

Der *„Fragebogen zu Lebenslauf und aktueller Lebenslage"* erhob in strukturierter Form die den Befragten gegenwärtig verfügbaren Familien- und Verwandtschaftsbeziehungen. Dies umfaßte neben Gatten, Kindern und Geschwistern mögliche Beziehungen zu Enkeln, Urenkeln, Schwiegerkindern und „Schwiegerenkeln", Neffen, Nichten, Schwagern und Schwägerinnen. Über die kernfamilialen Beziehungen hinaus verfügte jeder Studienteilnehmer durchschnittlich über 7,2 weitere Verwandtschaftsbeziehungen (*SD*

---

2 In den folgenden Klammern werden nach Alter und Geschlecht gewichtete Prozentwerte berichtet. Dies erlaubt eine Schätzung der in der Bevölkerung der über 70jährigen Berliner beobachteten Verteilung des jeweiligen Merkmals.

= 6.3). Davon waren im Durchschnitt 1,7 Enkel und 1 Schwiegerkind. Insgesamt 29 Teilnehmer (5,6 %) nannten keinerlei weitere Verwandte, wovon 21 Teilnehmer auch keinen Familienangehörigen hatten.

Der *„Fragebogen zu sozialen Beziehungen"* erhob in Anlehnung an ein von Kahn und Antonucci (1980) entwickeltes Verfahren zur Erhebung des egozentrierten Netzwerks die gegenwärtig realisierten sozialen Beziehungen der Studienteilnehmer. Hierzu wurde den Studienteilnehmern ein Blatt mit vier konzentrisch angeordneten Kreisen vorgelegt. Die Studienteilnehmer sollten sich vorstellen, daß sie sich selbst im innersten Kreis befinden. In diesem zunächst liegenden inneren Kreis sollten die Studienteilnehmer dann die Personen eintragen, denen sie sich so eng verbunden fühlten, daß sie sich ein Leben ohne diese nur schwer vorstellen könnten. In den nächsten, zweiten Kreis wurden die Personen eingetragen, denen sich die Teilnehmer zwar auch eng verbunden fühlten, aber weniger eng als den im ersten Kreis Genannten. Im dritten Kreis wurden die Personen aufgeführt, denen sich die Teilnehmer weniger eng verbunden fühlten, die sie aber auch für wichtig hielten. Für jede der in den drei Kreisen eingetragenen Personen wurden anschließend die Art der Beziehung, das Alter, die Beziehungsdauer und die Kontakthäufigkeit erhoben. In einem zweiten Teil des Fragebogens zu sozialen Beziehungen wurde schließlich nach den instrumentellen und emotionalen Hilfen sowie nach Zärtlichkeiten gefragt. Es wurde sowohl erhoben, von wem Hilfe oder Zärtlichkeiten erhalten wurde, als auch danach, wem die Teilnehmer Hilfe geleistet hatten oder wem sie Zärtlichkeiten zukommen ließen. Alle im Verlauf dieser Befragung genannten Personen wurden von den Teilnehmern frei erinnert und namentlich genannt. Außer den kernfamilialen Beziehungen (Gatten, Kindern, Geschwistern) nannten die Teilnehmer insgesamt 3.9 (*SD* = 3.9) verwandtschaftliche Beziehungen im Kontext des Fragebogens zu sozialen Beziehungen. Dies waren Enkel (*M* = 1; *SD* = 1.6), Schwiegerkinder (*M* = 0.5; *SD* = 0.8) und andere Verwandte (*M* = 2.4; *SD* = 3.2).

Zu beachten ist, daß mit dem strukturierten Verfahren im soziologischen Fragebogen deutlich mehr verwandtschaftliche Beziehungen genannt wurden als mit dem „halbstrukturierten Namensgenerator"-Verfahren im Psychologie-Fragebogen. Beide Erhebungsmethoden scheinen somit systematisch unterschiedliche Aspekte des Verwandtschaftssystems zu erfassen. Im folgenden werden dementsprechend die im Soziologie-Fragebogen genannten Verwandten als *verfügbare Verwandtschaft* und die im Psychologie-Fragebogen genannten Verwandten als *realisierte Verwandtschaftsbeziehungen* bezeichnet.

4. Ergebnisdarstellung

Hinsichtlich der Verfügbarkeit von verwandtschaftlichen Beziehungen (d.h. der in der soziologischen Erhebung genannten Verwandtschaftszahl) zeigte sich ein deutlicher Zusammenhang mit dem Familienstatus (d.h. Ehe-, Eltern- und Geschwisterstatus). Die Zahl der *verfügbaren* Verwandten wurde deutlich durch den Geschwisterstatus und den

Elternstatus beeinflußt. Geschwister- und Elternstatus klären gemeinsam 23,2 Prozent der Varianz in der Anzahl verfügbarer Verwandtschaftsbeziehungen auf. Ältere Menschen mit lebenden Geschwistern hatten durchschnittlich etwa 1,4 Verwandte mehr als verwaiste Geschwister und 4,8 Verwandte mehr als lebenslang Geschwisterlose. Eltern eines lebenden Kindes hatten ebenfalls etwa 5 Verwandte mehr als Kinderlose und 3,6 Verwandte mehr als verwaiste Eltern. Diese Befunde verdeutlichen somit, daß die dargestellten sozialen Verluste des Ehepartners/Lebensgefährten, der Geschwister oder auch der Kinder zwar in einem engen Zusammenhang mit der Struktur des Verwandtschaftssystems stehen, daß sich aber nicht alle Unterschiede in der Verfügbarkeit von Verwandten auf den Eltern- und Geschwisterstatus zurückführen lassen. Darüber hinaus haben Alter, Geschlecht, Ehestatus, medizinische Diagnosen, Bildung und Einkommen keinerlei signifikante Einflüsse auf die Anzahl verfügbarer Verwandten.

Tabelle 1 gibt einen Überblick über die Verfügbarkeit, den durchschnittlichen Realisierungsgrad und die Art der Realisierung von Familien-, Verwandtschafts- und sonstigen sozialen Beziehungen der Studienteilnehmer. Der Realisierungsgrad bezieht sich hierbei auf den Anteil der jeweils verfügbaren Rollenbeziehungen, mit denen die Teilnehmer sich mehr oder weniger eng verbunden fühlten oder einen Hilfeaustausch berichteten (d.i. Nennung im Psychologie-Fragebogen zu sozialen Beziehungen).

Wie der Tabelle 1 zu entnehmen ist, wurde der größte Teil der verfügbaren Beziehungen zu Lebensgefährten (96,6 %), zu Kindern (91,0 %), zu Geschwistern (60,4 %) und zu Verwandten (53,9 %) tatsächlich auch realisiert (d.h. im Verlauf der psychologischen Befragung zu sozialen Beziehungen genannt). Allerdings war der Anteil der Realisierung bei den Verwandtschaftsbeziehungen deutlich geringer als bei den kernfamilialen Beziehungen.

Auch bezüglich der Art der Realisierung zeigten sich deutliche Unterschiede je nach Rollenbeziehung: Während in Beziehungen zu Lebensgefährten überwiegend Hilfe- und Zärtlichkeitsaustausch sowie eine sehr enge emotionale Verbundenheit bestand, wurde mit Kindern weniger Hilfeaustausch als mit Lebensgefährten berichtet, aber eine gleichermaßen große emotionale Nähe. In den Beziehungen zu Geschwistern bestand dagegen eine geringere emotionale Nähe und ein geringerer Hilfeaustausch im Vergleich zu Ehe- bzw. zu Eltern-Kind-Beziehungen. Emotionale Nähe und Hilfeaustausch in den Beziehungen zu Verwandten erwiesen sich ebenfalls als vergleichsweise gering. Verwandte wurden aber häufiger als Helfer, Hilfeempfänger und Zärtlichkeitspartner genannt als Geschwister. Die engste Verbundenheit bestand dabei in Beziehungen zu Enkeln und zu Schwiegerkindern. Während im Durchschnitt eine größere emotionale Verbundenheit zu Verwandten als zu Freunden bestand, unterschied sich der Hilfeaustausch mit Verwandten und mit Freunden nicht signifikant.

Entsprechend der hierarchischen Kompensationsthese wurde vermutet, daß bei Nichtverfügbarkeit von Lebensgefährten, Kindern oder Geschwistern der Realisierungsgrad anderer kernfamilialer und verwandtschaftlicher Beziehungen signifikant über dem Durchschnitt der jeweiligen Rollenbeziehung liegen würde. Abbildung 1 zeigt die durchschnittliche Realisierung verfügbarer Familien- und Verwandtschaftsbe-

Tabelle 1: Verfügbarkeit und Prozent der Realisierung unterschiedlicher Rollenbeziehungen nach emotionaler Verbundenheit und nach Hilfeaustausch (N = 516)

Rollenbeziehung	Verfüg-barkeit[1]	Realisiert[2]	Art der Realisierung					
			Emotionale Verbundenheit[3]			Hilfeaustausch[3]		
			sehr eng	eng	wenig eng	erhaltene Hilfe	geleistete Hilfe	Zärtlich-keit
Lebensgefährte[4]	28,9 (178)	96,1 (19,5)	89,9	5,1	0,6	79,8	80,3	63,6
Kinder[5]	73,2 (355)	91,0 (25,1)	82,4	15,8	4,8	56,6	33,5	33,3
Geschwister[6]	45,9 (190)	60,4 (47,0)	27,7	31,0	6,5	10,5	16,8	10,5
Verwandte davon:	95,6 (487)	53,9 (37,8)	54,6	55,4	31,4	31,4	23,4	26,7
Schwieger-kinder	61,2 (325)	52,4 (47,6)	40,3	16,0	4,9	16,0	8,6	3,4
Enkel	65,9 (307)	63,6 (44,6)	48,9	25,1	3,9	13,7	7,5	28,7
Andere Verwandte	89,1 (465)	49,5 (42,8)	27,7	44,5	29,5	16,1	14,4	18,9
Freunde[7]	–	54,7 (49,8)	24,1	60,3	57,5	29,8	34,4	27,3
Sonstige[7]	–	85,7 (35,1)	9,3	35,8	60,2	56,1	38,9	16,3

[1] Prozent der Teilnehmer, die über die betreffende Rollenbeziehung verfügen (gewichtete Prozentwerte; siehe dazu Wagner, Schütze & Lang, 1996; in Klammern die Fallzahl).
[2] Nur bezogen auf Verwandtschaftsbeziehungen: Prozent der Studienteilnehmer, die mindestens einen verfügbaren Verwandten im Kreisdiagramm (emotionale Verbundenheit) oder im Hilfeaustausch nannten. In Klammern die Standardabweichungen.
[3] Prozent der Studienteilnehmer, die mit mindestens einem verfügbaren Partner der jeweiligen Rollenbeziehung eine sehr enge, enge oder wenig enge Verbundenheit, einen Hilfeaustausch oder Zärtlichkeit berichtet haben.
[4] Bezieht sich auf Ehepartner sowie auf nichteheliche Lebenspartnerschaften.
[5] Bezieht sich auf lebende leibliche Kinder sowie auf lebende Adoptiv- oder Stiefkinder.
[6] Verfügbarkeit lebender Geschwister. 14 Personen waren lebenslang geschwisterlos.
[7] „Realisierte" Beziehungen zu Freunden und sonstigen Personen, die im Psychologie-Fragebogen genannt wurden.

ziehungen bei Verwitweten, Nichtverheirateten, verwaisten Eltern, Kinderlosen, verwaisten Geschwistern und bei Geschwisterlosen im Vergleich zum durchschnittlichen Realisierungsgrad in der jeweiligen Beziehung. Eine signifikante Abweichung vom Durchschnitt besteht dann, wenn die dargestellten Konfidenzintervalle nicht mit dem Gesamtmittelwert (gestrichelte Linie) überlappen. Berücksichtigt wurden nur die Teilnehmer, die über mindestens eine der jeweiligen Rollenbeziehungen verfügten; andere Teilnehmer wurden aus dieser Analyse ausgeschlossen. Wie die Abbildung 1 zeigt, lag in keiner der sechs Gruppen die prozentuale Realisierung der jeweils verfügbaren Rollenbeziehungen über dem Durchschnitt der Gesamtstichprobe. Wie in der untersten Grafik der Abbildung 1 zu erkennen ist, wurden auch verwandtschaftliche Beziehungen in

Abbildung 1: Realisierung verfügbarer Familien- und Verwandtschaftsbeziehungen nach Ehe-, Eltern- und Geschwisterstatus (95 % Konfidenzintervall; gestrichelte Linie = Gesamtmittelwert)

Realisierte Gattenbeziehungen, in Prozent (N = 178)

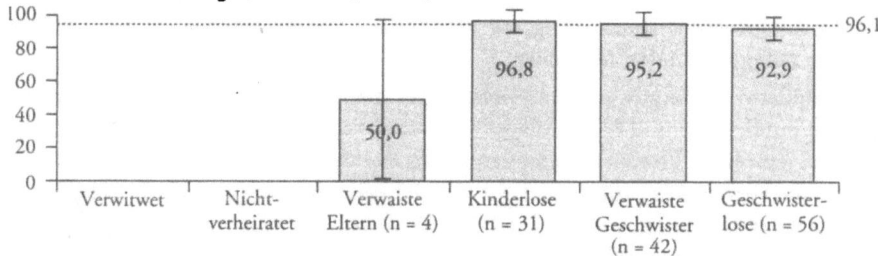

Realisierte Beziehungen zu Kindern, in Prozent (N = 355)

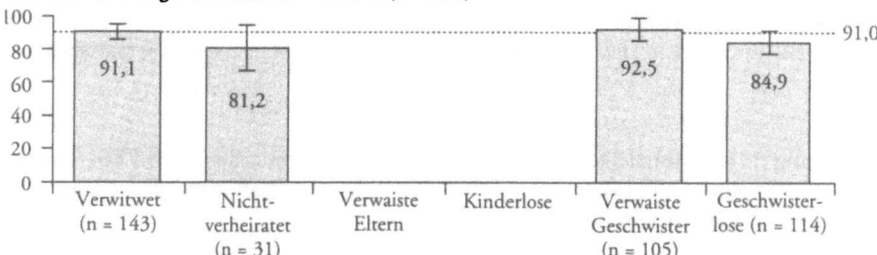

Realisierte Geschwisterbeziehungen, in Prozent (N = 190)

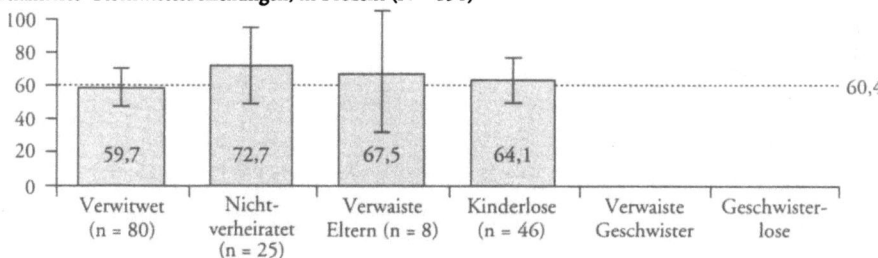

Realisierte Verwandtschaftsbeziehungen, in Prozent (N = 487)

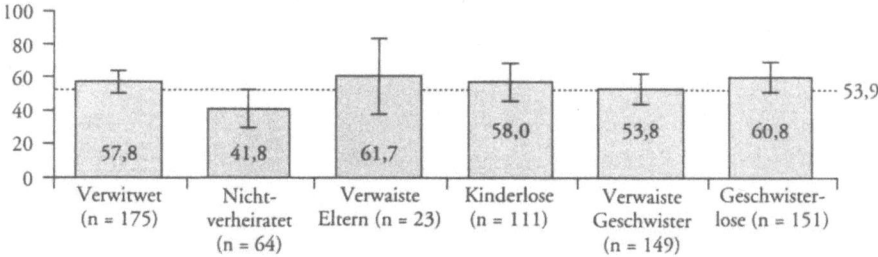

keiner der sechs Gruppen zu einem größeren Anteil realisiert als im Gesamtdurchschnitt. Dies bedeutet, daß die hierarchische These der Verwandtschaft im Alter aufgrund der vorliegenden Daten nicht bestätigt werden kann. Weder im Hinblick auf lebenslange kernfamiliale Beziehungskontexte (z.B. Kinderlosigkeit, Geschwisterlosigkeit) noch im Kontext von Verlusten kernfamilialer Beziehungen zeigt sich eine überdurchschnittliche Realisierung von Verwandtschaftsbeziehungen im sozialen Netzwerk der befragten älteren Menschen.

Ein anderes Bild ergibt sich im Hinblick auf die Art der Realisierung nach emotionaler Verbundenheit und Hilfeaustausch in Beziehungen zu Verwandten. Abbildung 2 zeigt den jeweiligen Prozentsatz emotional sehr eng verbundener Verwandter sowie den Anteil von Verwandten, mit denen ein Zärtlichkeitsaustausch stattfand. Abbildung 3 dokumentiert den Anteil von Verwandten, mit denen Hilfeaustausch bzw. soziales Beisammensein berichtet wurde.

Den Abbildungen 2 und 3 ist zu entnehmen, daß Verwitwete überdurchschnittlich häufig sehr enge Bindungen, mehr Hilfeerhalt, mehr Zärtlichkeitsaustausch und mehr soziales Beisammensein mit Verwandten aufweisen als andere. Die Verwandtschaftsbe-

Abbildung 2: Emotionale Nähe und Zärtlichkeit mit Verwandten nach Ehe-, Eltern- und Geschwisterstatus (95 % Konfidenzintervall; gestrichelte Linie = Gesamtmittelwert)

Anteil emotional sehr enger Verwandter, in Prozent

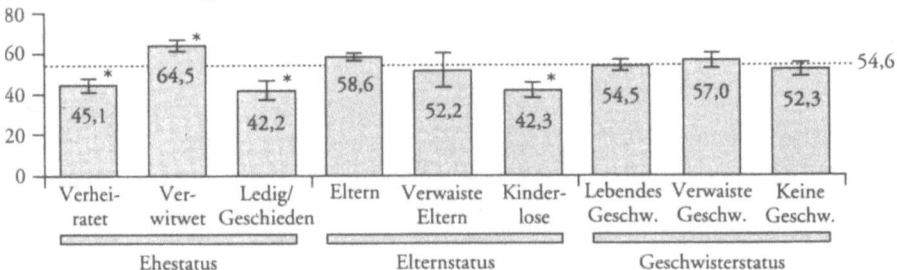

Anteil von Verwandten, mit denen zärtliche Kontakte bestehen, in Prozent

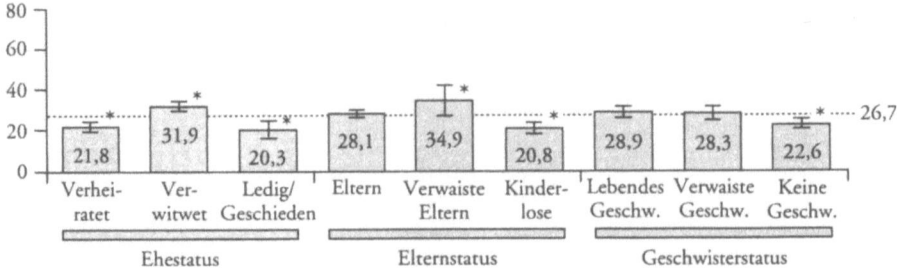

Abbildung 3: Hilfeaustausch und soziales Beisammensein mit Verwandten nach Ehe-, Eltern- und Geschwisterstatus (95 % Konfidenzintervall; gestrichelte Linie = Gesamtmittelwert)

Anteil von Verwandten, die Hilfe leisten, in Prozent

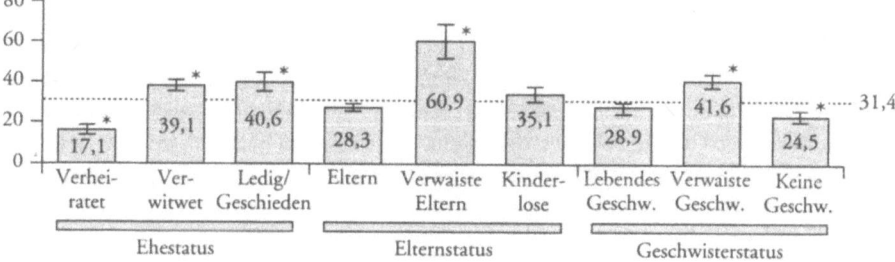

Anteil von Verwandten, die Hilfe erhalten, in Prozent

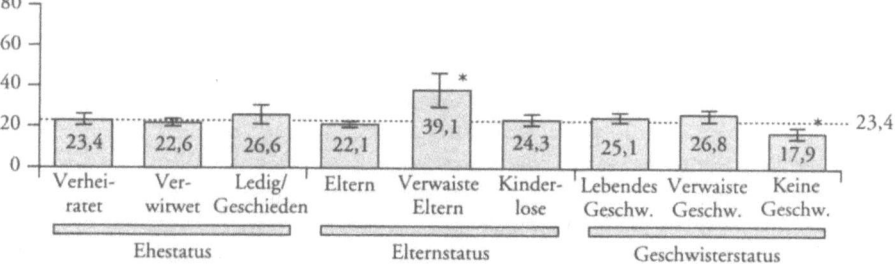

Anteil von Verwandten, mit denen soziales Beisammensein berichtet wurde, in Prozent

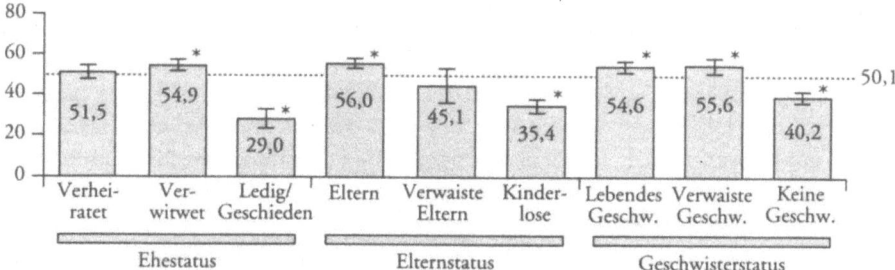

ziehungen von Verwitweten erfüllen somit nicht nur einzelne spezifische Leistungen, sondern werden in einer Vielzahl verschiedener Leistungs- und Funktionsbereiche aktiviert oder in Anspruch genommen. Im Vergleich zu den Verwitweten sind die Verwandtschaftsbeziehungen der Ledigen bzw. Geschiedenen dagegen zumeist auf den Hilfeerhalt ausgerichtet und in signifikant geringerem Ausmaß auf emotionale Nähe und soziales Beisammensein. Vergleichbare Muster der Leistungen verwandtschaftlicher Beziehungen zeigen sich auch im Hinblick auf den Eltern- und Geschwisterstatus.

Im Vergleich zu lebenslang Kinderlosen berichten die verwaisten Eltern häufiger Zärtlichkeit und Hilfeaustausch in ihren Verwandtschaftsbeziehungen. Auch ältere Menschen, die ihre Geschwister überlebt haben (verwaiste Geschwister), nennen ihre Verwandten überdurchschnittlich häufig als Helfer. Bemerkenswert ist, daß eine Inanspruchnahme der Leistungen von Verwandten in aller Regel am seltensten von solchen älteren Menschen berichtet wurde, die nicht verheiratet, lebenslang kinderlos oder geschwisterlos waren (vgl. Abb. 2 und 3). Dabei ist zu beachten, daß keinerlei Unterschiede darin bestanden, in welchem Ausmaß die verfügbaren Beziehungen zu Verwandten tatsächlich realisiert wurden (vgl. Abb. 1). Obwohl sie Beziehungen zu ihren Verwandten unterhalten, nehmen lebenslang Kinder- oder Geschwisterlose und zum Teil auch die Nichtverheirateten vergleichsweise wenige Leistungen von ihren Verwandten in Anspruch. Dies könnte möglicherweise darauf hinweisen, daß Menschen, die lebenslang ohne Partner, Kinder oder Geschwister lebten, mit denen „normalerweise" ein großer Teil des familialen Hilfetransfers stattfindet, niemals ein Verhaltensmuster verwandtschaftlichen Hilfeaustauschs „gelernt" haben, und diesen nun im Alter auch nicht mehr zu etablieren wissen.

Zusammenfassend legen die Befunde die Vermutung nahe, daß spezifische Leistungen verwandtschaftlicher Beziehungen (emotionale Nähe, Zärtlichkeit, Hilfeerhalt, soziales Beisammensein) in den meisten Fällen dann gehäuft aktiviert oder in Anspruch genommen werden, wenn ältere Menschen soziale Verluste erfahren haben. Damit stehen die Befunde teilweise in Einklang mit den Annahmen der leistungsspezifischen Kompensationsthese. Gerade angesichts des Verlusts des Gatten, der Kinder, aber auch der Geschwister nutzen ältere Menschen die Leistungen verwandtschaftlicher Beziehungen überdurchschnittlich häufig. Dabei läßt sich auch eine „Hierarchie" der verstärkten Nutzung verwandtschaftlicher Beziehungen in Abhängigkeit davon beobachten, ob der Lebensgefährte verstorben ist oder die erwachsenen Kinder bzw. die Geschwister.

So wurden angesichts des Verlusts des Lebensgefährten verwandtschaftliche Beziehungen in insgesamt vier von fünf untersuchten Leistungsbereichen (emotionale Nähe, Zärtlichkeit, Hilfeerhalt, soziales Beisammensein) überdurchschnittlich häufig genannt. Angesichts des Verlusts der Kinder zeigt sich eine überdurchschnittliche Inanspruchnahme der Verwandtschaft lediglich in drei der fünf Leistungsbereiche (Zärtlichkeit, Hilfeerhalt und -leistung) und angesichts des Verlusts der Geschwister nur im Hinblick auf den Hilfeerhalt. Der Verlust eines Gatten oder auch der Verlust erwachsener Kinder geht also mit einer umfassenderen Aktivierung verwandtschaftlicher Beziehungen einher als der Verlust von Geschwistern. Dagegen ist festzustellen, daß verwandtschaftliche Leistungen von Nichtverheirateten, lebenslang Kinderlosen und lebenslang Geschwisterlosen in der Regel unterdurchschnittlich selten genutzt bzw. aktiviert wurden.

Im letzten Schritt dieser Analyse wurde nun untersucht, inwieweit die Verfügbarkeit und das Ausmaß der Realisierung in Abhängigkeit vom Ehe-, Eltern- und Geschwisterstatus auch Auswirkungen auf das Einsamkeitserleben haben. Es wurde eine vierfaktorielle Kovarianzanalyse mit den Faktoren Ehestatus, Elternstatus, Geschwisterstatus und Grad der Realisierung (gering, mittel, hoch) auf das Einsamkeitserleben berechnet.

Alter, Geschlecht, Bildung und Gesundheit wurden als statistische Kontrollvariablen in diese Analyse einbezogen. Aufgrund der geringen Zellenbesetzungen wurden lediglich Haupt- und Zwei-Weg-Interaktionseffekte berücksichtigt.

Tabelle 2 zeigt die F-Werte und partiellen Varianzanteile der jeweils dargestellten Effekte auf das Einsamkeitserleben. Für die Kontrollvariablen wurden darüber hinaus die Beta-Koeffizienten angegeben, die jeweils Rückschlüsse auf die Richtung der signifikanten Effekte ermöglichen. Wie der Tabelle zu entnehmen ist, besteht ein positiver Zusammenhang zwischen Alter bzw. der Anzahl medizinischer Diagnosen und dem Einsamkeitserleben: Das Einsamkeitserleben war um so ausgeprägter, je mehr Krankheiten diagnostiziert wurden und je älter die Befragten waren.

Darüber hinaus bestanden deutliche Effekte der Verfügbarkeit von Verwandten und des Ausmaßes der Realisierung von Verwandtschaft. Je mehr Verwandte verfügbar

Tabelle 2: Einflüsse von Alter, Geschlecht, Gesundheit, Bildung, Ehe-, Eltern- und Geschwisterstatus, Verfügbarkeit sowie Realisierung von Verwandtschaftsbeziehungen auf das Einsamkeitserleben älterer Menschen (Vierfaktorielle Kovarianzanalyse; N = 516)

Effekt	Einsamkeitserleben		
	F[a]	b[b]	Eta^2
Kontrollvariablen (b[b]):	12.2***		.091
Alter		.13*	.017
Geschlecht (0 = Männer, 1= Frauen)		−.08	.006
Zahl medizinischer Diagnosen		.20**	.047
Bildung		−.13	.020
Ehestatus	5.0**		.020
Elternstatus	1.7		.007
Geschwisterstatus	1.2		.005
Verfügbarkeit von Verwandtschaftsbeziehungen	3.3*		.020
Realisierungsgrad der Verwandtschaftsbeziehungen[c]	10.4***		.041
Ehestatus x Realisierungsgrad[c]	2.6*		.021
Elternstatus x Realisierungsgrad[c]	0.5		.004
Geschwisterstatus x Realisierungsgrad[c]	0.7		.006

* p < .05.
** p < .01.
*** p < .001.
[a] F-Werte mit df = 2;488 bzw. df = 3;488 für Kontrollvariablen und für Verfügbarkeit, und df = 4;488 für Interaktionseffekte. Keine weiteren Interaktionseffekte erreichten ein kritisches Signifikanzniveau.
[b] Beta-Koeffizienten der Kontrollvariablen enthalten auch Information über die Richtung der jeweiligen Effekte.
[c] Für die 29 Studienteilnehmer, die keinerlei verwandtschaftliche Beziehungen angaben, wurde der Realisierungsgrad der Verwandtschaftsbeziehungen auf Null festgesetzt. Alle dargestellten Ergebnisse bleiben nach Ausschluß der 29 Teilnehmer jedoch unverändert.

waren und je größer der realisierte Anteil der Verwandtschaft war, desto weniger einsam waren die Befragten. Darüber hinaus bestand ein Interaktionseffekt des Realisierungs-grades und des Ehestatus auf das Einsamkeitserleben (vgl. Abb. 4): Der Realisierungs-grad von Verwandtschaftsbeziehungen steht bei Nichtverheirateten in einem stärkeren Zusammenhang mit dem Einsamkeitserleben als bei verheirateten oder mit einem Part-ner lebenden alten Menschen. Keine weiteren Interaktionseffekte erreichten ein kri-tisches Signifikanzniveau. Unerwartet ist allerdings, daß der Einfluß der Realisierung von Verwandtschaft auf das Einsamkeitserleben bei Verwitweten im Vergleich zu den Mit-Partner/in-Lebenden nicht höher ausfällt. Mit-Partner-Lebende und Verwitwete profitieren in etwa gleichem Umfang von einer hohen Realisierung ihrer verfügbaren Verwandtschaftsbeziehungen, obwohl Verwitwete – wie aus den Abbildungen 2 und 3 erkennbar ist – überdurchschnittlich viele Leistungen von Verwandten erhalten. Dies kann anscheinend aber nicht zu einem verringerten Einsamkeitserleben der Verwitwe-ten beitragen. Dem steht gegenüber, daß Ledige bzw. Geschiedene um so weniger ein-sam sind, je mehr Beziehungen sie zu den ihnen verfügbaren Verwandten unterhalten. Emotional-stabilisierende Wirkungen der Verwandtschaft ermöglichen somit zwar ei-nen „langfristigen" Ausgleich für lebenslange Muster der „Gatten"-, Kinder- oder Ge-schwisterlosigkeit, jedoch keinen „kurzfristigen" Ausgleich angesichts unmittelbarer so-zialer Verluste im Alter. Dies könnte ein Hinweis darauf sein, daß die lebenslangen Be-ziehungsmuster von ledigen bzw. geschiedenen älteren Menschen bereits sehr viel früher im Lebensverlauf auf die emotional-stabilisierende Wirkung verwandtschaft-licher Beziehungen ausgerichtet sind. Gerade hinsichtlich ihrer sozioemotionalen Ein-bindung sind die „Gattenlosen" (die in ihrer Mehrheit auch kinderlos sind) somit sehr viel stärker auf eine hohe Realisierung verwandtschaftlicher Beziehungen angewiesen.

Abbildung 4: Einsamkeitserleben und Realisierung von Verwandtschaftsbeziehungen bei Nichtverheirateten, Verwitweten und mit einem Partner Lebenden (N = 516)

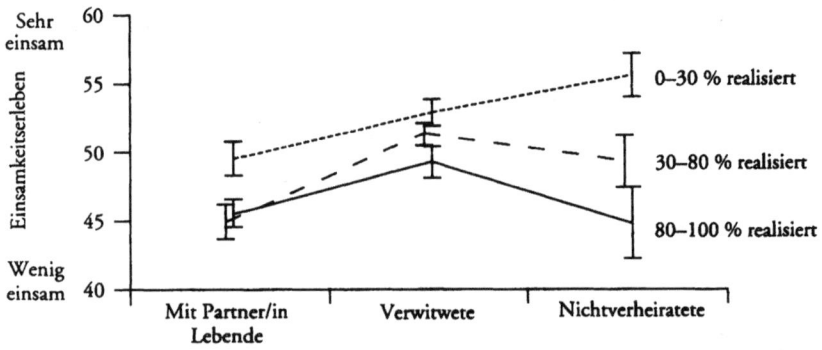

Verwandte erfüllen in dieser Hinsicht eventuell die Funktion eines emotionalen „Reservoirs", das die im hohen Alter möglicherweise auftretenden negativen emotionalen Auswirkungen nicht verfügbarer kernfamilialer Bindungen kompensiert.

5. Zusammenfassung und Ausblick

Neben familialen Beziehungen zu Lebensgefährten, zu Kindern und zu Geschwistern tragen Verwandtschaftsbeziehungen maßgeblich zur sozialen Einbindung alter und sehr alter Menschen bei. Nur ein sehr kleiner Anteil alter Menschen (5,6 %) verfügt über keinerlei Verwandtschaftsbeziehungen. Die meisten Alten haben zwar Verwandte, diese verfügbaren Verwandtschaftsbeziehungen werden aber nur zur Hälfte (51 %) tatsächlich genutzt bzw. realisiert. Dabei steht das Ausmaß der Realisierung von Verwandtschaftsbeziehungen in keinem Zusammenhang mit dem Ehe-, Eltern- oder Geschwisterstatus. Auch nach einer Verwitwung, dem Verlust der Geschwister oder einem verfrühten Verlust der eigenen Kinder bleibt der Anteil der realisierten Verwandtschaftsbeziehungen weitgehend stabil. Dagegen unterscheiden sich die spezifischen Funktionen – Leistungen und Auswirkungen auf das Einsamkeitserleben – der Verwandtschaftsbeziehungen je nachdem, ob ein Lebensgefährte, erwachsene Kinder oder Geschwister verstorben, nicht vorhanden oder verfügbar sind.

Während die Befunde keinerlei Hinweise darauf liefern, daß Verwandtschaftsbeziehungen einen Ausgleich für nicht vorhandene oder ausgefallene Familienbeziehungen im sozialen Netzwerk schaffen können, zeigt sich, daß verwandtschaftliche Beziehungen sehr wohl einige spezifische Leistungen anderer Familienbeziehungen nach deren Ausfall übernehmen. Diese Befunde stehen in Einklang mit Annahmen der funktionalen Spezifitätsthese (Litwak, 1985). Es ergibt sich allerdings eine hierarchische Aufteilung der Leistungen in Abhängigkeit von den aktuellen Beziehungskontexten der älteren Menschen. So werden die Leistungen von Verwandten am häufigsten von Verwitweten in Anspruch genommen und unterdurchschnittlich von Personen, die lebenslang „gattenlos", kinderlos oder geschwisterlos waren. Die Leistungen der Verwandten scheinen somit danach differenziert zu sein, in welcher Weise ein aktueller Bedarf an Leistungen von seiten der alten Menschen besteht. Dies spricht dafür, daß verwandtschaftliche Leistungen nach Verlusten spezifischer Familienbeziehungen (Gatte, Kinder, Geschwister) differenziert sind.

Ungeachtet der tatsächlichen Leistungen der Verwandten zeigt sich auch ein Zusammenhang zwischen dem Ausmaß, in dem existierende Verwandtschaftsbeziehungen tatsächlich realisiert werden, und dem Einsamkeitserleben: Je mehr alte Menschen verfügbare Beziehungen zu Verwandten auch tatsächlich ausschöpfen, desto weniger einsam fühlen sie sich. Zu beachten ist, daß hierbei nicht die tatsächlich verfügbare Zahl der Verwandten zugrunde gelegt wurde, sondern lediglich der relative Anteil der realisierten Verwandtschaftsbeziehungen von allen durch Geburt definierten oder legalisierten Verwandtschaftsverhältnissen.

Während sich Hinweise auf leistungsspezifische Kompensation durch verwandtschaftliche Beziehungen vor allem im Kontext sozialer Verlustereignisse wie Verwitwung bzw. Verlust von Geschwistern und Kindern zeigen, finden sich Hinweise auf kompensatorische emotionale Auswirkungen (geringeres Einsamkeitserleben) verwandtschaftlicher Beziehungen nur bei zeitlich überdauernden Mustern nicht vorhandener Familienbeziehungen (z.B. bei nichtverheirateten alten Menschen). Tatsächlich scheinen Leistungen der Verwandtschaft insbesondere dann intensiver aktiviert zu werden, wenn primäre Familienbeziehungen im Alter ausfallen. Positive Auswirkungen auf eine höhere subjektive soziale Eingebundenheit resultieren hieraus aber nicht. Diese zeigen sich möglicherweise erst dann, wenn alte Menschen mit den ihnen verfügbaren Verwandten zeitlich überdauernde emotionale Beziehungen realisieren.

Aufgrund der Datengrundlage der Berliner Altersstudie, in der Personen im Alter zwischen 70 und 103 Jahren befragt wurden, können keine vergleichenden Rückschlüsse darauf gezogen werden, inwieweit die hier dargestellten Befunde eventuell spezifisch für die Rolle der Verwandtschaft im (hohen) Alter sind oder auch für andere Lebensabschnitte gültig sind. Die Befunde lassen den Schluß zu, daß den Verwandten alter Menschen zu einem großen Teil emotional-stabilisierende Funktionen und Leistungen zukommen, sei es angesichts sozialer Verluste von nahestehenden Familienangehörigen, sei es angesichts nicht vorhandener familialer Beziehungen bei Ledigen bzw. Geschiedenen und Kinderlosen. Dies steht in Einklang mit anderen Befunden, die darauf hinweisen, daß alte Menschen neben der Befriedigung eines konkreten Hilfebedarfs auch besondere Bedürfnisse nach emotional gehaltvollen bzw. als sinnstiftend erlebten Beziehungen zeigen (Carstensen, 1993; Lang & Baltes, 1997; Lang & Carstensen, in Druck). Den Verwandten kommt hierbei möglicherweise aufgrund genetischer Ähnlichkeiten oder auch aufgrund der wechselseitigen Vertrautheit mit den jeweiligen (Familien-)Biographien selbst über große Distanzen hinweg (Lüschen, 1989; Vowinckel, 1995) ein besonderes Potential für die Realisierung emotionaler Bedürfnisse zu. In diesem Sinne ist anzunehmen, daß die dargestellten Ergebnisse zu den emotionalen Leistungen und Wirkungen verwandtschaftlicher Beziehungen zumindest teilweise spezifisch für das Alter sind und die besonderen sozioemotionalen Bedürfnisse alter und sehr alter Menschen widerspiegeln. Verwandtschaftsbeziehungen alter Menschen bilden dabei ein heterogenes Reservoir vielfältiger Funktionen, die teilweise im Kontext altersspezifischer Verluste (z.B. Verwitwung) oder aber auch aufgrund lebenslanger Familienmuster bei Bedarf im Alter abgerufen werden können.

Falls sich in der Zukunft tatsächlich eine Zunahme von Single-Haushalten und von familialen Lebensformen wie Kinderlosigkeit und Kleinfamilien mit einem Kind zeigen sollte, wie dies gelegentlich prognostiziert wird (z.B. Deutscher Bundestag, 1994), so würde dies vermutlich auch deutliche Auswirkungen auf die Bedeutung des Verwandtschaftssystems haben. Bei Kinderlosen oder auch ledigen Personen werden verwandtschaftliche Beziehungen dann die maßgeblichen Quellen kontinuierlicher, langfristiger Beziehungserfahrungen und -transfers darstellen. Dies könnte dazu führen, daß verwandtschaftliche Beziehungen eine wachsende Bedeutung erhalten, weil die Verfügbarkeit emotionaler und instrumenteller Hilferessourcen älterer Menschen maßgeblich von ihnen abhängt. Die vorliegenden Befunde legen nahe, daß dann weniger das Vorhandensein von Verwandten entscheidend sein dürfte, als vielmehr ob und in welchem Umfang emotionale und Austauschbeziehungen mit ihnen unterhalten werden.

Literatur

Babchuck, N. (1965). Primary friends and kin: A study of the associations of middle-class couples. *Social Forces, 43,* 483–493.

Cantor, M. H. (1979). Neighbors and friends: An overlooked resource in the informal support system. *Research on Aging, 1,* 434–463.

Carstensen, L. L. (1993). Motivation for social contact across the life span: A theory of socioemotional selectivity. In J. Jacobs (Ed.), *Nebraska symposium on motivation: Developmental perspectives on motivation* (Vol. 50, pp. 209–254). Lincoln, NE: University of Nebraska Press.

Chatters, L. M., Taylor, R. J. & Jackson, J. S. (1986). Aged blacks' choices for an informal helper network. *Journal of Gerontology, 41,* 94–100.

Crohan, S. E. & Antonucci, T. C. (1989). Friends as a source of social support in old age. In R. G. Adams & R. Blieszner (Eds.), *Older adult friendship* (pp. 129–146). Newbury Park, CA: Sage.

Cumming, E. & Henry, W. E. (1961). *Growing old: The process of disengagement.* New York: Basic Books.

Deutscher Bundestag (Hrsg.). (1994). *Zwischenbericht der Enquete-Kommission „Demographischer Wandel" – Herausforderungen unserer älter werdenden Gesellschaft an den einzelnen und die Politik.* Bonn: Deutscher Bundestag, Referat Öffentlichkeitsarbeit.

Dykstra, P. A. (1993). The differential availability of relationships and the provision and effectiveness of support to older adults. *Journal of Social and Personal Relationships, 10,* 355–370.

Felton, B. J. & Berry, C. A. (1992). Do the sources of the urban elderly's social support determine its psychological consequences? *Psychology and Aging, 7,* 89–97.

Gouldner, A. W. (1960). The norm of reciprocity: A preliminary statement. *American Sociological Review, 25* (2), 161–178.

Hobfoll, S. E. (1989). Conservation of resources. A new attempt at conceptualizing stress. *American Psychologist, 44,* 513–524.

Kahn, R. L. & Antonucci, T. C. (1980). Convoys over the life course. Attachment, roles and social support. In P. B. Baltes & O. G. Brim (Eds.), *Life-span development and behavior* (pp. 254–283). New York: Academic Press.

Kaufmann, F.-X. (1990). *Zukunft der Familie. Stabilität, Stabilitätsrisiken und Wandel der familialen Lebensformen sowie ihre gesellschaftlichen und politischen Bedeutungen.* München: Beck.

Lang, F. R. (1994). *Die Gestaltung informeller Hilfebeziehungen im hohen Alter – Die Rolle von Elternschaft und Kinderlosigkeit.* Berlin: Max-Planck-Institut für Bildungsforschung (Studien und Berichte, Bd. 59).

Lang, F. R. (1996). Social support relationships of parents and non-parents in old and very old age. In H. Mollenkopf (Ed.), *Elderly people in industrialized societies* (pp. 43–54). Berlin: Sigma.

Lang, F. R. & Baltes, M. M. (1997). Brauchen alte Menschen junge Menschen? Überlegungen zu den Entwicklungsaufgaben im hohen Lebensalter. In L. Krappmann & A. Lepenies (Hrsg.), *Alt und Jung: Spannung und Solidarität zwischen den Generationen* (S. 161–184). Frankfurt a.M.: Campus.

Lang, F. R. & Carstensen, L. L. (in Druck). Social relationships and adaptation in late life. In B. Edelstein (Ed.), *Comprehensive clinical psychology,* Vol. 7: Geropsychology. Oxford: Elsevier Science.

Lindenberger, U., Gilberg, R., Pötter, U., Little, T. & Baltes, P. B. (1996). Stichprobenselektivität und Generalisierbarkeit der Ergebnisse in der Berliner Altersstudie. In K. U. Mayer & P. B. Baltes (Hrsg.), *Die Berliner Altersstudie* (S. 85–108). Berlin: Akademie Verlag.

Litwak, E. (1985). *Helping the elderly.* New York: Guilford Press.

Litwak, E. & Kulis, S. (1987). Technology, proximity, and measures of kin support. *Journal of Marriage and the Family, 49,* 649–661.

Litwak, E., Messeri, P. & Silverstein, M. (1991). *Choice of optimal social support among the elderly: A meta-analysis of competing theoretical perspectives.* Paper presented at the annual meeting of the American Sociological Association, Cincinnati, OH, August.

Litwak, E. & Szelenyi, I. (1969). Primary group structures and their functions: Kin, neighbors, and friends. *American Sociological Review, 34,* 465–481.

Lüschen, G. (1989). Verwandtschaft, Freundschaft, Nachbarschaft. In R. Nave-Herz & M. Markefka (Hrsg.), *Handbuch der Familien- und Jugendforschung,* Bd. 1: Familienforschung (S. 435–452). Darmstadt: Luchterhand.

Mayer, K. U. & Baltes, P. B. (Hrsg.). (1996). *Die Berliner Altersstudie.* Berlin: Akademie Verlag.

Morgan, D. L. (1989). Adjusting to widowhood: Do social networks really make it easier? *The Gerontologist, 29,* 101–107.

Rossi, A. & Rossi, P. (1990). *Of human bonding: Parent-child relationships across the life course.* Hawthorne, NY: Aldine de Gruyter.

Shanas, E. (1979). The family as a support system in old age. *The Gerontologist, 19,* 169–174.

Simons, R. L. (1984). Specificity and substitution in the social networks of the elderly. *International Journal of Aging and Human Development, 18,* 121–139.

Stoller, E. P. & Earl, L. E. (1983). Help with activities of everyday life: Sources of support for the noninstitutionalized elderly. *The Gerontologist, 23,* 64–70.

Sussman, M. B. (1985). The family life of old people. In R. H. Binstock & E. Shanas (Eds.), *Handbook of aging and the social sciences* (pp. 415–449). 2nd ed., New York: Van Nostrand Reinhold.

Vowinckel, G. (1995). *Verwandtschaft, Freundschaft und die Gesellschaft der Fremden.* Darmstadt: Wissenschaftliche Buchgesellschaft.

Wagner, M., Schütze, Y. & Lang, F. R. (1996). Soziale Beziehungen alter Menschen. In K. U. Mayer & P. B. Baltes (Hrsg.), *Die Berliner Altersstudie* (S. 301–319). Berlin: Akademie Verlag.

Wellman, B. & Hall, A. (1986). Social networks and social support: Implications for later life. In V. W. Marshall (Ed.), *Later life. The social psychology of aging* (pp. 191–231). Beverly Hills, CA: Sage.

Wentowski, G. J. (1981). Reciprocity and the coping strategies of older people: Cultural dimensions of network building. *The Gerontologist, 21,* 600–609.

Persönliche Bindung und gesellschaftliche Veränderungen – Zum Wandel von Familien- und Verwandtschaftsbeziehungen in Ostdeutschland nach der Wende

Martin Diewald

1. Fragestellung

Im folgenden Beitrag soll untersucht werden, welche Rolle Verwandtschaftsbeziehungen in Ostdeutschland nach 1989 spielen, und wie sich dies gegenüber den Zeiten der DDR nach der Wende verändert hat. Dabei wird in dreierlei Hinsicht eine vergleichende Perspektive eingenommen, um die Bedeutung von Verwandtschaft über die konkrete Ausgestaltung von Beziehungen näher zu bestimmen. Zum einen sollen Besonderheiten der „realsozialistischen" Struktur und Bedeutung von Verwandtschaftsbeziehungen möglichst vergleichend zu deren Bedeutung in Westdeutschland herausgearbeitet werden. Zum zweiten erfolgt die Untersuchung des Stellenwerts von Verwandtschaftsbeziehungen generell vergleichend zu der Bedeutung anderer Beziehungen innerhalb des Gesamtnetzwerks persönlicher Verbindungen – also zu nicht der Verwandtschaft zugehörigen Freunden, Arbeitskollegen oder Nachbarn – und wird auch theoretisch von daher erschlossen. Zum dritten sollen verschiedene Verwandtschaftsgrade hinsichtlich ihrer Bedeutung miteinander verglichen werden. Zentrale Kriterien der Unterscheidung sind dabei gemeinsame Abstammung (Blutsverwandtschaft) versus über Heirat gestiftete Verwandtschaft, unterschiedliche Grade innerhalb der Blutsverwandtschaft sowie die Unterscheidung von linearer Verwandtschaft in der direkten Generationenfolge (Großeltern, Eltern, Kinder) und Seitenverwandtschaft (Tanten, Onkel, Vettern, Basen) unterschiedlichen Grades. Die gemeinhin als Familienbeziehungen bezeichneten Beziehungen stellen demnach eine Untermenge der Verwandtschaftsbeziehungen dar, wobei Überlappungen und Abgrenzungen im Gebrauch beider Begriffe keineswegs einheitlich geregelt sind.

Wenn es um die Bedeutung von Verwandtschaftsbeziehungen in Ostdeutschland nach 1989 geht, so liegt es angesichts der historischen Veränderungen in der jüngsten Vergangenheit theoretisch wie empirisch nahe, daß zunächst die Rolle von Verwandtschaftsbeziehungen in der DDR als „Ausgangspunkt" der derzeitigen Lage rekonstruiert wird. Hierbei geht es insbesondere um die Frage, inwiefern sich die Unterschiede, aber auch die Gemeinsamkeiten der Gesellschaftssysteme in Ost und West in unterschiedlichen Möglichkeiten und Bedeutungen persönlicher Beziehungen niedergeschlagen haben. Zum zweiten geht es darum, Richtung und Ausmaß möglicher Veränderungen im Kontext der mit der Transformation einhergehenden Wandlung von Handlungsspielräumen und -notwendigkeiten zu untersuchen. Sind entsprechende Zustände eher kurzfristige Bewältigungsreaktionen auf raschen und dramatischen sozialen Wandel oder eher langfristige Anpassungsprozesse an veränderte gesellschaftliche Rahmenbedingungen? Die hier eingenommene vergleichende Perspektive legt es vor diesen Schritten jedoch nahe, eventuelle Besonderheiten der ostdeutschen Situation vor dem Hintergrund allgemeiner theoretischer Ausführungen zur Bedeutung von Verwandtschaftsbeziehungen in modernen Gesellschaften, und zwar insbesondere der alten Bundesrepublik, zu reflektieren. Diese müssen hier allerdings aus Platzgründen sehr knapp gehalten werden.

2. Verwandtschaftsbeziehungen in der alten Bundesrepublik

Sowohl für moderne Gesellschaften allgemein als auch speziell für die Bundesrepublik scheinen die einschlägigen sozialwissenschaftlichen Forschungsergebnisse zum Bedeutungsgehalt von Beziehungen sowie auch rechtliche Vorschriften, wie sie beispielsweise im BGB kodifiziert sind, zu bestätigen, daß Verwandtschaft heute im wesentlichen nur im Rahmen der Herkunfts- und der Zeugungsfamilie relevant wird. Die besondere Bedeutung von Verwandtschaftsbeziehungen in modernen Gesellschaften reduziert sich demnach trotz aller internationaler Unterschiede bezüglich der Häufigkeit und des Timings einzelner Familienereignisse auf die Herkunfts- und die Zeugungsfamilie sowie auf die Beziehungen zwischen beiden (Bertram, 1991; Diewald, 1991; Rossi & Rossi, 1990). Seitenverwandtschaft hat diesen Untersuchungen zufolge quantitativ abgenommen als auch nur eine nachgeordnete Bedeutung innerhalb des gesamten persönlichen Netzwerks. Der Partnerschaft und der Eltern-Kind-Beziehung wird dagegen eine hohe Bedeutung aufgrund komparativer Vorteile für die Vermittlung wesentlicher Elemente der primären Sozialintegration und sozialen Unterstützung zugeschrieben: Sorge für den Nachwuchs, Erwerb sozialer Kompetenzen, Vermittlung eines Zusammengehörigkeitsgefühls und des Gefühls, gebraucht zu werden, Geborgenheit und langfristige Bindung, Vermittlung von Liebe und Zuneigung, Erwartbarkeit von Hilfe auch bei langandauernden Notlagen wie beispielsweise im Falle von Pflegeleistungen. Familienbeziehungen bildeten demnach sozusagen den Solidaritätskern der persönlichen Netzwerke, die nur für Teilgruppen der Bevölkerung bzw. spezifische Lebensphasen an Umfang und Bedeutung hinter anderen Beziehungsformen zurückstehen (Diewald, 1991).

Diese besondere Bedeutung von Familienbeziehungen wird in der Regel gleichzeitig mit einer funktionalen Spezialisierung in Verbindung gebracht. Im Zuge einer Entlastung der Familienbeziehungen von den Aufgaben der Daseinsvorsorge und wirtschaftlichen Versorgung im Zuge der Modernisierung als Herausbildung des Marktes, des Wohlfahrtsstaates und des Rechtssystems konnten demnach persönliche Beziehungen insgesamt und Familienbeziehungen im besonderen frei werden für eine primäre

Konzentration auf die oben aufgezählten emotionalen Beziehungsinhalte. Allerdings muß davor gewarnt werden, diese Entwicklungslogik bei der Kennzeichnung heutiger Familienbeziehungen zu strapazieren. Auch heute stellen Familienbeziehungen wesentliche Ressourcen für materielle Hilfen in Notlagen sowie generell die materielle Wohlfahrt bereit, und sie spielen immer noch eine große Rolle für die berufliche Plazierung insbesondere in den frühen Phasen der Erwerbskarriere (z.B. Sgritta, 1988). Die Vermittlung sozialen und kulturellen Kapitals, die Wichtigkeit von Beziehungen der Eltern als „Türöffner" in Betrieben sowie nicht zuletzt die erheblichen materiellen Transfers zwischen den Generationen bezeugen dies in mehrfacher Hinsicht. Derartige Hilfestellungen und Vermittlungsleistungen folgen einer diese Beziehungen auszeichnenden Norm der generellen, ungeteilten Hilfebereitschaft.

Inwieweit gewählte Beziehungen, vor allem Freundschaften, die in modernen Gesellschaften zunehmend auftretenden „Lücken" im Familiennetzwerk, wie sie insbesondere infolge ausbleibender bzw. verzögerter Familiengründungen auftreten, äquivalent ausfüllen können bzw. dies auch tatsächlich tun, ist für die Bundesrepublik noch ungenügend erforscht. Insgesamt scheinen Freundschaftsbeziehungen Familienbeziehungen in vielerlei Hinsicht ersetzen und ergänzen zu können, allerdings nicht vollständig, weil es durchaus unterschiedliche und konfligierende Foki hinsichtlich der Rolle persönlicher Wertschätzung und der Symmetrie der Beziehungen gibt. Selbst bei einer unterstellten generellen, ungeteilten Bereitschaft zur Hilfe haben Familienbeziehungen komparative Vorteile hinsichtlich der Vermittlung von Verläßlichkeit, einer grundsätzlichen sozialen Akzeptanz sowie der Bereitstellung längerfristiger einseitiger Unterstützung wie beispielsweise im Falle von Pflege, während Freundschaftsbeziehungen eher auf sozialer Attraktivität beruhende soziale Wertschätzung vermitteln und der Pflege gemeinsamer (Freizeit-)Interessen dienen (Bien, 1994; Diewald, 1996; Fischer, 1982).

3. Zwischen Privatheit und staatlicher Vereinnahmung: Verwandtschaft in der DDR

Zur Bedeutung von Familie und Verwandtschaft in der DDR gibt es auch nach mehreren Jahren entsprechender Forschungen stark divergierende Einschätzungen. Einerseits dürfte die durch lange Arbeitszeiten, die hohe Erwerbsquote und die Konzentration auch produktionsfremder Leistungen am Arbeitsplatz bedingte Betriebszentrierung des Alltagslebens zunächst die Konzentration auf Familienbeziehungen zugunsten von Arbeitsbeziehungen eher geschwächt haben. Andererseits ist in vielen Darstellungen des Realsozialismus hervorgehoben worden, daß dort, zumindest im Vergleich zu modernen westlichen Gesellschaften, die Freiheit der Wahl und die Möglichkeiten der Ausgestaltung persönlicher Beziehungen eingeschränkt gewesen seien, und zwar insbesondere aus Gründen wirtschaftlicher Notwendigkeiten, des Fehlens von selbstbestimmten Möglichkeiten der Freizeitgestaltung und freiwilliger Mitgliedschaften in Vereinen und Verbänden sowie der Angst vor Bespitzelung (vgl. Srubar, 1991; Trommsdorf, 1995;

Völker & Flap, 1997). Die Verwandtschaftsbeziehungen wurden damit zum Kern, wenn auch nicht ausschließlichen Bestandteil, einer der fremdbestimmten öffentlich-politischen Sphäre und den identitätsfremden Kollektivbestrebungen entgegengesetzten „Nischen"-Kultur persönlicher Beziehungen (vgl. Diewald, 1995; Gaus, 1983). Dies konnten sie um so mehr werden, als in der DDR eine Eheschließung und Familiengründung eher positive Auswirkungen auf den Zugang zu öffentlichen Gütern hatte und die Erwerbsbeteiligung der Frauen nicht gefährdete (Huinink, 1995). Wohl nicht zuletzt deshalb besaßen Ehe- und Familiengründung in der DDR bis zu ihrem Ende einen ungebrochen hohen Stellenwert und blieben fast universale Lebensmuster. In dieser Sichtweise erscheint die DDR als totalitärer Staat, der zwar jede Subjektivität und Privatheit der einzelnen Individuen bedrohte und überschattete, dies aber insbesondere im Bereich der Familie nicht erreichen konnte oder wollte. Damit kam es jedoch zu einer scharfen Abgrenzung zwischen „starken" Beziehungen im persönlichen Nahbereich und allen anderen, rein instrumentellen und persönlich „schwachen", jederzeit unter dem Vorbehalt der möglichen Bespitzelung stehenden Beziehungen (Völker & Flap, 1997). Die Sonderstellung der Familienbeziehungen sollte demnach noch stärker ausgeprägt sein als in modernen westlichen Gesellschaften.

Während in diesen Ausführungen Familienbeziehungen eher eine den systemischen Strukturen entgegengesetzte, davon abgeschottete und dadurch gleichzeitig überhöhte Gegenwelt bilden, verweisen andere Darstellungen eher auf systembedingte Beeinträchtigungen bzw. Bedeutungseinschränkungen des Familienlebens. Srubar (1991) unterstellt für realsozialistische Gesellschaften ein beträchtlich geringeres Maß an Modernität im Sinne funktionaler Differenzierung. Ohne jedoch an irgendeiner Stelle auf die angesprochene Differenzierung zwischen „starken" und „schwachen" Beziehungen im Sinne Granovetters (1977) einzugehen, unterstellt er für realsozialistische Gesellschaften generell, daß persönliche Beziehungen – wie in vormodernen Zeiten – stark mit Aufgaben der Daseinsvorsorge, Interessenvertretung und wirtschaftlichen Versorgung belastet gewesen seien, Aufgaben also, die in funktionierenden Marktgesellschaften von formalen Institutionen übernommen wurden. Im besonderen Fall der DDR erstreckt sich diese Bedeutung auch auf die sogenannte Westverwandtschaft, deren Zuwendungen in Form von Devisen oder begehrten westlichen Konsumgütern eine wesentliche Komponente differentieller Konsummöglichkeiten waren und auch über entsprechende Besuche das Bewußtsein für Verwandtschaftsbande verstärkt haben sollten. Der Zugang zu behördlichen Entscheidungsverfahren sowie zu knappen, über Geld nicht erhältlichen Waren und Dienstleistungen stellte demnach einen dominierenden Gesichtspunkt für die Auswahl und Pflege sozialer Beziehungen dar.

Die Dominanz entsprechender Nutzenkalküle könnte allerdings verhindert haben, daß die Beziehungen frei wurden für eine primär persönliche Auswahl und Gestaltung. Zwar verweist Srubar auf die Gelegenheiten, die sich aus zunächst als rein instrumentell nützlich gedachten Beziehungen für das Anknüpfen von Freundschaften ergaben, doch gelangt er insgesamt, aus der beschriebenen Logik sozialer Differenzierung heraus, zu einer eher pessimistischen Einschätzung der emotionalen Qualität und Verläßlichkeit informeller Beziehungen hinter der Fassade von Solidarität und Freundlichkeit. In seiner Perspektive fehlender funktionaler Differenzierung kommt er auch folgerichtig nicht zu einer internen Differenzierung informeller Netzwerke, sondern zum Bild einer Fraktionierung der Gesellschaft in verschiedene abgeschlossene, je für sich eine Welt des „Wir" bildende, sich scharf von einer als prinzipiell feindlich empfundenen Umwelt abgrenzende Tauschringe, in denen Verwandtschaftsbeziehungen auch geringeren Grades zu Anknüpfungspunkten für eine intensive Schattenwirtschaft und gegenseitige Hilfeleistungen ohne ausgeprägte Differenzierung in „starke" und „schwache" Beziehungen werden konnten.

Bei ähnlichem Ausgangspunkt, nämlich der These einer geringeren funktionalen Differenzierung, kommt Schlegelmilch (1995) zu einer anderen Charakterisierung persönlicher Beziehungen in der DDR. Im Unterschied zu Srubar hebt sie die „Gemeinschaftlichkeit" der damaligen Lebensweise hervor, in der eine umfassende Gemeinschaftsorientierung, Zugewandtheit und menschliche Wärme den Umgang miteinander geprägt habe. Die besondere Qualität der Sozialbeziehungen habe in einer echten (oder zumindest über weite Strecken als echt empfundenen) Solidarität, einem weitverzweigten und umfassenden Zusammengehörigkeitsgefühl bestanden, das gerade nicht (wie im Westen) an der Grenze von Familie und ausgesuchten Freundschaftsbeziehungen haltgemacht habe. Die für moderne westliche Gesellschaften beschriebene Sonderstellung eines solchen Kernnetzwerks müßte demnach zumindest geringer ausgeprägt gewesen sein. In dieser Konstatierung einer vergleichsweise geringen internen Differenzierung persönlicher Netzwerke geht Schlegelmilch mit Srubar konform, beide unterscheiden sich markant von Völker und Flap, die die Angst vor Bespitzelung als dominantes Strukturierungskriterium persönlicher Netzwerke in den Vordergrund stellen.

Differenzierungslogisch handelt es sich bei den scheinbar konträren Einschätzungen also um ungenügend spezifizierte Folgerungen aus ein und demselben Ansatz. Demnach führt die fehlende bzw. gering akzentuierte Ausbildung einer Privatsphäre in beiden Szenarien zu einer im Vergleich zu differenziert(er)en Gesellschaften ganzheitlicheren und deshalb gleichartigeren Gestaltung sämtlicher Sozialbeziehungen. Daraus resultiert, in der Durkheimschen Denktradition, eine hohe affektive Verbundenheit, ein Zugehörigkeitsbewußtsein und ein Zusammengehörigkeitsgefühl auf der Basis direkter Beziehungen. Die Tatsache, daß man sich diesen Beziehungen kaum entziehen und sie wenig aussuchen kann, bedingt zum einen ein hohes Maß an Sozialintegration im Sinne einer Garantie sozialer Einbindung in direkte Interaktionszusammenhänge. Andererseits, und das ist die Kehrseite, ist in diesem Rahmen ebensowenig die freie Gestaltung einer Privatsphäre möglich. Damit sollte der Privatheitscharakter, die Leistung einer ganz „persönlichen Stellungnahme zum anderen" (Watzlawick u.a., 1982) in geringem Maße ausgeprägt sein.

Alle drei zitierten Erklärungsansätze kranken meines Erachtens daran, daß sie in Relation zu westlichen Referenzgesellschaften definierte Systemmerkmale der DDR in zweierlei Hinsicht verabsolutieren: zum einen als Systemmerkmale selbst und zum zweiten in ihren Auswirkungen auf die Gestaltung persönlicher Netzwerke. Beim Aufzeigen der Entdifferenzierungsphänomene realsozialistischer Gesellschaften darf nicht übersehen werden, daß es sich zweifelsohne im Sinne der Modernisierungstheorie um moderne Gesellschaften gehandelt hat: unter anderem auf der Basis der räumlichen und sinnhaften Trennung zwischen Arbeitsplatz und Wohnen, von Industrialisierung, Spezialisierung und dann Verwissenschaftlichung der Berufsarbeit und einer an Qualifikationsmerkmale gekoppelten beruflichen Mobilität innerhalb einer Statushierarchie. Gerade die DDR war auch kein Gemeinwesen, in dem existentielle Not geherrscht hätte und der Zwang zu Naturaltausch und Netzwerkhilfe zur bloßen Existenzsicherung bestanden hätte. Sowohl die innerhalb der sozialistischen Staatengemeinschaft vergleichsweise hohe Wirtschaftskraft als auch die ausgebauten staatlichen und betrieblichen Sozialleistungen sorgten dafür, daß materielle Hilfen innerhalb persönlicher Netzwerke eher konsumptiven Distinktionsanstrengungen und/ oder der Erlangung eines – wenn auch bescheidenen – Wohlstands dienen konnten. Die vielfach konstatierte „Ärmlichkeit" der Verhältnisse in der DDR stellt insofern einen anderen Handlungsrahmen dar, als ihn Armut darstellen würde. Die Sozialstaatskonzeption der DDR bot zudem eher mehr Sicherheit als die wohlfahrtsstaatlichen Regimes westlicher Marktgesellschaften.

Die Anmerkungen eingangs dieses Artikels zur Spezifik moderner persönlicher Netzwerke und zum Stellenwert von Familien- und Verwandtschaftsbeziehungen sind also zunächst auch für die DDR anzunehmen. Dies schließt die auch in der DDR nachweisbare, große Bedeutung des Familienhintergrunds für den Statuserwerb mit ein (Solga, 1995), obwohl es ja eine dezidierte, gegen solche Tendenzen gerichtete Politik gegeben hat. Die – durchaus offene – Frage ist dann, inwieweit die in den einzelnen Ansätzen unterschiedlich beschriebenen Systemeinflüsse zusätzliche (statt alternative) Rahmenbedingungen des Netzwerkhandelns impliziert haben. Führte das Bestreben, Bereiche der Intimität und Privatheit gegen die im Vergleich zu westlichen Gesellschaften massiveren Dominanzbestrebungen des Staates zu schaffen, zu einer noch stärkeren Konzentration auf einen Kernbereich sorgfältig selegierter enger (Familien-)Beziehungen? Oder ist diese Annahme einer als prinzipiell bedrohlich erlebten Umwelt falsch, da Existenzbedrohung und Entfremdung durch Arbeitsmarkt, Konkurrenzdruck und Warenwelt eher geringer als in westlichen Gesellschaften waren? Die bei Völker und Flap als rein oberflächlich und äußerlich eingeschätzte Kameradschaftsideologie besäße demnach einen realen Hintergrund, und Privatheit wäre sogar weniger eng definiert und mehr in die halböffentlichen Räume erweitert. Letzteres ist um so plausibler, als die Notwendigkeit, den systemischen Anforderungen gerecht zu werden, durchaus nicht nur auf Zwang, sondern auch auf Zustimmung beruhte (Mayer, 1993; speziell für den Betrieb: Rottenburg, 1992; Schmidt, 1995). Folgt man dieser Einschätzung, dann wäre daraus keine Sonderstellung von Familienbeziehungen ableitbar, die über diejenige in westlichen Marktgesellschaften noch hinausreichte. Daß in einer Wirtschaft mit Versorgungsknappheiten die Pflege instrumenteller Beziehungen ein besonderes Gewicht hat, stellt jedenfalls die emotionale Qualität von Familienbeziehungen nicht automatisch in Frage.

4. Nachholende Modernisierung oder Transformationsschock?

Insgesamt legen diese Darstellungen es nahe, daß das für die Transformationsforschung zentrale Paradigma der „nachholenden Modernisierung" für die Fragestellung der Veränderung von Verwandtschaftsbeziehungen allenfalls eingeschränkt Gültigkeit hat. Die Betonung von persönlicher Bindung anstelle von instrumenteller Nützlichkeit als Wesenskern von Familienbeziehungen sollte allenfalls geringe Bedeutungsverluste nach 1989 implizieren, selbst wenn sich als spezifische, für wesentlich erachtete Bedingungen ihrer Bedeutsamkeit in der DDR, wie die Bespitzelungsgefahr und die Versorgungsmängel, mittlerweile aufgelöst haben.

Anders sieht es mit den weiteren Verwandtschaftsbeziehungen aus. Ihre ohnehin eher periphere, sich zudem auf Geselligkeit und eventuelle instrumentelle Nützlichkeiten stützende Bedeutung sollte durch die Aufhebung der spezifischen Handlungsrestriktionen und -anreize des Realsozialismus stärker tangiert werden. Es ist nicht mehr wichtig, Personen zu kennen, die „Bückware" beschaffen können usw.; jetzt ist es wichtig, Personen zu kennen, die über bestimmte Informationen außerhalb des eigenen Blickfeldes verfügen, oder die den Zugang zu den knapp gewordenen Arbeitsplätzen in irgendeiner Weise erleichtern können. Diese „neuen" Nützlichkeiten sind jedoch vermutlich an spezifischere Voraussetzungen geknüpft als die allgemeineren „alten". Überdies tun sich zunehmend andere, eher selbstbestimmte Formen der Freizeitgestaltung auf, denen die „Verwandtschaft" als Fokus allein kein Eigengewicht entgegensetzen kann. Beziehungen, in denen der persönliche Gehalt und die Sympathie über Nützlichkeitserwägungen hinaus unklar waren, können besser gelöst werden. Die Vermutung massenhafter statt nur gelegentlicher Lösungen alter und des Knüpfens neuer Beziehungen ist jedoch nur dann schlüssig, wenn zusätzlich weitere Voraussetzungen gelten: (1) Die – wenn auch geringen – persönlichen Investitionen in schwächere Beziehungen scheinen sich auch zu lohnen, und (2) es stehen in größerem Umfang neue Optionen des Knüpfens von anderen Kontakten zur Verfügung. Lücken in den bisherigen Netzwerken sind schließlich in jedem Falle schon durch die massenhaften Wanderungen von Ost nach West seit 1989 zu erwarten.

Die Ableitung von Veränderungen aus der bloßen Differenz zwischen Ausgangs- und Zielgesellschaft, das heißt den Verhältnissen in der DDR und denen in der Bundesrepublik, unterschlägt allerdings den spezifischen Einfluß, den die Plötzlichkeit, Heftigkeit und Geschwindigkeit des abverlangten sozialen Wandels ausüben können. Gerade in Zeiten eines gesellschaftlichen Umbruchs mit seinen Unsicherheits- und Anomieerfahrungen wächst das Bedürfnis nach vertrauten, überschaubaren, identitätsstützenden und nicht direkt von äußeren Rahmenbedingungen abhängigen Beziehungen in dem Maße, in dem andere, stärker von den jeweiligen Nützlichkeitserwägungen diktierte Beziehungen unsicher werden.

Stärker noch als das aus der Modernisierungstheorie abgeleitete Argument der starken Eigenlogik enger Familienbeziehungen sprechen diese Überlegungen gegen das von Völker und Flap vorgebrachte Argument, daß nach dem Zusammenbruch des Überwachungssystems der DDR nun kein abgeschottetes Kernnetzwerk mehr vonnöten sei. Vielmehr würde die Familie dann erst recht zur „Nische" in einer unsicheren, unvertrauten Umwelt werden, als „Beharrung in den vorgefundenen Sicherheiten", das heißt aus der Furcht, „das einzige verbliebene soziale Netz zu verlieren" (Gysi, Kapelle & Meyer, 1994). Auf der anderen Seite ist allerdings ein erheblicher Druck auf deren Qualität und Stabilität angesichts individueller Krisen und Verlusterfahrungen zu erwarten, die innerhalb der Familie aufgefangen und verarbeitet werden müssen und eine Überlastung hervorrufen können (Schneider, 1994, S. 308).

Es ist allerdings unwahrscheinlich, daß diese verschiedenen Aspekte einheitlich allein in der einen *oder* anderen Richtung zum Tragen kommen. Vielmehr dürften unterschiedliche Transformationserfahrungen – vor allem auf dem Arbeitsmarkt – auch entsprechend unterschiedliche Folgen und Bewältigungsversuche auf der Ebene persönlicher Netzwerke zur Folge haben. Wie sich anhand von Mobilitätsanalysen zeigen läßt, stehen den relativ ruhigen und stabilen Erwerbskarrieren der Mehrzahl der ehemaligen DDR-Bürger erhebliche berufliche Mobilitäten mit Abstiegsrisiken vor allem während der ersten drei Jahre nach der Wende sowie massive und dauerhafte Ausgrenzungen gegenüber (Diewald & Solga, 1996). Diese Unterschiedlichkeit soll deshalb in den folgenden Analysen Berücksichtigung finden.

5. Datenbasis und Vorgehen

Für die eingangs gewählte Vorgehensweise, die Verwandtschaftsbeziehungen in Ostdeutschland so weit wie möglich vergleichend zu denen in der alten Bundesrepublik zu untersuchen, bieten sich nur wenige Datenquellen für eine entsprechende empirische Umsetzung. Bei der Rekonstruktion der Verhältnisse in der DDR stütze ich mich auf die Daten der Studie „Lebensverläufe und historischer Wandel in der ehemaligen DDR" des Max-Planck-Instituts für Bildungsforschung (Huinink, Mayer u.a., 1995). Dabei handelt es sich um eine Repräsentativstichprobe von 2.323 Befragten aus vier Geburtskohorten: 1929–31, 1939–41, 1951–53 und 1959–61, die zwischen 1991 und 1992 zu verschiedenen Aspekten ihres Lebensverlaufs befragt wurden, unter anderem zu ihren Unterstützungsbeziehungen vor 1989. Basis der Stichprobenziehung sind alle im September 1990 auf dem Gebiet der ehemaligen DDR lebenden Deutschen.

Ein Vergleich zu den Verhältnissen in der alten Bundesrepublik läßt sich über konzeptuell sehr ähnliche Fragen herstellen, die im Rahmen der Zusatzerhebung „Soziale Netzwerke und Unterstützungsbeziehungen" zum Allbus (1986) gefragt wurden. Zur besseren Vergleichbarkeit der Auswertungen mit der Lebensverlaufsstudie habe ich für dieses Sample ebenfalls die vier Geburtskohorten gebildet, allerdings jeweils mit einer Altersspanne von fünf statt drei Jahren. Auf diese Weise blieben 765 Fälle für die vergleichende Auswertung erhalten. Allerdings waren die Fragen in den beiden Studien nur in einem Fall so gut wie identisch, und zwar hinsichtlich der Frage nach Helfern bei einem Rat in schwieriger Lebenslage (siehe Abschnitt 6.1). Hier war der Fragetext gleichlautend, jedoch waren im Allbus nur maximal zwei Helfernennungen möglich, während es in der Lebensverlaufsstudie keine derartige Begrenzung gab. Um die Angaben vergleichbar zu machen, habe ich für die Auswertung der Lebensverlaufsstudie nur die beiden ersten Nennungen herangezogen, was insofern nicht allzusehr ins Gewicht fiel, als die durchschnittliche Anzahl der Nennungen bei 2,3 lag.

Die Auswertungen zu Veränderungen seit der Wende in Ostdeutschland basieren ausschließlich auf einer schriftlichen Zusatzerhebung, die im Frühjahr 1993 als Panel zur Haupterhebung der Studie „Lebensverläufe und historischer Wandel in der ehemaligen DDR" durchgeführt wurde. An ihr nahmen noch 1.254 Befragte (= 54 %) der Hauptuntersuchung teil. Bis auf eine leichte Unterrepräsentierung jüngerer Personen mit höherem Ausbildungsniveau sind keine nennenswerten Verzerrungen zur Hauptstichprobe hinsichtlich sozialstruktureller Merkmale erkennbar (eigene, unveröffentlichte Berechnungen).

Bei allen hier verwendeten Erhebungsinstrumenten handelt es sich *nicht* um Fragen, die egozentrierte Netzwerke auf der Ebene einzelner Beziehungen erheben, es sei denn im Falle der Partnerschaft, sondern um *Global*fragen, die sich auf Kategorien von Netzwerkmitgliedern richten, wie Eltern, Kinder, Verwandte, Freunde.

6. Ergebnisse

6.1 Zur Gestaltung von Verwandtschaftsbeziehungen in der DDR

Nimmt man die Frage, welche Person man in einer schwierigen persönlichen Lage für einen Ratschlag ansprechen kann (Verfügbarkeit entsprechender Unterstützung), als Indikator für die persönliche Vertrautheit in den jeweiligen Beziehungen, so lassen sich bezüglich des Stellenwerts verwandtschaftlicher Beziehungen in DDR und alter Bundesrepublik einige markante Unterschiede feststellen (siehe Abb. 1). Auffallend ist zunächst die – absolut gesehen – in der DDR noch einmal deutlich größere Bedeutung der Partnerschaftsbeziehung sowie auch diejenige zu Eltern und Geschwistern. Allerdings bedeutet dies nicht gleichermaßen einen gegenüber anderen Teilen des persönlichen Netzwerks herausgehobenen Stellenwert. Auch Freunde und insbesondere Kollegen stellen zu Zeiten der DDR häufiger als in der alten Bundesrepublik derartige Hilfe bereit. Das heißt zusammengenommen: Kernfamilie und Generationenbeziehungen hatten in der DDR einen ähnlichen Stellenwert innerhalb des Gesamtnetzwerks verglichen mit anderen Personengruppen – dies allerdings auf der Basis einer insgesamt häufigeren Verfügbarkeit entsprechender Unterstützung, wobei die größten Unterschiede durch die in der DDR wesentlich höhere Bedeutung von Kollegenbeziehungen konstituiert wurden. Andere Verwandte hatten dagegen – absolut wie relativ – einen zumindest in dieser Hinsicht noch geringeren Stellenwert als in der alten Bundesrepublik.

Die in Abbildung 1 dargestellten Verteilungen bezüglich der *Verfügbarkeit* sozialer Unterstützung seitens verschiedener Personengruppen zeigen zwar, wie sich beide Ge-

Abbildung 1: Verfügbare Unterstützung bei Rat in schwieriger persönlicher Lage, alte BRD und DDR im Vergleich

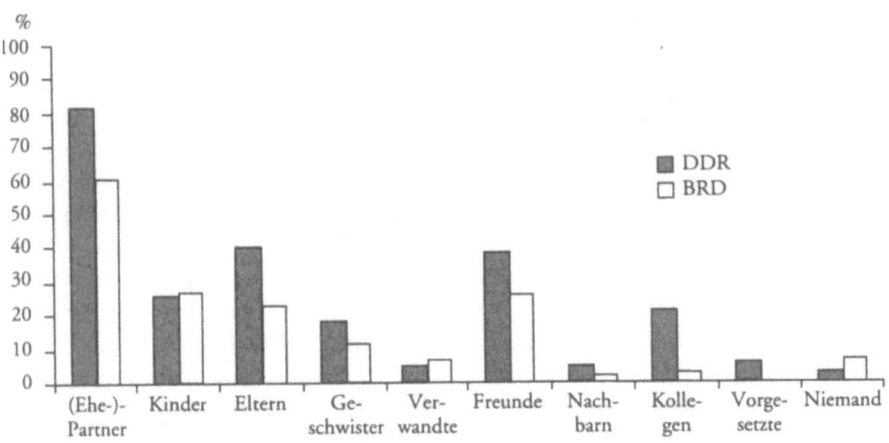

Abbildung 2: Verfügbare Unterstützung bei Rat in schwieriger persönlicher Lage, alte BRD und DDR im Vergleich – nur Personen, die über die jeweilige Beziehung verfügen (Partner, Kinder, Eltern, Geschwister) bzw. erwerbstätig sind (Kollegen)

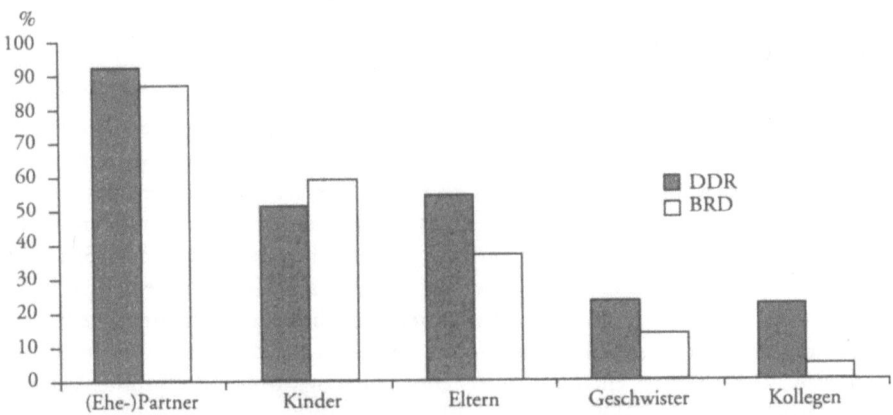

Datenbasis: *Alte BRD:* Allbus 1986; Geburtsjahrgänge 1927–33, 1937–43, 1949–55, 1957–63; *DDR:* DDR-Lebensverlaufsstudie; Geburtsjahrgänge 1929–31, 1939–41, 1951–53, 1959–61. Angaben für DDR auf die beiden ersten Nennungen reduziert; für BRD waren maximal zwei Nennungen möglich. Angaben zur DDR beziehen sich pauschal auf „die Zeit vor dem November 1989". Angaben zur alten BRD beziehen sich auf die aktuelle Situation 1986: „Mit wem würden Sie darüber reden?"

sellschaften hinsichtlich des Vorhandenseins entsprechender Unterstützungspotentiale insgesamt unterscheiden. Diese Verteilungen sind allerdings nur schwierig interpretierbar, insoweit sie auf zwei verschiedene Arten von Unterschieden zwischen DDR und alter Bundesrepublik zurückgehen können. Zum einen können sich darin unterschiedliche Ausgestaltungen bestehender Beziehungen widerspiegeln, also unterschiedliche *Inanspruchnahmen* der in Ost und West jeweils vorhandenen Partner, Kinder usw. in einer solchen Situation. Zum anderen können sich darin aber auch unterschiedliche strukturelle Gegebenheiten verbergen, wie es beispielsweise offensichtlich der Fall ist im Hinblick auf die in der DDR wesentlich höhere Erwerbsquote und damit die dort wesentlich häufigere Möglichkeit, daß Arbeitskollegen als potentielle Helfer vorhanden sind. Gleiches trifft aber auch auf die in Ost und West unterschiedlichen Familienbildungsprozesse zu, die dazu führten, daß insgesamt und auch in den hier untersuchten Geburtsjahrgängen in der DDR mehr Personen in einer Partnerschaft lebten als in der alten Bundesrepublik.

Deshalb werden im folgenden für die alte Bundesrepublik sowie die DDR nur noch diejenigen Befragten miteinander verglichen, die auch tatsächlich über die jeweiligen Beziehungen verfügt haben (siehe Abb. 2).

Diese Kontrolle ist allerdings nicht für alle in Abbildung 1 dargestellten Beziehungsarten zuverlässig möglich. Das Vorhandensein entsprechender Beziehungen ist lediglich hinsichtlich eines partnerschaftlichen Zusammenlebens (Ehe oder nichteheliche Lebensgemeinschaft) sowie für das Vorhandensein von erwachsenen Kindern, noch lebenden Eltern sowie von Geschwistern möglich, nicht jedoch für andere Verwandte, Freunde oder Nachbarn. Diese Kategorien von Beziehungen werden deshalb in Abbildung 2 auch nicht wieder aufgeführt. Dagegen schien es mir sinnvoll, Kollegenbeziehungen mit aufzuführen, obwohl es keine direkte Nachfrage nach dem Vorhandensein von Kollegen gab. Als Proxy dafür wurde hier verwendet, ob die Befragten derzeit (Allbus, 1986) bzw. im Oktober 1989 (Lebensverlaufsstudie) hauptberuflich erwerbstätig gewesen sind.

Es zeigt sich, daß die in Abbildung 1 dargestellten Unterschiede mit einer Ausnahme nicht auf solche strukturellen Kompositionseffekte zurückzuführen sind, das heißt auf ein in alter Bundesrepublik und DDR unterschiedliches Vorhandensein von Eltern-, Kindes- oder Geschwisterbeziehungen, wie man aufgrund der unterschiedlichen Häufigkeit von familialen Lebensformen in DDR und Bundesrepublik hätte vermuten können. Ebensowenig läßt sich die unterschiedliche Häufigkeit der Nennung von Kollegen als potentielle Helfer vorrangig auf die unterschiedliche Erwerbsbeteiligung zurückführen. Auffälligerweise bleibt die Besonderheit in der Eltern-Kind-Beziehung erhalten, daß in der alten Bundesrepublik Kinder ihre Eltern seltener als potentielle Ratgeber nannten, als Kinder in der DDR dies taten. Möglicherweise verweist dies auf einseitige Abgrenzungsbemühungen im Westen, was mit dem vorhandenen Datenmaterial allerdings nicht näher geklärt werden kann. Demgegenüber erweist sich die Partnerschaftsbeziehung in West und Ost gleichermaßen auf herausgehobene Weise mit der Unterstützungnorm verbunden, das heißt: Alle in Abbildung 1 präsentierten Unterschiede

sind darauf zurückzuführen, daß Menschen in Ostdeutschland häufiger mit einem Partner zusammengelebt hatten.

Rekurriert man auf die im zweiten und dritten Abschnitt diskutierten theoretischen
Entwürfe zum Stellenwert von Verwandtschaftsbeziehungen, scheint vor allem Vorsicht
angebracht, die „Nischen"-Interpretation zu strapazieren. Am ehesten bestätigt sich die
Sichtweise systemübergreifender Gemeinsamkeiten sowie einer – trotz Gefahren wie
Bespitzelung und Entfremdung von der öffentlichen Sphäre – stärker ausgeprägten Gemeinschaftlichkeit der Lebensverhältnisse, wobei neben der Verwandtschaft insbesondere der Betrieb eine wesentliche, im Westen so nicht vorhandene Quelle persönlicher
gehaltvoller Beziehungen darstellte[1]. Daß die persönlichen Beziehungen von ihren weit-
gespannten Versorgungsaufgaben offensichtlich *nicht* dominiert wurden, hat möglicherweise vor allem damit zu tun, daß es durchaus eine funktionierende Arbeitsteilung
zwischen persönlichen Netzwerken einerseits und formalen Systemen andererseits gegeben hat. Dies kommt bei dem alleinigen Verweis darauf, was alles im Realsozialismus
nicht funktioniert hat, zu kurz (ausführlich Diewald, 1995).

6.2 Veränderungen nach 1989

Stellt man sich vor dem Hintergrund dieser Ergebnisse die im dritten Abschnitt theoretisch diskutierte Frage nach Veränderungen in den Verwandtschaftsbeziehungen nach
1989 von neuem, so wären für die Beziehungen innerhalb von Kernfamilie und direkter Generationenfolge – aufgrund ihres ausgeprägten, weitgehend systemunabhängigen
Eigensinns – eher geringe Bedeutungseinbußen zu erwarten, zumindest verglichen mit
anderen Arten persönlicher Beziehungen. Es ist vielmehr zu vermuten, daß angesichts
der Belastungen des Transformationsprozesses die Bedeutung hinsichtlich emotionaler
Unterstützung zunimmt. Betrachtet man zunächst nur die absolute Häufigkeit von
positiven wie negativen Veränderungen entlang verschiedener Beziehungsdimensionen,
so bestätigt sich die Ausnahmestellung der Familienbeziehungen in eindrücklicher
Weise (siehe Tab. 1). Jede fünfte Partnerschaftsbeziehung ist demnach zwischen 1989
und 1993 enger geworden, dagegen kaum eine weniger eng[2]. Ähnlich sieht es bezüglich
der Vermittlung von persönlicher Wertschätzung und Hilfeleistungen aus, wobei insbesondere die Orientierungsfunktion über den Austausch von Informationen wichtig
erscheint. In Richtung und fast auch im Ausmaß das gleiche läßt sich für die Eltern-
Kind-Beziehung sagen. Nur bei diesen beiden Beziehungen finden wir überhaupt ein

---

[1] Diese Einschätzung bestätigt sich, wenn man auch die anderen im Allbus (1986) und der Lebensverlaufsstudie erfragten Unterstützungsleistungen Revue passieren läßt. Weil sie nicht in gleicher Weise wie der
Ratschlag in schwieriger Lebenslage direkt miteinander vergleichbar sind, sondern sich auf je verschiedene
Hilfeleistungen beziehen, sind die Ergebnisse hier nicht im einzelnen dargestellt. Ausführliche Analysen
dazu finden sich in Diewald (1991) (Westdeutschland) bzw. Diewald (1995) (DDR).
[2] Zudem sind nur 16 der 1.029 im Jahr 1989 existierenden Partnerschaften unserer Stichprobe bis 1993 gelöst worden.

Überwiegen positiver Veränderungen gegenüber negativen im Gefolge der Transformation. Bereits bei Geschwistern und sonstigen Verwandten (beide Verwandtschaftsgrade wurden leider zusammen als eine Kategorie abgefragt) überwiegen in der Summe die Auslösungs- und Auflockerungserscheinungen bezüglich der Enge der Beziehung sowie des Austauschs instrumenteller Hilfeleistungen, während die Veränderungen im Hinblick auf persönliche Wertschätzung und Informationsaustausch sich in etwa die Waage halten.

Stärker noch sind die Einbrüche bei den ehemaligen Freundes- und vor allem den Kollegenbeziehungen, wobei letzteres keineswegs allein auf Arbeitslosigkeit oder verstärkte berufliche Mobilität zurückzuführen ist, wie die entsprechenden Differenzierungen in Tabelle 1 belegen. Dies zeigt, daß viele dieser Beziehungen in ihrer Entstehung

Tabelle 1: Veränderungen in den Beziehungen zu anderen Menschen in der Zeit seit der Wende (alle Angaben in Prozent)[1]

	Partner/-in[2]	Kinder[3]	Geschwister, Verwandte	Freunde	Kollegen[4]		Vorgesetzte[4]	
Beziehung								
„enger und vertrauter"	20	15	9	5	2	(4)	5	(5)
„weniger eng und vertraut"	3	4	22	35	45	(56)	54	(67)
unverändert	77	81	69	60	53	(40)	41	(28)
Instrumentelle Hilfeleistung[5]								
mehr	17	17	6	3	1	(2)	2	(3)
weniger	3	5	24	38	50	(63)	54	(67)
unverändert	80	78	71	59	49	(35)	44	(30)
Austausch von „wichtigen Informationen und Tips"								
größer	33	35	19	17	17	(12)	8	(8)
geringer	1	3	18	30	39	(52)	54	(61)
unverändert	66	62	64	53	45	(36)	37	(30)
„Als Mensch anerkannt und geschätzt"								
mehr	15	11	7	7	12	(15)	13	(15)
weniger	2	2	9	11	14	(21)	21	(29)
unverändert	83	87	84	82	74	(64)	66	(56)
n	1.081	604	1.229	1.229	411	(254)	394	(249)

[1] Fragetext: „(...) denken Sie bitte noch einmal daran, ob sich bei Ihnen persönlich in der Zeit seit der Wende etwas im Umgang mit anderen Menschen verändert hat".
[2] Angaben nur für Personen, die sowohl im November 1989 als auch im Frühjahr 1993 mit einem Partner/einer Partnerin zusammengelebt haben.
[3] Angaben nur für Personen mit erwachsenen Kindern.
[4] Angaben nur für Erwerbstätige, die ohne Unterbrechung auf derselben Stelle wie im November 1989 sind; in Klammern: Stellenwechsler.
[5] „Gegenseitige Hilfeleistungen (z.B. bei Umbau- oder Renovierungsarbeiten, bei größeren Anschaffungen oder beim Beschaffen von Materialien usw.)."

und Stabilität stark von den spezifischen sozialstrukturellen Bedingungen der DDR-Gesellschaft abhingen (siehe Abschnitt 3) und folgerichtig im Zuge des gesellschaftlichen Umbruchs destabilisiert werden. Sie erweisen sich unter den veränderten Verhältnissen zu großen Teilen als nicht mehr tragfähig bzw. weniger hilfreich als zuvor.

Die Ergebnisse bestätigen also die Vermutung, daß sich die Veränderungen von Verwandtschaftsbeziehungen in Ostdeutschland seit der Wende am ehesten auf der Basis einer bereits in der DDR bestehenden „modernen" Ausdifferenzierung persönlicher Netzwerke sowie als Reaktionen auf die Krisenhaftigkeit der Wende erklären lassen. Ein Bedeutungsrückgang ist bis zum Jahre 1993 nicht erkennbar, zumindest nicht bezüglich der hier untersuchten Dimensionen. Die Tendenzen einer Anpassung ostdeutscher Netzwerke an westdeutsche Strukturen betrafen zunächst die Arbeitsbeziehungen und Freundschaften, bei denen es zu erheblichen Revisionen kam, die insgesamt als Bedeutungsverlust sowohl auf persönlicher als auch auf instrumenteller Ebene bilanziert werden. Bemerkenswert scheint mir allerdings, daß unter allen Dimensionen die Einbrüche bezüglich persönlicher Wertschätzung deutlich am geringsten sind. Auch dies ist rückblickend ein Hinweis darauf, daß es den Menschen in der DDR gelungen ist, zwischen persönlich gehaltvollen Beziehungen und instrumentellen Nützlichkeitserwägungen eine recht klare Unterscheidung zu treffen.

Abschließend möchte ich zwei Aspekte aufgreifen, die in der theoretischen Diskussion als Rahmenbedingungen für die Entwicklung von Verwandtschaftsbeziehungen nach der Wende angesprochen worden sind: Zum einen die Qualität und Gefahr der Ambiguität dieser Beziehungen vor der Wende, zum anderen die Differenziertheit der Transformationserfahrungen nach 1989 mit ihren unterschiedlichen Bewältigungsanforderungen. Beim erstgenannten Aspekt geht es um die im dritten Abschnitt diskutierte These, die besagt, daß die emotionale Qualität der Beziehungen in der DDR durch die Dominanz von Nützlichkeitsüberlegungen überschattet gewesen sei. Träfe dies zu, dann sollten diejenigen Beziehungen, in denen vor der Wende (auch) instrumentelle Hilfen ausgetauscht wurden, nach der Wende tendenziell instabiler sein bzw. eher Einbußen an emotionaler Qualität aufweisen als andere. Der zweite Aspekt zielt auf die im vierten Abschnitt aufgeworfene Frage, inwiefern die außerordentliche Differenziertheit der Wendeschicksale nicht auch mit entsprechend unterschiedlichen Veränderungen der persönlichen Netzwerke einhergeht. Zwar stellt die umfassende Revision fast sämtlicher Lebensbedingungen nach 1989 zweifelsohne eine kollektive Herausforderung dar, doch haben sich für verschiedene Bevölkerungsgruppen daraus durchaus verschiedene Risiken und Chancen, Kontinuitäten und Brüche in den Lebensverläufen ergeben (Diewald u.a., 1995). Verschlechterungen und Verunsicherungen in den Lebensperspektiven sollten die Bedeutung von engen Beziehungen als Bewältigungsressource noch steigern, sei es zur Bekämpfung und zum Ausgleich negativer Empfindungen, sei es zum Finden von Lösungsmöglichkeiten. In eine ähnliche Richtung geht die Frage nach der vor 1989 bezeugten Loyalität zum DDR-System in Form von Parteimitgliedschaft. Für diese Personengruppe sollte der Zusammenbruch der DDR einen besonders tiefen Einschnitt in ihrer Biographie bedeuten, was für unsere Fragestellung impliziert: einerseits tendenziell ein engeres Zusammenrücken in der Familie, andererseits eine höhere Wahrscheinlichkeit von Brüchen in den Beziehungen zu Freunden und Kollegen, weil die damit verbundene ehemalige soziale Attraktivität (Versorgungsvorteile u.ä.) nun eher zu einem Stigma geworden ist. Diese Aspekte werden im folgenden getrennt für die Partnerschaftsbeziehung, die Beziehung zu Kindern, die Beziehung zu Geschwistern und anderen Verwandten sowie, zum Vergleich, zu Freunden untersucht.

Betrachten wir zunächst die Partnerschaftsbeziehung (siehe Tab. 2). Hier werden nur die drei jüngeren, sich noch im Erwerbsleben befindlichen Kohorten betrachtet, um die berufliche Mobilität seit der Wende als Kovariate mit ins Modell aufnehmen zu können. Bezüglich des Wendeschicksals wurde die Möglichkeit wahrgenommen, beide Seiten der Beziehung einzubeziehen, wenn auch nur in der Unterscheidung zwischen erwerbstätig und arbeitslos. Außerdem wurden Männer und Frauen getrennt analysiert, da aufgrund der auch in Ostdeutschland keineswegs nivellierten Geschlechtsrollen unterschiedliche Reaktionsweisen auf die eigene Arbeitslosigkeit und diejenige des Partners erwartet werden können.

Im Falle der Arbeitslosigkeit ihres Partners bzw. ihrer Partnerin berichten sowohl Männer als auch Frauen seltener davon, daß sich die emotionale Unterstützung durch ihre Männer bzw. Frauen erhöht hätte. Zudem berichten Männer im Fall eigener Arbeitslosigkeit mit höherer Wahrscheinlichkeit von einem Rückgang emotionaler Unterstützung durch ihre Partnerinnen verglichen mit der Zeit vor der Wende. Insgesamt gibt es also eindeutige Hinweise darauf, daß die spezifischen Belastungen durch Arbeitslosigkeitserfahrungen nach 1989 nicht nur zu einem „Zusammenrücken" innerhalb der Partnerschaft geführt, sondern dort auch Überlastungen provoziert haben, und zwar insbesondere bei Männern.

Schließlich lassen sich für die Partnerschaftsbeziehung keinerlei Anzeichen feststellen, daß eine Verquickung von emotionaler Zuwendung und instrumenteller Nützlichkeit in der Beziehung Ambivalenzen produziert hat, die sich unter den veränderten Bedingungen nach 1989 als wenig tragfähig herausstellen. Vielmehr sprechen die Ergebnisse für die Vermutung einer von den speziellen Bedingungen des Realsozialismus relativ unabhängigen Beziehungslogik der „ungeteilten Hilfsbereitschaft" als Basis der Beziehung.

Auch in der Beziehung zu Kindern sowie zu Geschwistern und anderen Verwandten erweisen sich vormals (auch) instrumentelle Beziehungen keineswegs als anfälliger gegen die mit der Wende einhergehenden umfassenden Veränderungen systembedingter Handlungsvoraussetzungen (siehe Tab. 3). Dies gilt schließlich auch für die zum Vergleich herangezogenen Freundschaftsbeziehungen. Daß also speziell eine durch ökonomische Handlungsrationalitäten bedingte Ambivalenz persönlicher Beziehungen diese nach der Wende massenhaft auseinanderdriften ließe, scheint nach diesen Ergebnissen wenig wahrscheinlich, auch wenn dazu personenbezogene Daten sicherlich aussagekräftiger wären.

Stärkeren Einfluß besaß die nach der Wende einsetzende Veränderung der finanziellen Situation des Haushalts. Die Beziehung zu Kindern blieb davon zwar nur wenig be-

Tabelle 2: Veränderungen in der Partnerschaftsbeziehung nach 1989 (logistische Regressionen, odds ratios[1], nur Kohorten 1939–41, 1951–53, 1959–61)

		Männer						Frauen			
	n	Emotionale[2] Unterstützung		Praktische[3] Unterstützung		n	Emotionale[2] Unterstützung		Praktische[3] Unterstützung	
		weniger[4]	mehr[4]	weniger[4]	mehr[4]		weniger[4]	mehr[4]	weniger[4]	mehr[4]
Kohorte (1939–41)	162					160				
1951–53	137	1.50	1.43	.92	.94	174	1.05	1.37	.91	.94
1959–61	140	.81	1.28	.60	.79	157	1.94	1.23	.60	.79
Systemloyalität 1989	306					380				
Funktionär/Parteimitglied	133	.88	1.12	1.26	1.18	111	.72	1.08	1.26	1.18
Beziehung vor der Wende (keins von beiden)	54					79				
nur persönlich geprägt	234	.45	1.87	.63	2.00	195	.23	1.88	.62	2.00
nur instrumentell geprägt	18	.78	1.41	.10	.90	13	.12	1.41	.09	.90
beides	133	.95	2.12	.61	1.83	204	.37	2.12	.61	1.83
Erwerbsstatus der Partner 1993 (beide erwerbstätig)	245					246				
selbst arbeitslos	36	2.18	1.10	1.84	1.32	87	.97	1.10	1.84	1.33
Partner arbeitslos	126	1.61	.51	1.10	.71	95	.94	.56	1.10	.71
beide arbeitslos	32	3.12	.95	.84	1.12	63	.85	.95	.84	1.12
Konstante		-2.87	-1.85	-2.46	-1.17		-2.31	-1.85	-2.46	-1.17
n	439					491				

1 Fettgedruckte odds ratios signifikant auf mindestens 95-Prozent-Niveau.
2 Bezüglich Enge und Vertrautheit und/oder Anerkennung und Geschätztwerden.
3 Bezüglich Arbeits- und Beschaffungshilfen und/oder Austausch von Informationen und Tips.
4 Vergleichskategorie: gleich geblieben.
Lesebeispiel: Gegenüber den Männern der Geburtskohorte 1939–41 haben die Männer der Geburtskohorte 1951–53 ein um 50 Prozent höheres Risiko (odds ratio = 1.50), weniger emotionale Unterstützung zu erhalten als vor 1989; dagegen hatten die Männer der Geburtskohorte 1959–61 ein um 19 Prozent geringeres Risiko (odds ratio = .81).

Quelle: LVDDR, schriftliche Nachbefragung 1993.

Tabelle 3: Veränderungen in den Beziehungen zu Freunden, Kindern und Verwandten außerhalb der Kernfamilie seit 1989 (logistische Regressionen, odds ratios[1])

	Kinder[5]				Geschwister, andere Verwandte				Freunde			
	Emotionale[2] Unterstützung		Praktische[3] Unterstützung		Emotionale[2] Unterstützung		Praktische[3] Unterstützung		Emotionale[2] Unterstützung		Praktische[3] Unterstützung	
	weniger[4]	mehr[4]	weniger[4]	mehr[4]	weniger[4]	mehr[4]	weniger[4]	mehr[4]	weniger[4]	mehr[4]	weniger[4]	mehr[4]
Geschlecht: (männlich)												
weiblich	.61	.93	1.17	**1.49**	.81	**1.35**	.88	**1.48**	.82	.68	.84	1.11
Kohorte: (1929–31)												
1939–41	1.06	1.45	.86	.76	1.30	.91	1.13	1.08	**2.43**	1.21	**1.96**	.70
1951–53	0	0	0	0	**1.84**	.85	1.11	1.37	**1.74**	**2.06**	**2.08**	1.11
1959–61	0	0	0	0	**1.56**	1.31	.99	1.75	**1.50**	1.72	**1.50**	1.78
Partnerstatus (ohne Partner)												
mit Partner zusammenlebend	.49	.72	2.17	1.20	.85	.87	1.13	.86	1.26	.59	1.51	.77
Systemloyalität 1989 (kein Funktionär/Parteimitglied)												
Funktionär/Parteimitglied	.66	1.37	.80	1.26	.75	1.53	.86	**1.69**	.97	.89	1.07	1.20
Veränderung der finanziellen Situation des Haushalts 1989/93 (gleich)												
viel besser	1.15	.88	**4.01**	.71	.96	1.03	1.49	1.10	.90	1.34	.97	**1.55**
etwas besser	.49	.89	**2.01**	.97	1.19	1.31	1.29	1.27	1.03	.96	1.02	**1.74**
etwas schlechter	1.03	.91	**2.96**	.70	1.73	1.09	1.91	1.08	1.24	.96	1.59	**1.85**
viel schlechter	1.66	1.15	1.78	.85	**2.25**	1.19	1.91	1.09	1.41	1.46	1.33	1.44
Entsprechende Beziehung vor der Wende (keins von beiden)												
beides	.39	**2.54**	.84	.73	.61	.73	1.26	**1.52**	.97	.87	.90	1.14
nur persönlich geprägt	.32	1.13	.63	1.23	.81	.91	.71	1.20	.94	1.01	.84	1.30
nur instrumentell geprägt	.40	.73	.78	1.00	1.29	.93	1.19	.98	1.10	.80	1.11	1.21
Konstante	-3.45	-1.18	-4.22	-1.42	-1.51	-2.37	-1.38	-2.27	-.97	-1.63	-.89	-2.21
n	579				1.124				1.124			

1–4 sowie Lesebeispiel, siehe Tabelle 2.

5 Nur für Befragte mit Kindern ab 18 Jahren im Jahr 1989.

Quelle: LVDDR, schriftliche Nachbefragung 1993.

rührt – abgesehen davon, daß praktische Unterstützung seitens der Kinder für die Eltern zurückging, wenn der Elternhaushalt sich nach der Wende finanziell „viel besser" darstellte als vor der Wende. Dagegen scheint die emotionale Qualität der Beziehungen zu Geschwistern und anderen Verwandten eher gelitten zu haben, wenn sich die eigene finanzielle Situation verschlechtert hat. Damit scheint es nicht zu einem über die Kernfamilie hinausreichenden, spezifischen Zusammenschluß der Verwandtschaft zur Bewältigung finanzieller Einbrüche im Laufe der Transformation gekommen zu sein, sei es auf der Ebene praktischer Unterstützung, sei es auf der Ebene emotionalen Zusammenhalts. Sie erweisen sich im Vergleich zu Freundschaftsbeziehungen unter dem Druck ökonomischer Krisen im emotionalen Bereich sogar als weniger stabil. Wie bereits erwähnt (vgl. Tab. 1), ist dies allerdings vor dem Hintergrund zu sehen, daß insgesamt betrachtet Familienbeziehungen die geringsten Einbrüche an geleisteter Unterstützung nach 1989 unter allen Arten persönlicher Beziehungen zu verzeichnen haben.

Schließlich sind noch zwei weitere Ergebnisse erwähnenswert. Zum einen scheint sich eine schärfere Geschlechtssegregierung von Netzwerken anzubahnen: Insbesondere Frauen berichten über eine Intensivierung von Familien- und Verwandtschaftsbeziehungen, was ihrer in der westlichen Unterstützungsliteratur bekannten Rolle als „gatekeeper" von Verwandtschaftsnetzwerken entsprechen würde. Bei Freundschaftsbeziehungen berichten sie dagegen seltener als Männer eine Zunahme emotionaler Unterstützung.

Außerdem zeichnet sich eine altersspezifische Differenzierung in der Entwicklung persönlicher Netzwerke ab. Die drei jüngeren Kohorten haben im Vergleich zur ältesten insbesondere im Hinblick auf den Austausch sowohl emotionaler als auch praktischer Unterstützung weniger stabile Freundesbeziehungen. Und die beiden jüngeren haben im Vergleich zu den beiden älteren auch in den Beziehungen zu Geschwistern und sonstigen Verwandten stärkere Einbrüche im Austausch emotionaler Unterstützung zu vergegenwärtigen. In den beiden jüngeren Kohorten sind diese Befunde allerdings als Bestandteil einer insgesamt zu beobachtenden Polarisierungstendenz zu sehen, denn gleichzeitig ist eine Zunahme des Unterstützungsaustauschs zwischen Freunden, Geschwistern und sonstigen Verwandten ebenfalls wahrscheinlicher als in den älteren Kohorten. Wenn von solchen eventuellen Bedeutungsgewinnen der Geschwister und anderer Verwandter die Rede ist, sollte allerdings nicht vergessen werden, daß sich dies im Bereich eines insgesamt im Vergleich zu Freundeskreisen und der Kernfamilie immer noch geringen Bedeutungsniveaus bewegt.

7. Schlußfolgerungen

Die Ergebnisse zum Stellenwert von Verwandtschaftsbeziehungen in der DDR sowie zu ihren Veränderungen nach 1989 fügen sich kaum in das Bild, das die dominanten allgemeinen Transformationstheorien sowie die speziell auf persönliche Netzwerke zugeschnittenen Erklärungsansätze anbieten. Weder die Gefahr der Bespitzelung noch eine möglicherweise Ambivalenzen erzeugende Überschattung persönlicher Beziehungen durch instrumentelle Aufgaben scheinen deren Ausdifferenzierung im Sinne einer eigensinnigen Privatsphäre nennenswert beeinträchtigt oder gar verhindert zu haben. Diese Schlußfolgerung wird nicht zuletzt durch die Analysen der Veränderungen persönlicher Beziehungen nach 1989 nachdrücklich bestätigt. Vergleicht man dieses Ergebnis mit international vergleichenden Untersuchungen zu Häufigkeit und Timing familiärer Ereignisse wie Heirat, Partnerschaft oder Geburten bzw. speziell zu entsprechenden Unterschieden zwischen DDR und alter Bundesrepublik (Huinink, 1995), so läßt sich vielleicht folgender Schluß ziehen: Formen und zeitliche Lagerung von Familienbildung und -entwicklung folgen deutlich den für DDR und Bundesrepublik spezifischen Gelegenheitsstrukturen, während hinsichtlich ihrer konkreten Umgestaltung als Unterstützungsbeziehungen Gemeinsamkeiten überwiegen. Dagegen erweisen sich nach der Wende insbesondere die Beziehungen am Arbeitsplatz als eine von den konkreten gesellschaftlichen Bedingungen der DDR deutlich abhängigere Form der sozialen Einbindung, die nichtsdestoweniger in der DDR einen zweiten, wenn auch qualitativ anderen Pfeiler einer garantierten Sozialintegration neben der Verwandtschaft dargestellt haben, der in der Bundesrepublik so nicht existiert.

Partnerschaft und Eltern-Kind-Beziehung erweisen sich als im wesentlichen unbeeindruckt gegenüber der Umwälzung der Lebensbedingungen im Gefolge der Wende. Für sie werden weit weniger Veränderungen berichtet als für alle anderen Beziehungen innerhalb und außerhalb der Verwandtschaft, und wenn, dann gehen sie sogar eher in die positive Richtung. Ihr herausragender Stellenwert zeigt sich schließlich auch darin, daß – relativ seltene – negative Entwicklungen in diesen Beziehungen seit 1989 zu signifikanten, deutlichen Einbußen im Selbstwertgefühl führen im Unterschied zu Beziehungen zu anderen Verwandten oder Kollegenbeziehungen, wobei Freundschaften eine Zwischenstellung einnehmen (Diewald u.a., 1995, S. 343).

Dagegen konnten Verwandtschaftsbeziehungen außerhalb von Ehe und direkten Generationenbeziehungen offensichtlich keine nennenswerte Bedeutung erlangen, weder zu Zeiten der DDR noch bei der Bewältigung der Anforderungen nach 1989. Zumindest ist dies der globale Eindruck, der sich im Vergleich zu anderen Beziehungen aufdrängt. Dieser Eindruck mag sich ändern, wenn spezielle Bevölkerungsgruppen in den Blick genommen werden. Vor allem sind jedoch die mir zur Verfügung stehenden Angaben zu lückenhaft und sparsam, um hier zu einem abschließenden Urteil zu kommen.

Literatur

Allbus. (1986). *Codebuch.* Zentralarchiv für empirische Sozialforschung an der Universität zu Köln.

Bertram, H. (Hrsg.). (1991). *Die Familie in Westdeutschland.* Opladen: Leske + Budrich.

Bien, W. (Hrsg.). (1994). *Eigeninteresse und Solidarität. Beziehungen in modernen Mehrgenerationenfamilien.* Opladen: Leske + Budrich.

Diewald, M. (1991). *Soziale Beziehungen: Verlust oder Liberalisierung?* Berlin: edition sigma.

202 Martin Diewald

Diewald, M. (1995). „Kollektiv", „Vitamin B" oder „Nische"? In J. Huinink, K. U. Mayer u.a., Kollektiv und Eigensinn. Lebensverläufe in der DDR und danach (S. 223–260). Berlin: Akademie Verlag.

Diewald, M. (1996). Getrennte Welten oder kreative Verschmelzung? Integrations- und Solidaritätspotentiale in Familien- und Freundschaftsbeziehungen. Ethik und Sozialwissenschaften, 8, 19–21.

Diewald, M., Huinink, J., Solga, H. & Sørensen, A. (1995). Umbrüche und Kontinuitäten – Lebensverläufe und die Veränderung von Lebensbedingungen seit 1989. In J. Huinink, K. U. Mayer u.a., Kollektiv und Eigensinn. Lebensverläufe in der DDR und danach (S. 307–348). Berlin: Akademie Verlag.

Diewald, M. & Solga, H. (1996). Nach dem Sturm folgt zwar die Ruhe, jedoch nicht der Sonnenschein! Mobilitätsprozesse und Allokationskriterien auf dem ostdeutschen Arbeitsmarkt nach 1989. In S. Schenk (Hrsg.), Ostdeutsche Erwerbsverläufe zwischen Kontinuität und Wandel (S. 153–278). Opladen: Leske + Budrich.

Fischer, C. S. (1982). To dwell among friends. Chicago: The University of Chicago Press.

Gaus, G. (1983). Wo Deutschland liegt: eine Ortsbestimmung. München: Piper.

Granovetter, M. (1977). The strength of weak ties. A network theory revisited. In S. Leinhardt (Ed.), Social networks. A developing paradigm (pp. 105–130). New York: Academic Press.

Gysi, J., Kapelle, G. & Meyer, D. (1994). Ost-Familien nach der Wende. Ergebnisse einer Studie im Land Brandenburg. DFG-Projekt „Wandel in den Lebensweisen von Familien". Unveröffentl. Manuskript, Berlin.

Huinink, J. (1995). Familienentwicklung und Haushaltsgründung in der DDR: Vom traditionellen Muster zur instrumentellen Lebensplanung? In B. Nauck, N. Schneider & A. Tölke (Hrsg.), Familie und Lebensverlauf im gesellschaftlichen Umbruch (S. 39–55). Stuttgart: Enke.

Huinink, J., Mayer, K. U., u.a. (1995). Kollektiv und Eigensinn. Lebensverläufe in der DDR und danach. Berlin: Akademie Verlag.

Mayer, K. U. (1993). Die soziale Ordnung in der DDR und einige Folgen für ihre Inkorporation in die BRD. BISS public, 11, 39–55.

Rossi, A. S. & Rossi, P. H. (1990). Of human bonding: Parent-child relations across the life course. New York: de Gruyter.

Rottenburg, R. (1992). Welches Licht wirft die volkseigene Erfahrung der Werktätigkeit auf westliche Unternehmen? Erste Überlegungen zur Strukturierung eines Problemfeldes. In M. Heidenreich (Hrsg.), Krisen. Kader, Kombinate (S. 239–272). Berlin: edition sigma.

Schlegelmilch, C. (1995). Zwischen Kollektiv und Individualisierung. Gemeinschaftserfahrungen im Umbruch. In S. Gensior (Hrsg.), Frauenarbeit im ost-westdeutschen Vergleich. Ein Beitrag zur Beschäftigungssoziologie (S. 27–49). Berlin: edition sigma.

Schmidt, W. (1995). Metamorphosen des Betriebskollektivs. Soziale Welt, 46, 305–325.

Schneider, N. (1994). Familie und private Lebensführung in West- und Ostdeutschland. Eine vergleichende Analyse des Familienlebens 1970–1992. Stuttgart: Enke.

Sgritta, G. B. (1988). Wege der Familienanalyse: Ein Überblick über das letzte Jahrzehnt. In K. Lüscher, F. Schultheis & M. Wehrspaun (Hrsg.), Die „postmoderne Familie" (S. 329–345). Konstanz: Universitätsverlag.

Solga, H. (1995). Auf dem Weg in eine klassenlose Gesellschaft. Klassenlagen und Mobilität zwischen Generationen in der DDR. Berlin: Akademie Verlag.

Srubar, I. (1991). War der reale Sozialismus modern? Kölner Zeitschrift für Soziologie und Sozialpsychologie, 43, 415–432.

Szydlik, M. (1996). Parent-child relations in East and West Germany shortly after the fall of the wall. Intergenerational Relations, 16, 63–87.

Thomas, M. (1993). Die Wirkungsmacht sozialer Beziehungen. BISS public, 11, 25–37.

Trommsdorf, G. (1995). Identitätsprozesse im kulturellen Kontext und im sozialen Wandel. In H. Sahner (Hrsg.), Transformationsprozesse in Deutschland (S. 117–148). Opladen: Leske + Budrich.

Völker, B. & Flap, H. (1997). The comrade's belief: Intented and unintented consequences of communism for neighbourhood relations in the former GDR. European Sociological Review, 13, 241–266.

Watzlawick, P., Beavin, J. H. & Jackson, D. D. (1982). Menschliche Kommunikation: Formen, Störungen, Paradoxien. 6. Aufl., Bern: Huber.

Verwandtschaft als soziales Kapital – Netzwerkbeziehungen in türkischen Migrantenfamilien[1]

Bernhard Nauck und Annette Kohlmann

1. Einleitung: Zur Thematisierung von Verwandtschaftsbeziehungen in der Migrationsforschung

Obwohl Verwandtschaftsbeziehungen für die Erklärung von Migrations- und Eingliederungsprozessen von einiger Bedeutung sind, werden sie in der Migrationsforschung selten thematisiert. Die Ursachen hierfür sind in den Forschungstraditionen der Migrationssoziologie zu suchen, die einerseits dem individuellen Akteur im Migrationsprozeß und andererseits der *ethnic community* im Aufnahmekontext große Beachtung geschenkt hat, nicht jedoch den familialen und verwandtschaftlichen Beziehungen, die die Akteure während ihrer Migrations- und Eingliederungsprozesse unterhalten:

– Auf der einen Seite sind in der handlungstheoretisch orientierten Migrationsforschung stets die individuellen Ressourcen und Opportunitäten hervorgehoben worden, die den Migrations- und Eingliederungsprozeß in Verlauf und Geschwindigkeit strukturieren, wie zum Beispiel Einreisealter, schulische Bildung, Sprachkenntnisse und auf Statuserwerb und soziale Mobilität bezogene motivationale Faktoren (Esser, 1981, 1982, 1986, 1989, 1990; Nauck, 1988, 1989a, 1997a).

– Auf der anderen Seite haben sich solche Analysen, die sich stärker den sozialen Ressourcen von Migranten und Minoritäten zugewandt haben, nahezu vollständig auf die Funktionen von *ethnic communities* im Verlauf des Eingliederungsprozesses konzentriert. Ethnische Kolonien sind demnach eine soziale Ressource der Zuwanderer, die – je nach Eingliederungsopportunitäten – sowohl die Voraussetzungen für ethnische Segmentation als auch für individuelle Assimilation schaffen, in jedem Falle

[1] Die Arbeit ist im Zusammenhang mit dem von H. Merkens (Berlin) und B. Nauck (Chemnitz) geleiteten Forschungsprojekt „Intergenerative Beziehungen in türkischen Migrantenfamilien" entstanden, das im Rahmen des Schwerpunktprogramms der *Deutschen Forschungsgemeinschaft* „Folgen der Arbeitsmigration für Bildung und Erziehung" gefördert wurde. Wertvolle Hinweise und Kritik verdanken wir H. Diefenbach (Chemnitz). Der Beitrag führt teilweise theoretische Überlegungen weiter, die als „Familiäre Netzwerke, intergenerative Transmission und Assimilationsprozesse bei türkischen Migrantenfamilien" von Nauck, Kohlmann & Diefenbach in der *Kölner Zeitschrift für Soziologie und Sozialpsychologie*, 49, 1997, S. 477–499, veröffentlicht wurden. Der Beitrag ist größtenteils während eines Türkeiaufenthalts des Erstautors entstanden, für den seine angeheiratete türkische Verwandtschaft ohne Zögern Wohnraum bereitstellte. Dies ist sicher die mechanische Solidarität, von der Durkheim gesprochen hatte; ihr ist der Beitrag gewidmet.

aber zur Inkorporierung der Zuwanderungsminorität in die Aufnahmegesellschaft beitragen (Breton, Isajiw, Kalbach & Reitz, 1990; Gordon, 1964, 1975). Verwandtschaftsbeziehungen werden in solchen Analysen ethnischer Kolonien allenfalls beiläufig erwähnt, wobei – zumeist implizit – davon ausgegangen wird, daß Familien-, Verwandtschafts- und intraethnische Beziehungen weitgehend strukturgleich sind, so daß es für solche Analysen dann gerechtfertigt erscheint, subsumptiv zu verfahren und Verwandtschaftsbeziehungen keine gesonderte Beachtung zu schenken.

Entsprechend „widersprüchlich" erscheint, welche Wirkung Familie und Verwandtschaft auf den Eingliederungsprozeß haben:

(1) Familiale und verwandtschaftliche Beziehungen werden einerseits als Eingliederungs*alternative* angesehen: Extensive familiale Kontakte absorbieren eine Vielzahl sozialer Bedürfnisse und stellen ein in Konkurrenz zur Aufnahmegesellschaft stehendes Institutionensystem zur Bewältigung alltäglicher Probleme dar. Es kommt damit zu selteneren (auch ungeplanten) Kontakten mit Mitgliedern der Aufnahmegesellschaft, was wiederum die Häufigkeit assimilativer Handlungen und die Übernahme von Werten der Aufnahmegesellschaft vermindert. Familiale Bindungen hätten somit ähnliche Wirkungen wie ethnische Kolonien: Sie vermindern die Statusmobilität von Minoritäten durch die kurzfristige Anspruchserfüllung in selbstgenügsamen, sich institutionell vervollständigenden Kongregationen (Wiley, 1970). In einer starken familialistischen Orientierung bei Arbeitsmigranten wird folglich ein Eingliederungs*widerstand* erblickt, der eine an universalistischen, leistungsbezogenen Kriterien orientierte individuelle Assimilationsmotivation verhindere, da dieser Familialismus an „traditionelle", askriptive Wertvorstellungen der Herkunftsgesellschaft geknüpft sei. Dieser Familialismus von Migranten und die wechselseitige Verkettung von Verwandtschaftsmitgliedern ist demnach dafür verantwortlich, daß assimilative Handlungen in außerfamilialen Kontexten nicht ausgeführt werden.

(2) Familiale und verwandtschaftliche Beziehungen werden andererseits als Eingliederungs*opportunität* angesehen: Familie und Verwandtschaft stellt demnach ein Unterstützungssystem dar, in dem für den Eingliederungsprozeß notwendige Bestände an Alltagswissen und vielfältige soziale Beziehungen zur Aufnahmegesellschaft kumuliert und jedem Mitglied unmittelbar zur Verfügung gestellt werden (Choldin, 1973; Gurak & Caces, 1992; Hendrix, 1979; MacDonald & MacDonald, 1964; Tienda, 1980). In einer starken familialistischen Orientierung wird folglich eine wesentliche Eingliederungs*motivation* gesehen, assimilative Handlungen überhaupt auszuführen (z.B. um die Zukunft der Folgegeneration zu sichern). Kohäsive Familien- und Verwandtschaftsbeziehungen seien somit der wesentliche motivationale Faktor für das erfolgreiche Durchlaufen individueller Eingliederungskarrieren, während deren Fehlen die Identifikation mit devianten Subkulturen begünstige (Wilpert, 1980).

Sowohl theoretische Überlegungen als auch einige empirische Anhaltspunkte geben dazu Anlaß, diese in der Migrationsforschung dominierende Perspektive der Subsumption familial-verwandtschaftlicher Beziehungen als Spezialfall ethnischer Koloniebildung in Zweifel zu ziehen. Es fragt sich nämlich, ob die Bedeutung von ethnischen Kolonien für den Eingliederungsprozeß von Migranten nicht häufig deshalb überschätzt worden ist, weil ihnen die Leistungen zugeschrieben wurden, die tatsächlich mit großer Ausschließlichkeit innerhalb von Verwandtschaftsbeziehungen erbracht werden, während nichtverwandte Mitglieder von ethnischen Kolonien für Verlauf und Geschwindigkeit von Eingliederungsprozessen nahezu bedeutungslos sind.

Eine eingehende Analyse der Verwandtschaftsbeziehungen in Migrantenfamilien erscheint auch deshalb angebracht, weil in der Migrationsforschung zugleich mit sehr stereotypen Vorstellungen über Verwandtschaftsbeziehungen gearbeitet wird. Das dabei gezeichnete Bild ist in starkem Maße von Vorstellungen über mechanische Solidarität in mediterranen Familienstrukturen geprägt, wonach (a) jede nukleare Gattenfamilie in ein umfassendes Netz verwandtschaftlicher Beziehungen eingebettet ist, (b) diese Beziehungen dauerhaft harmonisch und konfliktfrei funktionieren, (c) ein fraglos gegebenes Reservoir sozialer und psychischer Unterstützung darstellen und (d) in denen ein nahezu grenzenloser und durch keinerlei Restriktionen eingeschränkter Transfer von materiellen Gütern und Dienstleistungen stattfindet. Es ist leicht erkennbar, daß dieses Bild seine Überzeugungskraft nicht zuletzt daraus schöpft, daß es sich im Kontext einer Zerfallsrhetorik bezüglich der Verwandtschaftsbeziehungen in modernen Gesellschaften (Durkheim, 1921; Parsons, 1943) zu einem (dann zumeist positiv bewerteten) vormodernen Gegenmodell hochstilisieren läßt. „Unbegrenzte mechanische Solidarität" in Verwandtschaftsbeziehungen wird damit zum Kernbestandteil der Beschreibung kultureller Differenz zwischen Deutschen und Migrantenminoritäten.

Wie valide solche Beschreibungen in bezug auf Verwandtschaftsbeziehungen in den jeweiligen Herkunftsgesellschaften der Migrantenminoritäten in Deutschland sind, ist eine empirisch offene Frage, da systematisch erhobene Befunde weitgehend fehlen. Ebenso offen ist, in welcher Weise Verwandtschaftsbeziehungen nach erfolgter Migration aufrechterhalten bzw. wie sie reorganisiert werden.

Erste Anhaltspunkte für die Vermutung, daß die Bedeutung ethnischer Kolonien für den Verlauf von Eingliederungsprozessen eher überschätzt worden ist, geben empirische Befunde, wonach allenfalls eine (sehr) schwache Beziehung zwischen der in der Wohnungsumgebung gegebenen Konzentration von Angehörigen der eigenen Nationalität und der damit vorhandenen Opportunitätenstruktur einerseits und der Inzidenz von inter- und intraethnischen Kontakten andererseits besteht (Alpheis, 1988, 1990; Bonacker & Häufele, 1986), wenn ein relativ geringer Schwellenwert überschritten ist (Koch & Schöneberg, 1984; Schöneberg, 1993). Umgekehrt haben erste Befunde bei türkischen Migrantenfamilien gezeigt, daß es Anhaltspunkte dafür gibt, daß die „family/community culture of relatedness and interdependence" (Kâğitçibâşi, 1987) auch in der Migrationssituation aufrechterhalten wird: „Entfernung" scheint kein relevanter Kostenfaktor für die Aufrechterhaltung intensiver Verwandtschaftsbeziehungen türkischer Migrantenfamilien zu sein, denn die Intensität der Kontakte stand in keiner Beziehung zur räumlichen Erreichbarkeit der Verwandten. Diese Beobachtungen legen es nahe, daß es sich um ein ethnozentrisches Mißverständnis handelt, wenn von der Häufigkeit des Auftretens von „sichtbaren" Ausländern in bestimmten Wohnquartieren darauf geschlossen wird, daß diese dann auch untereinander intensive Beziehungen hätten (Nauck, 1988): Türkische Migrantenfamilien entsprechen in residentieller Hinsicht weit mehr als deutsche Familien dem Typ der „isolierten Gattenfamilie" und machen ihre Wohnentscheidungen weit weniger von der Verfügbarkeit verwandtschaftlicher oder freundschaftlicher Kontakte abhängig und sind statt dessen vornehmlich an der Qualitätsverbesserung ihrer Wohnverhältnisse interessiert. Hohe ethnische Konzentration in bestimmten Wohnquartieren ist somit keineswegs auf affiliative Tendenzen in der türkischen Migrantenminorität, sondern vielmehr auf hohe Barrieren auf dem Wohnungsmarkt zurückzuführen.

Einen weiteren Anhaltspunkt für die im Vergleich zur ethnischen Kolonie große Bedeutung von Verwandtschaftsbeziehungen im Migrationsprozeß liefern Daten zur regionalen Verteilung von Migranten. Ein stets wiederkehrendes Ergebnis verschiedenster Untersuchungen in Europa ist, daß jeweils große Klumpungen von Migranten der gleichen regionalen bzw. örtlichen Herkunft festzustellen sind. Dieses Phänomen ist nicht auf ethnische Affiliation, sondern vielmehr auf *familial-verwandtschaftliche Kettenmigration* zurückzuführen (Boyd, 1989; MacDonald & MacDonald, 1964; Tilly & Brown, 1968). Akteure mit extensiven Verwandtschaftsbeziehungen weisen eine höhere Migrationsbereitschaft auf (Choldin, 1973; Hendrix, 1975, 1979; Litwak, 1960), wobei diese Verwandtschaftsnetze sowohl als Operationsbasis in der Herkunftsgesellschaft zum Beispiel für die Versorgung (zunächst) zurückbleibender Familienmitglieder dienen (Abadan-Unat, 1977; Friedl, 1976; Jitodai, 1963; Pessar, 1982) als auch die bevorzugte erste Anlaufstelle in der Aufnahmegesellschaft darstellen. Beides sind Leistungen, für deren Erwartbarkeit die gleiche ethnische Zugehörigkeit allein keine Basis bietet, vielmehr bedarf es für solch weitreichende Leistungen der langfristigen Diskontierung von Reziprozität, für die die lebenslang „unausweichlichen" Verwandtschaftsbeziehungen weitaus bessere Eingangsvoraussetzungen bieten. Diese Überlegung macht deutlich, warum es gerade bei modernen Migrationsformen, bei denen – anders als bei den Auswanderern des 19. Jahrhunderts, die typischerweise zur Herkunftsgesellschaft „alle Brücken abgebrochen" hatten – stets die Rückkehroption offengehalten werden kann (Dietzel-Papakyriakou, 1993), außerordentlich unwahrscheinlich ist, daß andere als verwandtschaftliche Beziehungen große Bedeutsamkeit erlangen. In den Einwandererkolonien Nordamerikas zu Beginn des Jahrhunderts mögen ethnische Linien schon wegen fehlender Alternativen eine ausreichende Mobilisierungskraft gehabt haben, neue Solidarbeziehungen zur Bewältigung des kollektiven Einwanderungsschicksals zu organisieren. In westeuropäischen Aufnahmekontexten, in denen sowohl der eigene Aufenthalt als auch der der zugewanderten Nachbarschaft fraglich bleibt, werden – wenn nicht andere Verkettungen vorliegen (z.B. über dritte Personen aufgrund derselben lokalen Herkunft) – gegebenenfalls sogar transnationale Verwandtschaftsbeziehungen die verläßlichere Alternative für langfristige reziproke Beziehungen sein.

Nur vor diesem Hintergrund läßt sich erklären, warum vergleichende Ergebnisse über Verwandtschaftsbeziehungen von Migrantenfamilien zeigen, daß sich die Verwandtschaftsdichte im Verlauf der Migrationsperiode nur unwesentlich erhöht hat. Bei

Anfang der 1970er Jahre durchgeführten Untersuchungen hatten etwa 60 Prozent der Arbeitsmigranten Verwandte in der Bundesrepublik (Becher & Erpenbeck, 1977; Schrader, Nikles & Griese, 1979), zehn Jahre später ist der Anteil auf über 70 Prozent angestiegen (Bonacker & Häufele, 1986). In einer 1982 durchgeführten Untersuchung lebten 30 Prozent der Griechen und Italiener und 24 Prozent der Türken ohne Verwandte in Deutschland, jeweils über 50 Prozent der Migranten hatten Verwandte am gleichen Ort (Schöneberg, 1993). Bei den Italienern mit Verwandten in Deutschland lebten bei fast 90 Prozent zumindest ein Teil der Verwandten am Wohnort des Befragten, und bei 57 Prozent lebten die Verwandten ausschließlich dort; von den Türken hatten dagegen nur zwei Drittel einen Teil der Verwandten am Wohnort, und nur bei einem Viertel lebten die Verwandten ausschließlich dort. Dies deutet auf das unterschiedliche Konsolidierungsniveau der verschiedenen nationalen Minoritäten hin, das bei den Türken zeitlich verzögert erreicht wird. Mehr als 90 Prozent der Migrantenfamilien, die Verwandte in der Aufnahmegesellschaft, und fast alle (99 %), die Verwandte am Ort haben, pflegen einen regelmäßigen Besuchskontakt, davon bei Italienern (39 %) und Türken (34 %) mit täglichen und mehrmals wöchentlichen Besuchen, wobei keine Variationen nach Geschlecht, Alter, Bildung, Familienstand, Aufenthaltsdauer und Berufstätigkeit (der Frau) festzustellen ist, was zunächst den hohen Institutionalisierungsgrad verwandtschaftlicher Beziehungen unterstreicht (Koch & Schöneberg, 1984).

In der gleichen Untersuchung werden auch unterschiedliche Funktionen der Verwandtschaft für die Akteure aus den jeweiligen Herkunftsgesellschaften berichtet: Türken betonen besonders stark die *instrumentellen* Leistungen eines loyal organisierten Verwandtschaftssystems, in dem „Hilfe in jeder Lage", „Zusammenhalt in der Fremde" und „Einflußnahme" zur Durchsetzung eigenfamilialer Interessen erwartet werden. Demgegenüber erweisen sich italienische Verwandtschaftssysteme eher als auf Sympathie und *expressive* Aktivitäten gegründet, wobei bei ihnen eine starke Differenzierung von Verwandtschafts- und Freundschaftsbeziehungen erfolgt; eine Vielzahl von (expressiven) Aktivitäten wird bei Italienern überwiegend oder ausschließlich mit Verwandten zusammen unternommen. Während von den Italienern die Verwandtschaftsbeziehungen unter Migrationsbedingungen in hohem Maße als subjektiv zufriedenstellend bewertet werden, ist dies bei den Türken nicht der Fall. Sie äußern sich am häufigsten enttäuscht, weil die Funktionstüchtigkeit des verwandtschaftlichen Zweckverbandes in der Aufnahmegesellschaft erheblich beeinträchtigt ist. Türken äußern vergleichsweise häufig Differenzen mit Verwandten, fühlen sich entweder ausgenutzt oder von ihnen im Stich gelassen, und berichten von einer Lockerung verwandtschaftlicher Beziehungen und von gegenseitiger Entfremdung.

2. Verwandtschaft als soziales Kapital im Migrationsprozeß

Die widersprüchlichen Schlußfolgerungen aus den Befunden der Migrationsforschung bezüglich der Wirkungen von Verwandtschaftsbeziehungen auf den Eingliederungsprozeß sind auf unzureichende Konzeptualisierungen des Kulturkontakts bei internationalen Wanderungen zurückzuführen, indem dieser mit großer Ausschließlichkeit als Assimilationsprozeß verstanden worden ist (Nauck, Kohlmann & Diefenbach, 1997). Gerade bei modernen Wanderungen, bei denen dauerhaft Rückkehroptionen offengehalten werden können, ist Assimilation keineswegs der „natürliche" oder „unvermeidliche" Endzustand, den Zuwanderer oder Zuwanderergruppen nach Durchlaufen eines Integrationsprozesses erreichen „müssen" (Esser, 1990), vielmehr sind offenbar mehrere Ausgänge dieses durch den internationalen Migrationsprozeß bewirkten Kulturkontakts möglich. Als besonders fruchtbar für eine solche – nicht von vornherein auf Assimilation abstellende – Analyse hat sich die von Berry (1990) vorgeschlagene Typologie erwiesen. Jede Art von Kulturkontakt eröffnet demnach den beteiligten Akteuren einen breiteren Spielraum an Handlungsoptionen, aus denen sich mit der Zeit relativ stabile Verhaltensmuster herausbilden, die Berry als eine Akkulturationsstrategie mit vier möglichen Ausgängen bezeichnet, nämlich „Integration", „Assimilation", „Segregation" oder „Marginalisierung" (Berry & Kim, 1988). Die unterschiedlichen Ausgänge beschreiben Modi einer grundlegenden Orientierung hinsichtlich der eigenen kulturellen Identität einerseits und dem Unterhalt von Kontakten zu Angehörigen anderer Kulturen andererseits:

- *Integration* bezeichnet einen Ausgang, bei dem an der eigenen Kultur festgehalten wird und gleichzeitig Kontakte mit Angehörigen der anderen Kultur gepflegt werden; aus diesem – zweifellos von einer hohen Ressourcenausstattung abhängigen – Modus erwächst dem Immigranten eine Doppeloption auf Zugang zur Kultur der Herkunfts-(Minoritäts-)Gesellschaft und der Aufnahme-(Majoritäts-)Gesellschaft.
- *Assimilation* ist die Konsequenz der Aufgabe der eigenen Kultur und des Aufgehens in der anderen Kultur.
- Wird an der eigenen Kultur festgehalten und besteht gleichzeitig ein Interesse, Kontakte mit Angehörigen der anderen Kultur so weit wie möglich zu beschränken, so hat dies *Segregation* zur Folge.
- *Marginalisierung* liegt vor, wenn kein (oder nur ein geringes) Bestreben vorliegt, an der eigenen Kultur festzuhalten, und gleichzeitig kein (oder nur ein geringer) Kontakt mit Angehörigen der anderen Kultur besteht.

Eine zureichende Erklärung, welchen Ausgang der Kulturkontakt im Migrationsprozeß bei den Zuwanderern nimmt, erfordert entsprechend einer strukturell-individualistischen Modellierung zum einen die Formulierung von Hypothesen darüber, unter welchen Bedingungen welcher Akkulturationsmodus wahrscheinlich ist. Zum anderen ist es notwendig, Annahmen darüber zu formulieren, auf welche Weise sich individuelle Akkulturationsmodi aggregieren bzw. transformieren, so daß sich auf der kollektiven Ebene die empirisch beobachtbaren Variationen im Integrationsverhalten unterschiedlicher Migrantengruppen erklären lassen. Eine aussichtsreiche Möglichkeit der Verknüpfung beider Erklärungsprobleme besteht über die Einführung des Konzepts „soziales Kapital" in Anlehnung an die Vorschläge von Coleman (1988, 1990) und Bourdieu (1983).

So wie Humankapital-Investitionen in individuelle Fähigkeiten und Fertigkeiten die jeweiligen Chancen auf dem Arbeitsmarkt erhöhen, so steigern Investitionen in soziales Kapital die individuellen Lebenschancen: „The function identified by the concept of social capital is the value of these aspects of social structure to actors as resources that they can use to achieve their interests." (Coleman, 1988, S. 101) Soziales Kapital wird durch das Eingehen sozialer Beziehungen kreiert und generiert gegenseitige Verpflichtungen, Erwartungen und Vertrauen, durch die soziale Güter getauscht und kollektiv kontrolliert werden. Coleman nimmt an, daß *Individuen in dichten, multiplexen Netzwerken mit größerer Wahrscheinlichkeit soziales Kapital akkumulieren als Individuen in lockeren, monofunktionalen Netzwerken,* da soziales Kapital relativ instabil ist und durch beständige Interaktionen stets erneuert und bekräftigt werden muß und dies in multiplexen Netzwerken mit geringerem Aufwand erreichbar ist. Coleman hat in seinen eigenen Analysen geographische Mobilität als „klassischen" Fall der Entwertung bzw. Vernichtung von sozialem Kapital angesehen.

Verwandtschaftsbeziehungen sind in einem austauschtheoretischen Kontext als eine besondere Form von sozialem Kapital anzusehen, das sich typischerweise mindestens durch folgende Eigenschaften auszeichnet:

(1) Soziale Beziehungen mit Verwandten besitzen einen vergleichsweise geringen Legitimationsbedarf, das heißt, dauerhafte, vertrauensvolle Beziehungen lassen sich vergleichsweise schnell und unaufwendig herstellen.

(2) Verwandtschaftsbeziehungen weisen einen hohen Grad an Multiplexität auf, so daß das aus ihnen erwachsende soziale Kapital für alle Beteiligten vergleichsweise geringe Verfallsrisiken hat.

(3) Die Höhe des auch zukünftigen individuellen Gewinns aus dem sozialen Kapital und die aus der Verkettung resultierende reziproke soziale Kontrolle verhindert dauerhaft *free-riding.*

(4) Verwandtschaftsbeziehungen lassen sich wegen des geringen Legitimationsbedarfs auch nach längeren interaktionsfreien Intervallen vergleichsweise leicht remobilisieren und lassen entsprechend dem Multiplexitätsgrad auch Diskontierungen in langen Zeiträumen zu.

(5) Die askriptive Mitgliedschaft in Verwandtschaftsbeziehungen begünstigt die Übertragung von sozialem Kapital zwischen den Mitgliedern; je enger die Verwandtschaftsbeziehung, desto geringer ist der Transferverlust.

Diese Überlegungen machen deutlich, warum die Mobilisierung von Verwandtschaftsbeziehungen in der Mehrzahl der Fälle die „näherliegende" Alternative zur *ethnic community* darstellt: Eine Vielzahl der genannten Bedingungen wird weitaus häufiger erfüllt sein als die, die für eine ethnische Mobilisierung notwendig sind (Hechter, Friedman & Appelbaum, 1982).

Verwandtschaftsbeziehungen stellen damit (sofern die benannten Bedingungen im Einzelfall zutreffen) unter Migrationsbedingungen eine erhebliche Ressource dar – insbesondere dann, wenn diese Beziehungen selbst bereits transnational organisiert sind, das heißt „Stützpunkte" sowohl in der Herkunfts- als auch in der Aufnahmegesellschaft besitzen. Zugleich wird aber auch deutlich, daß die Inanspruchnahme dieser Ressource ihren Preis hat, sei es, daß sich die kollektiven Investitionen in die (zunächst aufwendige und teure) Migration für alle Beteiligten auch lohnen muß, oder sei es (insbesondere wenn solche Erträge nicht sichtbar eintreten oder nicht mehr erwartbar erscheinen), daß besonders hohe Konformitätsbezeugungen erbracht werden müssen (Blau, 1964). Damit sind zugleich Bedingungen benannt, unter denen (a) eine dauerhafte Ablösung des Migranten von seiner Verwandtschaft wahrscheinlich wird: Wenn seine ökonomischen und sozialen Kosten der Aufrechterhaltung dieser Beziehungen dauerhaft den erwarteten Nutzen übersteigen *und* Alternativen bestehen. Weiterhin sind Bedingungen benannt, unter denen (b) Verwandtschaftsbeziehungen ritualistisch durch Konformitätsbezeugungen mit der Herkunftskultur abgesichert werden: Wenn aus der Migration kein eigenes soziales und ökonomisches Kapital erwächst, das in die Verwandtschaft reinvestiert werden könnte, und der Migrant nichts anderes anzubieten hat als Unterwerfung, *und* Alternativen fehlen.

Mit wenigen Zusatzannahmen lassen sich nun die möglichen Ausgänge von Kulturkontakt infolge internationaler Migration mit der Verfügbarkeit von Verwandtschaftsbeziehungen verknüpfen. Hierzu ist zunächst notwendig, den weiten Begriff „Humankapital" bei Coleman einzugrenzen; tatsächlich beziehen sich seine empirischen Analysen lediglich auf (formale) Bildung, wohingegen andere Faktoren des Humankapitals (etwa: Gesundheit, Lebensalter, Attraktivität) unberücksichtigt bleiben. Es erscheint deshalb angemessen, Humankapital (sensu Coleman) als inkorporiertes *kulturelles Kapital* im Sinne von Bourdieu (1983) zu spezifizieren, das heißt als dauerhaft verinnerlichte Fähigkeiten, Fertigkeiten und Wissensformen, die hinreichend generalisiert sind, um als Potential zur Transformation in ökonomisches Kapital (auch) in der Aufnahmegesellschaft zu wirken (Diefenbach & Nauck, 1997). Entsprechend lassen sich die Akkulturationsmodi als Typen der Ressourcenverfügung und -allokation beschreiben und die Bedeutung von Verwandtschaftsbeziehungen bestimmen (Abb. 1):

– *Integration* setzt eine hohe Ausstattung des Migranten mit kulturellem und sozialem Kapital voraus und beschreibt einen Modus, bei dem die Aktivitäten auf Herkunfts- und Aufnahmekontext gleichermaßen gerichtet sind. Es ist zu erwarten, daß das soziale Kapital in Form von Verwandtschaftsbeziehungen hier insbesondere in der Form von transnationalen Netzwerken auftritt.

– *Assimilation* setzt hohes kulturelles Kapital voraus, jedoch kein (familienexternes) soziales Kapital, und beschreibt einen Modus, der sich ausschließlich auf eine optimale Plazierung in der Mehrheitsgesellschaft richtet. Es wird erwartet, daß dieser Modus zwar mit hoher familialer Kohäsion, aber geringen Verwandtschaftskontakten verbunden ist.

Abbildung 1: Soziales und kulturelles Kapital im Akkulturationsprozeß

Soziales Kapital

		Ja	Nein
Kulturelles Kapital	Ja	Integration	Assimilation
	Nein	Segregation	Marginalisierung

- *Segregation* setzt hohes externes soziales Kapital voraus, jedoch kein kulturelles Kapital, und beschreibt einen Modus, der sich vorzugsweise auf eine optimale Plazierung in der Migrantenminorität richtet. Es wird erwartet, daß dieser Modus insbesondere bei Migrantenfamilien mit geringem kulturellem Kapital auftritt und mit ritualistischem Traditionalismus verbunden ist.

- *Marginalisierung* beschreibt schließlich einen Modus, der durch das Fehlen von sozialem und kulturellem Kapital gekennzeichnet ist; er ist damit kaum ein Resultat absichtsvollen Handelns, sondern vielmehr Resultat von Alternativlosigkeit aufgrund fehlender Ressourcen und Opportunitäten, das heißt auch von Verwandtschaftsbeziehungen.

Diese Typologie der Akkulturationsmodi macht zugleich plausibel, warum in den herkömmlichen Eingliederungstheorien Verwandtschaftsbeziehungen kaum thematisiert worden sind. In ihrer einseitigen Fokussierung auf Assimilation war Verwandtschaft entweder keine notwendige Voraussetzung oder ein „Störfaktor". Übersehen worden ist dabei zum Beispiel, daß besonders erfolgreiche Migration mit kosmopolitischer Orientierung und weltweitem Aktionsradius etwa vom Typ der Hongkong-Chinesen ihre Basis in transnationalen Verwandtschaftsbeziehungen hat. Ebenso können in diesen Eingliederungstheorien die Bedingungen nicht benannt werden, unter denen Segregation und Marginalisierung wahrscheinliche Ausgänge des Kulturkontakts sind. Andererseits läßt sich mit Hilfe dieser Typologie der Akkulturationsmodi Assimilation als Ergebnis einer rationalen Wahl deuten, die auf den Einsatz kulturellen Kapitals bei gleichzeitigem Fehlen sozialen Kapitals basiert. Diese Wahl wird um so eher naheliegen, je höher das einsetzbare kulturelle Kapital ist und je mehr assimilative Opportunitäten bestehen. Das verfügbare soziale Kapital entscheidet dann darüber, ob der Ausgang dieses Plazierungsprozesses eher Assimilation oder die eher seltene (und in Assimilationsanalysen typischerweise nicht untersuchte) Doppeloption der bikulturellen Integration ist. Entsprechend diesen Modellannahmen ist weiterhin zu erwarten, daß bei vorhandenen Verwandtschaftsbeziehungen das Ausmaß des kulturellen Kapitals darüber entscheidet, ob der Kulturkontakt eher in Richtung Integration oder Segregation verläuft.

3. Untersuchungsziele und Datenbasis

Die empirische Analyse wird in zwei Schritten vorgenommen. Nach der Beschreibung der Datenbasis und der Operationalisierung der zentralen theoretischen Konstrukte werden deskriptive Ergebnisse zu den sozialen Kontakten und der Zusammensetzung der sozialen Netzwerke der ersten und zweiten Generation türkischer Migranten in Deutschland dargestellt. Verwandtschaftsbeziehungen werden somit als Teil der Netzwerkbeziehungen insgesamt analysiert. In einem zweiten Schritt wird dann empirisch geprüft, in welcher Weise die Verfügbarkeit von Verwandtschaftsbeziehungen die Komposition sozialer Netzwerke beeinflußt und ob hierbei Unterschiede zwischen (gewanderten) türkischen Familien und (nichtgewanderten) deutschen Familien bestehen.

Die empirische Analyse basiert auf einem Datensatz mit einem 2 × 2 Design türkischer Eltern-Kind-Dyaden, das heißt, in zwei unterschiedlichen Erhebungskontexten wurden jeweils Befragungen gleichgeschlechtlicher Dyaden durchgeführt:

- Die Erhebungskontexte bilden *West-Berlin* als hochurbanisiertes Milieu mit einer hohen Dichte der Bevölkerung gleicher Herkunft und einer entsprechend weit fortgeschrittenen Bildung einer Minoritätenkolonie und der Raum zwischen *Friedrichshafen* und *Weingarten* als kleinstädtisches Milieu, das wesentlich durch mittelständischen, hochmodernen Maschinenbau und ein hohes Wohlfahrtsniveau geprägt ist, einen weit geringeren Ausländeranteil als West-Berlin aufweist und wenig Gelegenheiten zur Bildung von Minoritätenkolonien bietet.
- Die Eltern-Kind-Dyaden wurden jeweils durch *Mutter-Tochter-* und *Vater-Sohn-Paare* gebildet, wobei sich die Kindergeneration aus Kindern zusammensetzt, die sich in der 7. bis 9. Klasse unterschiedlicher Schulformen und mithin in der Phase der Vorbereitung auf den Übergang in das Beschäftigungssystem oder in die gymnasiale Oberstufe befinden; es handelt sich somit um eine bewußt nach Schulform stratifizierte, jedoch relativ altershomogene Jugendlichenpopulation.
- Jede Zelle dieses Designs enthält mindestens 100 Personen, die gesamte Studie umfaßt 405 Interviews mit Eltern sowie 405 Interviews mit deren Kindern. Die Erhebung fand zwischen 1990 und 1992 statt. Für die mündlichen Interviews wurden standardisierte Fragebögen verwendet, die sowohl in türkischer als auch in deutscher Sprache vorlagen und wahlweise eingesetzt werden konnten. Die Interviews sind durchweg von Interviewern türkischer Herkunft durchgeführt worden, und zwar mit den Eltern mehrheitlich in türkischer Sprache, mit den Jugendlichen mehrheitlich in deutscher Sprache. Elternteil und Kind wurden jeweils getrennt befragt. Bei der Konstruktion der Fragebögen wurden die Frageformulierungen den Generationen und Geschlechtern angepaßt; eine inhaltliche Vergleichbarkeit der Interviews ist gegeben.

Der hier verwendete Datensatz ist für die Analyse sozialer Netzwerke von Migranten besonders geeignet, da dieser Datensatz einen Netzwerkgenerator für *beide* Generationen von Migranten enthält. Die Netzwerkmitglieder werden generiert, indem für eine vorgegebene Liste von Aktivitäten jeweils gefragt wird, mit welcher Person sie ausgeführt wird. Bei dem verwendeten Instrument sind maximal 20 Namensnennungen für „Genannte" möglich. Um der Gefahr der Familienzentriertheit so weit als möglich zu entgehen, werden in dieser Analyse nur solche Genannte berücksichtigt, die nicht über haushaltsspezifische Aktivitäten generiert worden sind (gemeinsames Essen und Wohnen). Zur Deskription der Netzwerkpersonen ist anschließend erhoben worden, ob diese deutscher oder türkischer *Nationalität* sind, in welcher *Entfernung* sie von der Befragungsperson leben, wie häufig der *Kontakt* gepflegt wird und in welcher – insbesondere verwandtschaftlichen – Beziehung die Netzwerkpersonen zu der Befragungsperson stehen. Von den Beziehungen zu insgesamt 7.475 genannten Netzwerkpersonen gehen auf diese Weise 5.402 in die Analyse ein, 2.625 davon in der Kindergeneration, 2.777 in der Elterngeneration, die prinzipiell mehrmals in verschiedenen Funktionszusammenhängen genannt werden können.

Zu Vergleichszwecken ist weiterhin der Datensatz der ersten Welle des Familiensurvey des Deutschen Jugendinstituts herangezogen worden (Alt, 1991). Hieraus wurde eine parallelisierte Sub-Stichprobe entnommen, die der der türkischen Migrantenfamilien dahingehend entspricht, daß nur Eltern mit einem Kind zwischen 12 und 16 Jahren darin enthalten sind (n = 1.315). Auch bei den Genannten im Netzwerk sind nur solche berücksichtigt worden, mit denen analoge Aktivitäten unternommen werden (5.399 Genannte); Netzwerkdaten über jugendliche Deutsche stehen nicht zur Verfügung.

Die deskriptiven Ergebnisse basieren auf Maßen, die in egozentrierten Netzwerkanalysen häufig verwendet werden (Bien & Marbach, 1991; Bien, Marbach & Templeton, 1992; Knoke & Kuklinski, 1992; Marsden, 1990).

– Die differenziert erhobene *Beziehung* der Befragten zu den genannten Netzwerkmitgliedern mußte zur Erzielung ausreichender Zellenbesetzung in wenige Kategorien zusammengefaßt werden. Zu den *familialen* Beziehungen werden in dieser Analyse solche innerhalb der Gattenfamilie gerechnet, zu der bei den Eltern neben dem Ehepartner und den biologischen Kindern auch Stief- und Pflegekinder gerechnet werden, unabhängig davon, ob sie (noch) im Haushalt leben; bei den Kindern zählen hierzu die Beziehungen zu den Eltern und Geschwistern. Bei den *verwandtschaftlichen* Beziehungen konnte bei der Elterngeneration nur zwischen inter- und intragenerationalen Beziehungen unterschieden werden; entsprechend sind Beziehungen zu Eltern, Groß- und Schwiegereltern ebenso zu einer Kategorie zusammengefaßt worden wie die Beziehungen zu Geschwistern, Schwagern und sonstigen Verwandten. In der Kindgeneration sind alle Verwandtschaftsbeziehungen in einer Kategorie zusammengefaßt worden; sie repräsentiert im wesentlichen die Beziehung zu Großeltern, Onkeln und Tanten aus beiden Linien. Die nichtverwandtschaftlichen Beziehungen sind nach nationaler Zugehörigkeit differenziert worden. Durchgängig berücksichtigt wird das Geschlecht von Befragten und Genannten.

– Die räumliche *Distanz* ist über eine siebenstufige Skala („im selben Haushalt", „im selben Haus", „in der Nachbarschaft", „im selben Stadtteil/Ort", „in derselben Stadt/Region", „in Deutschland", „nicht in Deutschland") erfaßt worden. Berichtet wird der Anteil der Befragten, die mindestens eine Person innerhalb jeder Beziehungskategorie nennen, die in derselben Stadt (Berlin) bzw. Region (Oberschwaben) leben, das heißt in einer für regelmäßige Besuche und Hilfeleistungen erreichbaren Entfernung. Außerdem wird die durchschnittliche Distanz (auf der Basis der siebenstufigen Skala) aller Genannten der jeweiligen Beziehungskategorie berichtet.

- Die *Kontakthäufigkeit* ist ebenfalls über eine siebenstufige Skala (von (1) „täglich" bis (7) „praktisch nie") erfaßt worden. Berichtet wird der Anteil der Befragten, die angeben, zu mindestens einer Person innerhalb jeder Beziehungskategorie mindestens wöchentlichen Kontakt zu haben. Außerdem wird die durchschnittliche Kontakthäufigkeit zu allen Genannten der jeweiligen Beziehungskategorie berichtet.

- Bei den *Aktivitäten* sind die Indikatoren „eine enge persönliche Bindung haben", „die Freizeit gemeinsam verbringen", „Hilfe geben", „Hilfe empfangen" und „wichtige Probleme besprechen" berücksichtigt worden.

- Die *Multiplexität* des Netzwerks wird gemessen über die durchschnittliche Anzahl der Aktivitäten, die mit jedem Netzwerkmitglied durchgeführt wird. Sie ist am höchsten, wenn alle Aktivitäten mit identischen Netzwerkmitgliedern vorgenommen werden. Hohe Multiplexität des Netzwerks ist stark mit sozialer Homogamie und sozialer Kontrolle verknüpft, wohingegen geringe Multiplexität „schwache Beziehungen" indiziert, das heißt wie groß die Ausdehnung eines Netzwerks im sozialen Kontext ist (Granovetter, 1973; Wegener, 1987).

Da keine Informationen über die Kontakte der Netzwerkpersonen untereinander vorliegen, können keine Schlüsse auf die Netzwerkdichte gezogen werden.

Der Netzwerk-Ansatz zur Analyse von Verwandtschaftsbeziehungen impliziert, daß es sich hier um *aktuell gelebte soziale Beziehungen* handelt und nicht um die Analyse von formalen, verrechtlichten Beziehungen wie Deszendenz- und Erbschaftsregeln im Sinne der klassischen Ethnologie und Sozialanthropologie. Entsprechend werden in diesem Kontext die Begriffe Matrilinearität und Patrilinearität dann gebraucht, wenn sich in den gelebten sozialen Beziehungen bezüglich Kontakthäufigkeit und Richtung im Tausch von Gütern eine Dominanz in den weiblichen bzw. männlichen Verwandtschaftslinien feststellen läßt. Analog bezeichnet Matrilokalität und Patrilokalität eine Präferenz in der residentiellen Nähe zu Mitgliedern der Verwandtschaft der Frau bzw. des Mannes. Unter netzwerkanalytischen Gesichtspunkten ist davon auszugehen, daß Verwandtschaftsbeziehungen folgende Spezifika aufweisen: Verwandtschaftsbeziehungen werden typischerweise nicht von beiden Generationen getrennt, sondern gemeinsam unterhalten, wodurch die sozialen Kosten der Aufrechterhaltung dieser Beziehungen weiter reduziert werden (Esser, 1990). Entsprechend werden – langfristig gesehen – Mitglieder beider Generationen mit stabilen intergenerationalen Beziehungen eine größere Überschneidung und höhere Anteile von Verwandtschaftsmitgliedern an ihren Netzwerken aufweisen; der gemeinsame Kern beider Netzwerke wird einen größeren Grad an Multiplexität (mehr Aktivitäten mit identischen Netzwerkmitgliedern), eine größere Dichte (mehr Netzwerkmitglieder haben Beziehungen untereinander) und Homogenität (mehr Netzwerkmitglieder gehören aufgrund bestimmter sozialer Charakteristika zu einer Kategorie) haben.

Je höher das Ausmaß der Multiplexität, Dichte und Homogenität in intergenerational gemeinsamen Netzwerken wiederum ist, um so mehr stellen diese „eine machtvolle Institution sozialer Kontrolle" (Schneewind, Beckmann & Engfer, 1983, S. 77) dar.

4. Empirische Befunde

4.1 Verwandtschaftskontakte in türkischen Migrantenfamilien

Die hier präsentierten Befunde auf der Basis von egozentrierten Netzwerken aus zwei Generationen türkischer Migrantenfamilien sind nicht direkt mit den diskutierten Befunden zur Verfügbarkeit von Verwandten in der Aufnahmegesellschaft vergleichbar. In den Netzwerken erscheinen nur solche Verwandten, zu denen tatsächlich ein Kontakt oder eine intensive Beziehung besteht und mit denen gemeinsame Aktivitäten unternommen werden. Insofern bilden die darin genannten Verwandtschaftsbeziehungen immer eine Teilmenge von (auch im Aufnahmekontext) möglichen Beziehungen. Dies gilt übrigens auch für familiale Beziehungen, wie aus Tabelle 1 hervorgeht: Obwohl der Stichprobenplan vorschrieb, daß gleichgeschlechtliche Eltern-Kind-Dyaden aus einem Haushalt befragt werden, sind es bei den Vätern lediglich 92 Prozent und bei den Müttern 99 Prozent, die mindestens einen Sohn bzw. eine Tochter als Teil ihres Netzwerks nennen. Noch deutlicher wird diese Diskrepanz bei den Söhnen und Töchtern (Tab. 2): Lediglich 81 Prozent der Söhne und 86 Prozent der Töchter nennen ihren Vater bzw. ihre Mutter als Person, zu der sie eine enge persönliche Beziehung haben oder mit der sie wichtige Probleme besprechen, ihre Freizeit verbringen oder wechselseitige Hilfsleistungen erbringen.

Insgesamt machen die Befunde deutlich, daß Mitglieder der Gattenfamilie unter den sozialen Beziehungen der türkischen Migrantenfamilie eine dominierende Rolle einnehmen; sie erreichen insbesondere in der Elterngeneration hohe Nennungen, die von Verwandtschaftsmitgliedern nicht annähernd erreicht werden. Diese hervorgehobene Bedeutung wird durch die Befunde zur räumlichen Nähe und zur Kontakthäufigkeit unterstrichen.

Lediglich 34 Prozent der türkischen Väter und 14 Prozent der türkischen Mütter nennen Kontakt zu mindestens einem gleichgeschlechtlichen Mitglied der eigenen Nationalität außerhalb der Verwandtschaft. Vollkommen bedeutungslos für die Elterngeneration in türkischen Familien sind dagegen Beziehungen zu Angehörigen der Aufnahmegesellschaft: Nur 7 Prozent der Väter und 5 Prozent der Mütter nennen mindestens eine deutsche Bezugsperson des gleichen Geschlechts. Bei den türkischen Jugendlichen hat sich diese Situation deutlich verändert (Tab. 2): 40 Prozent der türkischen Söhne und 29 Prozent der türkischen Töchter nennen mindestens einen deutschen Freund gleichen Geschlechts als Teil ihres Netzwerks.

Trotz der eindeutigen Entwicklung zu mehr interethnischen Kontakten in der zweiten Generation haben damit nur relativ wenige türkische Migranten beider Genera-

Tabelle 1: Räumliche Distanz und Kontakthäufigkeit im Netzwerk türkischer Mütter (M) und Väter (V) in Deutschland

Beziehung		Nennung	Distanz			Kontakt		Korrelation
		(1)	(2)	(3)		(4)	(5)	(6)
		in %	in %	$\bar{x}$		in %	$\bar{x}$	
Ehepartner	M	91,0	98,9	1,11		97,8	1,09	.96
	V	93,7	100,0	1,00		99,0	1,06	1.00
Sohn, Stief-/Pflegesohn	M	73,0	93,2	1,85		97,9	1,41	.82
	V	91,7	100,0	1,72		99,5	1,32	.77
Tochter, Stief-/Pflege-tochter	M	99,0	99,5	1,48		100,0	1,24	.84
	V	62,9	95,3	2,13		98,4	1,52	.77
Vater, Schwieger-/ Großvater	M	16,0	3,1	6,81		18,8	5,06	.32
	V	26,3	5,6	6,72		70,4	3,30	.36
Mutter, Schwieger-/ Großmutter	M	30,5	4,9	6,81		28,5	4,66	.33
	V	31,2	10,9	6,68		73,4	3,30	.41
Bruder, Schwager, sonstiger Verwandter	M	20,5	22,0	6,36		41,5	4,61	.70
	V	42,9	39,8	5,85		83,0	2,96	.65
Schwester, Schwägerin, sonstige Verwandte	M	29,0	31,0	6,25		61,1	4,25	.61
	V	32,7	17,9	6,10		76,1	3,06	.52
Türkischer Freund, Nachbar, Kollege	M	1,0	*	*		*	*	*
	V	34,1	80,0	4,24		88,6	2,43	.40
Türkische Freundin, Nachbarin, Kollegin	M	14,0	71,4	4,02		92,9	2,47	.33
	V	10,2	66,7	4,17		85,7	3,08	.68
Deutscher Freund, Nachbar, Kollege	M	1,0	*	*		*	*	*
	V	6,8	71,4	4,21		92,9	2,33	–.04
Deutsche Freundin, Nachbarin, Kollegin	M	5,0	70,0	4,20		90,0	2,50	.51
	V	2,4	*	*		*	*	*

(1) Anteil der Befragten (N = 405), die diese Beziehung nennen, zugleich Basis für Spalte 2 bis 5 und Tabelle 3.
(2) Anteil der Beziehungen, bei denen mindestens ein Genannter innerhalb derselben Stadt/Region lebt.
(3) Durchschnittliche Entfernung der Genannten.
(4) Anteil der Beziehungen, bei denen zu mindestens einem Genannten mindestens wöchentlicher Kontakt besteht.
(5) Durchschnittliche Kontakthäufigkeit zu den Genannten.
(6) Korrelation zwischen Entfernung und Kontakthäufigkeit zu den Genannten.
* Weniger als 10 Genannte.

tionen überhaupt interethnische Netzwerkbeziehungen. Zieht man nun die sehr unterschiedlich verteilte quantitative Verfügbarkeit von Angehörigen der Verwandtschaft und der eigenen Ethnie in Betracht, so ergeben sich deutliche Hinweise, daß Verwandtschaftsbeziehungen zumindest für die erste Zuwanderergeneration türkischer Eltern eine sehr wesentliche Rolle spielen und deren soziale Integration konstituieren, wohin-

Tabelle 2: Räumliche Distanz und Kontakthäufigkeit im Netzwerk türkischer Töchter (T) und Söhne (S) in Deutschland

Beziehung		Nennung	Distanz		Kontakt		Korrela-tion
		(1)	(2)	(3)	(4)	(5)	(6)
		in %	in %	$\bar{x}$	in %	$\bar{x}$	
Vater	T	54,5	99,1	1,09	99,1	1,06	.91
	S	81,4	100,0	1,04	58,1	3,15	.16
Mutter	T	86,0	100,0	1,03	100,0	1,02	.54
	S	86,3	100,0	1,02	55,9	3,20	.11
Bruder	T	49,5	94,9	1,56	98,0	1,27	.78
	S	59,5	95,9	1,81	49,2	3,37	.06
Schwester	T	59,5	97,5	1,38	99,2	1,17	.65
	S	52,2	93,5	1,85	60,7	3,02	.08
Verwandter	T	17,5	40,0	5,45	74,3	3,16	.71
	S	29,8	41,0	5,39	54,1	3,70	-.24
Verwandte	T	38,5	61,0	4,79	80,5	3,02	.65
	S	32,2	39,4	5,49	59,1	3,41	.00
Türkischer Freund, Nachbar, Schulkamerad	T	8,5	82,4	4,61	82,4	2,61	.66
	S	74,1	96,7	3,89	47,4	3,78	.09
Türkische Freundin, Nach-barin, Schulkameradin	T	53,5	90,7	3,95	95,3	1,89	.44
	S	10,7	86,4	4,14	59,1	3,62	.39
Deutscher Freund, Nachbar, Schulkamerad	T	6,5	100,0	4,08	100,0	2,16	.35
	S	40,0	98,8	3,83	65,9	3,07	.21
Deutsche Freundin, Nachbarin, Schulkameradin	T	29,0	91,1	3,92	98,3	1,75	.28
	S	10,7	95,5	3,98	68,2	2,90	-.02

(1) Anteil der Befragten (N = 405), die diese Beziehung nennen, zugleich Basis für Spalte 2 bis 5 und Tabelle 4.
(2) Anteil der Beziehungen, bei denen mindestens ein Genannter innerhalb derselben Stadt/Region lebt.
(3) Durchschnittliche Entfernung der Genannten.
(4) Anteil der Beziehungen, bei denen zu mindestens einem Genannten mindestens wöchentlicher Kontakt besteht.
(5) Durchschnittliche Kontakthäufigkeit zu den Genannten.
(6) Korrelation zwischen Entfernung und Kontakthäufigkeit zu den Genannten.

gegen darüber hinausgehende Kontakte innerhalb der eigenen Ethnie quantitativ kaum noch ins Gewicht fallen: „Binnenintegration" in türkischen *Migrantenfamilien verläuft damit nicht entlang ethnischen, sondern entlang verwandtschaftlichen Linien.*

Gestützt wird diese These auch dadurch, daß die genannten außerverwandtschaftlichen Netzwerkmitglieder keineswegs alle in der unmittelbaren Nachbarschaft. wohnen, wie der Mittelwert zur räumlichen Distanz (> 4) ausweist. Dies läßt den Schluß zu, daß die Beziehungen zu Mitgliedern der eigenen Herkunftsnationalität kaum nach dem Muster einer *ethnic community,* das heißt mit hoher Netzwerkdichte, sondern vielmehr nach dem Muster bilateraler *weak ties* strukturiert sind, zumal die Multiplexität dieser Beziehungen (Tab. 3) durchweg geringe Werte ausweist.

Charakteristisch für Verwandtschaftsbeziehungen in türkischen Migrantenfamilien ist die ausgeprägte Strukturierung nach Generation und Geschlecht:

(a) Väter nennen häufiger Verwandtschaftsmitglieder in ihrem Netzwerk als Mütter, und zwar sowohl zu weiblichen als auch zu männlichen Verwandtschaftsmitgliedern. Da die Verwandtschaftsbeziehungen der Mütter besonders stark am eigenen Geschlecht orientiert sind (sie nennen zu 31 % entweder die eigene Mutter, Großmutter oder Schwiegermutter als Netzwerkmitglied, jedoch nur zu 16 % den eigenen Vater, Großvater oder Schwiegervater; bei den intragenerativen Verwandtschaftsbeziehungen zu Geschwistern und Schwagern ist die Relation mit 29 zu 21 % weniger ausgeprägt), werden die geschlechtsspezifischen Unterschiede bei männlichen Verwandtschaftsmitgliedern besonders deutlich. Da aber außerhalb der Verwandtschaft für die türkischen Mütter praktisch kaum soziale Beziehungen existieren und diese dann ganz eindeutig auf das gleiche Geschlecht beschränkt sind, bleibt festzuhalten, daß die – in der Migrationssituation nicht selbstverständlich gegebene – Verfügbarkeit von Verwandtschaft den Aktionsraum türkischer Frauen erheblich erweitert und damit die einzige Gelegenheit zur Bildung von sozialem Kapital darstellt. Sie ist insbesondere die einzige Form und Gelegenheit für gemischtgeschlechtliche Beziehungen. Die geschlechtsspezifischen Unterschiede sind auch für die Kontakthäufigkeit und die räumliche Nähe charakteristisch: Mit Ausnahme der Töchter, Stief- und Pflegetöchter haben Väter eine geringere räumliche Distanz zu Verwandtschaftsmitgliedern als Mütter und häufiger Kontakt zu allen Verwandtschaftskategorien. Dies sind deutliche Hinweise darauf, daß die *patrilineare und patrilokale Struktur der Verwandtschaft,* die als typisch für die Türkei beschrieben worden ist (Duben, 1982; Schiffauer, 1987), auch in der Migrationssituation bestehen bleibt. Entsprechend wäre die Abweichung bei den Töchtern auf diejenigen zurückzuführen, die nach – früher – Heirat (Nauck, 1997a) in das Verwandtschaftssystem des Ehemannes übergewechselt sind, und bei denen sich analog die Verwandtschaftskontakte zu den (männlichen) Mitgliedern der Herkunftsfamilie reduzieren.

(b) Durch die Migration verändert gegenüber der Situation in der Herkunftsgesellschaft dürften dagegen die Proportionen zwischen den inter- und intragenerativen Verwandtschaftsbeziehungen sein. So lebt bei den türkischen Müttern von den genannten Brüdern, Schwagern und übrigen männlichen Verwandten bei 22 Prozent mindestens einer in derselben Stadt bzw. Region, bei den Vätern sind es sogar 40 Prozent; bei den Schwestern, Schwägerinnen und sonstigen weiblichen Verwandten sind es 31 bzw. 18 Prozent. Dagegen lebt nur bei 3 Prozent der befragten Frauen und 6 Prozent der Männer ein genannter Vater, Schwiegervater oder Großvater in der gleichen Umgebung; nicht zuletzt aufgrund der geschlechtsspezifisch unterschiedlichen Überlebensraten sind die entsprechenden Werte für die Mütter, Schwiegermütter und Großmütter der Befragten mit 5 bzw. 11 Prozent etwas höher. Daß der Anteil der Mütter in der Nähe der befragten Männer mehr als doppelt so hoch ausfällt wie der der befragten

Frauen, verweist erneut auf die patrilineare Organisationsform der türkischen Migrantenfamilie. Insgesamt ist jedoch charakteristisch, daß die Migrationssituation und die verwandtschaftliche Kettenmigration eine deutliche Akzentverschiebung in Richtung *intragenerativ-patrilokaler Wohnformen* mit sich bringt, wohingegen die Eltern der befragten Mütter und Väter typischerweise in der Herkunftsgesellschaft verblieben sind.

Wie die Befunde zur Kontakthäufigkeit zeigen, muß räumliche Verfügbarkeit keineswegs der ausschlaggebende Faktor für die Aufrechterhaltung von sozialen Beziehungen sein: 70 Prozent der befragten Männer (aber nur 19 % der Frauen) haben entweder zu ihrem Vater, Schwiegervater oder einem Großvater mindestens einmal in der Woche Kontakt und 74 Prozent zu ihrer Mutter, Schwiegermutter oder einer Großmutter (aber nur 29 % der Frauen).

Besonders aufschlußreich ist in diesem Kontext der *Zusammenhang zwischen räumlicher Nähe und Kontakthäufigkeit,* der in Spalte 6 von Tabelle 1 und 2 durch Korrelationskoeffizienten für die jeweilige Beziehungskategorie berechnet worden ist. Gelegenheitsstrukturen müssen nicht für alle Arten sozialer Beziehungen die gleiche Determinationskraft besitzen, vielmehr ist von folgender theoretischer Überlegung auszugehen: (1) Wenn bei hoher räumlicher Nähe (Wohnen im selben Haushalt) ein vergleichsweise geringer Zusammenhang mit der Kontakthäufigkeit besteht, so läßt dies auf einen aktiven *Ausschluß aus dem Netzwerk* zum Beispiel infolge von Konflikten und gestörter Beziehung schließen. (2) Wenn bei mittlerer bis größerer räumlicher Distanz (Wohnen nicht in der Nachbarschaft) ein vergleichsweise geringer Zusammenhang mit der Kontakthäufigkeit besteht, so läßt dies umgekehrt auf einen aktiven *Einschluß in das soziale Netzwerk* aufgrund der Bedeutung dieser Beziehung schließen. Entsprechend ist davon auszugehen, daß innerfamilial für die befragten türkischen Väter die Ehegattenbeziehung eine (etwas) größere Qualität hat als für die Mütter, hingegen die innerfamilial-intergenerativen Beziehungen bei den Müttern die größere Qualität aufweisen. Umgekehrt sind die Korrelationen zwischen „Gelegenheit" und „Kontakt" bei den Beziehungen zur (entfernt lebenden) Eltern- und Großelterngeneration durchgehend niedrig, was darauf hindeutet, daß diese eine außerordentlich große subjektive Bedeutung für die befragten Migranten haben.

Nicht entschieden werden kann, ob die konstatierbaren Unterschiede zwischen der Eltern- und der Kindgeneration auf Akkulturations- und Eingliederungsprozesse oder auf die jeweilige Stellung im Lebensverlauf zurückzuführen sind. Entsprechend muß die stärkere Bedeutung von (insbesondere gleichgeschlechtlichen) Freundschafts- und Kameradschaftsbeziehungen mit Angehörigen der eigenen Ethnie und solchen der Aufnahmegesellschaft keineswegs als Auflösung von Verwandtschaftsbeziehungen infolge assimilativer Kulturkontakte gedeutet werden. Die gegebene Netzwerkkomposition könnte nämlich auch eine altersspezifisch-jugendtypische Strukturierung sozialer Beziehungen sein, die sich spätestens im Verlauf eigener Familiengründungsprozesse wieder denen der Elterngeneration angleichen werden. Zumal entsprechende Vergleichsanalysen zu anderen Migrantenminoritäten und nichtgewanderten Familien fehlen, muß auch Spekulation bleiben, ob die auffallenden Angaben zu den innerfamilialen Beziehungen von türkischen Töchtern und Söhnen (im Alter zwischen 12 und 16 Jahren) als Ausdruck einer besonderen Konfliktlage gedeutet werden müssen: Bei 45 Prozent der Töchter und 19 Prozent der Söhne wird der Vater nicht als Netzwerkmitglied genannt, jeweils 14 Prozent nennen die Mutter nicht. Insbesondere die Söhne geben innerfamiliale Kontakthäufigkeiten an, die nicht von denen zu Mitgliedern der Verwandtschaft und zu Freunden verschieden sind; entsprechend niedrig fallen bei ihnen die Korrelationen zwischen „Gelegenheit" und „Kontakt" aus. Daß es primär männliche türkische Jugendliche sind, bei denen solche Konfliktlagen auftreten, wird jedoch durch vorliegende Befunde gestützt: Türkische Migrantensöhne antizipieren durchschnittlich höhere utilitaristische Erwartungen an sich, als sie von ihren Eltern geäußert werden, und neigen auch am ehesten dazu, externale Kontrollüberzeugungen zu äußern, das heißt von einer eher geringen Situationskontrolle ausgehen. Diese Akzentuierung von Einstellungen kann möglicherweise als ein weiterer Beleg dafür gewertet werden, daß es gerade männliche Jugendliche sind, die in der Migrationssituation häufig „strukturell überfordert" sind (Nauck, 1989b, S. 296; 1997b).

Auffällig ist, welch große Bedeutung Geschwister- und Verwandtschaftsbeziehungen im Netzwerk türkischer Jugendlicher in Deutschland haben. 50 Prozent der Töchter und 60 Prozent der Söhne nennen mindestens einen Bruder als Bezugsperson, 60 Prozent der Töchter und 52 Prozent der Söhne eine Schwester. Die Beziehung zu Geschwistern ist sicher einerseits auf „Gelegenheit" in Mehrkindfamilien zurückzuführen; andererseits deutet die im Vergleich zu den Eltern höhere durchschnittliche räumliche Distanz darauf hin, daß diese Beziehungen nicht an das Wohnen im gemeinsamen Haushalt gebunden sind. Insofern scheinen sich schon im Jugendalter Geschwisterbeziehungen soweit zu verselbständigen, daß daraus die intensiven intragenerativen Verwandtschaftsbeziehungen entstehen, die für die Elterngeneration charakteristisch sind. Obwohl die durchschnittliche räumliche Distanz zu ihnen relativ groß ist, unterhalten die türkischen Jugendlichen vergleichsweise intensive Beziehungen zu Verwandten: Mehr als 70 Prozent der weiblichen Jugendlichen und mehr als die Hälfte der männlichen Jugendlichen haben mindestens einmal wöchentlich Kontakt sowohl zu männlichen als auch zu weiblichen Verwandtschaftsmitgliedern. Wie bei den Geschwisterbeziehungen dürfte auch die im Jugendalter aufrechterhaltene Kontinuität in den verwandtschaftlichen Kontakten ein wichtiger Mechanismus für die Entwicklung hoher Solidarpotentiale in Verwandtschaftsbeziehungen türkischer Migrantenfamilien sein.

4.2 Verwandtschaftsaktivitäten in türkischen Migrantenfamilien

Näheren Aufschluß über die Güter, die in den Verwandtschaftsbeziehungen türkischer Migrantenfamilien getauscht werden, geben die Aktivitäten, die in diesen Beziehungen unternommen werden. Entsprechend der Typologie von Foa und Foa (1974) werden mit den berücksichtigten Netzwerkindikatoren der Austausch von *Informationen* („Besprechen persönlich wichtiger Angelegenheiten"), von *Emotionen* („eine enge persönliche

Bindung haben", „die Freizeit miteinander verbringen") und von *Dienstleistungen* („Hilfe geben", „Hilfe erhalten") erfaßt. Die Multiplexität der jeweiligen Beziehung steigt mit der Verschiedenartigkeit der ausgeübten Beziehungen an. In der Terminologie von Parsons (1951) wären diese als „funktional-diffus" zu bezeichnen, dagegen solche Beziehungen, die sich auf ein kleines Verhaltenssegment beschränken, als „funktional-spezifisch".

Tabelle 3 zeigt zunächst, daß die Ehegattenbeziehung in türkischen Migrantenfamilien in allen Aktivitätsbereichen hohe Werte aufweist, jedoch die expressiven Komponenten stärker ausgeprägt sind als die instrumentellen; die hohe Bedeutung, die insbesondere türkische Ehemänner der Ehegattenbeziehung zumessen, wird wie in Tabelle 1 auch hier daran deutlich, daß sie jeweils mehr gemeinsame Aktivitäten berichten als türkische Ehefrauen. In den Beziehungen der Eltern zu ihren Kindern sind keine geschlechtsspezifischen Unterschiede in den expressiven Aktivitäten festzustellen; jeweils etwa zwei Drittel der Eltern nennen mindestens eine Tochter und einen Sohn, mit denen sie wichtige Angelegenheiten besprechen, gemeinsam die Freizeit verbringen und eine enge persönliche Bindung haben. Bei den instrumentellen Aktivitäten wird hingegen deutlich, daß Töchter in starkem Maße ihre Mütter unterstützen: Beinahe dop-

Tabelle 3: Netzwerkaktivitäten von türkischen Müttern (M) und Vätern (V) in Deutschland

Beziehung		Sprechen (in %)	Bindung (in %)	Freizeit (in %)	Hilfe erhalten (in %)	Helfen (in %)	Multi- plexität $\bar{x}$
Ehepartner	M	94,5	79,1	81,3	42,9	47,8	3,46
	V	96,9	85,4	92,7	61,5	52,6	3,89
Sohn, Stief-/Pflegesohn	M	67,1	60,3	69,2	31,5	34,9	2,41
	V	63,8	69,7	59,0	48,9	52,7	2,68
Tochter, Stief-/Pflege- tochter	M	65,7	61,6	73,7	78,8	39,9	2,84
	V	66,7	72,1	52,7	28,7	51,9	2,60
Vater, Schwieger-/ Großvater	M	93,8	84,4	0,0	0,0	3,1	1,80
	V	87,0	79,6	3,7	3,7	7,4	1,78
Mutter, Schwieger-/ Großmutter	M	90,2	73,8	9,8	0,0	3,3	1,73
	V	89,1	79,7	0,0	4,7	10,9	1,79
Bruder, Schwager, sonstiger Verwandter	M	80,5	58,5	17,1	0,0	2,4	1,55
	V	83,0	65,9	13,6	18,2	20,5	1,89
Schwester, Schwägerin, sonstige Verwandte	M	86,2	69,0	15,5	6,9	13,8	1,74
	V	97,0	79,1	10,4	4,5	9,0	1,90
Gleichgeschl. türkischer Freund, Nachbar, Kollege	M	78,6	28,6	50,0	3,6	21,4	1,79
	V	61,4	34,3	22,9	22,9	47,1	1,78
Gleichgeschl. deutscher Freund, Nachbar, Kollege	M	70,0	30,0	10,0	10,0	20,0	1,40
	V	100,0	35,7	21,4	14,3	7,1	1,73

pelt so viele Mütter geben an, von mindestens einer Tochter Hilfe zu erhalten (79 %) als von ihrem Ehemann (43 %); dagegen geben mehr Väter an, ihren Töchtern zu helfen (52 %) als Mütter (40 %). Söhne sind insbesondere in wechselseitige Hilfeleistungen mit ihrem Vater eingebunden: 49 Prozent der Väter geben an, mindestens einem Sohn regelmäßig zu helfen, 53 Prozent erhalten Hilfe von einem Sohn.

Tabelle 4 gibt die komplementäre Perspektive der befragten Jugendlichen wieder (auf die sich allerdings die Angaben der Eltern nicht unbedingt beziehen müssen). Sofern Eltern als Teil des Netzwerks der Jugendlichen genannt werden, sind sie wichtige emotionale Bezugspersonen, allerdings mit bedeutsamen geschlechtsspezifischen Unterschieden: Söhne nennen wesentlich häufiger als Töchter ihre Eltern als Personen, mit denen sie wichtige persönliche Dinge besprechen und eine starke Bindung haben (die Töchter – dieses Alters – nennen hier häufiger türkische und deutsche Freundinnen und Verwandte und Schwestern). Zwar wird auch in den Angaben der Jugendlichen die geschlechtsspezifische Differenzierung der Hilfeleistungen deutlich (77 % der Töchter

Tabelle 4: Netzwerkaktivitäten von türkischen Töchtern (T) und Söhnen (S) in Deutschland

Beziehung		Sprechen (in %)	Bindung (in %)	Freizeit (in %)	Hilfe erhalten (in %)	Helfen (in %)	Multi-plexität $\bar{x}$
Vater	T	56,0	46,8	27,5	5,5	30,3	1,66
	S	88,6	71,3	13,8	12,0	55,1	2,40
Mutter	T	61,9	58,0	30,1	5,7	76,7	2,30
	S	85,3	75,1	12,4	5,6	67,2	2,46
Bruder	T	45,5	32,3	37,4	20,2	41,4	1,66
	S	73,0	63,1	36,1	23,0	47,5	2,24
Schwester	T	69,7	55,5	50,4	20,2	43,7	2,05
	S	84,1	71,0	23,4	32,7	48,6	2,41
Verwandter	T	71,4	28,6	20,0	5,7	5,7	1,24
	S	86,9	60,7	19,7	4,9	9,8	1,67
Verwandte	T	75,3	39,0	27,3	11,7	26,0	1,59
	S	92,4	71,2	6,1	4,5	15,2	1,79
Türkischer Freund, Nach-bar, Schulkamerad	T	29,4	58,8	70,6	17,6	5,9	1,49
	S	65,1	50,0	89,5	3,3	7,9	1,95
Türkische Freundin, Nach-barin, Schulkameradin	T	82,2	49,5	69,2	11,2	9,3	2,00
	S	63,6	63,6	54,5	13,6	18,2	2,05
Deutscher Freund, Nach-bar, Schulkamerad	T	61,5	30,8	76,9	7,7	0,0	1,58
	S	73,2	54,9	85,4	6,1	4,9	2,17
Deutsche Freundin, Nach-barin, Schulkameradin	T	70,7	41,4	81,0	10,3	6,9	1,94
	S	77,3	72,7	45,5	31,8	9,1	1,97

und 67 % der Söhne geben an, ihren – genannten – Müttern zu helfen; 30 % der Töchter und 55 % der Söhne helfen ihren Vätern), doch fehlt in der Perspektive der Jugendlichen die Reziprozität, da sie selbst kaum Hilfe erhalten. Insgesamt machen die Befunde deutlich, daß die türkische Migrantenfamilie insofern alle Charakteristika des *Typus der modernen Gattenfamilie* aufweist, als Expressivität, räumliche Nähe, Interaktionsdichte und Diffusität der familialen Beziehungen gegeben und eine deutliche Abgrenzung zu anderen – auch verwandtschaftlichen – Beziehungen bei allen herangezogenen Netzwerkindikatoren sichtbar geworden ist. Die Besonderheit dieses Familientypus wird daran deutlich, daß die interne Rollenstruktur wesentlich von der Allokation instrumenteller Aktivitäten und einer damit verbundenen klaren Aufgabenteilung nach Generation und Geschlecht geprägt ist (Nauck, 1985; Olson, 1982).

Aktivitäten mit der Verwandtschaft unterscheiden sich der Struktur nach nicht von innerfamilialen Aktivitäten, wohl aber in der Häufigkeit: Intergenerationale Verwandtschaftsbeziehungen konzentrieren sich ausschließlich auf expressive Aktivitäten: Die eigenen Eltern und Schwiegereltern sind – wenn sie genannt werden – ausschließlich als Berater in persönlich wichtigen Angelegenheiten auf der Basis einer engen Bindung von Bedeutung, dagegen werden sie – nicht zuletzt wegen der bestehenden räumlichen Trennung – kaum als Bezugspersonen genannt, denen Hilfe gewährt wird oder von denen die Befragten Hilfe erhalten. Demgegenüber werden diese instrumentellen Aktivitäten in den Beziehungen zu Geschwistern, Schwagern und Schwägerinnen deutlich häufiger genannt, und zwar wiederum vornehmlich in den gleichgeschlechtlichen Beziehungen: 18 Prozent der Väter erhalten Hilfe von mindestens einem Bruder oder Schwager, 21 Prozent geben Hilfe, bei den Müttern fallen diese gegenseitigen Hilfeleistungen mit 7 bzw. 14 Prozent deutlich geringer aus. Im Vergleich zu den außerverwandtschaftlich-eigenethnischen Beziehungen fällt auf, daß bei diesen zwar die expressiven Komponenten etwas geringer ausgeprägt sind, nicht jedoch die instrumentellen Aktivitäten. Insbesondere für türkische Männer konstituieren sich diese Beziehungen auf der Basis des Austauschs von Hilfeleistungen.

Einen wichtigen Hinweis auf die Kontinuität und Stabilität in der Beziehungsstruktur türkischer Migrantenfamilien liefern die Netzwerkaktivitäten der Jugendlichen, denn auch sie unterscheiden sich der Struktur nach nicht von denen der Eltern: Geschwister und Verwandte sind wie die Eltern zunächst wegen der emotionalen Beziehungsqualität von Bedeutung; hierbei ist insbesondere die enge Bindung der türkischen männlichen Jugendlichen an Geschwister und Verwandte hervorzuheben. Diese Beziehungen sind jedoch vergleichsweise häufig mit (mehr oder weniger) reziproken instrumentellen Aktivitäten verknüpft: Annähernd die Hälfte der türkischen Jugendlichen gibt an, ihren Geschwistern (beiderlei Geschlechts) zu helfen. Demgegenüber ist die Beziehung zu türkischen und deutschen Freunden weit stärker auf persönliche Gespräche und Freizeitaktivitäten beschränkt.

Wie die Jugendlichen in den intergenerativen Beziehungen mit ihren Eltern erleben sich diese in ihren verwandtschaftlichen und in ihren intraethnischen Beziehungen in nichtreziproken Austauschrelationen: Nur 23 Prozent der türkischen Männer geben an, mindestens von einem türkischen Freund, Kollegen oder Nachbarn Hilfe zu erhalten, während 47 Prozent mindestens einmal Hilfe gewähren; noch krasser fällt die Relation zwischen türkischen Frauen und ihren Freundinnen mit 4 zu 21 Prozent aus. In den Verwandtschaftsbeziehungen ist diese Diskrepanz nur wenig abgemildert. Da es sich um ein durchgängiges Strukturmuster bei den instrumentellen Beziehungen handelt, kann diese Asymmetrie nicht allein auf die Migrationssituation und die damit gestiegenen Erwartungen der in der Herkunftsgesellschaft Verbliebenen zurückgeführt werden. Sie ist vielmehr Ausdruck einer kulturell stark abgestützten Strategie, in persönlichen Beziehungen möglichst viele Personen durch eine positive Hilfebilanz auf sich zu verpflichten (Levi-Strauss, 1984), um auf diese Weise das eigene soziale Kapital zu erhöhen. Die Bilanzierung selbst mag gelegentlich von wohlfeilen Klagen begleitet sein (Koch & Schöneberg, 1984; vgl. Abschnitt 2), die dann den Wert des sozialen Kapitals weiter steigern werden. Die positive Hilfebilanz ist somit ein wichtiges Instrument für die Steigerung sozialer Anerkennung in persönlichen Beziehungen. Dieser Mechanismus ist allerdings in seiner Wirksamkeit auf enge, „unausweichliche" Beziehungen begrenzt, bei denen das *free rider*-Problem nicht auftreten kann. Entsprechend häufig führt diese Strategie zu Mißverständnissen im Kulturkontakt, wenn sie zum Beispiel als universal-altruistisches Verhalten gedeutet wird, und entsprechend erwartbar ist, daß mit einem Anstieg von *weak ties* in den sozialen Beziehungen diese Strategie recht schnell einem *tit-for-tat* weichen wird.

Zusammenfassend läßt diese immanente Strukturanalyse der Netzwerkaktivitäten von türkischen Migrantenfamilien einige klare Schlußfolgerungen im Hinblick auf ihre Verwandtschaftsbeziehungen zu:

(1) Türkische Migrantenfamilien entsprechen in vollem Umfang dem Typus der intimisierten modernen Gattenfamilie, das heißt, es überwiegen expressive Funktionen, es gibt eine klare Grenzziehung zwischen inner- und außerfamilialen Beziehungen und es handelt sich nicht um erweiterte Familien. Das Spezifikum dieser Familien ist vielmehr in der klaren internen Statusdifferenzierung und Aufgabenallokation nach Geschlecht, Generation und (der hier nicht thematisierten) Geschwisterrangfolge zu sehen.

(2) Diese familieninterne Differenzierung bezieht sich auch auf die Beziehungen zur Verwandtschaft und zu außerverwandtschaftlichen Mitgliedern der eigenen Ethnie und der Aufnahmegesellschaft. Wie die Netzwerkanalysen belegen, folgen die familialen und verwandtschaftlichen Beziehungen dem gleichen Strukturmuster. Hierbei zeigen Kontakt- und Distanzmaße eine deutliche Tendenz zur Beibehaltung von in der Herkunftskultur dominierenden patrilinearen und patrilokalen Organisationsformen. Das Spezifikum der Migrantenfamilien ist dabei, daß – wegen des Verbleibs der (Groß-)Elterngeneration in der Herkunftsgesellschaft – Kettenmigration insbesondere zur räumlichen Nähe von männlichen Verwandtschaftsmitgliedern der gleichen Generation führt.

(3) Geschlechtsdifferenzierung hat weitreichende Konsequenzen für den sozialen Aktionsraum in der Migrationssituation. Außerverwandtschaftlich-gegengeschlecht-

liche Beziehungen – auch innerhalb der eigenen Ethnie – kommen für Männer sehr selten, für Frauen praktisch überhaupt nicht vor; entsprechend ist der Aufbau expressiver Verkehrskreise in sehr starkem Maße an die Verfügbarkeit von Verwandtschaft gebunden.

(4) Die primäre Funktion der Verwandtschaftsbeziehungen ist nicht die eines wechselseitigen Systems von Dienstleistungen und materiellen Gütern, sondern die der gegenseitigen emotionalen Unterstützung und Beratung, doch sind instrumentelle Aktivitäten konstitutiv in diese Beziehungen eingeschlossen. Insbesondere intergenerative Beziehungen scheinen in starkem Maße dadurch geprägt zu sein, daß auf der Basis reziproker enger persönlicher Beziehungen die jeweils ältere Generation für Schutz, Rat und symbolische Unterstützung außer Loyalität auch Dienstleistungen und materielle Güter erwarten kann. Zugleich markieren Geschlechts- und Generationszugehörigkeit sowie die Stellung in der Altershierarchie deutlich die Grenzen des Transfers von Dienstleistungen und Gütern.

(5) Verwandtschaftsbeziehungen weisen in türkischen Migrantenfamilien eine bemerkenswerte Kontinuität im Lebensverlauf auf. Wie die Befunde bei den türkischen Jugendlichen zeigen, spielen Verwandtschaftsbeziehungen in ihren sozialen Netzwerken eine große Rolle, und zwar sowohl bezüglich des Kontakts zu Großeltern, Tanten und Onkeln (auch über weite Entfernung und insbesondere bei Jungen) als auch bezüglich der Bedeutung von Geschwisterbeziehungen auch in dieser Altersphase. Intergenerative Transmission von sozialen Netzwerken (Nauck, Kohlmann & Diefenbach, 1997) und lebenslange Kontinuität in den Geschwister- und Verwandtschaftsbeziehungen lassen deshalb erwarten, daß diese auch dauerhaft als primäre Ressource für die Bildung von sozialem Kapital herangezogen werden.

5. Unterscheiden sich Verwandtschaftsbeziehungen in türkischen Migrantenfamilien von denen in deutschen Familien?

Die einleitend formulierten Zweifel an der in der Migrationsforschung immer wieder behaupteten Integrationsleistung der *ethnic community* wurden vornehmlich mit *allgemeinen* theoretischen Überlegungen über die „strategischen" Vorzüge von Verwandtschaftsbeziehungen begründet, die allerdings durch die Migration nochmals eine situative Akzentuierung erfahren: Gerade wenn räumliche Nähe kein fraglos gegebenes, andauerndes Konstitutionsmerkmal sozialer Beziehungen ist, lassen sich über Verwandtschaft auch transnationale soziale Beziehungen dauerhaft unterhalten, da selbst unter diesen Bedingungen Interdependenz und Verkettung über Dritte erhalten bleiben und somit auch längerfristige Investitionen zur Bildung sozialen Kapitals aussichtsreich erscheinen lassen. Dies wirft die allgemeine Frage auf, inwiefern generell Verwandtschaftsbeziehungen substituierbar sind bzw. in welchem Ausmaß Akteure auf verwandtschaftliche Beziehungen zurückgreifen, wenn sie dazu die Möglichkeit haben.

Empirisch soll dieser Frage abschließend durch eine vergleichende Analyse des Zusammenhangs zwischen der Wahl von familialen, verwandtschaftlichen und freundschaftlich-nachbarschaftlichen Kontakten deutscher und türkischer Migrantenfamilien *in Abhängigkeit von der Verfügbarkeit von Verwandten* nachgegangen werden. Für die Verfügbarkeit von Verwandten wurde bewußt ein sehr konservatives Maß gewählt, nämlich ob mindestens ein Verwandter (Eltern, Schwiegereltern, Großeltern, Geschwister, Geschwister des Ehepartners und sonstige Verwandte) im selben Ort wohnt wie der Befragte. Nicht abschließend geklärt werden kann allerdings, ob etwaige Unterschiede zwischen beiden Gruppen auf *kulturelle Differenzen* zwischen der Herkunftsgesellschaft der Migrantenfamilien und der Aufnahmegesellschaft zurückzuführen sind oder auf die *Migrations- und Minoritätssituation* bzw. auf Interaktionseffekte zwischen beiden Faktoren; hierzu wären Vergleichsdaten auch von nichtgewanderten Familien der Herkunftsgesellschaft erforderlich gewesen. Eine partielle Prüfung ist durch einen Vergleich der Netzwerkaktivitäten von türkischen Müttern und Vätern (Tab. 1 und 3) und den parallelen Befunden für deutsche Mütter und Väter (Tab. 8 und 9 im Anhang) möglich. Daraus lassen sich einige Hinweise entnehmen, die als Unterschiede zwischen Verwandtschaftsbeziehungen in kollektivistischen Kulturen einerseits (Türkei) und individualistischen Kulturen andererseits (Deutschland) gedeutet werden können:

- Verwandtschaftsbeziehungen konzentrieren sich in deutschen Familien weitgehend auf intergenerative Beziehungen, wohingegen Beziehungen zu Verwandten der gleichen Generation (Bruder und Schwester, Schwager und Schwägerin, sonstige Verwandte) sehr viel seltener genannt werden als in türkischen Migrantenfamilien. Während an den intergenerativen Verwandtschaftsbeziehungen beide Geschlechter annähernd gleich beteiligt sind, überwiegen bei den intragenerativen Verwandtschaftsbeziehungen die Kontakte der Mütter.
- Die Netzwerkaktivitäten weisen eine sehr viel stärkere Konzentration auf expressive Funktionen auf, als dies in türkischen Migrantenfamilien der Fall ist: Ehepartner, Kinder, intra- und intergenerative Verwandte, Freunde, Nachbarn und Kollegen erhalten ihre Bedeutung als Netzwerkmitglieder fast ausschließlich über enge persönliche Bindungen und als Freizeitpartner. Auffällig ist weiterhin, daß das Besprechen persönlich wichtiger Angelegenheiten eine weitaus geringere Bedeutung für die familialen und verwandtschaftlichen Beziehungen hat. Entsprechend fällt der Multiplexitätsindex in allen sozialen Beziehungen deutscher Familien niedriger aus. Instrumentelle Aktivitäten, sofern sie überhaupt genannt werden, verlaufen intergenerativ in genau entgegengesetzter Richtung zu denen in den türkischen Familien, nämlich entsprechend einem Kaskadenmodell, bei dem die Leistungen von der jeweils älteren Generation zur jüngeren fließen (Nauck, 1995): Großeltern helfen Eltern häufiger, als diese Hilfe zurückgeben, Eltern helfen häufiger ihren Kindern, während deren instrumentelle Aktivitäten praktisch bedeutungslos sind.

Die Migrationssituation hat für die türkischen Familien nicht dazu geführt, daß die Erreichbarkeit von (mindestens einem) Verwandten oder von Freunden, Nachbarn oder

Tabelle 5: Erreichbarkeit von Verwandten und Freunden für türkische Migranten und Deutsche (in Prozent)

| | Türkische | | Deutsche | |
	Väter	Mütter	Väter	Mütter
Verwandte am Ort	19,7	11,6	23,4	26,8
Freunde, Nachbarn, Kollegen am Ort	31,3	10,6	16,9	21,5
n	(205)	(200)	(521)	(794)

Kollegen der eigenen Nationalität dramatisch verschieden von der Situation deutscher Mütter und Väter der gleichen Familiensituation ist (Tab. 5). 20 Prozent der türkischen Väter und 12 Prozent der türkischen Mütter haben einen Verwandten am Ort, gegenüber 23 Prozent der deutschen Väter und 27 Prozent der deutschen Mütter. Vermutlich auf Kulturspezifika sind die in beiden Nationalitäten unterschiedlichen Gelegenheitsstrukturen von Müttern und Vätern zurückzuführen; so führt das patrilokal organisierte Verwandtschaftssystem der türkischen Familien zu einem deutlichen Überwiegen von Verwandten des Mannes und die innerfamiliale Aufgabenallokation zu einer mehr als dreimal so hohen Verfügbarkeit von Freunden am Ort für Männer als für Frauen. Bei den deutschen Familien wird die Entdifferenzierung familialer Rollen an den weitaus geringeren Unterschieden in den Gelegenheitsstrukturen von Männern und Frauen, und der tendenziell matrilokalen Organisation der Verwandtschaft durch die größere Verfügbarkeit außerfamilialer Bezugspersonen am Ort für Frauen deutlich.

In Tabelle 6 wird geprüft, inwiefern die Verfügbarkeit von Verwandten am Ort die Zusammensetzung der Genannten im Netzwerk der befragten Mütter und Väter verändert. Der Befund ist bei allen vier Befragtengruppen der gleiche: Sobald auch nur ein Verwandter am Ort verfügbar ist, verändert dies die Netzwerkkomposition deutlich:

– Bei den türkischen Vätern mit Verwandten am Ort machen Verwandte 44 Prozent der sozialen Beziehungen aus, bei solchen ohne Verwandte am Ort sind es nur 30 Prozent. Bei den türkischen Müttern sinkt der Anteil der Verwandten unter den Netzwerkmitgliedern von 40 auf 21 Prozent.

– Bei den deutschen Vätern mit Verwandten am Ort machen Verwandte 38 Prozent der sozialen Beziehungen aus, bei solchen ohne Verwandte am Ort sinkt deren Anteil auf 7 Prozent. Bei den deutschen Müttern fällt der Anteil der Verwandten unter den Netzwerkmitgliedern unter diesen Bedingungen von 35 auf 10 Prozent.

Dieser Befund läßt sich in zweierlei Hinsicht als Bewährung der theoretischen Überlegungen deuten: Der Opportunitäteneffekt tritt sowohl bei den türkischen Migranten als auch bei den nichtgewanderten Deutschen auf, was den allgemeinen Annahmen über Verwandtschaft entspricht. Dieser Effekt ist jedoch bei den nichtgewanderten

Tabelle 6: Anteil von Familie, Verwandtschaft und Freunden an den Netzwerken von türkischen Migranten und Deutschen in Abhängigkeit von der Verfügbarkeit von Verwandtschaft am Ort (in Prozent)

Verwandte	Türkische Migranten				Deutsche			
	Väter		Mütter		Väter		Mütter	
	vh	nv	vh	nv	vh	nv	vh	nv
Familie	52,1	57,4	58,9	73,4	52,7	80,0	53,1	76,2
Verwandte	44,1	29,5	40,0	21,3	37,9	7,0	35,4	10,2
Freunde	3,8	13,0	1,1	5,3	9,4	12,9	11,5	13,6
Genannte	315	1.215	190	1.057	626	1.408	1.113	2.252

vh = Verwandte am Ort vorhanden.
nv = Verwandte am Ort nicht vorhanden.

Deutschen größer als bei den türkischen Migranten, das heißt, während beim Vorhandensein von Verwandten am Ort kein wesentlicher Unterschied zwischen dem Anteil der Verwandten am Netzwerk besteht, unterhalten die türkischen Migranten auch dann deutlich mehr Verwandtschaftsbeziehungen, wenn räumliche Nähe nicht gegeben ist; dies unterstreicht die besondere Bedeutung von Verwandtschaft für die Bildung von sozialem Kapital im Migrationsprozeß.

Fehlende Gelegenheiten für Verwandtschaftskontakte führen nur teilweise zur Substitution durch Kontakte mit Freunden, Nachbarn und Kollegen. Zwar sind bei allen vier Befragtengruppen die Anteile von außerverwandtschaftlichen Bezugspersonen am sozialen Netzwerk größer, wenn keine Verwandten am Ort verfügbar sind, doch läßt sich allenfalls bei den türkischen Vätern ein Substitutionsprozeß beobachten, bei denen unter diesen Bedingungen der Anteil freundschaftlicher Beziehungen von 4 auf 13 Prozent ansteigt. Bei allen vier Gruppen führt nämlich das Fehlen von Verwandtschaft am Ort eher zu einem *Rückzug in die Gattenfamilie*. Dieser Prozeß ist bei den deutschen Familien deutlich stärker: Bei den Müttern steigt der Anteil der innerfamilialen Beziehungen unter dieser Bedingung von 53 auf 76 Prozent, bei den Vätern sogar auf 80 Prozent. Insofern sind nicht Freundschafts-, sondern Familienbeziehungen der häufigste Ersatz für fehlende Gelegenheiten für Verwandtschaftskontakte.

Die Anwesenheit von Verwandten am Wohnort führt jedoch nicht nur zu veränderter Netzwerkkomposition, sondern auch zu veränderten Kontakthäufigkeiten (Tab. 7). Mit Ausnahme der deutschen Mütter, bei denen als einzige ein geringer Substitutionseffekt von fehlenden verwandtschaftlichen Gelegenheiten durch Intensivierung von Freundschafts- und Nachbarschaftskontakten zu beobachten ist, führt bei den übrigen Eltern die Verfügbarkeit von Verwandten zu einer deutlichen Intensivierung der Kontakte auch zu Familienmitgliedern und zu Freunden. Insofern scheinen Familien, die

Tabelle 7: Durchschnittliche Kontakthäufigkeit ($\bar{x}$) mit Mitgliedern von Familie, Verwandtschaft und Freunden von türkischen Migranten und Deutschen in Abhängigkeit von der Verfügbarkeit von Verwandtschaft am Ort

| Verwandte | Türkische Migranten | | | | Deutsche | | | |
| | Väter | | Mütter | | Väter | | Mütter | |
	vh	nv	vh	nv	vh	nv	vh	nv
Familie	1,20	1,35	1,16	1,27	1,19	1,37	1,16	1,28
Verwandte	2,65	3,28	3,75	4,80	2,44	3,74	2,29	3,55
Freunde	2,33	2,53	2,00	2,52	2,86	3,00	3,04	2,86
Genannte	315	1.215	190	1.057	626	1.408	1.113	2.252

vh = Verwandte am Ort vorhanden.
nv = Verwandte am Ort nicht vorhanden.

Verwandte am Ort besitzen, generell stärker in soziale Beziehungen involviert zu sein, während solche ohne verfügbare Verwandte stärker isoliert leben.

Die vergleichende Analyse von Verwandtschaftsbeziehungen in deutschen Familien und in türkischen Migrantenfamilien zeigt, daß – entgegen weitverbreiteten Vorstellungen – in residentieller Hinsicht weder das Leben in engen verwandtschaftlichen Beziehungen noch in räumlich verdichteten *ethnic communities* durchgängig typisch für türkische Migrantenfamilien ist. Sie entsprechen vielmehr dem Typus der isolierten modernen Gattenfamilie häufiger als deutsche Familien; den eingangs formulierten theoretischen Annahmen zufolge ist demnach für diese Familien je nach kulturellem Kapital und Eingliederungsopportunitäten entweder „Assimilation" oder „Marginalisierung" als Ausgang des Kulturkontakts zu erwarten. Die situativen Vorteile der Mobilisierung von Verwandtschaftsbeziehungen im Verlauf des Migrationsprozesses werden daran deutlich, daß die Verfügbarkeit von Verwandten im Wohnort zu nachhaltigeren Veränderungen in der Netzwerkkomposition führt als bei der deutschen Vergleichsgruppe; entsprechend den theoretischen Annahmen war erwartet worden, daß *strong ties* gegenüber anderen sozialen Beziehungen – wenn möglich – wegen ihrer Diffusität, ihrer längeren Reziprozitätsintervalle und ihrer geringen Anfälligkeit für *free riding* gegenüber bloß intraethnischen oder gar interethnischen Beziehungen vorgezogen werden. Entsprechend werden Verwandtschaftsbeziehungen nicht durch erworbene Freundschafts- oder Nachbarschaftsbeziehungen substituiert, sondern durch einen ausgeprägten Familialismus.

Die Struktur der Verwandtschaftsbeziehungen steht in engem Zusammenhang mit der Struktur innerfamilialer Beziehungen. Im Falle der türkischen Migrantenfamilien bedingt die starke Differenzierung innerfamilialer Rollen in eine *duofocal family structure* mit der Zuschreibung außerfamilialer Beziehungen auf männliche Familienangehörige die patrilineare und patrilokale Organisationsform der Verwandtschaftsbeziehungen, während für die deutschen Familien eine Entdifferenzierung innerfamiliärer Rollen charakteristisch ist. Austauschbeziehungen zwischen Generationen folgen jeweils einem klaren Muster: Während in türkischen Migrantenfamilien instrumentelle Aktivitäten von der jungen Generation für die ältere Generation erbracht und durch Rat und soziale Anerkennung seitens der älteren Generation beantwortet werden, erfolgen dieselben Tauschbeziehungen in deutschen Familien in umgekehrter Richtung. Der Vergleich von Verwandtschaftsbeziehungen bei türkischen Eltern und Jugendlichen deutet auf eine hohe Kontinuität von Geschwister- und intragenerativen Verwandtschaftsbeziehungen im Lebensverlauf hin und geben ihnen – im Vergleich zu denen deutscher Familien – eine größere Bedeutung im sozialen Netzwerk. Während deren Verwandtschaftsbeziehungen *spezifisch* und *expressiv* sind, weisen die Verwandtschaftsbeziehungen türkischer Migrantenfamilien eine höhere *Diffusität* auf, das heißt, die Spanne der in ihnen getauschten Güter ist größer und erstreckt sich außer auf Zuwendung, Liebe und Anerkennung sehr viel häufiger auch auf den Austausch von Information und Rat sowie auf den von Dienstleistungen und Gütern. Es ist anzunehmen, daß die Diffusität der Verwandtschaftsbeziehungen in engem Zusammenhang mit der größeren Involviertheit von Männern und mit ihrer strategischen Bedeutung für die Bildung von familienexternem sozialem Kapital in Zusammenhang steht, während die stärkere Spezialisierung deutschen Familienlebens auf Personalisierung, Intimisierung und Emotionalisierung (Tyrell, 1983) in engem Zusammenhang mit matrilokalen und matrilinearen Organisationsformen der Verwandtschaft stehen dürfte.

Die situativen Vorteile von *strong ties* in Migrationsprozeß, Kettenmigration und transnationalen Verwandtschaftsbeziehungen lassen sich damit als wesentliche Bedingungen benennen, warum *Assimilation* keineswegs der zwangsläufige Ausgang von Migrationsprozessen ist. Sie dürften die stärksten protektiven Faktoren gegen *Marginalisierung* darstellen, sie ermöglichen, wenn generalisiertes kulturelles Kapital vorliegt, *Integration* als Akkulturationsmodus und das Entstehen von *ethnic business* als *family and kinship business*, und sie begünstigen dauerhafte *Segregation*, wenn das kulturelle Kapital über Generationen hinweg gering bleibt und Assimilationsopportunitäten fehlen.

Literatur

Abadan-Unat, N. (1977). Implications of migration on emancipation and pseudo-emancipation of Turkish women. *International Migration Review, 11*, 31–57.

Alpheis, H. (1988). Das Wohnquartier und die Zufriedenheit seiner Bewohner. Kontextanalysen – Anwendung und Kritik. In J. Friedrichs (Hrsg.), *Soziologische Stadtforschung* (S. 328–356). Opladen: Westdeutscher Verlag (Sonderheft der Kölner Zeitschrift für Soziologie und Sozialpsychologie, Bd. 29).

Alpheis, H. (1990). Erschwert die ethnische Konzentration die Eingliederung? In H. Esser & J. Friedrichs (Hrsg.), *Generation und Identität. Theoretische und empirische Beiträge zur Migrationssoziologie* (S. 147–184). Opladen: Westdeutscher Verlag.

Alt, C. (1991). Stichprobe und Repräsentativität. In H. Bertram (Hrsg.), *Die Familie in Westdeutschland. Stabilität und Wandel familialer Lebensformen* (S. 497–532). Opladen: Leske + Budrich.

Becher, H. & Erpenbeck, G. (1977). Freizeit ausländischer Arbeitnehmer. In Konrad-Adenauer-Stiftung (Hrsg.), *Integration ausländischer Arbeitnehmer. Siedlungs-, Wohnungs-, Freizeitwesen* (S. 1–147). Bonn: Konrad-Adenauer-Stiftung.

Berry, J. W. (1990). Psychology of acculturation: Understanding individuals moving between cultures. In R. W. Brislin (Ed.), *Applied cross-cultural psychology* (pp. 232–253). London: Sage.

Berry, J. W. & Kim, U. (1988). Acculturation and mental health. In P. Dasen, J. W. Berry & N. Sartorius (Eds.), *Health and cross-cultural psychology* (pp. 207–235). London: Sage.

Bien, W. & Marbach, J. (1991). Haushalt – Verwandtschaft – Beziehungen: Familienleben als Netzwerk. In H. Bertram (Hrsg.), *Die Familie in Westdeutschland. Stabilität und Wandel familialer Lebensformen* (S. 3–44). Opladen: Leske + Budrich.

Bien, W., Marbach, J. & Templeton, R. (1992). Social networks of single-person households. In C. Marsh & S. Arber (Eds.), *Families and households. Divisions and change* (pp. 157–173). London: Macmillan.

Blau, P. M. (1964). *Exchange and power in social life.* New York: Wiley.

Bonacker, M. & Häufele, R. (1986). Sozialbeziehungen von Arbeitsmigranten in unterschiedlichen Wohnquartieren. In J. H. P. Hoffmeyer-Zlotnik (Hrsg.), *Segregation und Integration* (S. 118–142). Berlin: Quorum.

Bourdieu, P. (1983). Ökonomisches Kapital, kulturelles Kapital, soziales Kapital. In R. Kreckel (Hrsg.), *Soziale Ungleichheiten* (S. 183–198). Göttingen: O. Schwartz (Soziale Welt, Sonderband 2).

Boyd, M. (1989). Family and personal networks in international migration: Recent developments and new agendas. *International Migration Review, 23,* 638–670.

Breton, R., Isajiw, W. W., Kalbach, W. E. & Reitz, J. G. (1990). *Ethnic identity and equality. Varieties of experience in a Canadian city.* Toronto: University of Toronto Press.

Choldin, H. M. (1973). Kinship networks in the migration process. *International Migration Review, 7,* 163–175.

Coleman, J. S. (1988). Social capital in the creation of human capital. *American Journal of Sociology, 94,* Supplement 95, S95–S120.

Coleman, J. S. (1990). *Foundations of social theory.* Cambridge: Harvard University Press.

Diefenbach, H. & Nauck, B. (1997). Bildungsverhalten als ,strategische Praxis': Ein Modell zur

Erklärung der Reproduktion von Humankapital in Migrantenfamilien. In L. Pries (Hrsg.), *Transnationale Migration* (S. 277–291). Baden-Baden: Nomos (Soziale Welt, Sonderband 12).

Dietzel-Papakyriakou, M. (1993). *Altern in der Migration. Die Arbeitsmigranten vor dem Dilemma: zurückkehren oder bleiben?* Stuttgart: Enke.

Duben, A. (1982). The significance of family and kinship in urban Turkey. In C. Kâğitçibâşi (Ed.), *Sex roles, family, and community in Turkey* (pp. 73–100). Bloomington: Indiana University.

Durkheim, E. (1921). La famille conjugale. *Revue Philosophique, 41,* 1–14.

Esser, H. (1981). Aufenthaltsdauer und die Eingliederung von Wanderern. Zur theoretischen Interpretation soziologischer ,Variablen'. *Zeitschrift für Soziologie, 10,* 76–97.

Esser, H. (1982). Sozialräumliche Bedingungen der sprachlichen Assimilation von Arbeitsmigranten. *Zeitschrift für Soziologie, 11,* 279–306.

Esser, H. (1986). Social context and inter-ethnic relations: The case of migrant workers in West-German urban areas. *European Sociological Review, 2,* 30–51.

Esser, H. (1989). Die Eingliederung der zweiten Generation. Zur Erklärung „kultureller" Differenzen. *Zeitschrift für Soziologie, 18,* 426–443.

Esser, H. (1990). Nur eine Frage der Zeit? Zur Eingliederung von Migranten im Generationen-Zyklus und zu einer Möglichkeit, Unterschiede hierin zu erklären. In H. Esser & J. Friedrichs (Hrsg.), *Generation und Identität. Theoretische und empirische Beiträge zur Migrationssoziologie* (S. 73–100). Opladen: Westdeutscher Verlag.

Foa, U. G. & Foa, E. B. (1974). *Societal structures of the mind.* Springfield: Charles C. Thomas.

Friedl, E. (1976). Kinship, class, and selective migration. In H. J. Peristiany (Ed.), *Mediterranean family structures* (pp. 363–387). Cambridge: Cambridge University Press.

Gordon, M. M. (1964). *Assimilation in American life. The role of race, religion and national origins.* New York: Oxford University Press.

Gordon, M. M. (1975). Toward a general theory of racial and ethnic group relations. In N. Glazer & D. Moynihan (Eds.), *Ethnicity. Theory and experience* (pp. 84–110). Cambridge: Harvard University Press.

Granovetter, M. (1973). The strength of weak ties. *American Journal of Sociology, 78,* 1360–1380.

Gurak, D. T. & Caces, F. (1992). Migration networks and the shaping of migration systems. In M. Kritz, L. Lim & H. Zlotnik (Eds.), *In-*

ternational migration systems. A global approach. Oxford: Oxford University Press.

Hechter, M., Friedman, D. & Appelbaum, M. (1982). A theory of ethnic collective action. *International Migration Review, 16,* 412–434.

Hendrix, L. (1975). Kinship and economic-rational migration: A comparison of micro- and macro-level analysis. *Sociological Quarterly, 16,* 534–543.

Hendrix, L. (1979). Kinship, social class, and migration. *Journal of Marriage and the Family, 41,* 399–407.

Jitodai, T. T. (1963). Migration and kinship contacts. *Pacific Sociological Review, 6,* 49–55.

Kâğitçibâşi, C. (1987). Individual and group loyalities: Are they compatible? In C. Kâğitçibâşi (Ed.), *Growth and progress in cross-cultural psychology* (pp. 94–103). Berwyn: Swets & Zeitlinger.

Knoke, D. & Kuklinski, J. H. (1992). *Network analysis.* Newbury Park: Sage.

Koch, C. & Schöneberg, U. (1984). *Sozialkontakte und Partizipation ausländischer Arbeitnehmer in der Bundesrepublik Deutschland.* Frankfurt a.M.: Universität.

Levi-Strauss, C. (1984). *Die elementaren Strukturen der Verwandtschaft.* Frankfurt a.M.: Suhrkamp.

Litwak, E. (1960). Geographic mobility and extended family cohesion. *American Sociological Review, 25,* 385–394.

MacDonald, J. S. & MacDonald, L. D. (1964). Chain migration, ethnic neighborhood formation, and social networks. *Milbank Memorial Fund Quarterly, 42,* 82–97.

Marsden, P. V. (1990). Network data and measurement. *Annual Review of Sociology, 16,* 435–463.

Nauck, B. (1985). „Heimliches Matriarchat" in Familien türkischer Arbeitsmigranten? Empirische Ergebnisse zu Veränderungen der Entscheidungsmacht und Aufgabenallokation. *Zeitschrift für Soziologie, 14,* 450–465.

Nauck, B. (1988). Sozial-ökologischer Kontext und außerfamiliäre Beziehungen. Ein interkultureller und interkontextueller Vergleich am Beispiel von deutschen und türkischen Familien. In J. Friedrichs (Hrsg.), *Soziologische Stadtforschung* (S. 310–327). Opladen: Westdeutscher Verlag (Sonderheft der Kölner Zeitschrift für Soziologie und Sozialpsychologie, Bd. 29).

Nauck, B. (1989a). Assimilation process and group integration of migrant families. *International Migration, 27,* 27–48.

Nauck, B. (1989b). Die normative Struktur intergenerativer Beziehungen im interkulturellen Vergleich: Erziehungseinstellungen in deutschen, türkischen und Migrantenfamilien. In H. Bertram, R. Borrmann-Müller, S. Hübner-Funk & A. Weidacher (Hrsg.), *Blickpunkt Jugend und Familie. Internationale Beiträge zum Wandel der Generationen* (S. 276–299). Weinheim: DJI/Juventa.

Nauck, B. (1995). Familie im Kontext von Politik, Kulturkritik und Forschung: Das Internationale Jahr der Familie. In U. Gerhardt, S. Hradil, D. Lucke & B. Nauck (Hrsg.), *Familie der Zukunft* (S. 21–36). Opladen: Leske + Budrich.

Nauck, B. (1997a). Sozialer Wandel, Migration und Familienbildung bei türkischen Frauen. In B. Nauck & U. Schönpflug (Hrsg.), *Familien in verschiedenen Kulturen* (S. 162–199). Stuttgart: Enke.

Nauck, B. (1997b). Intergenerative Konflikte und gesundheitliches Wohlbefinden in türkischen Familien. In B. Nauck & U. Schönpflug (Hrsg.), *Familien in verschiedenen Kulturen* (S. 324–354). Stuttgart: Enke.

Nauck, B., Kohlmann, A. & Diefenbach, H. (1997). Familiäre Netzwerke, intergenerative Transmission und Assimilationsprozesse bei türkischen Migrantenfamilien. *Kölner Zeitschrift für Soziologie und Sozialpsychologie, 49,* 477–499.

Olson, E. A. (1982). Duofocal family structure and an alternative model of husband-wife relationship. In C. Kâğitçibâşi (Ed.), *Sex roles, family, and community in Turkey* (pp. 33–72). Bloomington: Indiana University Press.

Parsons, T. (1943). The kinship system of the contemporary United States. *American Anthropologist, 45,* 22–38.

Parsons, T. (1951). *The social system.* London: Routledge & Kegan Paul.

Pessar, P. R. (1982). The role of households in international migration and the case of U.S.-bound migration from the Domenican Republic. *International Migration Review, 2,* 342–364.

Schiffauer, W. (1987). *Die Bauern von Subay. Das Leben in einem türkischen Dorf.* Stuttgart: Klett-Cotta.

Schneewind, K. A., Beckmann, M. & Engfer, A. (1983). *Eltern und Kinder.* Stuttgart: Kohlhammer.

Schöneberg, U. (1993). *Gestern Gastarbeiter, morgen Minderheit. Zur sozialen Integration von Einwanderern in einem „unerklärten" Einwanderungsland.* Frankfurt a.M.: Lang.

Schrader, A., Nikles, B. W. & Griese, H. M. (1979). *Die zweite Generation.* 2. Aufl., Königstein: Athenäum.

Tienda, M. (1980). Familism and structural assimilation of Mexican immigrants in the United States. *International Migration Review, 14,* 383–408.

Tilly, C. & Brown, C. H. (1968). On uprooting, kinship, and the auspices of migration. *Journal of Comparative Sociology, 8,* 139–164.

Tyrell, H. (1983). Zwischen Interaktion und Organisation II: Die Familie als Gruppe. In F. Neidhardt (Hrsg.), *Gruppensoziologie. Perspektiven und Materialien* (S. 362–390). Opladen: Westdeutscher Verlag (Sonderheft der Kölner Zeitschrift für Soziologie und Sozialpsychologie, Bd. 25).

Wegener, B. (1987). Vom Nutzen entfernter Bekannter. *Kölner Zeitschrift für Soziologie und Sozialpsychologie, 39,* 278–301.

Wiley, N. F. (1970). The ethnic mobility trap and stratification theory. In P. I. Rose (Ed.), *The study of society. An integrated anthology* (pp. 397–408). 2. Aufl., New York: Random House.

Wilpert, C. (1980). *Die Zukunft der zweiten Generation.* Königstein: Hain.

Anhang

Tabelle 8: Räumliche Distanz und Kontakthäufigkeit im Netzwerk deutscher Mütter (M) und Väter (V)

Beziehung		Nennung	Distanz		Kontakt		Korrelation
		(1)	(2)	(3)	(4)	(5)	(6)
		in %	in %	$\bar{x}$	in %	$\bar{x}$	
Ehepartner	M	88,0	96,9	1,28	97,9	1,17	.60
	V	94,8	96,8	1,22	97,8	1,15	.70
Sohn, Stief-/Pflegesohn	M	65,0	95,5	1,51	97,5	1,29	.74
	V	64,9	93,2	1,60	93,8	1,43	.90
Tochter, Stief-/Pflege-tochter	M	67,9	95,0	1,65	97,0	1,43	.75
	V	60,8	92,7	1,69	92,7	1,43	.83
Vater, Schwieger-/Großvater	M	14,2	54,0	4,95	74,3	2,79	.74
	V	12,5	63,1	4,59	72,3	2,76	.69
Mutter, Schwieger-/Großmutter	M	31,4	59,8	4,66	83,5	2,53	.71
	V	24,6	70,3	4,01	78,9	2,44	.69
Bruder, Schwager, sonstiger Verwandter	M	6,4	56,9	4,85	64,7	2,98	.62
	V	10,0	50,0	5,24	57,7	3,31	.75
Schwester, Schwägerin, sonstige Verwandte	M	15,5	50,4	5,28	69,1	3,04	.60
	V	7,9	46,3	5,12	58,5	3,29	.77
Freund, Nachbar, Kollege	M	11,6	62,0	4,65	63,0	3,28	.66
	V	19,6	76,5	4,77	87,3	2,86	.43
Freundin, Nachbarin, Kollegin	M	26,6	73,9	4,61	84,4	2,78	.41
	V	9,2	56,3	4,71	62,5	3,29	.61

(1) Anteil der Befragten, die diese Beziehung nennen, zugleich Basis für Spalte 2 bis 5 und Tabelle 9.
(2) Anteil der Beziehungen, bei denen mindestens ein Genannter innerhalb derselben Stadt/Region lebt.
(3) Durchschnittliche Entfernung der Genannten.
(4) Anteil der Beziehungen, bei denen zu mindestens einem Genannten mindestens wöchentlicher Kontakt besteht.
(5) Durchschnittliche Kontakthäufigkeit zu den Genannten.
(6) Korrelation zwischen Entfernung und Kontakthäufigkeit zu den Genannten.

Tabelle 9: Netzwerkaktivitäten von deutschen Müttern (M) und Vätern (V)

Beziehung		Sprechen (in %)	Bindung (in %)	Freizeit (in %)	Hilfe erhalten (in %)	Helfen (in %)	Multi-plexität $\bar{x}$
Ehepartner	M	93,6	91,7	92,8	23,0	2,0	3,00
	V	96,6	97,2	95,3	1,6	10,9	3,00
Sohn, Stief-/Pflegesohn	M	14,9	71,9	83,3	1,2	31,7	1,83
	V	9,5	64,8	79,0	0,6	17,8	1,80
Tochter, Stief-/Pflege-tochter	M	23,4	76,4	83,5	0,9	17,6	1,94
	V	10,1	65,0	75,1	0,3	32,8	1,78
Vater, Schwieger-/Großvater	M	39,8	57,5	17,7	17,7	8,0	1,38
	V	47,7	46,2	13,8	16,9	13,8	1,38
Mutter, Schwieger-/Großmutter	M	45,8	63,1	24,1	17,3	7,2	1,51
	V	31,3	60,9	18,0	14,1	13,3	1,38
Bruder, Schwager, sonstiger Verwandter	M	45,1	47,1	31,4	3,9	7,8	1,24
	V	44,2	38,5	30,8	0,0	3,8	1,15
Schwester, Schwägerin, sonstige Verwandte	M	52,0	39,8	34,1	6,5	8,1	1,35
	V	22,0	43,9	29,3	2,4	9,8	1,07
Freund, Nachbar, Kollege	M	25,0	20,7	56,5	22,8	5,4	1,21
	V	45,1	15,7	61,8	0,0	4,9	1,21
Freundin, Nachbarin, Kollegin	M	65,4	23,7	55,5	0,9	0,5	1,36
	V	27,1	22,9	41,7	4,2	33,3	1,29

Familiensystem und Vermögensübertragung[1] – Zur Bedeutung einer Erbschaft für Erben und Erblasser

Wolfgang Lauterbach

1. Einleitung

Die in vielen Gebieten Europas übliche Form der Erbschaftsübertragung ist die „divergierende". Im Unterschied zu Formen unilinealer Übertragung können innerhalb des divergierenden Systems grundsätzlich mehrere Personen, unabhängig von ihrer linealen Zugehörigkeit, Erben werden (Goody, 1976, 1986; Goody, Thirsk & Thompson, 1976). Die vornehmlich durch das Christentum bewirkte Stärkung des konjugalen Paares gegenüber dem Verwandtschaftssystem sowie die Gleichstellung matri- und patrilinealer Verwandtschaftsgruppen förderte die Etablierung eines egalitären Erbsystems, innerhalb dessen grundsätzlich alle Kinder in der Familie zu Erben werden können. Erbschaftsregelungen, die männliche Erstgeborene oder nur die Generationenlinie bevorzugten, traten in den Hintergrund. Im Zuge dieser Entwicklung verstärkten zusätzlich die Umwälzungen der Französischen Revolution und die dabei erfolgte starke Betonung des „Gleichheitsideals" das Aufkommen einer „generalisierten Gleichheitsnorm" (Clignet, 1992, S. 10 f.).

In der Bundesrepublik folgte der Gesetzgeber weitgehend diesen, auf christlichen Lehren und auf den Idealen der Französischen Revolution beruhenden Gleichheitsvorstellungen in bezug auf die juristische Regelung der Erbschaft. Damit werden in der „gesetzlichen Erbfolge" alle Kinder zu gleichen Anteilen, unter Schutz des Ehepartners, gegenüber der ferneren Verwandtschaft bevorzugt. Das Bürgerliche Gesetzbuch folgte dabei der „generalisierten Gleichheitsnorm" in Form klarer Regelungen zur Aufteilung des privaten Besitzes. Allerdings mit der Einschränkung, daß ein individuelles Freiheitsrecht hinsichtlich der Vermögensaufteilung in Form der Testierfreiheit eingeräumt wurde. So gesehen ist die gesetzliche Regelung der Erbfolge in der Bundesrepublik nur ein Mittel um im Falle des fehlenden Willens des Erblassers die Vermögensaufteilung vorzunehmen. Rechtlich gesehen hat das Bürgerliche Gesetzbuch der individuell be-

---

[1] Dieser Beitrag entstand im Forschungsschwerpunkt „Familie und Gesellschaft" an der Universität Konstanz. Ich danke Kurt Lüscher für die mir aus anderen Projekten zur Verfügung gestellten Interviewauszüge und die überlassenen Materialien zum Erbschaftsrecht. Ebenso danke ich Doris Lucke für die hilfreiche Kommentierung des Beitrags. Erste Überlegungen zu diesem Thema sind in der Kölner Zeitschrift für Soziologie und Sozialpsychologie, 1996, zusammen mit Kurt Lüscher publiziert.

stimmten Erbfolge den unbedingten Vorrang eingeräumt. Doch machen in der Bundesrepublik nur wenige Menschen davon Gebrauch. Bis in die Gegenwart folgen die meisten der kulturell begründeten und gesetzlich verankerten Vorstellung des egalitären Erbschaftsprinzips (vgl. Finch u.a., 1996), mit der Einschränkung, daß zuerst der überlebende Ehepartner den privaten Besitz erhält und meist erst mit dessen Tod, also zeitlich nachgeschaltet, die Kinder zu gleichen Teilen bedacht werden.

Aus der Sicht der Erben – der Deszendenten – stellt der Erhalt einer Erbschaft häufig ein einschneidendes Ereignis im Leben dar. Markiert eine Erbschaft doch in den meisten Fällen den Tod der elterlichen Generation – zumindest eines Elternteils – und hat damit neben dem reinen materiellen Wert auch eine symbolische Bedeutung. Für beide, Erben und Erblasser, kann sie etwa eine Wertschätzung des familialen Besitzes symbolisieren. Dies zeigt sich insbesondere bei Bauernfamilien und Selbständigen, bei denen sich die Frage der Übernahme des Hofes oder des Betriebes stellt. Ebenfalls ist daran zu denken, daß Erben beispielsweise räumlich mobil werden können, indem sie in den elterlichen Besitz ziehen oder durch den Erhalt des Erbschaftsvermögens selbst eine Immobilie erwerben. Auf diese Weise kann der Nachlaß den Lebensverlauf der Erben noch in mittleren und späten Altersphasen maßgeblich strukturieren.

Auch wenn Familie und Verwandtschaft generell in der Moderne kaum noch durch Besitz und gemeinsame Güter miteinander verbunden sind (vgl. Singly, 1994, S. 18 f.), so hat eine Erbschaft doch speziell Auswirkungen auf die erweiterte Familie in der direkten Generationenenfolge: Sie bindet, indem sie familiale Kontinuität festigt[2].

Gegenwärtig gewinnen Fragen nach familialen und gesellschaftlichen Dimensionen von Erbschaftsübertragungen durch den Anstieg der privaten Vermögen in der Nachkriegszeit besondere Aktualität. In den letzten Jahren wird in der Bundesrepublik über eine vermutete steigende Zahl von Erbschaftsfällen gesprochen. Diese Annahme gründet auf den folgenden beiden Überlegungen: Die Generationen, die nach dem Kriege die Bundesrepublik wieder aufbauten, profitierten von der einmaligen Wohlstandssteigerung seit dem Ende der 1950er Jahre, indem sie während ihres Lebens private Vermögen akkumulieren konnten, die sie nun an die folgende Generation vererben. Die gegenwärtig in der Bundesrepublik häufig vorfindbaren großen Vermögen sind nicht nur dem wirtschaftlichen Aufschwung der Nachkriegszeit geschuldet, sondern ebenfalls dem Ausbau wohlfahrtsstaatlicher Maßnahmen und Einrichtungen und den daran geknüpften Transferzahlungen, vor allem im Alter. Beide Entwicklungen zusammen ermöglichen es gegenwärtig vielen älteren Menschen, auf einem hohen Wohlstandsniveau zu leben, ohne dabei auf Ersparnisse zurückgreifen oder diese bis zum Lebensende aufbrauchen zu müssen (Engel, 1985; Euler, 1991; Miegel, 1983, 1985; Schlomann, 1991, 1992). Daher ist in der Bundesrepublik damit zu rechnen, daß derzeit und in der nahen Zukunft große Teile des familialen Privatvermögens vererbt werden.

---

[2] Zur Frage der rechtlichen Regelung von Familie und Verwandtschaft siehe Limbach (1988, 1989) sowie Lucke in diesem Band.

Bisherige Untersuchungen werfen folgende Fragen auf: Erstens, welche Bedeutung hat generell eine Erbschaft für Familien, speziell für Erben und Erblasser? Zweitens, in welches Verhältnis stellt der Gesetzgeber die Erben zueinander, das heißt, welche kulturell-normativen Vorstellungen von Familie und Verwandtschaft drücken sich in der gesetzlichen Erbfolge aus? Drittens, beeinflußt der Erhalt eines Nachlasses den weiteren Lebensverlauf des Erben nachhaltig in bezug auf Mobilitätsentscheide?

2. Zur Bedeutung des Erbes für die Familie

In modernen Gesellschaften, die das Recht auf privates Eigentum kennen, spielt sein Transfer in Familien eine besondere Rolle. Gesellschaftlich hat dieser Transfer Konsequenzen für die Steuereinnahmen des Sozialstaates, die Einkommensposition der Familie innerhalb der Sozialstruktur sowie für die Verteilung ungleicher Gesellschaftspositionen (vgl. Lauterbach & Lüscher, 1996). Individuell gesehen hat eine Erbschaft Konsequenzen für die finanzielle Situation der Erben, ihren Lebensverlauf sowie für die Beziehungen zwischen den Generationen.

Allgemein läßt sich formulieren, daß in Familien eine Erbschaft die objektivierbare Form des über den familialen Verlauf akkumulierten ökonomischen Kapitals darstellt (Bourdieu, 1987; Kottlikoff & Summers, 1981; Müller, 1992, S. 268). Dieses stellt Eigentumsrechte an Besitz dar, die variabel sind und an andere Personen weitergegeben werden können. Die Übertragung einer Erbschaft, also von Eigentumsrechten, ist demnach als ein Element des an die nächste Generation weitergegebenen ökonomischen Kapitals in einer Familie anzusehen[3]. Die Kinder erben den Besitz der Eltern. Eine Erbschaftsübertragung kann insofern als ein Mechanismus gesehen werden, der den Lebensverlauf der Erben stark beeinflussen kann: speziell die Wohlfahrtsposition, die Wohnverhältnisse sowie die räumliche Mobilität.

Eine Erbschaft erscheint zunächst als eine einseitige Übertragung von Gütern, in der Form einer rein asymmetrischen, nicht reziproken Tauschbeziehung im gemeinsamen Leben einer Familie[4]. Realistischer ist es aber anzunehmen, daß die Erbschaft in ein Netz von Austauschbeziehungen integriert ist, die über den gesamten Lebensverlauf getätigt wurden. Dieser Tausch ist unter einer langfristigen Perspektive des Aufrechterhaltens von familialen Beziehungen zu sehen (Marbach, 1994; Nye, 1979). Die Erbschaft, also die Übertragung des familialen Grund- und Immobilienbesitzes sowie des monetären Vermögens vom Erblasser, dem Aszendenten, auf die Erben, die Deszendenten,

---

[3] Auch wenn Segalen (1990) feststellt, daß das Erbe gegen Ende des 20. Jahrhunderts auf „subtile Weise", in Form von Zahlungen zur Finanzierung der Ausbildung der Kinder übertragen wird, und daraus ableitet, daß die Erbschaft im Alter keine große Bedeutung mehr habe, so bleibt doch in dem hier argumentierten Zuammenhang die außergewöhnliche Bedeutung des Erbes für Familien erhalten. In späten Lebensabschnitten werden immer noch Immobilien, Grundstücke und größere Geldvermögenswerte, zum Beispiel Lebensversicherungen, transferiert.

[4] Die klassische Diskussion über Tauschbeziehungen findet sich bei Mauss (1967).

stellt in dieser Hinsicht ein besonderes Ereignis in der Abfolge der Generationen sowie in familialen Tauschbeziehungen dar: Sie markiert die Übertragung des gesamten oder zumindest großer Teile des familialen Besitzes an die nächste Generation und symbolisiert einen Bindungsmechanismus, der Familiengenerationen und -interessen miteinander verzahnt, indem Eigentum langfristig an die „Familie" gebunden wird (Kendig, 1984). Dies kann sogar so weit führen, daß individuelle Interessen den Familieninteressen untergeordnet werden. Dieses Phänomen findet sich insbesondere bei Bauern und Selbständigen. Hier ist es ein zentrales Anliegen des Erblassers, das Eigentum an Grundstücken, Immobilien oder einer Firma in der Generationenlinie zu halten. Sozialhistorische Untersuchungen über Erbschaftsverträge liefern dafür zahlreiche Befunde (Gaunt, 1983, 1987; Hubbard, 1983, S. 179 f.; Imhof, 1980; Kennedy, 1991; Sørensen, 1989). Ebenso läßt sich zeigen, daß dieser Mechanismus auch heute noch Gültigkeit hat (siehe Abschnitt 3.2).

Betrachtet man die gegenwärtige private Vermögenssituation von Haushalten, um Anzahl und Wert möglicher Erbschaftstransfers auf ihre gesellschaftliche Relevanz hin einzuschätzen, so zeigt sich, daß große Bevölkerungsgruppen ein relativ hohes Privatvermögen besitzen, das teils in Immobilien, teils in Vermögenswerten angelegt ist (Bedau, 1994; Miegel, 1983, 1985; Rendtel & Wagner, 1991; Schlomann, 1992). Für Deutschland zeigen Schätzungen über den Besitz an Wohneigentum, daß 1994 nahezu 50 Prozent der Bürger in den alten Bundesländern in den eigenen „vier Wänden" wohnen (Datenreport, 1997, S. 130 f.). Von den 28,2 Millionen privater Haushalte in der Bundesrepublik waren 1988 13,2 Millionen Wohnungs,- Haus- oder Grundstückseigentümer, wobei sich der höchste Anteil an Eigentümerhaushalten im Alter zwischen 50 und 59 Jahren findet. 1978 hatten 50,6 Prozent dieser Altersgruppe bereits eine eigengenutzte Immobilie, 1980 waren es 52,8 Prozent und 1982 54,3 Prozent (Statistisches Bundesamt, 1965, 1978, 1980, 1982; WiSta, 1983). Im Jahre 1987 betrug der Eigentümeranteil 52 Prozent bei den 40- bis 64jährigen[5]. Aber auch die privaten Geldvermögen sind seit Beginn der 1970er Jahre gewachsen. 1970 betrugen sie in der alten Bundesrepublik 59,1 Milliarden Mark; bis 1989 sind sie auf 167,7 Milliarden Mark angestiegen (Der Spiegel, 1990). Gemäß Berechnungen des DIW-Berlin erzielte im Jahre 1989 jeder bundesdeutsche Haushalt pro Jahr im Durchschnitt ein zusätzliches Einkommen aus Dividenden und Zinsen von 4.500 DM.

Dementsprechend sind Zahl und Wert von Erbschaften gestiegen. Schätzungen ergaben, daß 1992 der durchschnittliche Wert einer Erbschaft 200.000 DM betrug, im Jahre 2000 dürfte er 300.000 DM betragen (Stadtsparkasse München, 1991). Für De-

---

[5] Die Datenlage über die Veränderung der Eigentümerquote seit den 1950er Jahren bis heute in der amtlichen Statistik ist als mangelhaft zu bezeichnen. Nicht nur, daß die Vergleichbarkeit aufgrund verschiedener Altersgruppierungen nicht gewährleistet werden kann, es können auch keine langen Reihen zur Analyse erstellt werden, aufgrund vielfach fehlender Jahresangaben, da unter anderem der Wohnstatus nur im Rahmen von Wohnungs- und Gebäudezählungen umfassend erfragt und auf diese mittels 1-Prozent-Stichproben aufbauend nur unregelmäßig und mit der Gefahr von Hochrechnungsfehlern kalkuliert wurde.

szendenten folgt daraus, daß sie mit einer hohen Wahrscheinlichkeit im vierten oder fünften Lebensjahrzehnt mit einem zusätzlichen Transfereinkommen rechnen können. Diese Entwicklung führt mittlerweile zu spekulativen Voraussagen, gemäß denen der Wert der Vermögen bei den Generationen, die nach dem Kriege die Bundesrepublik aufbauten, im Jahre 2000 etwa 2.000 Milliarden DM erreichen wird (Schlomann, 1992, S. 272)[6]. Diese enorme Summe wird durch vorgezogene Erbschaften, Schenkungen und durch Erbschaften bei Tod an die Deszendenten übertragen. Noch nie in der Geschichte der Bundesrepublik waren so große finanzielle Ressourcen bei den Älteren akkumuliert, und noch nie konnte bei den meisten Angehörigen der jüngeren Generationen mit einer so großen Wahrscheinlichkeit zusätzlich zum eigenen, aus dem Erwerbsprozeß stammenden Einkommen mit einer Erbschaft gerechnet werden.

2.1 Zur realen und symbolischen Bedeutung des Nachlasses

Allgemein hat die Übertragung des privaten Kapitals an die nächste Familiengeneration (a) symbolische sowie (b) reale Bedeutung. Anzunehmen ist, daß die symbolische Bedeutung für den Erblasser sowie für den Deszendenten gleich ist, daß sich die reale Bedeutung für beide aber unterscheidet. Diese unterschiedliche Bedeutung einer Erbschaft für eine Familie ist schematisch in Abbildung 1 dargestellt.

(a) Die symbolische Bedeutung besteht darin, daß der Nachlaß über den Besitz die Generationenfolge und damit die Familie an sich repräsentiert, im Falle einer Immobi-

Abbildung 1: Symbolische und reale Bedeutungen von Erbschaften in Familien

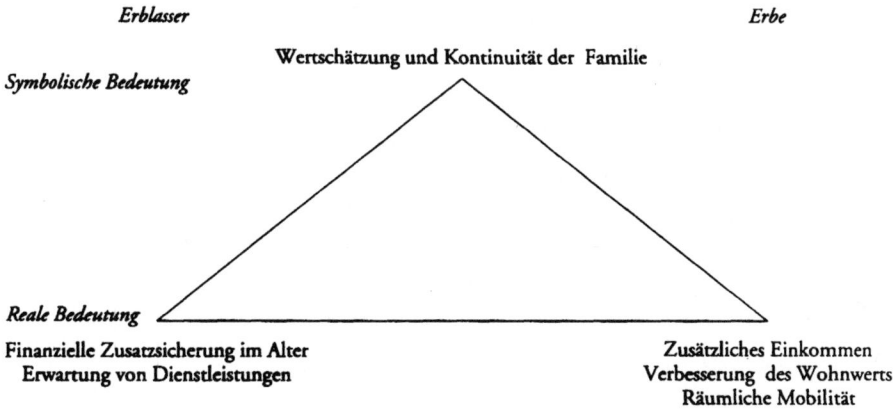

---

[6] Allerdings sind die Schätzungen sehr different. So berichtete beispielsweise die FAZ am 9.6.1995, daß im selben Zeitraum ein Vermögen von 2.600 Milliarden DM vererbt werden wird.

lie überdies eine zeitlich lange Phase der Biographie des Erblassers. Für die Erben gilt die Verzahnung mit dem Familienbesitz in ähnlicher Weise, wenngleich wahrscheinlich in abgeschwächter Form (Gotman, 1988; Smith, Kish & Crawford, 1987). Bei der Übertragung wird für beide Generationen die symbolische Bedeutung des familialen Besitzes besonders unterstrichen, indem die Repräsentation der Familie durch das Eigentum im Vordergrund steht. Fällt der Erbgang mit dem Tod des Erblassers zusammen, rücken die Nachkommen in die Position der ältesten Familiengeneration ein. Weiter wird durch die Übertragung die Erinnerung an die Generationenverläufe und die intergenerationalen Beziehungen in der Familie hervorgerufen, die damit auch symbolisch die Relevanz der Familie wie des Familienbesitzes für die Nachkommen hervorhebt.

(b) Die reale Bedeutung ist für den Erblasser und für den Erben unterschiedlich. Die Übertragung des Erbes kann für den Aszendenten die Funktion der Verringerung des Armutsrisikos im Alter haben. Das Eigentum, speziell der Immobilienbesitz, hat eine Vorsorgefunktion. Dies gilt generell dann, wenn das Eigentum noch zu Lebzeiten der Erblasser übertragen wird. Im speziellen Falle einer Hausübertragung wird häufig die größere Wohnung an die Kinder weitergegeben und die kleinere von den Eltern für den Eigengebrauch behalten. Die Übertragung des Erbes zu Lebzeiten der Erblasser ist aus diesem Blickwinkel für die Aszendenten ein strategisches Motiv zur Absicherung des Alters (vgl. Bernheim, Shleifer & Summers, 1985). Es verbindet sich damit häufig ein lebenslanges Wohnrecht der Eltern oder zumindest eines Elternteils, zudem wird damit eine moralische Verpflichtung geschaffen, das Eigentum zu wahren und, wenn nötig, als Gegenleistung die Pflege und Unterstützung des Vaters, der Mutter oder beider zu übernehmen (Bender, 1994; Borchers & Miera, 1993). Evidenz für diese Überlegung findet sich wesentlich darin, daß das Hauseigentum für die Bevölkerung der Bundesrepublik einen hohen Stellenwert hat und von großen Teilen als Absicherung gegen Risiken des Lebens und gerade des Alters angesehen wird (Häußermann & Petrowsky, 1990). Für die Erben hat die Übertragung real die Bedeutung eines Zugewinns zum eigenen Vermögen, das nicht durch eigene, auf dem Arbeitsmarkt erbrachte Leistungen erworben wurde. Eine Erbschaft kann demnach zur Vermögensakkumulation in mittleren Lebensphasen beitragen. Speziell im Falle einer Immobilienerbschaft verbessert sich häufig auch die Wohnsituation des Erben: entweder durch Bezug der ererbten Immobilie, falls dies die Wohnsituation verbessert, oder durch einen Neuerwerb, der durch die außergewöhnliche Vermögenssteigerung ermöglicht, zumindest erleichtert wurde.

2.2 Singular- und Universalsukzession, oder einseitige und egalitäre Erbschaftsübertragungen

Die Wirkung einer Erbschaft auf den Lebensverlauf des Erben unterscheidet sich danach, ob an den Nachlaß die Erzielung des Lebensunterhalts gekoppelt ist oder nicht.

In Familien, in denen der Erblasser den Besitz zur Bestreitung des Lebensunterhalts benötigte und auch der Erbe sein Einkommen auf Basis des Nachlasses erzielt, hat die Erbschaft eine deutlich prägendere Wirkung auf die Erben als in jenen Familien, die nicht auf den Besitz zum Einkommenserwerb angewiesen sind. Es sind also vornehmlich Familien von Selbständigen und Bauern, in denen der Nachlaß eine besondere reale und symbolische Bedeutung hat sowie den Lebensverlauf der Erben prägt: Er strukturiert diesen weitgehend beruflich sowie räumlich und bindet die Familie des Erben wesentlich stärker an die Herkunftsfamilie, als dies bei denjenigen Familien der Fall ist, die nicht an einen Hof oder an eine Firma gebunden sind[7]. Bei letzteren kann zwar auch eine starke symbolische Bedeutung mit dem Nachlaß verbunden sein, aber der strukturierende Einfluß auf den weiteren Lebensverlauf der Erben ist offenbar geringer. Nicht nur, daß die berufliche Bindung über das Erbe nicht vorhanden ist, auch die räumliche Verbundenheit ist merklich schwächer, und häufig wird durch die Teilung des Erbes nur ein materieller Wert übertragen.

In der Gesetzgebung drückt sich diese Sonderstellung darin aus, daß nach der Höfeordnung und nach dem Gesellschaftsrecht auch einzelne Gegenstände an einen Erben übergehen können. Das Prinzip der Universalsukzession wird durch das der Singularsukzession aufgehoben: Es kann ein einzelner Erbe berufen werden, der die familiale Generationenfolge auf dem Hof sichert. Diese Sonderregelung findet sich bis in die Gegenwart in bestehenden Vermächtnissen. Der folgende Auszug eines Testaments aus den 1980er Jahren verdeutlicht die reale Bedeutung des Hofes für den Deszendenten. Aber auch der Aszendent sorgt durch diese Art des Vertrages für das Leben im Alter vor. Insgesamt standen fünf Kinder als Erben zur Verfügung, den Hof erhält der zweitgeborene Sohn. Der Zweitgeborene ist auch gleichzeitig derjenige, der einen handwerklichen Beruf erlernt hat. Dies ist nun ein Beruf, der sich in Form einer Teilzeitbeschäftigung mit der Führung eines Hofes vereinbaren läßt (Lauterbach & Shanahan, 1998).

„Als weitere Gegenleistung verpflichtet sich der Erwerber dem Verkäufer zum Gesamtgut der Gütergemeinschaft ein lebenslängliches unentgeltliches Leibgeding einzuräumen, bestehend in:

1) einem Wohnungsrecht in den sämtlichen Räumen im I. Stock des verkauften Wohnhauses Geb. Nr. 6 des Hofes, nämlich Wohn- und Schlafzimmer, Küche, Bad und Klosett, abgeschlossen. Das Wohnungsrecht berechtigt zur Benützung der genannten Räume unter Ausschluß des Eigentümers, daneben zur Mitbenützung des Kellers, der Treppen, der Bühne, des Hofraumes und des Gartens im Rahmen eines Wohnungsrechtes und nach Maßgabe der persönlichen Bedürfnisse des Berechtigten. Schuldrechtlich wird zu diesem Wohnungsrecht vereinbart, daß die Kosten der Schönheitsreparaturen in den vom ausschließlichen Wohnungsrecht des Berechtigten betroffenen Räumen ausschließlich zu tragen sind vom Berechtigten. Die Kosten der Beheizung und Beleuchtung der genannten Räume, die anteiligen Kosten der Abwasserbeseitigung sind ausschließlich zu tragen vom Berechtigten.

2) die Verpflichtung zur Pflege des Berechtigten bei Alter und Krankheit. Diese Verpflichtung umfaßt insbesondere die Verpflichtung der Pflege der Person des Berechtigten selbst bei Alter und Krankheit, sofern diese Verpflichtung vom Verpflichteten und seinem Ehegatten selbst erfüllt werden kann. Ferner umfaßt die Verpflichtung die Pflicht zur Reinigung der Kleidung, der Wäsche und des Schuhzeugs des Berechtigten sowie

---

7   Eine ausführlichere Diskussion über Erbschafts- und Heiratsregelungen in französischen ländlichen Familien und die spezielle Bedeutung des Hofes für die Familie finden sich bei Bourdieu (1987, S. 264 f.) sowie bei Hildenbrand, Bohler, Jahn & Schmitt (1992) für die gegenwärtige Bundesrepublik.

zur Reinigung und Beheizung der vom ausschließlichen Wohnungsrecht des Berechtigten nach Ziffer 1 hiervor umfaßten Räume, ferner zur Pflicht zur Zubereitung der sämtlichen von dem Berechtigten benötigten Mahlzeiten und die Verbringung der Mahlzeiten in die vom ausschließlichen Wohnungsrecht des Berechtigten betroffenen Räume. Die erforderlichen Hilfsmittel (z.B. Nahrungsmittel, Reinigungsmittel, Heizmaterial) sind zur Verfügung zu stellen vom Berechtigten. Die Verpflichtungen nach dem vorstehenden Absatz sind nur zu erfüllen, solange der Berechtigte in den vom Wohnungsrecht nach Ziffer 1 hiervor betroffenen Räumen wohnt.

3) der Verpflichtung zur Pflege der Gräber der beiden Verkäufer auf die gesamte Dauer der Grabesruhe. Diese Pflicht umfaßt die Pflicht zur Instandsetzung und Instandhaltung und Ausschmückung dieser Gräber im ortsüblichen Umfang, jedoch nicht die Pflicht zur Beschaffung von Grabstein und Inschrift sowie Einfassung."[8]

Diese Regelungen sind denen anderer Bauernfamilien sehr ähnlich (Gaunt, 1983; Sørensen, 1989).

Die Situation in Familien, die weder im Besitz eines Betriebes noch eines Hofes sind, ist hingegen eine andere. Die Vermögensübertragung im Erbfall wird meist in der Art geregelt, daß häufig zuerst der Ehepartner und nachfolgend zu gleichen Teilen die Kinder den Nachlaß erhalten sollen; es wird also dem Prinzip der Universalsukzession gefolgt, das Erbe wird geteilt. Die materielle und die symbolische Bedeutung des Nachlasses sind hier geringer. Denn die Erzielung des Lebensunterhalts des Deszendenten ist nicht vom Erbe abhängig, und die symbolische Bedeutung, die wesentlich den Namen der Familie sowie von Eltern und Kindern gemeinsam erlebte biographische Erinnerungen repräsentiert, ist häufig eingeschränkter. Vielmehr sind gefühlsmäßige Beziehungen zu einzelnen Kindern sowie der Gerechtigkeitsaspekt von großer Bedeutung. Die folgenden Interviewpassagen verdeutlichen wesentlich den letzten Gesichtspunkt sowie den symbolischen und realen Aspekt der räumlichen Mobilität in späteren Lebensphasen[9].

1. Interview:

I: Haben Sie schon mal in Ihrer Familie darüber geredet, wer einmal was bekommen soll?

A: ... Ja ... ich wollte wiederholt mit meinen Kindern eigentlich – ich wollte kein Gezeter um Erbe, ich – weil ich das jetzt selbst wieder in meiner Familie erlebt habe. Und ich meine, von Grund und Boden ist klar, *da sind beide 1/2 berechtigt.* Und mit dem Hausstand, ich meine, das eine Kind liebt mehr dieses Bild und jenes, da werde ich jetzt noch eine Liste machen, da befasse ich mich auch mit. Ich möchte nicht, wenn ich tot bin, daß das Zeug mal verheddert wird und daß es zwischen meinen Kindern Auseinandersetzungen gibt, weil ich es durch meine Geschwister erlebt habe, die so unschön den Rest, was meine Mutter hinterlassen hat – also wie Aasgeier gingen sie auf jedes Besteck und Teller los. Und das will ich bei mir vermeiden. Das werde ich regeln, und meine Kinder sind auch damit einverstanden, und die lassen mir da freie Hand. Aber ich werde da gute Arbeit leisten, das weiß ich (lacht). *Damit die Kinder, also die Geschwister untereinander, daß es da kein unruhiges Blut gibt, das möchte ich nicht.* (M024;72)

2. Interview:

I: Haben Sie in Ihrer Familie schon mal darüber geredet, wer einmal was bekommen soll? War das schon mal Thema?

---

[8] Dieses Testament wurde für einen Bauernhof im südlichen Baden-Württemberg in den 1980er Jahren verfaßt.

[9] Die Interviews wurden im Rahmen des Projektes „Familien in mittleren Lebensphasen" am Forschungsschwerpunkt „Gesellschaft und Familie" der Universität Konstanz unter Leitung von Kurt Lüscher erhoben.

A: Ja, das ist schon ein Thema, und zwar jetzt mein Haus. Das ist ja klar. Dann sag ich schon mal, ich will schon das Haus möglichst behalten. Das ist ein bissel ein Wert für euch [die Kinder]. Wer weiß, was Geld wert ist in soundsoviel Jahren. Aber dann habt ihr noch ein Haus und ein Grundstück hier. *Und daß das die Kinder, den Kindern zu gleichen Teilen natürlich gehört.* (M025;59)

3. Interview:

A: Ja. Ich habe verschiedentlich, immer angepaßt dem jeweiligen Stand, ein Testament gemacht, ein rechtsgültiges Testament und habe das im Safe meiner Bank hinterlegt. Ich habe da natürlich nicht die Gegenstände meines Haushalts aufgeführt, aber ich habe auch für den Fall eines Todes einmal meinen Kindern dargelegt, was ich – *wie ich das haben möchte, wie ich beerdigt sein möchte, und daß eben das Vermögen zum Zeitpunkt meines Todes in genau zwei Teile geteilt wird.* Meine Kinder wissen auch, daß einige Legate abgehen. Sie wissen das, und sie wissen auch, wo das zu finden ist. (M049;51,52)

4. Interview:

I: Haben Sie schon einmal in der – in der Familie darüber geredet, wer einmal was bekommen soll?
A: Ja, aber nicht konkret, nicht konkret. Wir waren immer dran – das Haus, keiner wollte es von den Mädchen. Dann habe ich gesagt: „Also gut, wenn es dann soweit ist, vielleicht verkaufe ich es und teile das Ganze durch drei". *Aber jetzt will die Jüngste, die haben also Interesse.* Die haben gesehen, wie schwer das ist, was Eigenes für junge Leute sich anzuschaffen, eine Eigentumswohnung, da müssen sie Riesenkredite aufnehmen. *Und wenn hier das Eigentum da ist, und für mich, muß ich ehrlich sagen, ist ein Haus alleine,* wenn die U. mal auszieht, das ist zuviel, gell. Und die könnten – würden das auch in Ordnung halten. (M045;67,69)

5. Interview:

A: Ja, ich möchte das [mit den Kindern übers Erbe sprechen], weil ich selber finde das so ungeklärt bei mir selber. Und da möchte ich also ... Ich – ich möchte da schon eine Klarheit. Und ich möchte auch also so auf die Tour: „Was ich nicht alles für die getan habe". Es war immer klar, ich habe die ... Also mein Sohn ist ja ausgebildeter Handwerker zwischendurch, und *was er da an dem Haus geschafft hat,* also das habe ich ihm – das – da existieren Stundenzettel, diese existieren noch, und da habe ich nach Stunden bezahlt. Also wenn er am Tag zwei Stunden handwerklich für mich geschafft hat, habe ich ihn bezahlt. ... Ja, weil ursprünglich war so der Gedanke, die K., die hat ja auch – die hätte, wenn ich von heute auf morgen Himmelfahrt mache oder egal, was immer, würde sie ja auch die Hälfte erben. *Und da wollte ich das einfach klarstellen, daß der, wo wirklich da was schafft, auch was davon hat.* Und dann auch nicht so, wie ich das selber erlebe, „ja, Du kriegst es später doch einmal, jetzt schaff' mal schön". (M087;39)

6. Interview:

I: Haben Sie in der Familie schon mal darüber geredet, wer was bekommen soll?
A: (Lacht) Ja. Das ist halt die Frage (lacht). Auseinandersetzen wollte ich mich schon mal. Ich wollte natürlich das Haus für die Tochter behalten in der Meinung, daß sie das Haus mal irgendwann bekommt. Ob das Denken richtig ist, weiß ich im Moment noch nicht. Ich bin halt insofern ein bißchen enttäuscht, die Tochter und der Schwiegersohn sind ja junge Leute, gesunde, rüstige Leute, kann man sagen, mal zu sagen, „Du, Mutti, schau', wir kommen mal her und helfen Dir mal, den Garten – den Rasen mähen, den Garten roden" oder sonst ein bißchen, das ist nicht der Fall. Ich möchte nicht sagen, daß sie die Arbeit scheut, das will ich auch nicht sagen, als daß sie jetzt praktisch denken würde und sagen, „jetzt putzen wir mal ein Fenster" oder „jetzt machen wir mal irgendwas im Garten" oder „jetzt gehen wir mit dem Hund Gassi" oder „jetzt versorgen wir mal Pflanzen". Selbst, als ich solange im Krankenhaus war, haben Nachbarn vom Haus hier die Wohnung versorgt oder mal geputzt, die Tochter nicht. *Aber das habe ich auch erkannt, das hat mein Mann auch erkannt, mein früherer. Das ist eben so. Und sich über irgendwas aufzuregen, was man doch nicht ändern kann, ja, das ist vergebliche Mühe. Und ich habe das erkannt, und ich bin froh drum, ich würde auch nie enttäuscht sein, nie.* (M106;40)

Die Interviewpassagen verdeutlichen wesentlich das bestehende Gleichheitsideal unter den Aszendenten. Gleichwohl ist eine Einschränkung erkennbar: Sie macht sich an erbrachten Hilfeleistungen, der Qualität der bestehenden Beziehungen sowie der Wertschätzung des Besitzes (symbolische Bedeutung) durch das Kind fest. Wurden besondere Leistungen erbracht oder wird der Wert des elterlichen Besitzes besonders ge-

schätzt, so wird das Gleichheitsideal in Frage gestellt. Generell kann man Ausführungen Durkheims zustimmen, der von einer Bedeutungszunahme der Qualität persönlicher Beziehungen in der Moderne ausging. Letztlich führe dies zu einer Aufwertung persönlicher Beziehungen gegenüber rechtlich-normativen und ökonomischen Dimensionen von Erbschaften. Damit geht eine Bindung der Übertragung des Erbes an derartige Leistungen einher (vgl. Singly, 1994, S. 14 f.). Auch wenn diese Vermutung bisher empirisch nicht belegt wurde, so zeigen doch die Interviews, daß die Art der persönlichen Beziehungen in Familien die Nachlaßübertragung beeinflußt.

Neben der in Familien vorfindbaren Praxis sowie der Bedeutung des Erbes für Aszendenten und Deszendenten existiert ein kodifiziertes und systematisiertes Recht, in dem sich historisch gewachsene, gesellschaftlich-kulturelle Vorstellungen über den Umgang mit familialem Besitz finden. Wesentlich kommen hierin Vorstellungen des Gesetzgebers zur Institution Familie innerhalb eines größeren Verwandtschaftssystems zum Ausdruck.

3. Die gesetzliche Regelung des Nachlasses: Kernfamilie und engste Verwandtschaft

Durch Art. 14 Abs. 1 Satz 1 des Grundgesetzes wird das Erbrecht gewährleistet, wobei sich der grundrechtliche Schutz sowohl auf das Erbrecht als solches bezieht (Institutionengarantie) als auch auf das Erbrecht des Einzelnen (subjektives Erbrecht). Die Vorschriften des Erbrechts finden sich zum größten Teil im Fünften Buch des Bürgerlichen Gesetzbuchs (§§ 1922–2385 BGB). Die wichtigsten Regelungen sind in den ersten fünf Abschnitten enthalten; allerdings befinden sich auch einzelne Bestimmungen mit unmittelbaren erbrechtlichen Auswirkungen aus Gründen von Sachzusammenhängen in anderen Büchern des BGB, so zum Beispiel im Schuldrecht (§ 569a, b), im Sachenrecht (§ 857) sowie im Familienrecht (§ 1371: Zugewinnausgleich durch Erhöhung des Erbteils des überlebenden Ehegatten). Außerdem wird das Erbrecht durch Vorschriften aus anderen Büchern des BGB ergänzt, vor allem durch das Familienrecht (§ 1589: Bestimmungen über die Verwandtschaft) und die Wirkungen der Annahme einer Erbschaft als Kind (§§ 1754 ff., 1770, 1772).

3.1 Die Erbengemeinschaft: Universalsukzession und Singularsukzession

Mit dem Tod eines Menschen tritt nach § 1922 Abs. 1 BGB der Erbfall ein, wobei die verstorbene Person, der Erblasser, nur eine natürliche Person sein kann. Die Erbschaft ist das Vermögen des Erblassers und wird im Gesetz auch als Nachlaß bezeichnet. Sowohl das Aktivvermögen (alle geldwerten Rechte, z.B. Eigentum an Bargeld und Haushaltsgegenständen, Guthaben auf Bankkonten, Grundstückseigentum, Gesellschaftsanteile) als auch das Passivvermögen (Schulden, Verbindlichkeiten) des Erblassers werden vererbt. Die Passiva werden als Nachlaßverbindlichkeiten bezeichnet. Als Erben gelten dann diejenigen Personen, auf die im Erbfall das Vermögen übergeht (§ 1922 Abs. 1 BGB). Erbe kann im juristischen Sinne sowohl eine natürliche Person als auch eine juristische sein, wobei kein Mindestalter für die Erbfähigkeit festgelegt ist. Allerdings muß der Erbe zum Zeitpunkt des Erbfalles leben oder bereits gezeugt sein (§ 1923 Abs. 2 BGB).

Im deutschen Erbrecht gilt das Prinzip der Gesamtrechtsnachfolge (Universalsukzession), das heißt, daß das Vermögen des Erblassers immer nur als ganzes auf den oder die Erben übergeht (§ 1922 Abs. 1 BGB). Eine Einzelrechtsnachfolge (Singularsukzession) kennt das Erbrecht hingegen nicht. Sie ist auch nicht durch letztwillige Verfügung zu erreichen. So kann beispielsweise ein Erblasser nicht durch Testament verfügen, daß sein Sohn das Haus und das Grundstück erben soll und seine Tochter das gesamte Geldvermögen sowie alle Anteilsrechte. Vielmehr bilden mehrere (Mit-)Erben immer eine Erbengemeinschaft (§ 2032 Abs. 1 BGB), die ihrer rechtlichen Natur nach immer eine Gesamthandsgemeinschaft ist. Der Gesamthand stehen alle einzelnen Rechte und Verpflichtungen ungeteilt aus dem Nachlaß zu; den (Mit-)Erben stehen dagegen nur Anteile an dem Nachlaß insgesamt zu (§ 2033 Abs. 1 BGB). In dem erwähnten Beispiel bilden also beide Geschwister eine Erbengemeinschaft, die sowohl über das Grundstück und die Immobilie als auch über das Geldvermögen und die Anteilsrechte nur gemeinsam verfügen können. An allen Bestandteilen des Nachlasses stehen ihnen jeweils die gleichen Anteile zu. Käme es im Streitfall zwischen den Geschwistern zu keiner Einigung, so würde das Nachlaßgericht entscheiden. Eine Singularsukzession, also das Erbrecht an einem einzelnen Vermögensgegenstand, ist gesetzlich nur in zwei Fällen vorgesehen: Erstens kann nach der Höfeordnung der Erblasser einen Hoferben bestimmen, der im Erbfalle ohne weitere Vollziehungsakte das Alleineigentum am Hof erhält. Zweitens ist im Gesellschaftsrecht vorgesehen, daß der Anteil an einer Personenhandelsgesellschaft als einzelner Gegenstand auf einen Erben übergehen kann, wenn eine entsprechende Klausel im Gesellschaftsvertrag enthalten ist.

Aus dem Prinzip der Universalsukzession ergibt sich somit, daß einzelne Vermögensgegenstände nicht vererbt werden können; möglich ist aber die Zuwendung eines Vermächtnisses (§ 1939 BGB) durch die gewillkürte Erbfolge. Das Vermächtnis verschafft keinen Erbteil, sondern einen Anspruch gegenüber dem Erben oder der Erbengemeinschaft auf Übertragung des vermachten Gegenstandes (§ 2174 BGB). Mit dem Erbfall bekommt also der Vermächtnisnehmer noch kein Recht an dem ihm zugedachten Erbteil, sondern einen einklagbaren Anspruch darauf. Allerdings werden in den meisten Fällen die letztwilligen Verfügungen des Erblassers in Vermächtnisse umgedeutet. Sofern die Erbschaft nicht innerhalb von sechs Wochen nach Kenntniserlangung ausgeschlagen wurde (§ 1944 Abs. 1 BGB), haftet ein Erbe für die Nachlaßverbindlichkeiten persönlich und unbeschränkt; mehrere Erben haften als Gesamtschuldner (§ 1967 Abs. 1, § 2058 BGB). Das Gesetz sieht allerdings vor, daß der Erbe durch bestimmte Maßnahmen seine Haftung auf den Nachlaß beschränken kann, in erster Linie durch die Einleitung der Nachlaßverwaltung oder des Nachlaßkonkurses.

3.2 Gesetzliche und gewillkürte Erbfolge: Verwandtschaft, Ehepartner und nichteheliche Kinder

Das Prinzip der Universalsukzession wird vom Gesetzgeber durch Regelungen ergänzt, die eine familiale Rangordnung der Erben gegenüber dem Erblasser festlegen. Dieser Ordnung liegt eine klare Vorstellung darüber zugrunde, welche Personen bei Nachlaßangelegenheiten zur engeren Familie zu rechnen sind. Im folgenden wird in vier Schritten dargestellt, welche Auffassung der Gesetzgeber darüber hat, wer (a) gesetzlich in der Verwandtschaft zu den Erben zu rechnen ist, (b) welche Stellung die Ehefrau einnimmt, (c) welche Stellung die nichtehelichen Kinder, (d) soll die gewillkürte Erbfolge Erwähnung finden.

Als gesetzliche Erben nennt der Gesetzgeber nur Verwandte (§§ 1924–1929 BGB), den Ehegatten (§ 1931 BGB) und an letzter Stelle den Staat (§ 1936 BGB). Verwandte einer näheren Ordnung schließen Verwandte fernerer Ordnungen grundsätzlich aus (Erbfolge nach Ordnungen, § 1930 BGB).

(1) Der Begriff der Verwandtschaft wird für das Erbrecht durch § 1589 BGB geregelt: Verwandt sind demnach Personen, die voneinander abstammen (Verwandtschaft in gerader Linie, z.B. Eltern–Kinder–Enkel) oder von derselben dritten Person abstammen (Verwandtschaft in der Seitenlinie, z.B. Geschwister). Ob hierbei die Abstammung auf ehelicher oder nichtehelicher Geburt beruht, hat für die rechtliche Zugehörigkeit zur Verwandtschaft seit dem Nichtehelichengesetz keine Bedeutung mehr. Es ist folglich die „blutsmäßige Abstammung" maßgeblich. Soweit das Familienrecht die Verwandtschaft auf die „natürliche Abstammung" festlegt, gilt dies auch für das Erbrecht. Dieses teilt nun die Verwandten des Erblassers in verschiedene Ordnungen (Parentelsystem) ein. Zu einer Ordnung werden jeweils diejenigen Personen zusammengefaßt,

Abbildung 2: Die „Ordnungen" der Familie im Erbschaftsrecht

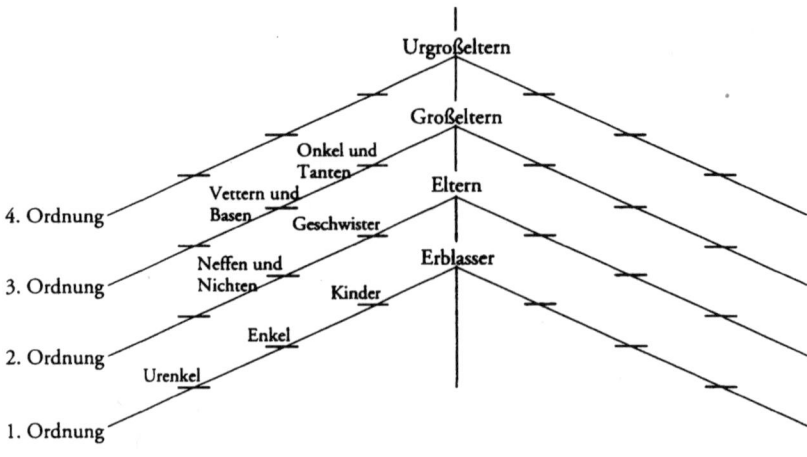

Abbildung 3: Die „Stämme" der Familie im Erbschaftsrecht

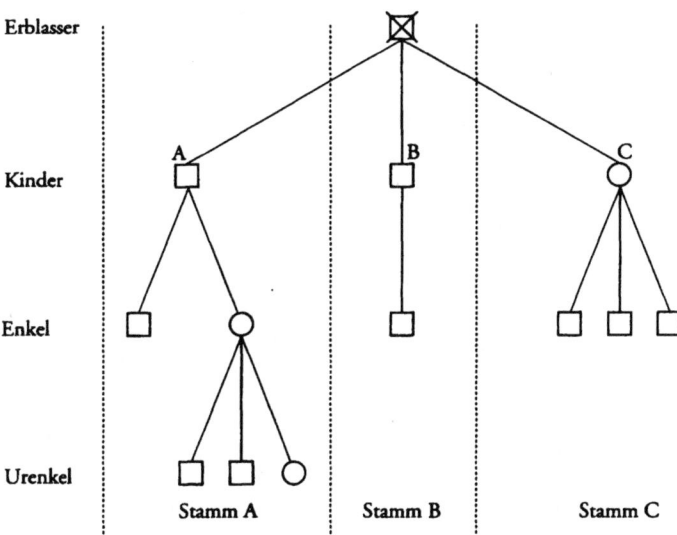

die von dem Erblasser bzw. von Voreltern einer Stufe (Eltern, Großeltern, Urgroßeltern des Erblassers) abstammen. Aus diesem Grunde werden die Ordnungen auch Parentelen genannt. Die Abkömmlinge des Erblassers (seine Kinder und deren Kinder) bilden die erste Ordnung (§ 1924 Abs. 1 BGB). Die zweite Ordnung besteht aus den Eltern des Erblassers und deren Abkömmlingen, die dritte Ordnung schließlich umfaßt die Großeltern und ihre Abkömmlinge.

Verwandte höherer Ordnung sind nicht als Erben berufen, wenn zur Zeit des Erbfalles Verwandte einer niedrigeren Ordnung vorhanden sind. Die Eltern des Erblassers sind beispielsweise nicht erbberechtigt, wenn ein Enkel noch lebt. Mit der Einteilung der Verwandten in Ordnungen und dem Vorrang der niedrigeren Ordnung ist die Frage nach den gesetzlichen Erben noch nicht abschließend beantwortet, da innerhalb einer Ordnung mehrere, mit dem Erblasser in verschiedener Weise verwandte Personen vorhanden sein können. Zur Auswahl der konkreten Erben und zur Bestimmung der Erbteile tritt daher zum Parentelsystem der Grundsatz der Erbfolge nach Stämmen hinzu: Zu einem Stamm faßt das Gesetz jeweils diejenigen Abkömmlinge des Erblassers zusammen, die durch ein und denselben Abkömmling mit dem Erblasser verwandt sind.

Jedes Kind des Erblassers bildet daher zusammen mit seinen Abkömmlingen einen gesonderten Stamm. Die Erbfolge nach Stämmen heißt, daß das Erbrecht innerhalb derselben Ordnung auf die verschiedenen Stämme aufgeteilt wird; dieses Ziel wird durch das Repräsentationsprinzip und das Eintrittsprinzip erreicht. Das Repräsentationsprinzip bedeutet, daß der mit dem Erblasser am nächsten verwandte Angehörige eines jeden Stammes die anderen Angehörigen dieses Stammes von der Erbfolge ausschließt. Ist dagegen ein Abkömmling des Erblassers bereits vor dem Erbfall verstorben, so treten gemäß § 1924 Abs. 3 BGB jeweils die durch ihn mit dem Erblasser verwandten Abkömmlinge desselben Stammes an seine Stelle. Kinder des Erblassers sind zu gleichen Teilen als Erben berufen (§ 1924 Abs. 4 BGB), womit zugleich festgelegt ist, daß die Stämme zu gleichen Teilen erben.

(2) Neben den Verwandten hat aber auch der Ehegatte des Erblassers einen Anspruch auf das Erbe. Allerdings muß die Ehe zum Zeitpunkt des Erbfalles bestehen. Ist die Ehe für nichtig erklärt, aufgelöst oder durch eine Scheidung getrennt, so besteht damit auch kein gesetzliches Erbrecht des geschiedenen Ehegatten. Dem überlebenden Partner einer nichtehelichen Lebensgemeinschaft steht überhaupt kein gesetzlicher Erbteil zu. Die Erbenstellung des Ehegatten, also das rechtliche Verhältnis zu den Verwandten, regelt § 1931 Abs. 1, 2 BGB und dies zunächst unabhängig vom ehelichen Güterstand. Allerdings treten bei den gesetzlich bestehenden unterschiedlichen Güterständen noch bedeutsame Modifikationen hinzu. So variiert die Höhe des Erbteils je nachdem, welche Verwandte neben dem Ehegatten als gesetzliche Erben in Betracht kommen (§ 1931 Abs. 1, 2 BGB). Der Erbteil des Ehegatten beträgt:
- neben Verwandten der ersten Ordnung ein Viertel des Erbes,
- neben Verwandten der zweiten Ordnung die Hälfte des Erbes,
- neben Großeltern die Hälfte sowie zusätzlich den Teil, der an Abkömmlinge von Großeltern fallen würde,
- bei entfernteren Verwandten als Großeltern erbt der Ehegatte allein.

Der überlebende Ehegatte wird neben den erbenden Verwandten zur Erbengemeinschaft gerechnet. Bestand zwischen dem Ehepaar die gesetzliche Gütertrennung, so erfolgt in der Regel beim Tod eines Ehepartners der Zugewinnausgleich (§ 1371 BGB). Die Berechnung des Erbteils erfolgt schematisch, so daß der überlebende Ehepartner zu dem gesetzlich bestehenden Anspruch nach § 1371 Abs. 1 BGB noch ein weiteres Viertel addieren kann. Insgesamt erbt der verbliebene Ehepartner folglich die Hälfte des Erbes. Bei Gütertrennung (§ 1414 BGB) ist § 1371 nicht anwendbar, es bleibt grundsätzlich bei dem Erbteil des überlebenden Ehegatten, wie er sich aus § 1931 Abs. 1, 2 BGB ergibt. Eine Besonderheit ergibt sich jedoch, wenn der Ehegatte neben einem oder zwei Kindern des Erblassers zur Erbfolge gerufen wird. Der Ehegatte und jedes Kind erben dann jeweils zu gleichen Teilen (§ 1931 Abs. 4 BGB), so daß der Ehegatte neben einem noch lebendem Kind die Hälfte, neben zwei noch lebenden Kindern ein Drittel erben würde.

Bei Gütergemeinschaft steht das Gesamtgut (gemeinschaftliches Vermögen des Ehemannes und der Ehefrau) nach dem Erbfall einer Gesamthandsgemeinschaft (§ 1471 Abs. 2, § 1419 BGB) zu, die aus dem überlebenden Ehegatten einerseits sowie den Erben des Erblassers andererseits besteht. Über das Gesamtgut hat eine Auseinandersetzung stattzufinden, wobei die Hälfte des Überschusses, der nach Berichtigung der Nachlaßverbindlichkeiten verbleibt, dem überlebenden Ehegatten, die andere Hälfte den Erben, einschließlich des Ehegatten, zusteht (§ 1471 Abs. 1, § 1476 Abs. 1 BGB).

(3) Im Verhältnis zur Mutter und zu den mütterlichen Verwandten unterscheidet sich die erbrechtliche Stellung des nichtehelichen Kindes in keiner Weise von der Rechtsstellung eines ehelichen Kindes. Durch das Nichtehelichengesetz von 1970 wurde der bis dahin gültige § 1589 Abs. 2 BGB gestrichen, so daß das nichteheliche Kind auch mit seinem Vater und den väterlichen Verwandten nach § 1589 Abs. 1 BGB verwandt ist. Als Folge dieser Regelung gelten nun auch für nichteheliche Kinder grundsätzlich die Regeln des Verwandtenerbrechts: Das nichteheliche Kind gehört beim Tod des Vaters als Abkömmling zu den gesetzlichen Erben erster Ordnung (§ 1924 Abs. 1 BGB). Beim Tod des nichtehelichen Kindes sind sein Vater und dessen Verwandte ebenfalls nach den allgemeinen Regeln zur gesetzlichen Erbfolge gerufen. Dennoch kam es nicht zu einer völligen Gleichstellung von nichtehelichen und ehelichen Kindern. Um den Interessen vor allem der überlebenden Ehefrau Rechnung zu tragen, wurde eine neuartige Rechtsfigur geschaffen: der Erbersatzanspruch. Hiernach hat das nichteheliche Kind nur einen Geldanspruch in Höhe des Wertes des gesetzlichen Erbteils, den das nichteheliche Kind bei Ehelichkeit hätte beanspruchen können.

(4) Die Testierfreiheit gehört zum Kernbestand des Erbrechts, der dem Einfluß des Gesetzgebers kraft Verfassung entzogen ist (Art. 14 Abs. 1, 2, 19 GG). Die gewillkürte, das heißt auf einer Verfügung von Todes wegen beruhende Erbfolge hat Vorrang vor der gesetzlichen Erbfolge: Der Erblasser kann andere Personen als Erben einsetzen oder die gesetzlichen Erben von der Erbfolge ausschließen, ohne beispielsweise andere Personen an ihrer Stelle zu nennen. Allerdings erfährt die Testierfreiheit in Deutschland durch die strenge Pflichtteilsregelung (§§ 2303–2338 BGB) eine wesentliche Einschränkung. Dem Ehegatten, den Abkömmlingen und den Eltern soll ein Mindestanteil am Nachlaß verbleiben, wobei dieser Mindestanteil nur in Form einer Geldsumme ausgezahlt werden kann. Dies kann der Erblasser auch durch eine letztwillige Verfügung nicht verhindern. Darin drückt sich innerhalb der Rechtsprechung ein eindeutiger Schutz der Kernfamilie gegenüber der entfernten Verwandtschaft oder Dritten aus.

Zusammenfassend kann also festgehalten werden, daß nach der gesetzlichen Erbfolge nur Blutsverwandte, gegliedert nach bestimmten Ordnungen und Rangfolgen, als Erben zugelassen werden. Das bedeutet: Sind Erben einer vorhergehenden Ordnung vorhanden, fällt die nachfolgende Ordnung völlig aus. In erster Linie erben die Nachkömmlinge eines Erblassers, also die ehelichen, unehelichen und adoptierten Kinder, wobei die unehelichen Kinder nur dann erben, wenn sie nach dem 30.6.1949 geboren wurden. Als zweite Ordnung folgen dann die Eltern und deren Abkömmlinge. Neben den Kindern erben aber auch die Ehepartner – nicht aber die Lebenspartner, wenn nicht testamentarisch verfügt – einen gewissen Anteil. Die weiteren Verwandten in der Familie werden hingegen nicht bedacht, falls Ehepartner oder Kinder der ersten Ordnung vorhanden sind. Nur in den Fällen, in denen keine Kinder und kein Ehepartner vorhanden sind, haben nach der gesetzlichen Erbfolge Verwandte im weiteren familialen Umkreis die Möglichkeit, eine Erbschaft zu erhalten.

Damit bevorzugt der Gesetzgeber also die engsten Verwandten einschließlich des Ehepartners in der gesetzlichen Erbfolge. Er hält damit stark am Leitbild der Kernfamilie als einer biologisch-sozialen Kleingruppe fest (vgl. 3. Familienbericht, 1979, S. 13), dehnt diesen Begriff allerdings auf die lebenslang bestehende Familie, vor allem auf die geradlinig miteinander Verwandten, gegenseitig rechtlich auch zu Unterhalt Verpflichteten, aus (vgl. 4. Familienbericht, 1986, S. 14; Walter, 1993)[10]. Diese Gruppe, rechtlich und biologisch lebenslang miteinander verbunden, kommt beim Tod eines, meist in der Generationenfolge älteren, Mitglieds auch in die rechtliche Position, diesen Nachlaß übertragen zu bekommen. Zwar ist die rechtliche Seite der Übertragung, vornehmlich das Ausmaß, in dem jedes in diesem Sinne definierte Familienmitglied erbt, geregelt. Offen hingegen ist, ob der Erhalt einer Erbschaft einen relevanten Einfluß auf das Leben der Erben hat. Im folgenden wird dieser Frage nachgegangen: erstens durch Analyse der Art der Erbschaftsübertragungen, zweitens durch die Klärung des Zeitpunkts des Erbschaftserhalts sowie schließlich drittens durch die Bestimmung charakteristischer Merkmale von Familien, die in einer ererbten Immobilie leben.

4. Der Erhalt einer Erbschaft: empirische Befunde

4.1 Die Art der Übertragung und die besondere Bedeutung von Immobilien

Was nun den Einfluß des Nachlasses auf den Lebensverlauf der Erben betrifft, so muß unterschieden werden, ob Geldvermögen, Hauseigentum oder Wertpapiere weitergegeben werden. Denn nur im Falle der Übertragung eines Hauses wird sich für Erben die Frage stellen, ob sie nicht in das elterliche Haus umziehen sollen. Gerade in diesem

Tabelle 1: Art der ersten und zweiten Erbschaft[1]

	Haus und Grundbesitz	Wertpapiere und Beteiligungen	Bargeld und Bankguthaben	N
Erste Erbschaft	53,0 %	5,9 %	41,1 %	664
Zweite Erbschaft	36,8 %	4,4 %	58,8 %	68

[1] „Erste und zweite Erbschaft" bezieht sich auf Angaben, ob jemand auch zwei Erbschaften im Leben seit 1960 erhalten hat. Den Fallzahlen ist zu entnehmen, daß nur in geringem Umfang Personen zwei Erbschaften erhielten.

Quelle: SOEP, 1988, Welle 5; eigene Berechnungen.

[10] Hier unterscheidet sich der jüngste, 5. Familenbericht merklich von den vorhergehenden. Im 5. Familienbericht (1994, S. III–IV) wird nicht mehr am Prinzip der Kernfamilie und auch nicht mehr an dem der erweiterten Familie, in direkter Linie miteinander Verwandten festgehalten, sondern es wird ein weiter gefaßtes, „(...) an der Lebenswirklichkeit mit unterschiedlichen Familienformen orientiertes" (a.a.O., 1994, S. IV) Familienleitbild genannt. Dieses weite Familienbild hat aber die Gesetzgebung zum Erbrecht noch nicht beeinflußt.

Tabelle 2: Merkmale von Personen, die 1993 in einer ererbten Immobilie leben

| | Familienstand | | | | N |
	Verheiratet	Ledig	Geschieden	Verwitwet	
Ererbte Wohnung	75,1 %	10,2 %	3,5 %	11,2 %	823
Andere Wohnung	60,0 %	18,2 %	7,5 %	14,3 %	3.821

| | Familienstand verheiratet und Anzahl der Kinder | | | | |
	Keine Kinder	1 Kind	2 Kinder	3 u. mehr Kinder	
Ererbte Wohnung	25,8 %	11,3 %	37,8 %	25,1 %	624
Andere Wohnung	46,7 %	18,1 %	21,6 %	13,5 %	2.383

Quelle: SOEP, 1993, Welle 1–10; eigene Berechnungen.

Falle kommen die symbolische und die reale Bedeutung einer Erbschaft besonders zum Tragen. Eigenheime sowie der dazugehörige Grund und Boden symbolisieren in ländlichen Gegenden die „Familie" sowie den „Namen" der Familie. Dahinter verbirgt sich einerseits das Gefühl, den familialen Besitz zu wahren, und andererseits der im Gegensatz zu Mietwohnungen in der Regel höhere Gebrauchswert, der sich in einer größeren Wohnfläche, sowie in der Möglichkeit der individuellen Gestaltung des Wohnraums niederschlägt (Lahmann, 1987). Diese Eigenschaften lassen einen Umzug dann als besonders attraktiv erscheinen. Wieviel Prozent der Erben erhalten nun eine Immobilie als Erbschaft? Tabelle 1 gibt darüber Auskunft[11].

Bei 53 Prozent des ersten Nachlasses, den Personen erhalten, besteht dieser aus Haus- und Grundbesitz. Augenscheinlich wenig vererbt werden in der Bundesrepublik hingegen Wertpapiere und Beteiligungen. Selbst bei 37 Prozent einer zweiten Erbschaft werden noch Haus- und Grundbesitz an die Erben weitergegeben. Die reale und symbolische Bedeutung für einen Erben wird dann besonders sinnfällig, wenn der Erbe das Haus auch bezieht. Betrachten wir also in einem zweiten Schritt diejenigen Personen, die 1993 in einer ererbten Wohnung oder in einem ererbten Haus leben (Tab. 2).

Obwohl die Unterschiede zwischen Personen, die in einer ererbten Wohnung, und denjenigen, die in Eigentums- oder Mietobjekten leben, nicht sehr gravierend sind, fällt doch auf, daß häufiger Familien mit mehr als einem Kind in einer ererbten Wohnung leben. Zum einen sind dies diejenigen, die schon in einem höheren Alter sind, daher auch mit höherer Wahrscheinlichkeit bereits eine Erbschaft erhalten haben, zum anderen sind dies aber auch diejenigen, für die der Gebrauchswert einer größeren Wohnung von Bedeutung ist und bei denen gleichzeitig die Familie eine besondere Wertschätzung erfährt, wie aus der Anzahl der Kinder vermutet werden kann. Auffallend ist hingegen

---

[11] Die Datensatzbeschreibung erfolgt im Anhang.

der geringe Anteil an Geschiedenen, die in einer ererbten Wohnung leben oder überhaupt eine Erbschaft erhalten (Lauterbach & Lüscher, 1996, S. 84). Finch u.a. (1996, S. 82) fanden in einer Analyse von Testamenten, daß bei Trennungen der ehemalige Ehepartner häufig bewußt vom Erhalt einer Erbschaft ausgeschlossen wird. Das folgende Zitat verdeutlicht dies: „Nothing must go to my wife Mrs Millbank whom I have not seen for many years as I have been legally separated by court and don't know her where abouts." (Finch u.a., 1996, S. 82) Die Benachteiligung Geschiedener – vornehmlich Frauen – setzt sich also bis zum Erhalt bzw. Nichterhalt einer Erbschaft fort.

4.2 Das Alter der Erben bei Nachlaßübertragung

Das Alter, in dem eine Erbschaft angetreten wird, ist von entscheidender Bedeutung für die Erben. Wird der Nachlaß etwa erst in einem hohen Alter übertragen, hat er wahrscheinlich weniger Einfluß auf den weiteren Lebensverlauf der Erben, als wenn er in einem frühen Alter übertragen wird. Speziell gilt diese Überlegung für Familien, die in der Landwirtschaft tätig sind. Selbst wenn die Übertragung eines Hofes ein lebenslanger Prozeß ist (Kohli, 1994), so scheint es plausibel anzunehmen, daß in den Fällen, in denen der Besitz nicht zu einem passenden Zeitabschnitt im Leben des Erben übertragen wird, das Kind entmutigt würde, auf das Erbe zu warten, und sodann einen anderen Beruf ergreifen könnte. Dies legt den Schluß nahe, daß die Kontinuität der Hofübergabe in der Landwirtschaft am wahrscheinlichsten ist, wenn der Vater seinen Besitz in einem Alter überträgt, in dem die Berufslaufbahn des Erben beginnt oder zumindest noch nicht zu weit fortgeschritten ist (vgl. Lauterbach & Shanahan, 1998).

Dieselbe Überlegung gilt auch für den Fall einer Immobilien- oder Vermögenserbschaft. Je älter die Erben, desto unwahrscheinlicher wird es, daß sie etwa ein Haus oder eine Eigentumswohnung selbst nutzen oder den monetären Nachlaß dazu verwenden, räumlich mobil zu werden, um sich etwa eine Immobilie zu kaufen. Mit zunehmendem Alter sind die Erben bereits etabliert. Sie haben sich beispielsweise bereits ein Haus gekauft.

In den folgenden Abbildungen 4 und 5 sind deshalb Altersverteilungen, die den Zeitpunkt des Erhalts einer Erbschaft im Lebenslauf einer Person angeben, abgetragen. Ersichtlich ist, daß die meisten Deszendenten im 4. und 5. Lebensjahrzehnt eine Erbschaft erhalten, also in einem Alter, in dem sie in der Regel zur Gründung eines Haushalts oder einer Familie nicht mehr auf den Nachlaß angewiesen sind und selbst oder über den Ehepartner in den Arbeitsmarkt integriert sind. Betrachtet man jedoch nur diejenigen, die eine Immobilie vererbt bekamen (Abb. 5), so zeigt sich, daß am häufigsten Deszendenten im 4. und 5. Lebensjahrzehnt in eine ererbte Immobilie ziehen. Dies sind genau die Lebensphasen, in denen Kleinkinder oder Kinder mit in der Familie leben und diese eine große Wohnfläche benötigt.

Nach dem 50. Lebensjahr fällt dieser Anteil stark ab, wenngleich immer noch Personen mobil werden.

Abbildung 4: Alter der Person beim Eintritt einer ersten Erbschaft in den Jahren 1960 bis 1998

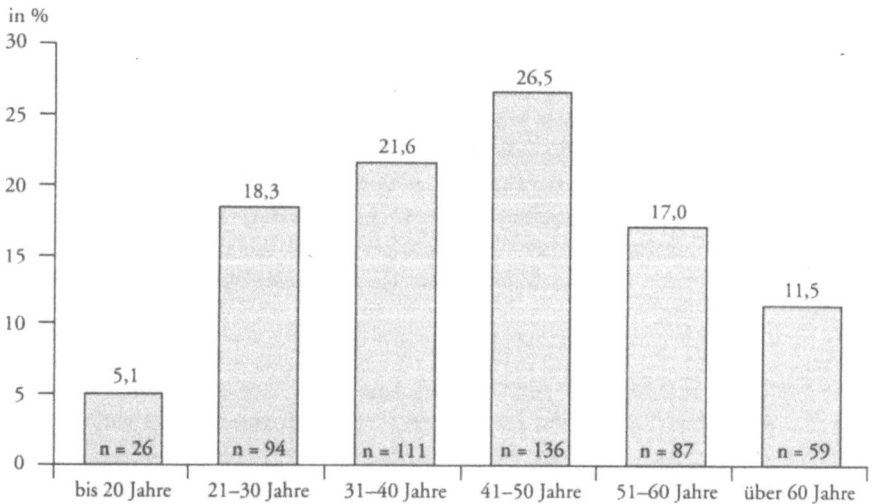

Quelle: SOEP, 1988; eigene Berechnungen.

Abbildung 5: Alter des Haushaltsvorstands, der zwischen 1984 und 1993 in eine durch Erbschaft oder Schenkung erhaltene Wohnung zieht

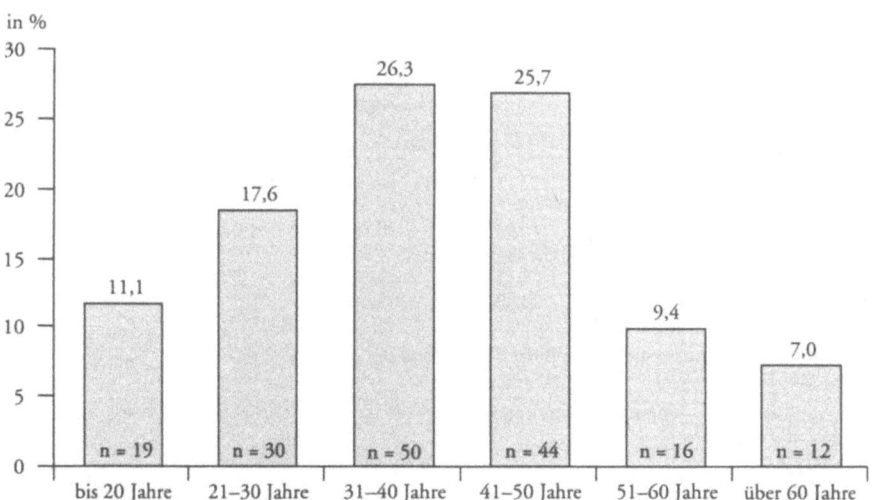

Quelle: SOEP, 1988; eigene Berechnungen.

4.3 Räumliche Mobilität durch einen Erbschaftserhalt?

Abschließend soll überprüft werden, ob der Erhalt einer Erbschaft die Mobilitätsbereitschaft tatsächlich fördert oder ob die deskriptiven Befunde nur der Einkommensentwicklung im Lebensverlauf geschuldet sind. Es wird also nach der Verwendung einer Erbschaft gefragt. Gestützt auf die Überlegung, daß eine Erbschaft die finanzielle Haushaltssituation stark verbessert, dies jedoch in geringerem Maße in einem höheren Alter des Deszendenten, soll überprüft werden, ob der Nachlaß die räumliche Mobilität auch dann noch fördert. Diese Frage wird mit einem dynamischen Ansatz zur Modellierung des Erbschaftseinflusses zu beantworten versucht (zu methodischen Anmerkungen siehe Anhang). Bei der Interpretation der Ergebnisse sollen nur die Effekte, die den Erhalt einer Erbschaft abbilden, in ihrer Wirkung auf die räumliche Mobilität im Lebensverlauf untersucht werden[12].

Tabelle 3: Einfluß individueller, familialer und erbschaftsspezifischer Faktoren auf die räumliche Mobilität von Haushalten (Exponentialmodell, α-Koeffizienten)

	Modell 1	Modell 2	Modell 3	Modell 4
Konstante	–0,004***	–0,001***	–0,018**	–0,018**
t_1 = log (Wohndauer in Jahren)	2,18***	1,93***	2,23***	2,23***
t_2 = log (10 – Wohndauer in Jahren)	6,05***	8,58***	5,87***	5,87***
Alter in der Wohnung (zeitabhängig)	–0,96***	1,08	1,01	1,01
Erbschaft/Schenkung				
Erhalt einer Erbschaft		1,95***	1,36***	1,24**
Alter beim Erbschaftserhalt		–0,78***	1,27***	1,31***
Alter² beim Erbschaftserhalt		1,05***	1,01	1,01
Einkommen				
(log) Einkommen		1,22	–0,85	–0,85
(log) Einkommen × Alter		–0,86**	–0,96	–0,96
Eigentümer				
Eigentümer			–0,09***	–0,08***
Eigentümer + Erbschaftserhalt				2,20***
n	10.227	10.227	10.227	10.227
Ereignisse	713	713	713	713
Zensierungen	9.514	9.514	9.514	9.514
Log-Likelihood	–2.524,05	–2.489,99	–2.320,10	–2.317,57

Ohne Linkszensierungen; log-lineare Einflüsse; β-Koeffizienten.
Signifikanzniveau: *** $p < 0.01$, ** $p < 0.05$, * $p < 0.10$.

Quelle: SOEP (Wellen 1–10); eigene Berechnungen.

---

[12] Für eine weitere Analyse möglicher Einflußfaktoren auf die räumliche Mobilität im Lebensverlauf siehe Klein & Lauterbach (1995) und Lauterbach & Lüscher (1996).

Beginnen wir die Interpretation mit Modell 2. Ersichtlich ist, daß der Erbschafts-erhalt die Wahrscheinlichkeit, umzuziehen, um etwa 95 Prozent erhöht[13]. Selbst wenn die Erbschaft in einem höheren Alter erworben wird, steigt noch die Wahrscheinlich-keit, mobil zu werden, jedoch mit einer abnehmenden Rate (Variablen „Alter beim Erb-schaftserhalt" und „Alter^2 beim Erbschaftserhalt"). Zieht man in Betracht, daß die Mo-bilität im Lebensverlauf grundsätzlich mit dem Alter abnimmt (Wagner, 1989), so hat selbst ein später Erbschaftserhalt noch einen beachtlichen Einfluß auf die Veränderung der Wohnsituation von Familien[14]. Die Mobilitätsrate steigt im höheren Alter noch-mals an. Selbst bei Immobilienbesitzern, die generell sehr immobil sind (−2.38), erhöht sich im Vergleich zu Eigentümern, die keine Erbschaft erhalten, durch den Erhalt einer Erbschaft die Wahrscheinlichkeit um mehr als 120 Prozent, doch noch umzuziehen (vgl. Modelle 3 und 4).

5. Ausblick: Familie, Verwandtschaft und der Einfluß des Erbes auf den Lebensverlauf des Erben

In diesem Beitrag wurden generell Fragen nach familialen und rechtlichen Vorstellun-gen der Vermögensübertragung in Erbschaftsfällen sowie speziell Fragen zum Einfluß einer Erbschaft auf den weiteren Lebensverlauf eines Erben gestellt. Gestützt auf die erbrechtliche Einteilung der Familienangehörigen in Parentelen und Ordnungen sowie die Bedeutung des Nachlasses für die Erben und für den Erblasser wurden diese Fragen mit folgenden Ergebnissen untersucht.

Erstens handelt es sich um einen Transfer, der vornehmlich zwischen Familienange-hörigen stattfindet, überwiegend zwischen Eltern und ihren Kindern, nur im geringe-ren Maße auch zwischen Verwandten, also innerhalb spezifischer, durch die Ordnung der Parentelen institutionalisierter Beziehungen. Entferntere Verwandte, wie beispiels-weise Nichten und Neffen, selbst schon Geschwister des Erblassers werden beim Vor-handensein einer Ehefrau und Kindern als Erben nach der gesetzlichen Erbfolge ausge-schlossen. Der Gesetzgeber hält hierbei eindeutig an der Vorstellung von Familie als Kernfamilie fest. Die Konzentration auf den Ehepartner und die Kinder als die Erben zeigt sich aber auch in Interviews mit Personen, die über mögliche Erben sprechen, und in Analysen gewillkürter Testamente. So konnte für England gezeigt werden, daß in 88 Prozent aller gewillkürten Erbschaftsfälle der Ehepartner, die Kinder, Enkelkinder

---

[13] Die Berechnung der „relativen Einflüsse" erfolgt unter Berücksichtigung des Zusammenhangs von $\alpha_i = \exp(\beta_i)$, so läßt sich das verwendete Exponentialmodell (siehe Anhang) auch gemäß

$$r(t) = \alpha_0 \times \alpha_1{}^{x1} \times \alpha_2{}^{x2} \times ... \times \alpha_n{}^{xn}$$

darstellen, wobei α_i den relativen Einfluß der jeweiligen Variablen (bei Veränderung um eine Einheit) wie-dergibt. Bei dieser Darstellung der Effekte spricht man auch vom „relativen Risiko". Die Umformung $\gamma = (\alpha_i - 1) \times 100$ würde sich dann als %-Effekt interpretieren lassen.

[14] Dies wird durch die Variablen t_1, t_2 und „Alter in der Wohnung" ausgedrückt. Korrekterweise muß gesagt werden, daß die Mobilitätsrate im Lebensverlauf einen linkssteilen Verlauf hat.

und Geschwister die Erben sind (Finch u.a., 1996, S. 70 f.). Es gibt also klare Vorstellungen in der Bevölkerung darüber, wer das Erbe und zu welchen Teilen er dieses erhalten soll. Nur in 15 Prozent aller Testamentsniederlegungen wird überhaupt ein weit entfernter Verwandter genannt. In den meisten Fällen (73 Prozent) werden ausschließlich der Ehepartner und/oder die Kinder benannt (Finch u.a., 1996, S. 72). Die Übereinstimmung zwischen den gesetzlichen Regelungen und den tatsächlichen Erbschaftsübertragungen ist erstaunlich hoch.

Zweitens ist mit einem Erbschaftstransfer immer auch ein symbolischer Transfer des Familieneigentums verbunden. Dies gilt in besonderem Maße für Hofbesitzer sowie für Selbständige. Doch auch in anderen Bevölkerungsgruppen stellt speziell der Besitz an Wohneigentum ein familiales Symbol dar, aber auch häufig eine reale Verbesserung der Lebenssituation.

Der Charakter des Erbes als einer über ökonomische Faktoren hinausreichenden, traditionellen und institutionalisierten Form von Beziehungen wird auch in der Literatur immer wieder beschrieben (Clignet, 1992; Finch u.a., 1996; Gotman, 1988, 1991; Kohli, 1994; Sørensen, 1989). Aufgrund dieser Diskussion sowie der präsentierten empirischen Ergebnisse ist es angemessen, von einem doppelten institutionellen Charakter des Erbes zu sprechen: Dieser liegt einerseits in der ökonomischen und symbolischen Dimension des Erbes, andererseits in der intergenerationalen Bindung und häufig in der durch Familien unterstützten Reproduktion gesellschaftlicher Positionen. Dies wird sowohl durch die rechtliche Codierung der Erbfolge unterstrichen als auch durch die in der Regel erfolgende Eingrenzung der Erben auf die engste Familie. Indem durch die Übertragung des Nachlasses gleichzeitig der Bestand von Familien über die Generationen hinweg womöglich gesichert, jedenfalls begünstigt werden soll, trägt die Erbschaftsübertragung zur Tradierung der Institution Familie bei. Das Erben wird seinerseits zu einer Institution, welche die Kontinuität der Gesellschaft und die Stabilität ihrer Strukturen schützt.

Was die symbolische Bedeutung des Nachlasses betrifft, so läßt sich formulieren, daß Erbe und Erblasser der Familie häufig einen besonderen Wert beimessen. Dieser kann sich vom konkreten Wunsch, die Existenz der Familie zu erhalten, bis hin zu metaphysischen Vorstellungen der Fortsetzung des Lebens nach dem Tod erstrecken (Lüscher & Wehrspaun, 1986). Für die Erben verbinden sich häufig biographische Erinnerungen mit Immobilienerbschaften. Die geläufige und oft oberflächliche Kennzeichnung der Familie als „Wert" erscheint in diesem Zusammenhang sehr wohl angemessen.

Hingegen verweist die reale Bedeutung des Nachlasses häufig auf die Dimensionen des Nutzens. Er besteht für beide Beteiligte, ist aber offensichtlich unterschiedlich. Für den Erblasser ist es eine zusätzliche Alterssicherung und für den Erben sowohl ein finanzieller Zugewinn als auch in vielen Fällen eine Steigerung des Lebensstandards durch bessere Wohnverhältnisse. Selbstverständlich hat in jenen Fällen, in denen die Erbschaft mit dem Tod des Erblassers übertragen wird, dieser davon keinen Nutzen, doch wie die Ergebnisse zeigen, wird der größte Teil des Erbes bereits zu Lebzeiten des Aszendenten übertragen.

Die Befunde bestätigen auch, daß Vererben und Erben fundamentale gesellschaftliche, in Familien stattfindende Prozesse sind, die sich vor allem auf die Perpetuierung der sozialen Plazierung von Individuen und Familien in späten Lebensverlaufsphasen auswirken. Beim Erhalt einer Erbschaft sind die Empfänger zu einem großen Teil bereits in ihrer 4. oder 5. Lebensdekade. Obgleich der Erhalt des Nachlasses in diesem Alter häufig nicht mehr nötig ist, um beispielsweise eine Familie zu gründen oder eine Immobilie zu erwerben, fördert trotzdem der Erhalt einer Erbschaft die räumliche Mobilität des Erben. Dies in doppelter Hinsicht. Häufig benutzen Erben den erhaltenen Nachlaß, um selbst eine geeignete Immobilie zu erwerben, oder sie ziehen, im Falle des Erhalts einer Immobilie, selbst in diese ein. Da in diesen Haushalten in vielen Fällen auch mehrere Kinder leben, ist zu vermuten, daß der intergenerationale Transfer einer Wohnung oder eines Hauses auch unter realen Gesichtspunkten erfolgt und mit großer Wahrscheinlichkeit als ein Muster der „vorgezogenen Erbschaft", abgekoppelt vom Tod der Aszendenten, anzusehen ist.

Der doppelte institutionelle Charakter von Erbschaften prägt offensichtlich auch in modernen Gesellschaften die Lebensverläufe von Erben, und zwar auch in späten Phasen des Lebens.

6. Methodischer Anhang

Die dargestellten Ergebnisse beruhen auf Analysen der Daten des Sozio-ökonomischen Panels (Hanefeld, 1987; Projektgruppe „Das Sozio-ökonomische Panel", 1990, 1991). Angaben über erfolgte Erbschaften sind in diesem Datensatz auf zwei Arten erfaßt: Erstens wurde in der 5. Welle 1988 die Vermögenssituation der Haushalte genauestens erfragt. In Verbindung damit wurde rückblickend bis 1960 erfragt, ob der Haushalt eine, zwei oder drei Erbschaften erhalten habe, wann diese transferiert wurde(n), welcher Person sie zugefallen sei(en), wie hoch sie gewesen sei(en) und ob es sich dabei um Immobilien, Grundstücke, Wertpapiere oder Bankguthaben gehandelt habe. Insgesamt gaben von 4.814 befragten Haushalten nur 582 Haushalte an, mindestens eine Erbschaft seit 1960 erhalten zu haben; davon allerdings nannten nur 459 den Wert der erhaltenen Erbschaft.

Eine zweite Möglichkeit, Erbschaften zu erfassen, ergibt sich im Anschluß an die Frage, ob der Haushalt in einer Miet- oder einer Eigentumswohnung lebe. Hier wurden Angaben darüber erbeten, ob die Immobilie durch eine Erbschaft oder eine Schenkung erhalten, ob sie gekauft oder neu erstellt wurde. Indem diese Angaben für alle Haushalte, die kontinuierlich an der Befragung teilnahmen, sowie für diejenigen, die pro Erhebungsjahr neu hinzukamen, erhoben wurden, ergeben sich über die Wellen 1–10 insgesamt 4.695 Haushalte, von denen 833 in einer ererbten oder geschenkten Wohnung leben. Dies ist ein zusätzlicher wertvoller Indikator, um zu analysieren, welche speziellen Haushalte in einer ererbten Wohnung leben.

Die statistische Analyse der Frage, ob der Nachlaß die räumliche Mobilität im Lebensverlauf fördert, wurde mit einem dynamischen Ansatz zur Modellierung des Erbschaftseinflusses beantwortet. Nur dadurch konnte überprüft werden, ob das Alter beim Erbschaftserhalt die Wahrscheinlichkeit räumlicher Mobilität erhöht. Dazu wurde ein ereignisanalytischer Ansatz gewählt (Blossfeld, Hamerle & Mayer, 1989), der es erlaubt, räumliche Mobilität im Lebensverlauf in Abhängigkeit vom Alter der Person beim Erbschaftserhalt und von weiteren Faktoren zu analysieren. Zur Schätzung wurde ein Exponentialmodell gewählt, in dem die altersabhängige räumliche Mobilität im Lebensverlauf durch zwei Zeitvariablen (t_1 und t_2) modelliert wurde (Courgeau, 1985; Mulder & Wagner, 1993; Wagner, 1989)[15].

---

[15] Eine genaue Darstellung des Exponentialmodells ist in Blossfeld, Hamerle & Mayer (1989) und für den speziellen Falle der räumlichen Mobilität in Lauterbach & Lüscher (1995) und Klein & Lauterbach (1996) zu finden.

Literatur

3. Familienbericht – Bundesminister für Jugend, Familie und Gesundheit. (1979). *Dritter Familienbericht. Die Lage der Familien in der Bundesrepublik Deutschland.* Bonn: Bundesministerium.

4. Familienbericht – Bundesministerium für Jugend, Familie, Frauen und Gesundheit. (1986). *Vierter Familienbericht: Die Situation der älteren Menschen in der Familie.* Bonn: Bundesministerium.

5. Familienbericht – Bundesministerium für Familie und Senioren. (1994). *Fünfter Familienbericht: Familien und Familienpolitik im geeinten Deutschland – Zukunft des Humanvermögens.* Bonn: Bundesministerium.

Bedau, K.-D. (1994). Die Vermögenseinkommen der privaten Haushalte 1993. *Wochenbericht, Deutsches Institut für Wirtschaftsforschung (DIW), 24,* 405–411.

Bender, D. (1994). Versorgung von hilfs- und pflegebedürftigen Angehörigen. In W. Bien (Hrsg.), *Eigeninteresse oder Solidarität. Beziehungen in modernen Mehrgenerationenfamilien* (S. 223–249). Opladen: Leske + Budrich.

Bernheim, D., Shleifer, A. & Summers, L. H. (1985). The strategic bequest motive. *Journal of Political Economy, 93* (6), 1045–1076.

Blossfeld, H.-P., Hamerle, A. & Mayer, K. U. (1989). *Event-history analysis. Statistical application in the social science.* Hillsdale, NJ: Erlbaum.

Borchers, A. & Miera, S. (1993). *Zwischen Enkelbetreuung und Altenpflege. Die mittlere Generation im Spiegel der Netzwerkforschung.* Frankfurt a.M.: Campus.

Bourdieu, P. (1987). *Sozialer Sinn.* Frankfurt a.M.: Suhrkamp.

Cates, J. N. & Sussmann, M. B. (1982). *Family systems and inheritance patterns.* New York: The Haworth Press.

Clignet, R. (1992). *Death, deeds and descendence: A study of inheritance in modern America.* New York: Aldine de Gruyter.

Courgeau, D. (1985). Interaction between spatial mobility, family and career life-cycle: A French survey. *European Sociological Review, 1,* 139–162.

Datenreport – siehe Statistisches Bundesamt.

Der SPIEGEL. (1990). *Das Klima wird eisiger.* 66–68.

Engel, B. (1985). Stetige und diskrete private Transfers: Zur Bedeutung von Erbschaften und privaten Unterhaltszahlungen für die Einkommens- und Vermögensverteilung. In R. Hauser & B. Engel (Hrsg.), *Soziale Sicherung und Einkommensverteilung. Empirische Analysen für die Bundesrepublik Deutschland* (S. 239–255). Frankfurt a.M.: Campus.

Euler, M. (1991). Grundvermögen privater Haushalte Ende 1988. Ergebnis der Einkommens- und Verbrauchsstichprobe. *Wirtschaft und Statistik, 4,* 277–284.

Finch, J., et al. (1996). *Wills, inheritance, and families*. Oxford: Clarendon Press.

Gaunt, D. (1983). The property and kin relationships of retired farmers in northern and central Europe. In R. Wall, J. Robin & P. Laslett (Eds.), *Family forms in historic Europe* (pp. 249–279). Cambridge: Cambridge University Press.

Gaunt, D. (1987). Rural household organization and inheritance in northern Europe. *Journal of Family History, 2*, 121–141.

Goody, J. (1976). *Production and reproduction. A comparative study of the domestic domain.* Cambridge: Cambridge University Press.

Goody, J. (1986). *Die Entwicklung von Ehe und Familie in Europa.* Frankfurt a.M.: Suhrkamp.

Goody, J., Thirsk, J. & Thompson, E. (1976). *Family and inheritance. Rural society in western Europe 1200–1800.* Cambridge: Cambridge University Press.

Gotman, A. (1988). *Héritier.* Paris.

Gotman, A. (1991). L'héritier et le commis voyageur. Transmission et héritage de la maison de famille. In M. Segalen (Ed.), *Jeux de familles* (pp. 35–51). Paris: L'Harmattan.

Häußermann, H. & Petrowsky, W. (1990). Lebenszyklus, Arbeitslosigkeit und Hauseigentum. In L. Bertels & U. Herlyn (Hrsg.), *Lebenslauf und Raumerfahrung* (S. 101–123). Opladen: Leske + Budrich.

Hanefeld, U. (1987). *Das Sozio-ökonomische Panel.* Frankfurt a.M.: Campus.

Hildenbrand, B., Bohler, K., Jahn, W. & Schmitt R. (1992). *Bauernfamilien im Modernisierungsprozeß.* Frankfurt a.M.: Campus.

Hubbard, W. H. (1983). *Familiengeschichte. Materialien zur deutschen Familie seit dem Ende des 18. Jahrhunderts.* München: Beck.

Imhof, A. E. (1980). *Mensch und Gesundheit in der Geschichte.* Husum: Matthiesen.

Kendig, H. L. (1984). Housing tenure and generational equity. *Ageing and Society, 4*, 249–272.

Kennedy, L. (1991). Farm succession in modern Ireland: Elements of a theory of inheritance. *Economic History Review, XLIV, 3,* 477–499.

Kottlikoff, L. J. & Summers, L. (1981). The role of intergenerational transfers in aggregate capital accumulation. *Journal of Political Economy, 89,* 706–732.

Klein, T. & Lauterbach, W. (1995). Wohnungswechsel und Wohnungszufriedenheit. In W. Zapf, R. Habich & J. Schupp (Hrsg.), *Sozialberichterstattung im Längsschnitt* (S. 1–15). Frankfurt a.M.: Campus (Sozio-ökonomische Daten und Analysen für die Bundesrepublik Deutschland, Bd. 7).

Kohli, M. (1994). Commentary: Rural families as a model for intergenerational transmission. In V. Bengston, L. Schaie, K. Warner & L. M. Burton (Eds.), *Adult intergenerational relations. Effects of societal change* (pp. 66–78). New York: Springer.

Lahmann, H. (1987). Wohnen. In H.-J. Krupp & J. Schupp (Hrsg.), *Lebenslagen im Wandel: Daten 1987* (S. 42–61). Frankfurt a.M.: Campus.

Lauterbach, W. & Lüscher, K. (1996). Erben und die Verbundenheit der Lebensverläufe von Familiengenerationen. *Kölner Zeitschrift für Soziologie und Sozialpsychologie, 48* (1), 66–95.

Lauterbach, W. & Shanahan, M. (im Druck). Die Modernisierung des Agrarsektors: Berufliche Kontinuität und Wandel in Familienbetrieben. *Berliner Journal für Soziologie, Sonderheft 1.*

Limbach, J. (1988). Die Entwicklung des Familienrechts seit 1949. In R. Nave-Herz (Hrsg.), *Wandel und Kontinuität der Familie in der Bundesrepublik Deutschland* (S. 11–35). Stuttgart: Enke.

Limbach, J. (1989). Die rechtlichen Rahmenbedingungen von Ehe und Elternschaft. In R. Nave-Herz & M. Markefka (Hrsg.), *Handbuch der Familien- und Jugendforschung* (S. 225–241). Neuwied: Luchterhand.

Lüscher, K. & Wehrspaun, M. (1986). Familie und Zeit. *Zeitschrift für Bevölkerungswissenschaft, 12* (2), 239–256.

Marbach, J. (1994). Tauschbeziehungen zwischen Generationen: Kommunikation, Dienstleistungen und finanzielle Unterstützung in Dreigenerationenfamilien. In W. Bien (Hrsg.), *Eigeninteresse oder Solidarität. Beziehungen in modernen Mehrgenerationenfamilien* (S. 163–197). Opladen: Leske + Budrich.

Mauss, M. (1967). *The gift. Forms and functions of exchange in archaic societies.* London: Norton & Company.

Miegel, M. (1983). *Die verkannte Revolution. Einkommen und Vermögen der privaten Haushalte.* Stuttgart: Bonn Aktuell.

Miegel, M. (1985). Neuere Tendenzen in der Vermögensverteilung. In W. Ehrlicher & D. B. Sinnert (Hrsg.), *Der volkswirtschaftliche Sparprozeß* (S. 297–316). Berlin: Duncker & Humblot (Beihefte zu Kredit und Kapital, Bd. 9).

Müller, H.-P. (1992). *Sozialstruktur und Lebensstile. Der neuere theoretische Diskurs über soziale Ungleichheit.* Frankfurt a.M.: Suhrkamp.

Adoption – Familienleben mit doppelter Elternschaft

Elke Wild

In Deutschland werden jedes Jahr mehr als 6.000 Minderjährige adoptiert. Diese leben in besonderen Familienverhältnissen, da mit der Adoption das Prinzip der blutsverwandtschaftlichen Bindung zwischen zwei Generationen durchbrochen wird und infolge dessen zwei „nebeneinander" existierende Verwandtschaftssysteme entstehen. Neben dem Kreis von Menschen, mit denen das Kind aufwächst und die es wegen des gemeinsamen Lebensvollzugs auch meist ganz selbstverständlich als „seine" Eltern, Geschwister und Angehörige betrachtet, existiert die Herkunftsfamilie als ein zweiter Kreis von Personen, die in der Regel nicht am alltäglichen Leben des Kindes teilhaben, mit ihm jedoch blutsverwandt sind und zumindest im Bewußtsein von Adoptivkindern und -eltern präsent sind.

Der vorliegende Beitrag setzt sich in drei Schritten mit der besonderen Konstellation einer „doppelten" Eltern- und Verwandtschaft auseinander. Einleitend wird ein Blick in verschiedene Epochen und Kulturen geworfen, um herauszuarbeiten, inwiefern sowohl die Verbreitung, Funktion und Akzeptanz von Adoption als auch das Selbstverständnis der Mitglieder einer Adoptivfamilie von kulturellen und historischen Bedingungen abhängt. Daran anschließend werden die derzeit in Deutschland geltenden, rechtlichen und institutionellen Rahmenbedingungen der Adoption skizziert. Zum einen soll so aufgezeigt werden, welche weitreichenden Konsequenzen eine rechtskräftige Adoption für die verwandtschaftliche Zu- und Einordnung eines Kindes nach sich zieht und wie von staatlicher Seite sicherzustellen versucht wird, daß der Eingriff in die „natürlichen" Verwandtschaftsverhältnisse und die Übertragung der Rechte und Pflichten der biologischen Eltern auf die Adoptiveltern in einer mit dem Grundgesetz in Einklang stehenden und dem Wohle des Kindes dienenden Weise erfolgt. Darüber hinaus sollen die Ausführungen verdeutlichen, daß die vorherrschende Gesetzgebung und Adoptionspraxis implizit am traditionellen Familienleitbild orientiert ist und daß dadurch einige Anforderungen, mit denen sich die am Adoptionsgeschehen beteiligten Personengruppen konfrontiert sehen, strukturell im Adoptionsverfahren angelegt sind. Inwiefern diese und andere adoptionsspezifische Anforderungen das Erleben und Befinden von Adoptiveltern und -kindern sowie die Qualität der Familienbeziehungen beeinflussen, wird schließlich im dritten Abschnitt erläutert.

1. Adoption in verschiedenen Epochen und Kulturen

Versteht man Adoption als eine gesellschaftlich organisierte soziale Transaktion, mit der einer Person ein Platz in der Sozialstruktur zugewiesen und Zuständigkeiten geregelt werden (vgl. Golomb & Geller, 1992), dann sollte sich die Verbreitung und Akzeptanz von Adoption als eine Funktion von historisch und soziokulturell unterschiedlichen Rahmenbedingungen darstellen lassen.

In Einklang mit dieser These läßt sich feststellen, daß Adoptionen seit vielen Jahrhunderten und in verschiedensten Kulturen praktiziert wurden, jedoch in sehr unterschiedlichem Ausmaß und aus verschiedenen Motiven. Frühe Hinweise auf Adoptionen finden sich bereits in der griechischen Sage von Ödipus, in der Gesetzgebung des Hammurabi im antiken Babylon und nicht zuletzt im Alten Testament. Die Geschichte von Moses, der als Säugling von der Tochter des Pharao gefunden und in die Obhut einer Amme gegeben wird, ist allerdings eines der wenigen Beispiele im Altertum, wo Adoption einem Akt der Fürsorglichkeit gegenüber einem Kind gleichkam. Bei den meisten dokumentierten Adoptionsfällen aus den vergangenen Jahrhunderten und Jahrtausenden standen dagegen die Interessen des/der Annehmenden klar im Vordergrund. So existierten im Römischen Reich zwar verschiedene Formen der Adoption, am häufigsten wurden jedoch (männliche) Erwachsene adoptiert, weil Reiche ohne eigene Nachkommen auf diese Weise ihr Vermögen, ihren Titel und ihre Privilegien an eine von ihnen auserwählte Person vererben konnten. Adoptionen wurden also primär vollzogen, um den Untergang einer Familienlinie zu verhindern, den Ahnenkult einer Familie fortzuführen, die Beständigkeit der an einem Familiensystem anknüpfenden politischen Gefolgschaft zu sichern sowie die familiale Vielfalt des Gemeinwesens der vollberechtigten Bürgerschicht zu erhalten (vgl. Golomb & Geller, 1992, S. 68).

Da das Römische Recht zur Basis aller nachfolgenden europäischen Gesetzeswerke wurde, blieben die rechtlichen Bestimmungen zur Adoption lange Zeit an der Funktion der Sicherung familialer und ökonomischer Kontinuität orientiert. In der *Praxis* verlor die Adoption allerdings immer mehr an Bedeutung. Im Mittelalter war sie in den nicht-adeligen Schichten nicht üblich, da es wenig zu vererben gab, und im Fall kinderloser Adelsfamilien konnten Namens- und Besitzübertragungen testamentarisch oder über Eheverträge geregelt werden, so daß eine Adoption nicht erforderlich war. Zudem konnten Kinder – zumindest von Verwandten – aufgezogen werden, ohne daß es dazu einer vertragsrechtlichen Absicherung bedurft hätte. Selbst die im 17. und 18. Jahrhundert immer größer werdende Zahl von Kindern, die von ihren Eltern ausgesetzt wurden, führte zunächst nicht dazu, daß Adoption als ein Weg verantwortlicher Weggabe von Kindern an Bedeutung gewann. Allerdings entstanden Mitte des 19. Jahrhunderts pädagogische Reformbewegungen, die eine zum Wohle der Kinder gestaltete, institutionalisierte Form der Kindesabgabe und -annahme forderten. Diese Reformbestrebungen fanden ihren Niederschlag im Bürgerlichen Gesetzbuch, mit dem der Adoption auch eine Schutzfunktion zugewiesen wurde. Da die hier festgehaltenen Bestimmungen in Deutschland im wesentlichen bis zur Novellierung des Adoptionsgesetzes Ende der

1970er Jahre galten, stellte Adoption noch bis vor kurzem einen Akt dar, der zwar möglichst in Einklang mit den Interessen des Kindes stehen sollte, mit dem aber vor allem die Namens- und Vermögenskontinuität der Annehmenden vertraglich geregelt wurde. Das Adoptivkind blieb dabei mit seinen leiblichen Eltern verwandt und konnte von diesen auch – zumindest theoretisch – Vermögen erben.

Die Feststellung, daß Adoptionen – im Sinne einer Transaktion zur Herstellung von Verwandtschaftsbeziehungen zwischen nicht blutsverwandten Personen – in der Vergangenheit nur selten direkt zum Wohle des Kindes durchgeführt wurden, läßt sich auch dann aufrechterhalten, wenn man einen Blick in verschiedene Kulturen wirft. So stellte Adoption nicht nur im alten Rom, sondern auch in anderen vorindustriellen Hochkulturen (z.B. China und Griechenland) eine reichen und männlichen Personen vorbehaltene Möglichkeit dar, bestimmte Personen verwandtschaftlich zu binden. Ihre Verbreitung hing allerdings davon ab, ob die Erbfolge auch auf anderem Wege gesichert werden konnte. Im Islam beispielsweise war Adoption bekannt – sogar der Prophet Mohammed hatte einen Adoptivsohn – aber nicht üblich, da Probleme bei der leiblichen Nachkommenschaft allein wegen der Polygamie seltener auftraten und dann auf andere Weise (z.B. durch Leviratsehe) gelöst werden konnten.

Weitverbreitet waren Adoptionen dagegen – bis in dieses Jahrhundert hinein – in Gesellschaften der südpazifischen Inselwelt (zusammenfassend Baran, Pannor & Sorosky, 1976; Golomb & Geller, 1992; Schreiner, 1993). Hier stellten sie ein geradezu alltägliches und entsprechend voll anerkanntes Verfahren dar, das sich auf die Annahme Minderjähriger bezog. Durch die Adoption wurde eine Verteilung der Versorgungsaufgaben erreicht und das Zusammengehörigkeitsgefühl innerhalb des Clans gestärkt. Ein Adoptionswunsch konnte kaum zurückgewiesen werden, da er als ein dem Wohl der Gemeinschaft dienendes Ansinnen verstanden wurde. Aus psychologischer Sicht aufschlußreich sind Hinweise, wonach die Trennung des Kindes von den leiblichen Eltern nicht als identitätsgefährdend oder verunsichernd erlebt wurde, da zum einen die rituelle Zugehörigkeit zum Clan oder Stamm wichtiger war als die direkte Blutsbindung in einer Familie und zum anderen ein Wechsel der engsten Bezugs- und Pflegepersonen im Kleinkindalter ohnehin häufig vorgenommen wurde. Fremdheitserlebnisse schienen auch deshalb auszubleiben, da der Kontakt zur Herkunftsfamilie bestehen blieb. So unterhielten beispielsweise auf den Trobriand-Inseln die adoptierten Kinder eine Art „Tanten-Beziehung" zur leiblichen Mutter. Wie Schreiner (1993) berichtet, galt ähnliches für die Volksgruppe der Min, die im Grenzgebiet zwischen Thailand, Burma und Laos lebt. Auch hier stellte die Aufnahme eines Kindes eine häufige und allgemein akzeptierte Form der Erweiterung der Verwandtschaftsbeziehung dar. Nach der Adoption blieben die Kontakte zu den Herkunftseltern bestehen, im übrigen wurden in der neuen Familie keine Unterschiede zwischen leiblichen und Adoptivkindern gemacht. In Hawaii schließlich glaubte man, daß ein Kind krank werden und möglicherweise sterben müsse, wenn es wieder zu seiner Herkunftsfamilie zurückgegeben würde. Um ein Scheitern der Adoption zu verhindern, waren die leiblichen und Adoptiveltern besonders bemüht, ein gutes Verhältnis zueinander zu entwickeln und aufrechtzuerhalten. Das adoptierte Kind selbst war stolz darauf, gleichzeitig zwei Familien anzugehören.

Die bisherigen Ausführungen lassen sich dahingehend zusammenfassen, daß unter dem Begriff „Adoption" zu fassende Transaktionen in verschiedenen Epochen und Kulturen gesellschaftlich anerkannt waren und – mehr oder weniger häufig – praktiziert wurden. Dabei scheinen speziell in den Gesellschaften, in denen Adoptionen von Minderjährigen üblich waren, die Betroffenen nicht mit einem Stigma behaftet oder in ihrem Befinden beeinträchtigt gewesen zu sein, obwohl Adoptionen dem Gemeinwohl dienten und nicht (primär) den Interessen des Kindes. Daß Adoptionen allein oder vornehmlich am Kindeswohl orientiert sein sollten, ist eine Auffassung, die – übrigens ebenso wie das Verständnis von Adoption als einer „second best route" (Bartholet, 1993) – heute zumindest in westlichen Industrienationen weit verbreitet ist, die sich aber erst im Laufe des 20. Jahrhunderts durchgesetzt hat.

Die Gründe für das sich wandelnde Adoptionsverständnis sind vielfältig und können an dieser Stelle nur grob umrissen werden. Eine wichtige Voraussetzung war zweifelsohne der Wandel in den Familien- und Lebensformen, der sich im Zuge der Industrialisierung vollzog und mit einer veränderten Sinnzuschreibung der Familie sowie einer insgesamt wachsenden Kind- und Familienzentriertheit einherging (ausführlich dazu vgl. Badinter, 1987; Lüscher, Schultheis & Werspaun, 1988; Mitterauer, 1989; Nave-Herz, 1989). Während Kinder im Rahmen der alten Familienwirtschaft gewissermaßen „nebenher" und von allen in der Großfamilie lebenden Erwachsenen betreut wurden, gewann mit der Trennung von Arbeit und Privatleben die Unterscheidung zwischen der „Kernfamilie", also den in einem Haushalt lebenden Eltern und Kindern, und den außerhalb lebenden Bekannten und Verwandten an Bedeutung, wobei bereits ab dem 17./18. Jahrhundert der Begriff „Verwandtschaft" als Synonym für den Begriff „Blutsverwandtschaft" verwendet wurde.

In dem Maße, wie sich als Kennzeichen für die Familie der Moderne eine starke Konzentration auf den Innenbereich herauskristallisierte und die „eigenen" Kinder zum Träger für die Sinngebung der Erfahrungen der Eltern wurden, vollzog sich ein allgemeiner Anstieg in den Erwartungen an die Elternrolle. Daß dabei vor allem der Mutter die Aufgabe der Kinderpflege und -erziehung zugewiesen wurde, wurde mit dem einzigartigen und unauslöschlichen Band zwischen Mutter und Kind begründet, das durch Schwangerschaft und Geburt entstehen würde. Folgt man Golomb und Geller (1992), dann schuf diese gesellschaftliche Ausdeutung der biologischen Gegebenheiten die Voraussetzungen dafür, daß von nun an Mutterschaft zu einem lebenslangen Naturberuf wurde und alle Mutterverhältnisse, die nicht die ganze Spanne von Gebären und Aufziehen bis in das Erwachsenenstadium hinein umfassen, als Abweichung vom Normalen stigmatisiert werden konnten. Für die familienanaloge Adoptivsituation bliebe deshalb bis heute das Problem der Institutionenkonkurrenz bestehen, wonach die Selbstverständlichkeit und damit auch der Monopolanspruch der auf dem Prinzip der Blutsverwandtschaft basierenden Kernfamilie gefährdet würden, wenn die soziale Elternschaft als gleichwertige Alternative zur biologischen Elternschaft akzeptiert würde.

Aus dieser Perspektive betrachtet ist der Wandel in den Familienleitbildern ambivalent zu bewerten. Einerseits hat die wachsende Familien- und Kindzentrierung dazu beigetragen, daß das Adoptionsgesetz und die Praxis der Adoptionsvermittlung mehr denn je am Kindeswohl orientiert sind. Andererseits ist jedoch dadurch, daß die biologisch fundierte Kernfamilie zu einer alternativlosen Selbstverständlichkeit und die Mutteridee mit der Einheit von Gebären und Aufziehen zum unbestrittenen Prinzip wurde, für die am Adoptionsprozeß beteiligten Personen ein spezifisches Problempotential entstanden. Inwiefern die geltenden Bestimmungen, die den rechtlichen und institutionellen Rahmen einer Adoption abstecken, am Muster der bürgerlichen Kleinfamilie orientiert sind und diesem Leitbild Geltung verschaffen, soll im folgenden Abschnitt erläutert werden.

2. Rechtliche und institutionelle Rahmenbedingung der Adoption

Mit dem am 1.1.1977 in Kraft getretenen Adoptionsgesetz wurde das Wohl des Kindes und seine volle Integration in die neue Familie zum obersten Bewertungsmaßstab aller die Adoption betreffenden Aktivitäten (Bundesverband der Pflege- und Adoptiveltern e.V., 1993). Versinnbildlicht wird die vorrangige Orientierung am Kindeswohl dadurch, daß nicht mehr von einer „Annahme an Kindes statt", sondern von einer „Annahme als Kind" gesprochen wird. Diese wird auch nicht länger durch einen Vertrag begründet, sondern muß durch einen Beschluß des Vormundschaftsrichters erfolgen, der nach der Zustellung an die Annehmenden nicht mehr anfechtbar ist. Mit dem rechtskräftigen Beschluß geht also die Verantwortung für die Pflege und Erziehung des Kindes, die nach Artikel 6 § 2 des Grundgesetzes das natürliche Recht der Eltern und deren „zuvörderst obliegende Pflicht" ist, von den leiblichen Eltern auf die Adoptiveltern über. Dies schließt ein, daß eine Aufhebung des Annahmeverhältnisses nur in besonderen Ausnahmefällen (und nur innerhalb der ersten drei Jahre nach der Annahme) möglich ist.

Auf seiten des Adoptivkindes hat der rechtskräftige Beschluß zur Konsequenz, daß es von nun an die rechtliche Stellung eines gemeinschaftlichen, ehelichen Kindes der annehmenden Eltern einnimmt. Ihm stehen damit nicht nur die gleichen Rechte wie leiblichen Kindern zu, sondern es ist auch mit den Verwandten des/der Annehmenden verwandt. Da zudem alle bisherigen Verwandtschaftsverhältnisse sowie Rechte und Pflichten der leiblichen Eltern erlöschen, ist die verwandtschaftliche Zu- und Einordnung von Adoptivkindern rechtlich eindeutig geregelt. Aus der Perspektive der Beteiligten können aufgrund der geltenden Gesetze jedoch paradoxe Situationen entstehen. Ein im Schulalter adoptierter Junge beispielsweise könnte von ihm fremden Personen als Bruder, Enkel oder Neffe betrachtet und angesprochen werden, während seine leiblichen Eltern und blutsverwandte Bezugspersonen, mit denen er vielleicht sogar ein Stück gemeinsam erlebter Familiengeschichte teilt, formaljuristisch nicht länger mit ihm verwandt sind.

Gerade weil die Adoption ein weitreichender Eingriff in das „natürliche" Verwandt-schaftsgefüge und insbesondere in die Rechte und Pflichten der leiblichen Eltern dar-stellt, enthält das Adoptionsgesetz zahlreiche Bestimmungen, die die Frage des elter-lichen Einverständnisses im Vorfeld der Adoption betreffen. Sie laufen letztlich darauf hinaus, daß die Herkunftsfamilie so lange unter dem besonderen Schutz des Staates steht, wie nicht beide Elternteile in die Adoptionsfreigabe einwilligen bzw. auf ihr Sorgerecht verzichten. In dem Moment, in dem die notariell beglaubigte Einwilligungs-erklärung der Eltern vorliegt, gilt sie jedoch unwiderruflich. Das bedeutet, daß das Jugendamt Zwischenvormund (Interimsvormund) des Kindes wird und es von nun an weder den leiblichen Eltern noch anderen Blutsverwandten rechtmäßig zusteht, einen persönlichen Umgang mit dem Kind zu unterhalten.

Die für die Annahme eines ehelichen Kindes unter 18 Jahren notwendige Einwilli-gung beider leiblicher Eltern kann grundsätzlich zwar durch ein Vormundschaftsgericht ersetzt werden – etwa wenn die leiblichen Eltern ihre Fürsorgepflicht gegenüber dem Kind anhaltend und/oder in besonders schwerwiegender Weise verletzt haben. Der-artige Zwangsadoptionen kommen aber sehr selten vor, da zunächst nur ein Entzug des elterlichen Sorgerechts erfolgt, der noch nicht die Ersetzung der Adoptionseinwilligung legitimiert.

Sehr häufig tritt dagegen der Fall ein, daß die abgebende Mutter nicht mit dem leib-lichen Vater verheiratet ist. In diesem Fall muß von diesem eine Verzichtserklärung vor-liegen, aus der hervorgeht, daß er das Kind nicht für ehelich erklären lassen oder selbst einen Antrag auf Annahme als Kind stellen will. Eine Adoptionseinwilligung des Vaters ist allerdings nicht erforderlich, da er im juristischen Sinne nicht als vollwertiger Eltern-teil gilt.

Immer häufiger kommt es schließlich auch vor, daß ein Kind, das bei einem verwit-weten oder geschiedenen Elternteil lebt, nach dessen Wiederheirat vom Stiefelternteil adoptiert werden soll. Stiefkindadoptionen (einschließlich Verwandtenadoptionen) machen heutzutage etwa die Hälfte aller Adoptionsfälle in Deutschland aus (vgl. Sta-tistisches Bundesamt, 1996). Der Adoptionsantrag kann in diesem Fall beim Notar ge-stellt werden, der ihn an das zuständige Vormundschaftsgericht weiterleitet. Neben dem Gutachten des Jugendamtes muß eine notarielle Einwilligung des außerhalb der Familie lebenden biologischen Elternteils vorliegen, da mit der Adoption nicht nur dessen Unterhalts- und Fürsorgepflicht erlischt, sondern auch alle Rechte an dem Kind ent-fallen.

Angesichts der weitreichenden Konsequenzen einer Abgabeentscheidung wird nach-vollziehbar, warum unfreiwillig schwangere Frauen, die ihr Kind austragen, eine Heim-unterbringung oder ein Pflegeverhältnis in der Regel eher in Erwägung ziehen, als das Kind zur Adoption freizugeben (Bechinger & Wacker, 1994; H. Geller, 1992). Wenig verwunderlich ist auch, daß die vollzogene Adoptionsfreigabe eine außergewöhnliche Belastung für die betroffenen Frauen darstellt, die ungewöhnlich lang andauernde und intensive Trauerreaktionen nach sich zieht (Donnelly & Voydanoff, 1996; Wendels, 1994). Daß die Einwilligung frühestens acht Wochen nach der Geburt gegeben werden darf, mag für manche Frauen die Chance eröffnen, eine voreilig getroffene Freigabeentscheidung im letzten Moment doch noch revidieren zu können. Häufiger scheint die gesetzliche Schutzfrist jedoch zur Konsequenz zu haben, daß die Betroffenen aus Angst vor einer eventuell entstehenden Bindung an das Kind veranlassen, daß es gleich nach der Geburt von der Mutter getrennt wird. Selbst im Fall von Säuglingsadoptionen wird insofern durch die 8-Wochen-Regelung die Freigabe und damit auch die Inobhutnahme eines Kindes in die Adoptivfamilie verzögert. So stellte beispielsweise Jungmann (1987) fest, daß über die Hälfte der insgesamt 198 von ihm untersuchten Kinder fünf bis acht Monate im Säuglingsheim untergebracht waren, obwohl 92 Prozent nach der Geburt keinen Kontakt zu ihren leiblichen Müttern hatten.

Mit dem Bemühen, Kinder vor unqualifizierter oder gar erwerbsmäßiger Vermittlung zu schützen, wird begründet, warum Adoptionen hierzulande nur über staatlich anerkannte Stellen – dies sind die (Landes-)Jugendämter, die mit einer (zentralen) Adoptionsvermittlungsstelle ausgestattet sind, sowie freie Träger wie das Diakonische Werk oder der Caritasverband – vermittelt werden dürfen (Oberloskamp, 1993). Auch die Aufgabe der Adoptionsvermittler, die sogenannte „allgemeine Adoptionseignung" und die „spezielle Adoptionseignung für ein bestimmtes Kind" zu prüfen, läßt sich aus dem Bestreben ableiten, „ungeeignete" Bewerber vom weiteren Verfahren auszuschließen und für jedes Kind die „geeignetsten" Eltern zu ermitteln.

So nachvollziehbar dieses Bemühen aus Sicht Unbeteiligter erscheint, werfen die Bestimmungen für Adoptionsbewerber doch die Frage auf, warum sie ihre „Elternfähigkeit" unter Beweis stellen müssen, während leibliche Eltern nur sich selbst gegenüber Rechenschaft über ihre Erziehungskompetenzen ablegen müssen. Zweifel an der Rechtmäßigkeit und dem Nutzen einer solchen Ungleichbehandlung können sich dabei angesichts der Intransparenz des Auswahlverfahrens und der großen Variationsbreite im konkreten Vorgehen der Vermittler verstärken (Napp-Peters, 1978; Textor, 1991). Doch selbst wenn Adoptionsbewerber den Begutachtungsprozeß als legitim und sinnvoll erachten, kann sich ein Gefühl der Unsicherheit und Bedrohung einstellen, wenn sie realisieren, daß die Erfüllung ihres sehnlichsten Wunsches vom Eindruck des zuständigen Adoptionsvermittlers abhängig ist (Hoffmann-Riem, 1984). Dieser Eindruck kann das Wohlbefinden der Bewerber beeinträchtigen und zugleich deren Bestreben verstärken, die eigenen Chancen durch eine strategische Selbstdarstellung verbessern zu wollen. Eine solche Neigung wird forciert, wenn die Adoptionsbewerber (meist beim ersten Vermittlungsgespräch) erfahren, daß die Aussichten auf ein Kind wegen des ständig größer werdenden Bewerberüberhangs gering sind. Konkret ist die Zahl der pro Jahr registrierten Adoptionen, nachdem sie 1978 mit 11.224 Fällen einen Höchststand erreichte, in den letzten Jahren kontinuierlich zurückgegangen und betrug im Jahr 1994 nur noch 8.449 Adoptionen, davon 6.986 in den alten Bundesländern (Statistisches Bundesamt, 1996). Die Zahl vorgemerkter Adoptionsbewerber stieg dagegen in dem Zeitraum von 1950 bis 1990, also innerhalb von 40 Jahren, von 2.434 auf 19.576 (vgl. Textor, 1993a). Angesichts dieser Entwicklungen müssen selbst die adoptionswilligen Paare, die eine „allgemeine Adoptionseignung" bescheinigt bekommen haben, zumindest mit langen Wartezeiten – und das heißt mit einer langen Zeit der Ungewißheit – rechnen.

Weil die Schere zwischen „Angebot" und „Nachfrage" immer weiter auseinander geht, stellt sich für Adoptionswillige die Frage, ob sie nicht auch bereit wären, ein ausländisches und/oder behindertes Kind aufzunehmen. Daß die Zahl der Fremdadoptionen gering geblieben ist (Textor, 1993a) und sich auch die Vermittlung von „Problemkindern" weiterhin schwierig gestaltet (Wacker, 1993), hat sicher viele Gründe. Gleichwohl macht die generell starke Fixierung von Bewerbern auf eine Säuglingsadoption deutlich, wie sehr deren Kinderwunsch an das Bild einer glücklichen Familienidylle gebunden ist. So ist es vermutlich gerade das Streben nach „Normalität", das zwei scheinbar widersprüchliche Verhaltenstendenzen von Bewerbern erklären hilft: Einerseits nutzen die meisten ihren Entscheidungsspielraum, um die Aufnahme eines „Problemkindes" zu verhindern und eine „ganz normale Familie" gründen zu können. Andererseits verzichten sie jedoch bewußt auf die Formulierung besonderer Wünsche – etwa bezüglich des Geschlechts des Adoptivkindes oder seiner Herkunft – mit der Begründung, daß eine solche Wahlmöglichkeit sie zu sehr an Marktvorgänge erinnere und für leibliche Eltern ja auch nicht bestünde (vgl. Golomb & Geller, 1992, S. 213).

Damit geprüft werden kann, ob eine Adoption dem Wohl des Kindes dient und eine Bindung zwischen Adoptiveltern und dem Kind entsteht, muß dem Annahmebeschluß laut Gesetz eine angemessene Zeit der sogenannten Adoptionspflege vorausgehen. Formal handelt es sich hierbei um den – in der Regel ein Jahr umfassenden – Zeitraum zwischen der Inobhutnahme des Kindes und dem Adoptionsbeschluß durch das Vormundschaftsgericht. Von außen betrachtet unterscheidet sich in dieser Phase die Situation des Adoptivkindes kaum von der anderer Kinder, die bei ihren leiblichen Eltern aufwachsen. Denn mit Beginn der Adoptionspflege lebt das Kind bereits in der Adoptivfamilie und ist rechtlich mit leiblichen Kindern der Annehmenden gleichgestellt. Zudem können die (voraussichtlichen) Adoptiveltern – wie „normale" Eltern auch – ihren Anspruch auf Erziehungsgeld und Erziehungsurlaub geltend machen, während sie kein Anrecht auf besondere finanzielle Hilfen von seiten des Staates (z.B. Pflegegeld) haben, wie sie Pflegeeltern zustehen.

Trotz dieser Annäherungen an die Situation von „Normalfamilien" bleibt jedoch die Lage von Adoptivfamilien im Verlauf der Adoptionspflegezeit eine besondere. Ihr vorläufiger Charakter ergibt sich daraus, daß das Kind noch nicht rechtskräftig adoptiert ist. So kann ein Paar, wenn es beispielsweise ein älteres oder behindertes Kind aufgenommen hat und feststellt, daß es die auftretenden Probleme nicht bewältigen kann, seinen Entschluß noch rückgängig machen. Darüber hinaus behält das Kind bis zur rechtsgültigen Adoption seinen Vor- und Nachnamen, wobei selbst nach der Adoption eine Änderung des Vornamens speziell begründet werden muß und nur in Ausnahmefällen vom Vormundschaftsgericht befürwortet wird. Schließlich zeigt sich die besondere Situation von (angehenden) Adoptivfamilien auch darin, daß die annehmenden Eltern über die Adoptionspflegezeit hinweg einen Rechtsanspruch auf umfassende Beratung und Unterstützung durch die zuständige Behörde haben. Implizit kommt in dieser Bestimmung die Auffassung zum Ausdruck, daß die spezifische Form der Familiengründung und der Eltern-Kind-Beziehung mit Anforderungen an und Komplikationen für die Betroffenen einhergeht, die sich bei biologisch fundierten Familien nicht ergeben.

Eine solche Herausforderung betrifft Art und Ausmaß des Kontaktes zur Herkunftsfamilie. Obwohl – oder weil – es letztlich im Ermessen der (prospektiven) Adoptiveltern liegt, wie diese Frage gehandhabt wird, herrscht(e) in Deutschland – wie in nahezu allen westlichen Staaten auch – faktisch eine sogenannte „Inkognitoadoption" vor, mit der kraft Gesetz automatisch die Auskunftsbeschränkung eintritt. Dies bedeutet, daß Adoptionsvermittler die Anonymität der Adoptivfamilie auch gegenüber den Blutsverwandten des Kindes zu wahren haben und nur Behörden, die Annehmenden und deren Eltern, sowie die angenommenen Kinder selbst, wenn sie das 16. Lebensjahr vollendet haben, Einblick in Geburtsregister, Personenstands- und Familienbücher bekommen.

In jüngster Zeit wird intensiver diskutiert (vgl. Baran & Pannor, 1990; Textor, 1991), ob die Inkognitoadoption tatsächlich den angestrebten Effekt hat, die volle Integration des Adoptivkindes in die neue Familie zu erleichtern. Erste Studien aus den USA legen nahe, daß zumindest in den Adoptivfamilien, die von sich aus einer (halb-) offenen Form der Adoption zugestimmt haben, der mehr oder weniger regelmäßige Kontakt mit den leiblichen Eltern zu einer positiveren Haltung gegenüber diesen und insgesamt zu einem offensiveren Umgang mit der Adoptionstatsache beizutragen scheint (z.B. Grotevant, McRoy, Elde & Fravel, 1994; Mendenhall, Grotevant & McRoy, 1996). Auch beschreiben Adoptierte, die – meist anläßlich einschneidender biographischer Ereignisse wie der eigenen Heirat – nach ihren leiblichen Angehörigen geforscht haben, das Treffen mit diesen meist als ein befreiendes und entlastendes Erlebnis (zusammenfassend M. Geller, 1992). Selbst wenn der Kontakt nicht das Fehlen einer gemeinsamen Geschichte ausgleichen kann (March, 1997), wird die persönliche Begegnung doch häufig als ein wichtiger Schritt zur Selbstfindung erlebt. Hervorhebenswert ist ferner, daß eine „Wiedervereinigung" (*adoption reunion*, vgl. March, 1997) von seiten der leiblichen Mutter oftmals als eine Chance betrachtet wird, ihr Informationsbedürfnis und Interesse an der Fortentwicklung ihres Kindes zu stillen und von diesem „Absolution" zu bekommen (zusammenfassend Wendels, 1994).

Da die leiblichen Eltern mit der Adoptionseinwilligung alle Rechtsansprüche verlieren und adoptierte Kinder zunächst noch nicht für sich sprechen können, wird die Akzeptanz und Verbreitung (halb-)offener Formen der Adoption wesentlich von den Einstellungen adoptionswilliger Paare abhängen. Vorliegenden Befragungen von Adoptiveltern zufolge ist die Angst vor der Bedrohung der Exklusivität der Beziehung zum Kind das Hauptmotiv für die Ablehnung offener Adoptionen (Beilering, 1992). Das Wissen um diese Angst dürfte wiederum ein Grund für die große Zurückhaltung sein, die einer Studie von Textor (1991) zufolge unter Adoptionsvermittlern vorherrscht. Denn obwohl eine Reihe von Vermittlern überzeugt ist, daß ein solcher Kontakt sehr hilfreich für die abgebenden Mütter ist und den Adoptivkindern oder Adoptiveltern nur selten zum Nachteil gereichen würde, wird ein fortlaufender persönlicher Kontakt zwischen leiblichen und Adoptiveltern, wie er bei einer offenen Adoption gegeben ist, nur von 18 Prozent der Befragten positiv bewertet. Aufschlußreich sind in diesem Zusammenhang auch die Voraussetzungen, an die mehrheitlich das Gelingen einer offenen Adoption geknüpft wird. Hierzu zählen: ein hohes Maß persönlicher Reife auf seiten der leiblichen und Adoptiveltern (weil erste dann nicht das Zusammenleben in der Adoptivfamilie stören und letztere wenig Angst vor Einmischung oder Konkurrenz haben), ein Interesse auch von seiten des leiblichen Vaters, eine freiwillig erfolgte (und nicht gerichtlich herbeigeführte) Adoptionsfreigabe sowie ähnliche Erziehungs- und Rollenvorstellungen auf seiten der leiblichen und Adoptiveltern. Ansonsten würden Vermittler eine offene Adoption noch in Erwägung ziehen, wenn ein (älteres) Adoptivkind von seinen Geschwistern getrennt werden soll, wenn bereits eine Bindung zu den leiblichen Eltern oder anderen leiblichen Verwandten besteht und wenn die leiblichen Eltern nur unter der Bedingung einer offenen Adoption der Freigabe zustimmen würden.

Insgesamt weisen die von Vermittlern genannten Bedingungen darauf hin, daß eine offene Adoption letztlich nur in zwei Fällen als sinnvolle Herangehensweise erachtet wird: Wenn sich der Anschein der „Normalfamilie" ohnehin nicht mehr aufrechterhalten läßt bzw. klar zu Lasten der Entwicklung der Adoptivkinder ginge, und wenn die am Adoptionsprozeß beteiligten Personen aufgrund ihrer Persönlichkeit und/oder intensiver Beratung für fähig erachtet werden, mit der Tatsache einer Koexistenz von Adoptiv- und Herkunftsfamilie offensiv und verantwortlich umzugehen.

Zusammenfassend wurden in diesem Abschnitt die rechtlichen und institutionellen Rahmenbedingungen einer Adoption von Minderjährigen dargestellt und daraufhin beleuchtet, inwieweit sie am Leitbild der biologisch fundierten Kernfamilie orientiert sind und insofern strukturell angelegte Probleme für die am Adoptionsprozeß beteiligten Personen aufwerfen. Wie die Mitglieder einer Adoptivfamilie mit diesen Anforderungen umgehen und welche Konsequenzen dies für ihr Wohlbefinden und ihre Beziehung haben kann, soll im folgenden erörtert werden.

3. Adoption aus der Perspektive der Betroffenen

In der einschlägigen Literatur finden sich vielfach Analysen zur Situation „der" Adoptivfamilie, obwohl sich hinter diesem Begriff eine heterogene Gruppe von Familien mit stark variierenden Ausgangslagen verbirgt. Da es in diesem Abschnitt um die psychologischen Komplikationen geht, die *generell* mit Adoption als einem spezifischen Weg der Familiengründung einhergehen – und nicht etwa aus den früheren Deprivationserfahrungen oder kulturellen Assimilationsproblemen von Adoptierten resultieren können –, konzentrieren sich die folgenden Ausführungen auf den Fall von „prototypischen" Inlandsadoptionen. Die spezifischen Probleme, die bei einer Adoption mit Auslandsberührung oder der Vermittlung von Kindern mit Heimerfahrung, Behinderungen und/oder Verhaltensauffälligkeiten auftreten können, werden hier nicht erörtert (vgl. Hoksbergen & Textor, 1993; Wacker, 1993). Auch Stiefkindadoptionen, die etwa die Hälfte aller Adoptionen ausmachen, werden nicht näher beleuchtet, weil es an wissenschaftlichen Studien zu adoptierten Stiefkindern mangelt und etwaige Probleme innerhalb dieser Gruppe wesentlich dem Verlust eines Elternteils oder der Trennung der Eltern sowie den Schwierigkeiten einer „binuklearen" Familie geschuldet sein dürften (zusammenfassend Furstenberg & Cherlin, 1991; Klein-Allermann, 1992b; Klein-Allermann & Schaller, 1992).

3.1 Die Situation der Adoptiveltern

In der inzwischen weit verbreiteten Konzeptualisierung von Adoption als einem langfristigen, dynamischen Prozeß spiegelt sich die Erkenntnis, daß der Verlauf und Erfolg einer Adoption von zahlreichen Faktoren abhängt, die sowohl vor als auch nach dem Übergang zur Elternschaft virulent werden.

Ein wichtiger Einflußfaktor betrifft den Umgang mit dem Problem einer unfreiwilligen Kinderlosigkeit, die etwa 70 Prozent aller Adoptiveltern veranlaßt (hat), eine Adoption in Erwägung zu ziehen. Bevor diese Form der Familiengründung als „gar nicht mehr so abwegig" betrachtet wird (vgl. Knorr, 1988, S. 33), sind meist medizinische Lösungen, etwa in Form einer In-vitro-Fertilisation, angestrebt worden, die jedoch nicht zum gewünschten Ergebnis geführt haben oder mit übermäßig starken physischen und psychischen Belastungen einhergingen. Der Umstand, daß der Kinderwunsch nach diesen Erfahrungen selten aufgegeben wird, sondern im Gegenteil als zentrales sinnstiftendes Element partnerschaftlicher Lebensplanung eine immer größere Bedeutung erlangt, zeigt indirekt, wie sehr sich (auch) adoptionswillige Paare an dem Entwurf einer „Normalbiographie" orientieren.

Wenn sie schließlich die Gelegenheit bekommen, den fest in der Lebensplanung verankerten Kinderwunsch doch noch realisieren zu können, müssen damit allerdings nicht alle Probleme gelöst sein. Gerade Frauen erleben die eigene Unfruchtbarkeit häufig als narzißtische Kränkung, die einhergeht mit Scham- und Minderwertigkeitsgefühlen, einer geringen Selbstachtung, dem Gefühl, „versagt" zu haben, sowie teilweise feindseligen Gefühlen gegenüber Schwangeren und Müttern (Knorr, 1988; Stanton, 1991; Wendels, 1994). Wie schwer es ist, diese Gefühle zu überwinden, zeigt sich nicht zuletzt darin, daß viele Adoptiveltern selbst nach zehn Jahren und mehr noch unter ihrer Infertilität leiden (Knoll & Rehn, 1984).

Neben Schwierigkeiten bei der Bewältigung der Infertilitätsproblematik können in die Zukunft gerichtete Befürchtungen von Bewerbern deren Befinden beeinflussen. Diese Befürchtungen können auf das biologische Erbe oder die „Heimkarriere" von Adoptivkindern und daraus möglicherweise resultierenden Probleme gerichtet sein sowie auf die Frage, ob man trotz fehlender biologischer Verbundenheit eine „echte" Beziehung zu einem Kind aufbauen könne (Beilering, 1992). Gespräche im Bekannten-

und Verwandtenkreis scheinen häufig nicht zur Bewältigung dieser Ängste beizutragen, da die hier auftretenden Reaktionen von Ablehnung bis Bewunderung reichen und nicht immer wirkliches Verständnis und Anteilnahme widerspiegeln. Eine mangelnde Unterstützung ist auch insofern gegeben, als Adoptiveltern bei der Ausgestaltung der Elternrolle nicht auf soziale Rollenmodelle zurückgreifen können, sondern ein eigenes Selbstverständnis entwickeln müssen (Kirk, 1981). Erschwerend kommt hier hinzu, daß Bewerber sich nach einer langen Zeit der Unsicherheit meist innerhalb weniger Stunden oder Tage entscheiden müssen, ob sie ein zur Adoption freigegebenes Kind aufnehmen möchten oder nicht. Gemäß den „Empfehlungen zur Adoptionsvermitt-lung", die von der Bundesarbeitsgemeinschaft der Landesjugendämter und den über-örtlichen Erziehungsbehörden 1988 herausgegeben wurden, sollen Adoptionsvermittler zwar auch nach der rechtswirksamen Adoption eine ausreichende Betreuung der Adop-tiveltern gewährleisten. Faktisch zeigen jedoch auch neuere Untersuchungen, daß der Kontakt zu den Adoptiveltern nur selten intensiv und kontinuierlich fortgeführt wird (Textor, 1991). Die Herausbildung eines familialen Selbstverständnisses ist insofern eine Aufgabe, die Adoptiveltern im wesentlichen allein lösen (müssen).

Nach der Aufnahme des Kindes in die Adoptivfamilie scheint der Aufbau einer engen Eltern-Kind-Beziehung besonders leicht vonstatten zu gehen, wenn das Kind erst wenige Wochen oder Monate alt ist. Hoffmann-Riem (1984) spricht in diesem Zusam-menhang von der „Macht des Säuglings", unmittelbare Zuwendung auslösen zu können. Unbewußt tragen aber auch die Adoptiveltern dazu bei, daß sich ein spontanes Zusammengehörigkeitsgefühl und der Eindruck der Normalität einstellen kann. Beson-ders deutlich wird dies in persönlichen Erfahrungsberichten wie dem einer Adoptivmut-ter, die nach zahlreichen Bemühungen um eine Auslandsadoption endlich ein Foto von einem zur Adoption freigegebenen fremdländischen Kind zugeschickt bekommt und bei der Betrachtung dieses Fotos gleich das Gefühl hatte, daß dies „ihr Kind" sei (vgl. Bobinger, 1994, S. 91). Folgt man Golomb und Geller (1992), dann zielt eine solche „natürliche Besitzreaktion" auf den Aufbau einer exklusiven Eltern-Kind-Beziehung ab, die in der Normalfamilie von Anfang an unterstellt wird. Die Normalisierung wird da-bei durch die Konstruktion der Schicksalshaftigkeit erreicht: Es war vorbestimmt, daß dieses Kind einem zugewiesen wird. Zweifel an der eigenen Fähigkeit, eine Beziehung zum Kind – trotz fehlender Blutsverwandtschaft – aufbauen zu können, werden auf diese Weise minimiert. So ist in aller Regel auch die erste Begegnung mit dem Kind und die folgende Eingewöhnungszeit durch Gefühle von Glück, Freude, Stolz und Auf-regung gekennzeichnet. Auch tritt im Zuge der alltäglichen Interaktionen das Gefühl der Andersartigkeit zunehmend in den Hintergrund, wird das Adoptivkind als fraglos zur Familie gehörig betrachtet. Studien, in denen die frühkindliche Eltern-Kind-Bezie-hung und die Anpassung wenige Monate alter Adoptierter untersucht wurde, fanden keine Unterschiede in der Qualität der Mutter-Kind-Bindung zwischen Adoptiv- und Normalfamilien (Singer, Brodzinsky, Ramsay, Steir & Waters, 1985).

Die Besonderheit der eigenen Familienform gerät wieder stärker in den Blick, wenn das adoptierte Kind heranwächst und die Adoptiveltern es über seinen Adoptionsstatus aufklären müssen. Fast alle Adoptiveltern sehen dieser Aufgabe mit Angst entgegen, weil sie befürchten, daß dadurch eine emotionale Distanz entstehen könnte und sie im Extremfall sogar ihr Kind an die leiblichen Eltern verlieren könnten (z.B. Lindsay & McGarry, 1984; Pfeiffer, Pfeiffer-Schramm & Scheller, 1980). Dennoch folgen die meisten den Empfehlungen der Adoptionsvermittler, ihr Kind möglichst frühzeitig zu informieren, um so eine Aufklärung durch Dritte zu verhindern, die von den Kindern meist als traumatisch erlebt wird (z.B. Triseliotis, 1973). In welcher Form dies geschieht, scheint jedoch stark von dem bis dahin herausgebildeten familialen Selbstverständnis abzuhängen.

Im Anschluß an Kirk (1981) hat Hoffmann-Riem (1984) den Begriff „Normalisierung eigener Art" *(acknowledgment of differences)* geprägt zur Kennzeichnung von Familien, die ihren Sonderstatus wahrnehmen und sich damit bewußt auseinandersetzen. Während die Eltern in diesen Familien das Gespräch häufiger von sich aus auf adoptionsspezifische Themen lenken, neigen Adoptiveltern, die eine Strategie der „Normalisierung-als-ob" *(rejection of difference)* verfolgen und ihre Andersartigkeit negieren, eher zu einer „minimalistischen" Aufklärung. Sie warten nicht nur eher, bis ihr Kind Fragen zu stellen beginnt, sondern belassen es möglichst bei einem einmaligen Aufklärungsgespräch und vermeiden eine Thematisierung problematischer Aspekte wie den der Weggabe des Kindes (Kirk, 1981; Seglow, Pringle & Wedge, 1972). Dabei zeigen vor allem entwicklungs- und kognitionspsychologisch angelegte Untersuchungen der Arbeitsgruppe um Brodzinsky (z.B. Brodzinsky, Singer & Braff, 1984), wie wichtig eine kontinuierliche, altersangemessene Aufklärung von Adoptivkindern ist.

Die bisherigen Ausführungen können dahingehend zusammengefaßt werden, daß (prospektive) Adoptiveltern in der Regel bereits vor dem eigentlichen Beginn ihrer Elternschaft besonderen Belastungen ausgesetzt sind, die aus der Erfahrung der eigenen Unfruchtbarkeit, den geringen Erfolgsaussichten angesichts des großen Bewerberüberhangs sowie der Tatsache, die eigene „Elternwürdigkeit" unter Beweis stellen zu müssen und die Erfüllung ihres Kinderwunsches vom Urteil des Adoptionsvermittlers abhängig zu wissen, resultieren können. Gemessen daran beginnt sich mit der Zeit der Adoptionspflege das Leben von Adoptiveltern zu normalisieren. Letztlich bleibt jedoch in jeder Phase des Familienzyklus die Frage virulent, wie sie mit der „doppelten Elternschaft" und dem Gefühl des Andersseins umgehen. Daß hiermit auch für die Entwicklung von Adoptivkindern wichtige Aspekte angesprochen sind, soll im folgenden Abschnitt verdeutlicht werden.

3.2 Die Situation der Adoptivkinder

Vorliegende Arbeiten zur Situation von Adoptivkindern konzentrieren sich vor allem auf die Frage, ob deren Entwicklung problematischer verläuft als die von „normalen" Kindern (zusammenfassend Brodzinsky, 1987; Brodzinsky, Schechter, Braff & Singer, 1984; Jungmann, 1980, 1987; Klein-Allermann, 1992a; McRoy, Grotevant & Zurcher,

1988; Sorosky, Baran & Pannor, 1982; Textor, 1993b). Obwohl die Befunde uneinheitlich ausfallen, scheinen Adoptivkinder doch insgesamt eine Risikogruppe darzustellen. So kommen Huth (1978) und Jungmann (1980) in ihren Übersichtsreferaten zu dem Ergebnis, daß der Anteil Adoptierter am Klientel von Beratungsstellen und psychiatrischen Kliniken überproportional hoch ausfällt (vgl. auch Dickson, Heffron & Parker, 1990). Bereits in prä- und perinatalen Anamnesen von Adoptivkindern tauchen häufiger Hinweise auf spätere Verhaltens- und Entwicklungsauffälligkeiten wie Schlaf- und Ernährungsstörungen, häufiges Schreien oder Entwicklungsverzögerungen auf (z.B. Jungmann, 1987; Napp-Peters, 1978). Ein großer Teil dieser Auffälligkeiten kann auf Komplikationen während der Schwangerschaft und Geburt zurückgeführt werden (vgl. Jungmann, 1987; McRoy, Grotevant & Zurcher, 1988; Seglow, Pringle & Wedge, 1972). Da in vielen Adoptionsstudien allerdings kein systematischer Zusammenhang zwischen dem Auftreten früher Risikofaktoren und dem weiteren Entwicklungsverlauf im Schul- und Jugendalter nachgewiesen werden konnte (Bohman, 1980; Jungmann, 1987), können in den ersten Lebensmonaten beobachtbare Auffälligkeiten nicht als (primäre) Ursache für Probleme interpretiert werden, die sich in späteren Entwicklungsphasen vermehrt beobachten lassen. Hierzu zählen zum einen Störungen in der emotionalen und sozialen Entwicklung adoptierter Kinder. Vor allem bei adoptierten Jungen wurde verschiedentlich ein gehäuftes Vorkommen von externalisierenden Störungsformen wie Hyperaktivität, Neigung zu aggressivem und transgressivem Verhalten oder auch Kontaktschwierigkeiten festgestellt, seltener auch Ängstlichkeit, Unselbständigkeit oder Empfindlichkeit (Brodzinsky, Radice, Huffman & Merkler, 1987; Klein-Allermann, 1995; Ternay, Wilborn & Day, 1985; Zill, 1985). Häufig wird ferner von Identitätsproblemen berichtet, die sich unter anderem in Minderwertigkeitsgefühlen und dem Gefühl, „anders" und „unvollkommen" zu sein, äußern. Auch konstatiert Festinger (1986) eine durchschnittlich geringere soziale Kompetenz bei Adoptivkindern. Was die schulische Entwicklung von Adoptivkindern angeht, so wurde teilweise eine größere Auftretenswahrscheinlichkeit von Lern- und Leistungsproblemen bis hin zur Klassenwiederholung beobachtet, die häufig mit Lern- und Konzentrationsschwierigkeiten und unruhigem Verhalten in der Klasse einhergingen (z.B. Bohman, 1980; Brodzinsky, Schechter, Braff & Singer, 1984; Hoopes, 1982; Jungmann, 1987; Knoll & Rehn, 1984).

Scheinbar im Widerspruch zu den skizzierten Befunden stehen Studien, in denen keine Unterschiede zwischen adoptierten und nicht adoptierten Kindern gefunden wurden, sowie einzelne Ergebnisse, wonach die Schulnoten und Intelligenztestleistungen von Adoptivkindern mindestens durchschnittlich oder besser ausfallen (z.B. Duyme, 1988; Seglow, Pringle & Wedge, 1972), Verhaltensstörungen seltener auftreten als bei nicht adoptierten Gleichaltrigen (Jungmann, 1987) und adoptierte Kinder ein größeres Selbstvertrauen, eine stärker ausgeprägte Kontrollüberzeugung und eine stabilere Ich-Identität aufweisen als Gleichaltrige aus Normalfamilien (z.B. Marquis & Detweiler, 1985; Stein & Hoopes, 1985). Eine mögliche Erklärung für diese inkonsistenten Befunde könnte darin liegen, daß adoptierte Kinder nicht in allen Entwicklungsphasen gleich gefährdet sind (vgl. Brodzinsky, 1990). So wurde in einer britischen Längsschnittstudie die soziale Anpassung von Kindern mit sieben Jahren positiver eingeschätzt als mit elf Jahren (vgl. Seglow, Pringle & Wedge, 1972). Auch in einer Längsschnittstudie, die von der schwedischen Arbeitsgruppe um Bohman (zusammenfassend Bohman, 1980; Bohman & Sigvardsson, 1990) durchgeführt wurde, stellte sich die Entwicklung adoptierter 10jähriger im Mittel als problematischer dar als die der Kontrollgruppe. Bereits zum Zeitpunkt der zweiten Erhebung, als das Alter der Kinder etwa 15 Jahre betrug, konnten jedoch keine statistisch bedeutsamen Unterschiede mehr zwischen Adoptiv- und Kontrollkindern beobachtet werden.

Zwei Alternativerklärungen für die inkonsistente Befundlage ging Klein-Allermann (1995) nach, indem sie Jugendliche, die in frühester Kindheit adoptiert worden waren und auch sonst nicht zur Gruppe der „special need-children" zählten, mit einer Gruppe nicht adoptierter Gleichaltriger mit ähnlichem sozialem Hintergrund verglich. Auf diese Weise sollte zum einen untersucht werden, ob sich adoptierte Jugendliche selbst dann in ihrer Entwicklung als gefährdeter erweisen, wenn spezielle Problemlagen, die mit der Adoption ausländischer, älterer und/oder behinderter Kinder einhergehen, als Ursachen ausgeschlossen werden können. Zum anderen sollte der Frage nachgegangen werden, ob die (zusätzlichen) adoptionsspezifischen Entwicklungsaufgaben nicht zugleich Risiko- *und* Entwicklungspotential bergen, was sich beim Inter-Gruppenvergleich in einer größeren Varianz in der Entwicklung adoptierter Kinder zeigen müßte. Die Ergebnisse wiesen zunächst darauf hin, daß adoptierte Jugendliche in der Wahrnehmung ihrer Mütter und teilweise auch nach eigener Einschätzung durchschnittlich stärker mit Problemen zu kämpfen haben als bei ihren leiblichen Eltern aufwachsende Jugendliche. Allerdings zeigte sich auch, daß die Einschätzungen adoptierter Jugendlicher und ihrer Eltern in 11 von 13 vorgegebenen Skalen eine größere Streuung aufwiesen als die entsprechenden Einschätzungen der Vergleichsgruppe. Insofern scheinen – unter den gegebenen gesellschaftlichen Rahmenbedingungen – die mit einer Adoption einhergehenden Anforderungen zwar das Risiko von Entwicklungsproblemen für Adoptivkinder zu erhöhen. Dennoch kann Adoption nicht *per se* als ein Risikofaktor betrachtet werden, da die Auseinandersetzung mit adoptionsspezifischen Anforderungen auch Entwicklungschancen zu bergen scheint und die psychosoziale Anpassung von Adoptivkindern letztlich von der Bewältigung dieser Anforderungen abhängig sein dürfte. Vor diesem Hintergrund gewinnt die Frage an Bedeutung, unter welchen Bedingungen es Adoptivkindern gelingt, die zusätzlich zu normativen Entwicklungsaufgaben auftretenden Anforderungen in einer konstruktiven Weise wahrzunehmen und zu bewältigen.

In dem hierzu von Brodzinsky (1987, 1990) vorgestellten Ansatz, der sich an das transaktionale Streßmodell von Lazarus (z.B. Lazarus, 1990) anlehnt, werden verschiedene, bis dahin unverbundene Theorien integriert. Die Grundidee ist, daß sich personale und soziale Bedingungsfaktoren im Selbstkonzept von Adoptivkindern und in der Art ihres Umgangs mit alterstypischen und adoptionsspezifischen Entwicklungsaufgaben niederschlagen und so die psychosoziale Entwicklung adoptierter Kinder und

Jugendlicher beeinflussen. Unter den *personalen Bedingungsfaktoren* werden dabei genetische Prädispositionen, auf deren Bedeutung vor allem verhaltensgenetisch orientierte Arbeiten hinweisen, sowie prä- und perinatale Risikofaktoren gefaßt. Zu den relevanten *Umweltbedingungen* werden neben frühkindlichen Deprivationserfahrungen, deren Bedeutung von Vertretern der Bindungstheorie herausgestellt wurde, auch Merkmale der Adoptivfamilie gezählt, die im Rahmen rollentheoretischer Arbeiten herausgestellt wurden. Als wesentliche Aspekte sind hier zu nennen: das Ausmaß, in dem Adoptiveltern die Erfahrung der Infertilität verarbeitet haben, der Umgang mit fehlenden Rollenmodellen, der Grad der Anerkennung bzw. Verleugnung des Sonderstatus durch die Eltern und, damit zusammenhängend, das Vorgehen bei der Aufklärung des Adoptivkindes sowie die Einstellung der Adoptiveltern gegenüber den leiblichen Eltern und der Herkunftsfamilie des Kindes.

Der heuristische Wert des Modells von Brodzinsky (1990) liegt darin, daß es Befunde aus einer Vielzahl von – meist atheoretisch angelegten – Studien einzuordnen erlaubt. So läßt sich in Einklang mit streß- und bewältigungstheoretischen Annahmen beispielsweise zeigen, daß Adoptiveltern, die die eigene Unfruchtbarkeit nicht vollständig verarbeitet haben, tendenziell unzufriedener mit dem Adoptionsverlauf sind und ihre Familienbeziehungen als unfreier, konfliktreicher und weniger eng beschreiben (Jungmann, 1980; Knoll & Rehn, 1984). Darüber hinaus ist die Eltern-Kind-Beziehung durch ein geringeres Vertrauen und Zusammengehörigkeitsgefühl geprägt, wenn Adoptiveltern entweder ihren Sonderstatus verleugnen und das Thema Adoption tabuisieren, oder aber adoptionsspezifische Themen überbetonen und damit Gefahr laufen, aufkommende Probleme (vor-)schnell auf adoptionsspezifische Bedingungen zurückführen (Brodzinsky, 1990; Kaye, 1990; Kirk, 1981; Knoll & Rehn, 1984).

Diese und andere Befunde unterstreichen, daß die Entwicklung von Adoptivkindern und deren Beziehung zu den Adoptiveltern von Faktoren beeinflußt wird, die in biologisch fundierten Familien gar nicht zum Tragen kommen *können*. Allein deshalb ist bei Adoptivfamilien von einer spezifischen Dynamik in der Eltern-Kind-Beziehung auszugehen (vgl. Klein-Allermann, 1995). Dies schließt indes nicht aus, daß bestimmte Merkmale der familialen Sozialisation, von denen nachweislich die Entwicklung nicht adoptierter Heranwachsender abhängt, auch für das Wohlbefinden adoptierter Kinder und Jugendlicher bedeutsam sind. So trägt ein positives Familienklima und ein unterstützendes Elternverhalten generell, das heißt unabhängig von der Familienform, dazu bei, daß sich Heranwachsende in einer aktiven und problemzentrierten Weise mit normativen Entwicklungsaufgaben auseinandersetzen, ein positives Selbstkonzept entwickeln und mit geringerer Wahrscheinlichkeit verhaltensauffällig werden oder Identitätskonflikte erleben (Ebertz, 1987; Klein-Allermann, 1995; Stein & Hoopes, 1985).

Zusammenfassend wurde in diesem Beitrag deutlich zu machen versucht, daß Adoption nicht per se als ein Risikofaktor für die Eltern-Kind-Beziehung oder die Entwicklung von Adoptivkindern betrachtet werden kann. Ethnologische Studien weisen darauf hin, daß die Aufnahme eines nicht blutsverwandten Kindes selbst dann, wenn sie zum Wohl einer Gemeinschaft – und nicht primär dem des einzelnen Kindes –

erfolgt, nicht zwangsläufig mit besonderen Belastungen für alle Beteiligten einhergehen muß. Im Rahmen der heute, in westlichen Industrienationen dominierenden kulturellen Deutungsmuster und der sich daraus ergebenden rechtlichen und institutionellen Rahmenbedingungen stellt sich allerdings das Gelingen von Adoptionsbeziehungen als Ergebnis eines Balanceaktes dar. Einerseits werden Adoptivfamilien darin unterstützt, sich am Leitbild der biologisch fundierten Normalfamilie zu orientieren. So soll unter anderem die rechtliche Gleichstellung von adoptierten Kindern und das Festhalten an der Inkognitoadoption sicherstellen, daß die verwandtschaftliche Zuordnung des Adoptivkindes eindeutig geregelt ist und der Aufbau einer sicheren und engen Beziehung zwischen Adoptiveltern und -kindern nicht durch Aktivitäten von seiten der leiblichen Eltern gestört werden kann. Weil mit der besonderen Form der Familiengründung jedoch spezifische Anforderungen an alle Familienmitglieder einhergehen und weil die Blutsverwandten – sei es noch so vage und abstrakt – in den Köpfen von Adoptiveltern und -kindern weiterexistieren, sind Adoptivfamilien gleichzeitig gefordert, ihren Sonderstatus anzuerkennen, ohne ihn überzubewerten. Entscheidend ist dabei letztlich, daß ein offenes und vertrauensvolles Verhältnis zwischen Eltern und Kindern geschaffen wird, das auch dann fortbesteht, wenn adoptierte Jugendliche sich von ihren Eltern zu emanzipieren beginnen und sich verstärkt mit ihren eigenen biologischen Wurzeln auseinandersetzen.

Literatur

Badinter, E. (1987). *Die Mutterliebe. Geschichte eines Gefühls vom 17. Jahrhundert bis heute.* München: Piper.

Baran, A. & Pannor, R. (1990). Open adoption. In D. M. Brodzinsky & M. S. Schechter (Eds.), *The psychology of adoption* (pp. 316–331). New York: Oxford University Press.

Baran, A., Pannor, R. & Sorosky, A. D. (1976). Open adoption. *Social Work, 21,* 97–100.

Bartholet, E. (1993). *Family bonds: Adoption and the politics of parenting.* New York: Houghton Mifflin.

Bechinger, W. & Wacker, B. (1994). *Adoption und Schwangerschaftskonflikt.* Idstein: Schulz-Kirchner Verlag.

Beilering, B. (1992). *Adoption als sozialer Prozeß – Erfahrungen und Probleme von Adoptiveltern.* Essen: Westarp Wissenschaften.

Bobinger, E. (1994). *Wir adoptieren ein Kind.* München: Heyne Verlag.

Bohman, M. (1980). *Adoptivkinder und ihre Familien.* Göttingen: Verlag für Medizinische Psychologie.

Bohman, M. & Sigvardsson, S. (1990). Outcome in adoption. Lessons from longitudinal studies. In D. M. Brodzinsky & M. S. Schechter (Eds.), *The psychology of adoption* (pp. 93–106). New York: Oxford University Press.

Brodzinsky, D. M. (1987). Adjustment to adoption: A psychosocial perspective. *Clinical Psychology Review, 7* (1), 25–47.

Brodzinsky, D. M. (1990). A stress and coping model of adoption adjustment. In D. M. Brodzinsky & M. D. Schechter (Eds.), *The psychology of adoption* (pp. 3–24). New York: Oxford University Press.

Brodzinsky, D. M., Schechter, D. E., Braff, A. M. & Singer, L. M. (1984). Psychological and academic adjustment in adopted children. *Journal of Consulting & Clinical Psychology, 52,* 582–590.

Brodzinsky, D. M., Singer, L. M. & Braff, A. M. (1984). Children's understanding of adoption. *Child Development, 55,* 869–878.

Brodzinsky, D. M., Radice, C., Huffman, L. & Merkler, K. (1987). Prevalence of clinically significant symptomatology in a nonclinical sample of adopted and nonadopted children. *Journal of Clinical Child Psychology, 16,* 350–356.

Bundesverband der Pflege- und Adoptiveltern e.V. (1993). *Handbuch für Pflege- und Adoptiveltern.* Idstein: Schulz-Kirchner Verlag.

Dickson, L. R., Heffron, W. M. & Parker, C. (1990). Children from disrupted and adoptive homes on an inpatient unit. *American Journal of Orthopsychiatry, 60,* 594–602.

Donelly, B. W. & Voydanoff, P. (1996). Parenting versus placing for adoption. *Family Relations, 45,* 427–434.

Duyme, M. (1988). School success and social class: An adoption study. *Developmental Psychology, 24,* 203–209.

Ebertz, B. (1987). *Adoption als Identitätsproblem. Zur Bewältigung der Trennung von biologischer Herkunft und sozialer Zugehörigkeit.* Freiburg: Lambertus.

Festinger, T. (1986). *Necessary risk. A study of adoptions and disrupted adoptive placements.* Washington: Child Welfare League of America.

Furstenberg, F. F. & Charlin, A. J. (1991). *Divided families.* Cambridge, MA: Harvard University Press.

Geller, H. (1992). *Adoption: Frauen in existentiellen Konflikten.* Essen: Westarp Wissenschaften.

Geller, M. (1992). *Biographien erwachsener Adoptierter – Lebenserfahrungen, Lebensstrategien.* Essen: Westarp Wissenschaften.

Golomb, E. & Geller, H. (1992). Adoption zwischen gesellschaftlicher Regelung und individueller Erfahrung. Essen: Westarp Wissenschaften.

Grotevant, H. D., McRoy, R. G., Elde, C. L. & Fravel, D. L. (1994). Adoptive family system dynamics: Variations by level of openess in adoption. *Family Process, 33,* 125–146.

Hoffmann-Riem, C. (1984). *Das adoptierte Kind. Familienleben mit doppelter Elternschaft.* München: Fink.

Hoksbergen, R. A. C. & Textor, M. R. (1993). *Adoption. Grundlagen, Vermittlung, Nachbetreuung und Beratung.* Freiburg: Lambertus.

Hoopes, J. L. (1982). *Prediction in child development. A longitudinal study of adoptive and nonadoptive families.* The Delaware Family Study. New York: Child Welfare League of America.

Huth, W. (1978). Psychische Störungen bei Adoptivkindern – eine Übersicht über den Stand der klinischen Forschung. *Zeitschrift für klinische Psychologie und Psychotherapie, 26,* 256–270.

Jungmann, J. (1980). Forschungsergebnisse zur Entwicklung von Adoptivkindern. *Zeitschrift für Kinder- und Jugendpsychiatrie, 8,* 184–219.

Jungmann, J. (1987). *Aufwachsen in der Adoptivfamilie.* Weinheim: Juventa.

Kaye, K. (1990). Acknowledgement or rejection of differences. In D. M. Brodzinsky & M. D. Schechter (Eds.). *The psychology of adoption* (pp. 121–143). New York: Oxford University Press.

Kirk, D. (1981). *Adoptive kinship. A modern institution in need of reformation.* Toronto: Butterworth.

Klein-Allermann, E. (1992a). Adoptierte Kinder und ihre Eltern: Familien eigener Art. In M. Hofer, E. Klein-Allermann & P. Noack (Hrsg.), *Familienbeziehungen* (S. 250–265). Göttingen: Hogrefe.

Klein-Allermann, E. (1992b). Wiederheirat und Stiefelternschaft. In M. Hofer, E. Klein-Allermann & P. Noack (Hrsg.), *Familienbeziehungen* (S. 311–330). Göttingen: Hogrefe.

Klein-Allermann, E. & Schaller, S. (1992). Scheidung – Ende oder Veränderung familialer Beziehungen? In M. Hofer, E. Klein-Allermann & P. Noack (Hrsg.), *Familienbeziehungen* (S. 265–288). Göttingen: Hogrefe.

Klein-Allermann, E. (1995). *Die Bewältigung jugendtypischer Entwicklungsaufgaben. Ein Vergleich adoptierter und nicht adoptierter Jugendlicher.* Frankfurt a.M.: Lang.

Knoll, K. D. & Rehn, M. L. (1984). *Adoption. Studie über den Adoptionserfolg und die psychosoziale Integration von Adoptierten.* Unveröff. Manuskript, Diakonisches Werk Bayern.

Knorr, J. (1988). *Gespräche mit Adoptivmüttern.* Unveröff. Dissertation, Universität Hamburg.

Lazarus, R. S. (1990). Streß und Streßbewältigung – ein Paradigma. In S.-H. Filipp (Hrsg.), *Kritische Lebensereignisse* (S. 198–232). München: Psychologie Verlags Union.

Lindsay, B. W. & McGarry, K. (1984). *Adoption counseling – a talking point.* Glasgow: Dr. Barnardo's Scottish Division.

Lüscher, K., Schultheis, F. & Werspaun, M. (1988). *Die „postmoderne" Familie – familiale Strategien und Familienpolitik in einer Übergangszeit.* Konstanz: Universitätsverlag.

March, K. (1997). The dilemma of adoption reunion: Establishing open communication between adoptees and their birth mothers. *Family Relations, 46,* 99–105.

Marquis, K. S. & Detweiler, R. A. (1985). Does adopted mean different? An attributional analysis. *Journal of Personality and Social Personality, 48,* 1054–1066.

McRoy, R. G., Grotevant, H. D. & Zurcher, L. A. (1988). Emotional disturbance in adopted adolescents. New York: Praeger.

Mendenhall, T. J., Grotevant, H. D. & McRoy, R. G. (1996). Adoptive couples. Communication and changes made in openness levels. *Family Relations, 45,* 223–229.

Mitterauer, M. (1989). Entwicklungstrends in der Familie in der europäischen Neuzeit. In R. Nave-Herz & M. Markefka (Hrsg.), *Handbuch der Familien- und Jugendforschung* (Bd. 1, S. 179–194). Neuwied: Luchterhand.

Napp-Peters, A. (1978). *Adoption. Das alleinstehende Kind und seine Familie. Geschichte, Rechtsprobleme und Vermittlungspraxis.* Neuwied: Luchterhand.

Nave-Herz, R. (1989). Zeitgeschichtlicher Bedeutungswandel von Ehe und Familie in der BRD. In R. Nave-Herz & M. Markefka (Hrsg.), *Handbuch der Familien- und Jugendforschung* (Bd. 1, S. 211–222). Neuwied: Luchterhand.

Oberloskamp, H. (1993). Das deutsche Adoptionsrecht: Seine geschichtliche Entwicklung und seine gegenwärtige Ausgestaltung. In R. A. C. Hoksbergen & M. R. Textor (Hrsg.), *Adoption. Grundlagen, Vermittlung, Nachbetreuung und Beratung* (S. 14–29). Freiburg: Lambertus.

Pfeiffer, P., Pfeiffer-Schramm, M. & Scheller, R. (1980). Zur Psychologie der Adoption. *Zeitschrift für Entwicklungspsychologie und Pädagogische Psychologie, 12,* 217–232.

Schreiner, H. (1993). *Offene Adoption – warum nicht?* Frankfurt a.M.: Fischer.

Seglow, J., Pringle, M. K. & Wedge, P. (1972). *Growing up adopted. A long-term national study of adopted children and their families.* Slough National Foundation for Educational Research in England and Wales.

Singer, L. M., Brodzinsky, D. M., Ramsay, D., Steir, M. & Waters, E. (1985). Mother-infant attachment in adoptive families. *Child Development, 56,* 1534–1551.

Sorosky, A. D., Baran, A. & Pannor, R. (1982). *Adoption. Zueinander kommen – miteinander leben. Eltern und Kinder erzählen.* Reinbek: Rowohlt.

Stanton, A. L. (1991). Cognitive appraisals, coping processes, and adjustment to infertility. In A. L. Stanton & C. Dunkel-Schetter (Eds.), *Infertility. Perspectives from stress and coping research* (pp. 87–108). New York: Plenum Press.

Statistisches Bundesamt (1996). *Statistisches Jahrbuch für die Bundesrepublik Deutschland.* Bonn.

Stein, L. M. & Hoopes, J. L. (1985). *Identity formation in the adopted adolescent.* The Delaware Family Study. New York: Child Welfare League of America.

Ternay, M., Wilborn, R. & Day, H. D. (1985). Perceived child-parent relationships and child adjustment in families with both adopted and natural children. *Journal of Genetic Psychology, 146,* 261–272.

Textor, M. R. (1991). *Inkognitoadoption und offene Formen der Adoption im Freistaat Bayern.* München (Bericht des Staatsinstituts für Frühpädagogik und Familienforschung, Bd. 4).

Textor, M. R. (1993a). Das deutsche Adoptionswesen – am Beispiel einer bayrischen Untersuchung. In R. A. C. Hoksbergen & M. R. Textor (Hrsg.), *Adoption. Grundlagen, Vermittlung, Nachbetreuung und Beratung* (S. 30–38). Freiburg: Lambertus.

Textor, M. R. (1993b). Inlandsadoptionen: Herkunft, Familienverhältnisse und Entwicklung der Adoptivkinder. In R. A. C. Hoksbergen & M. R. Textor (Hrsg.), *Adoption. Grundlagen, Vermittlung, Nachbetreuung und Beratung* (S. 41–62). Freiburg: Lambertus.

Triseliotis, J. (1973). *In search of origins. The experiences of adopted people.* London: Routledge & Kegan Paul.

Wacker, B. (1993). „Adoptionsschrott" – Zum Problem der Fremdplazierung älterer und/oder behinderter Kinder aus Deutschland und der Dritten Welt. Idstein: Schulz-Kirchner Verlag.

Ward, S. (1986). Open adoption: Two case examples. *Adoption and Fostering, 10,* 14–16.

Wendels, C. (1994). *Die Auswirkungen der Adoptionsfreigabe eines Kindes auf die leiblichen Mütter.* Egelsbach: Hänsel-Hohenhausen.

Zill, N. (1985). *Behavior and learning problems among adopted children: Findings from a U.S. National Survey of Child Health.* Vortrag auf dem Treffen der Society for Research in Child Development (SRCD), Toronto.

Autorenverzeichnis

Dr. Martin Diewald, Max-Planck-Institut für Bildungsforschung, Berlin

Prof. Dr. Hartmut Kasten, Staatsinstitut für Familienforschung an der Universität Bamberg

Dipl.-Soz. Annette Kohlmann, Lehrstuhl für Allgemeine Soziologie I, Technische Universität Chemnitz

Dr. Frieder R. Lang, Forschungsgruppe Psychologische Gerontologie, Universitätsklinikum Rudolf Virchow, Freie Universität Berlin

Dr. Wolfgang Lauterbach, Sozialwissenschaftliche Fakultät, Fachgruppe Soziologie, Universität Konstanz

PD Dr. Doris Lucke, Seminar für Soziologie, Friedrich-Wilhelms-Universität Bonn

Dr. Jan H. Marbach, Deutsches Jugendinstitut e.V., München

Prof. Dr. Bernhard Nauck, Lehrstuhl für Allgemeine Soziologie I, Technische Universität Chemnitz

PD Dr. Andreas Paul, Institut für Anthropologie, Universität Göttingen

Prof. Dr. Heidi Rosenbaum, Seminar für Volkskunde, Georg-August-Universität Göttingen

Prof. Dr. Yvonne Schütze, Institut für Allgemeine Pädagogik, Humboldt-Universität zu Berlin

Prof. Dr. Eckart Voland, Zentrum für Philosophie und Grundlagen der Wissenschaft, Justus-Liebig-Universität Gießen

Prof. Dr. Michael Wagner, Forschungsinstitut für Soziologie, Universität zu Köln

Dr. Elke Wild, Lehrstuhl Erziehungswissenschaft II, Universität Mannheim

Dr. Helga Zeiher, Max-Planck-Institut für Bildungsforschung, Berlin

Reihe: *Der Mensch als soziales und personales Wesen*

Familien in verschiedenen Kulturen

Herausgeber: B. Nauck, U. Schönpflug
1997. Etwa 360 Seiten, DM 68,-
Band 13
ISBN 3 432 29721 1

Familie und Lebensverlauf im gesellschaftlichen Umbruch

Herausgeber: B. Nauck, N. Schneider, A. Tölke
1995. 291 Seiten, 38 Abbildungen, 73 Tabellen, DM 58,-
Band 12
ISBN 3 432 26581 6

Schule und Persönlichkeitsentwicklung

Eine Resümee der Längsschnittforschung
Herausgeber: R. Pekrun, H. Fend
1991. 342 Seiten, 45 Abbildungen, 46 Tabellen, DM 88,-
Band 11
ISBN 3 432 99501 6

Sozialisation im Kulturvergleich

Herausgeber. G. Trommsdorff
1989. 288 Seiten, zahlreiche Tabellen, DM 68,-
Band 10
ISBN 3 432 97771 9

 Enke

Bei Fragen zur Produktsicherheit wenden Sie sich bitte an:
If you have any questions regarding product safety,
please contact:

Walter de Gruyter GmbH
Genthiner Straße 13
10785 Berlin
productsafety@degruyterbrill.com